Art and Science of Leadership

普通高等教育"双一流"建设公共管理类专业
"十四五"规划系列精品教材

顾　问：朱立言　⊙　全国MPA教育指导委员会原秘书长

中国人民大学教授　博士生导师

主　任：邓大松　⊙　全国MPA教育指导委员会原委员

武汉大学政治与公共管理学院原院长　教授　博士生导师

徐晓林　⊙　全国MPA教育指导委员会委员

华中科技大学公共管理学院原院长　教授　博士生导师

赵　曼　⊙　中南财经政法大学教授　博士生导师

编　委：（以姓氏笔画排序）

马培生	⊙ 山西财经大学	李春根	⊙ 江西财经大学
许晓东	⊙ 华中科技大学	张立荣	⊙ 华中师范大学
郑志龙	⊙ 郑州大学	陶学荣	⊙ 南昌大学
崔运武	⊙ 云南大学	湛中乐	⊙ 北京大学
楚明锟	⊙ 河南大学	廖清成	⊙ 中共江西省委党校

领导科学与艺术

（第三版）

普通高等教育"双一流"建设公共管理类专业"十四五"规划系列精品教材

主　编　孙　健（西北师范大学）　朱立言（中国人民大学）
副主编　张　强（华南师范大学）　胡晓东（中国政法大学）
　　　　高鹏怀（中央民族大学）

华中科技大学出版社
http://www.hustp.com
中国·武汉

图书在版编目(CIP)数据

领导科学与艺术/孙健,朱立言主编. —3版. —武汉:华中科技大学出版社,2021.2(2025.7重印)
ISBN 978-7-5680-6961-8

Ⅰ.①领… Ⅱ.①孙… ②朱… Ⅲ.①领导学-高等学校-教材 Ⅳ.①C933

中国版本图书馆 CIP 数据核字(2021)第 014791 号

领导科学与艺术(第三版) 孙　健　朱立言　主编
Lingdao Kexue yu Yishu(Disan Ban)

策划编辑：周晓方　宋　焱
责任编辑：肖唐华
封面设计：原色设计
责任校对：张会军
责任监印：周治超
出版发行：华中科技大学出版社(中国·武汉)　　电话：(027)81321913
　　　　　武汉市东湖新技术开发区华工科技园　　邮编：430223
录　　排：华中科技大学惠友文印中心
印　　刷：武汉邮科印务有限公司
开　　本：787mm×1092mm　1/16
印　　张：19　插页:2
字　　数：458 千字
版　　次：2009 年 1 月第 1 版　2025 年 7 月第 3 版第 8 次印刷
定　　价：58.00 元

本书若有印装质量问题,请向出版社营销中心调换
全国免费服务热线：400-6679-118　竭诚为您服务
版权所有　侵权必究

内容提要
Abstract

本书针对领导科学研究面临的诸多新课题,综合近年来国内外领导科学研究的最新成果,从领导主体与客体、领导理论及其发展、领导决策、领导用人、领导沟通、领导艺术、领导方法、领导绩效评估、领导力开发等方面,系统分析、介绍了当代领导科学与艺术的理论与应用,旨在通过对国内外领导科学与艺术研究领域核心主题的分析,使学生系统掌握领导理论与领导方法的基本知识,为提升学生专业素养和开发学生领导力打好基础。

全书共分十一章。第一章至第四章为基础理论部分,阐述了领导与管理、领导者、领导环境、领导理论演进等领导学基本范畴;第五章至第九章分专题介绍了领导决策、领导用人、领导沟通、领导艺术与领导方法等基本领导理论与实践知识;第十章和第十一章介绍了领导绩效评估和领导力开发的相关知识。此外,本书选用了大量历史和现实案例,配套了较为丰富的数字资源,目的在于加深学生对相关知识的认识,在每章末尾还列举了关键词和思考题以及推荐阅读书目,供学生学习时阅读参考。

本书为公共管理类专业课教材,可供公共管理类本科生、研究生,以及不同组织管理者培训使用。

总序
Introduction

《领导科学与艺术》《社会保障概论》《电子政务》《行政法》《公共部门人力资源管理》《公共政策分析》《公共管理学》《政治学新编》《公共经济学》《定量分析方法》作为普通高等教育"双一流"建设公共管理类专业"十四五"规划系列精品教材第一批书目的出版,是在MPA专业教育取得长足发展和公共管理类学科获得进一步深入拓展的基础上应运而生的。

一、编写原则

普通高等教育"双一流"建设公共管理类专业"十四五"规划系列精品教材在编写上主要遵循以下原则。

第一,科学性与思想性相结合的原则。科学性是思想性的基础,思想性是科学性的灵魂。教材编写坚持以马克思列宁主义、毛泽东思想、邓小平理论、"三个代表"重要思想、科学发展观和习近平新时代中国特色社会主义思想为指导,以正确的观点、方法揭示事物的本质规律,建立科学的知识体系,形成正确的概念。

第二,理论联系实际的原则。教材编写注重联系学生的生活经验,已有的知识、能力、志趣、品德的实际,联系理论知识在实际工作和社会生活中的实际,联系本学科最新学术成果的实际,通过理论知识的学习和专题研究,培养学生独立分析问题和解决问题的能力。

第三,创新性原则。教材注意吸收国内外最新理论研究与实践成果,特别是我国公共管理教育的理论研究与实践的经验和教训,力求在编写上有所突破、有所发展,进而形成特色。

二、特色定位

普通高等教育"双一流"建设公共管理类专业"十四五"规划系列精品教材的特色定位主要涵盖了以下方面。

(1)国际化与本土化的平衡,注重本土化。吸收和借鉴国际上比较成熟的理论、方法、概念、范式、案例,切忌照本宣科、拿来就用,脱离中国具体国情和社会现实;要与中国的国情和实际情况密切结合,体现本土化特色,这样才能发现问题,解决问题,有所启发,有所创新。

（2）全面加强案例分析。公共管理学科需要坚实的学术底蕴作为基础，但它更是实践性与应用性很强的学科，只有通过对大量典型的、成熟的案例进行分析、研讨、模拟训练，才能拓展学生的眼界，积累学生的经验，培养学生独立分析问题、解决问题、动手操作的能力。

（3）寻求编写内容上的突破与创新。分析当前已经出版的公共管理系列教材存在的不足之处，结合当前学生在学习和实践中存在的困难以及亟待解决的问题，积极寻求内容上的突破与创新。

普通高等教育"双一流"建设公共管理类专业"十四五"规划系列精品教材的读者对象定位于公共管理普通硕士研究生、MPA研究生层次，同时可供公共管理类学科专业高年级本科生阅读参考，也可供公务员培训或相关专业本科生教学使用。

普通高等教育"双一流"建设公共管理类专业"十四五"规划系列精品教材的出版除了得到主编及参编此套教材的重点院校及单位的大力支持与帮助外，以下院校及单位的领导、教师对我们的工作不仅给予了较大的支持与帮助，也提出了中肯的建议与意见。它们是（以汉语拼音为序）：

安徽大学管理学院
东北大学文法学院
国防科学技术大学人文与管理学院
贵州大学管理学院
湖北大学政法与公共管理学院MPA教育中心
合肥工业大学管理学院MPA中心
湖南大学政治与公共管理学院
华南理工大学政治与公共管理学院
湖南师范大学公共管理学院行政管理学系
暨南大学管理学院行政管理系
兰州大学管理学院
南京农业大学科研处、人文学院
内蒙古大学公共管理学院
清华大学公共管理学院
四川大学公共管理学院行政管理系
山西财经大学公共管理学院
山西大学政治与公共管理学院

苏州大学公共管理学院
武汉理工大学经济学院
新疆大学MPA教育中心
湘潭大学管理学院
中国科学技术大学管理学院MPA中心
中国政法大学法学院行政法研究所
浙江理工大学法政学院公共管理系
浙江师范大学MPA教育中心
中南大学政治与行政管理学院

谨向以上院校各单位领导、老师表示最诚挚的谢意！

需要说明的是,伴随着社会的发展和进步,信息变化日新月异,MPA专业教育和公共管理各学科专业知识点也将发生相应的变化,为保持普通高等教育"双一流"建设公共管理类专业"十四五"规划系列精品教材长久的生命力,希望广大高等院校教师、学生和读者能关心和支持本套规划教材的发展,及时向每种教材的编写者提出使用本套教材过程中发现的问题和修改建议,以便我们及时修订、完善。

普通高等教育"双一流"建设公共管理类专业
"十四五"规划系列精品教材编委会
2008年10月
2020年12月修改

前言
Preface

本书于2009年首次出版,根据发行情况与出版社要求,于2013年进行了第二版修订,至今已印刷18次,发行10余万册。随着学术界关于领导科学与艺术理论研究成果的推陈出新、实务界不同组织领导案例的精彩呈现,为适应新时代不同组织领导者开展有效领导工作的实际需要,进一步丰富和完善本书的内涵和体系,我们对本书进行了第三版修订,修订基本情况如下。

第一,充分彰显习近平总书记关于领导干部和人才工作的重要论述精神。党的十八大以来,习近平总书记就领导干部和人才工作发表了一系列重要论述,本书在修订过程中以相关重要论述精神为指引,专门补充和引用了习近平总书记对领导理论、领导实践、人才培养选拔使用的观点和看法,充分体现了本书的新时代特征。

第二,基本保持原书的逻辑、思路、架构不变。将第四章第一节修改为"人性假设与领导特质理论",增加第四章第四节"领导理论的发展",将第五章第二节修改为"领导决策体系、类型与程序",增加第六章第三节"领导用人的方法与艺术",增加第七章第三节"领导沟通的过程、障碍及其化解"。虽然全书篇幅有所增加,但是依然坚持简洁明了、层次分明、简明扼要的编写风格,并无冗长和多余。

第三,完善和细化领导理论及其发展的相关内容。一方面,延伸原书中已有经典领导学理论的部分内容,对一些仍有欠缺的内容进一步作出补充阐释;另一方面,分析了当前和今后一个时期领导科学与艺术理论及实践的发展趋势。

第四,更新并补充了案例。原书中的一些案例已经略显陈旧,通过仔细筛选和权衡,在保留了一些经典案例的基础上,更新补充了一些相对较新且更加贴近现实的领导与艺术案例,使全书的案例能够涵盖历史和现实不同时间维度,以及公共部门和私人部门等不同领域的领导实践。

第五,规范表述。对原书中一些用词不恰当和表述欠妥当的部分进行修订,尽可能使全书的语言表述更加规范化、学术化。

第六,秉持对读者负责的态度,坚持严谨对待学术和理论的精神,每章每节、逐字逐句地进行了斟酌和考量,最大限度地消除错误和纰漏。但是由于能力和水平有限,书中难免还会有一些错漏和不足点,恳请读者批评指正。同时借此机会,向使用本书的广大师生,向关心、鼓励、帮助和支持此次修订工作的专家学者、同仁致以衷心的感谢。

作者

2020 年 5 月

目录
Contents

第一章　导论/1
　　第一节　领导活动与领导科学/1
　　第二节　领导科学的理论来源/2
　　第三节　领导科学的研究对象/7
　　本章重要概念/8
　　本章思考题/8
　　本章推荐阅读书目/8

第二章　领导活动的主体/9
　　第一节　领导与领导者的内涵/9
　　第二节　公共组织领导者/16
　　第三节　领导者的基本技能与基本职责/18
　　本章重要概念/22
　　本章思考题/22
　　本章推荐阅读书目/22

第三章　领导活动的客体/23
　　第一节　领导环境/23
　　第二节　领导体制/37
　　第三节　我国行政领导制度/57
　　第四节　学习型组织文化与领导角色/59
　　本章重要概念/64
　　本章思考题/64
　　本章推荐阅读书目/65

第四章　领导理论及其发展/66
　　第一节　人性假设与领导特质理论/66
　　第二节　领导行为和领导风格理论/73
　　第三节　领权变理论/78
　　第四节　领导理论的发展/86
　　本章重要概念/91
　　本章思考题/91
　　本章推荐阅读书目/92

第五章　领导决策/93

第一节　领导决策的要素与原则/93
第二节　领导决策体系、类型与程序/103
第三节　领导决策理论、决策评估及其方法/112
本章重要概念/120
本章思考题/120
本章推荐阅读书目/121

第六章　领导用人/122

第一节　领导用人的成效及其基础/122
第二节　领导用人的标准与原则/128
第三节　领导用人的方法与艺术/137
本章重要概念/143
本章思考题/144
本章推荐阅读书目/144

第七章　领导沟通/145

第一节　领导沟通的内涵、原则与功能/145
第二节　领导沟通的类型与方式/152
第三节　领导沟通的过程、障碍及其化解/160
本章重要概念/175
本章思考题/175
本章推荐阅读书目/175

第八章　领导艺术/176

第一节　领导艺术的含义与特征/176
第二节　几种重要的领导艺术/180
本章重要概念/214
本章思考题/214
本章推荐阅读书目/214

第九章　领导方法/215

第一节　愿景领导/215
第二节　情感领导/226
第三节　运筹领导/232
第四节　危机领导/237
本章重要概念/241
本章思考题/241
本章推荐阅读书目/242

第十章　领导绩效评估/243
　　第一节　领导绩效评估的内涵与功能/243
　　第二节　领导绩效评估的原则、标准与类型/248
　　第三节　提升领导绩效的基本途径/254
　　本章重要概念/263
　　本章思考题/263
　　本章推荐阅读书目/263

第十一章　领导力开发/264
　　第一节　领导力开发的内涵及价值/264
　　第二节　领导力开发的障碍/268
　　第三节　领导力开发的途径/271
　　本章重要概念/279
　　本章思考题/280
　　本章推荐阅读书目/280

外国人名索引/281

主要参考文献/287

后记/289

第一章

导　论

---本章导言---

> 领导学家伯纳德·巴斯认为，领导者对人类文明的影响程度不亚于人类文明对领导者们的影响程度，卓越领导者因其在社会生活中发挥的突出作用而成为一种稀缺的社会资源。培养和造就领导者既是公共和私人部门成长发展的现实需要，也是社会科学研究承担的一项重要使命。领导科学关注人类文明进程中累积的领导经验，关注开发领导潜能的有效方式和途径，因此强调对领导者、领导环境、领导规律、领导行为、领导效能的研究。我国古代有丰富的领导思想，然而学科意义上的领导学是从近代管理科学中分化出来的。

■ 第一节　领导活动与领导科学

美国著名的政治学家詹姆斯·麦格雷戈·伯恩斯认为，20世纪是"政治巨人的时代"，也正是那些政治巨人，如毛泽东、列宁、丘吉尔、罗斯福、铁托、甘地等，以其卓越的领导能力和领导行为影响着全世界、全人类。领导学家伯纳德·巴斯认为，领导者对人类文明的影响程度不亚于人类文明对领导者们的影响程度。对领导的研究与人类文明的出现几乎是同步的。

案例1

然而，把领导工作作为一门科学来研究，是从20世纪初开始的。1911年，被称为"科学管理之父"的美国人弗雷德里克·泰勒出版了《科学管理原理》一书，标志着现代管理思想的产生，并逐步由科学管理发展到管理科学。随后，管理科学不仅建立了许多分支学科，诸如企业管理、工程管理、行政管理、经济管理等，还创立了一系列的管理理论和管理方法。但需要说明的是，此时的管理科学和领导科学在理论上是合二为一的。由于社会生产力的进一步发展，尤其是较发达的资本主义国家随着管理和领导的分离，使管理理论与领导理论的分化、管理科学与领导科学的分化成为必然。于是，领导科学作为一门新兴学科开始建立。与此同时，国内外迅速兴起的一些相关学科，诸如心理学、应用社会学、人才学等也为领导科学的理论研究提供了非常丰富的思想财富。

视频1

领导科学之所以在现代产生，是与社会化大生产、科学技术和社会发展紧密联系在一起的。马克思曾说过："一切规模较大的直接社会劳动或共同劳动,都或多或少地需要指挥,以协调个人的活动,并执行生产总体的运动——不同于这一总体的独立器官的运动——所产生的各种一般职能。一个单独的提琴手是自己指挥自己,一个乐队就需要一个乐队指挥。"这一论述,阐明了领导活动是和人类社会群体活动同时产生的,是人类社会群体活动中重要的、不可缺少的组成部分。

人类历史发展到现代,伴随着社会生产力的巨大增长和现代科学技术突飞猛进的发展,人类社会生活也发生了前所未有的变化。和小生产相比,社会化大生产的特点是规模庞大、结构复杂、信息巨量、因素众多、变化迅速。现代社会中各地区、各种组织间的联系日益密切,现代社会越来越趋向于整体化、综合化,各种组织彼此之间的影响也越来越大。因而,对社会生活和生产的有效领导和管理工作也就愈加复杂,对领导提出了越来越高的要求。要领导这样的社会化大生产,不能仅凭领导者个人的经验和智慧,必须依靠科学的理论和方法的指导。这样,领导科学作为专门研究领导工作的学问,便应运而生了。同时,现代社会的发展又为领导科学的诞生创造了条件。

追本溯源,领导活动产生于人类的共同劳动和生活实践,并随着社会分工的变化而不断发展演进。人类活动所具有的以下三个基本特点决定了领导行为的必然性和重要性。

1. 人类活动有特定的目的性和计划性

马克思说过,蜜蜂建造蜂巢的本领使人间的建筑师都感到羞愧,但是人间最蹩脚的建筑师也比蜜蜂高明的地方在于,他在实际建造自己的住房之前已经在头脑中预先把它建成了。蜜蜂的活动是本能的活动,蜂窝坏了,不知道修理,还不断往里填蜜。而人类在建造自己的住房之前,头脑中已经预先有了设计图、施工方案和步骤,是自觉的活动。

2. 人类活动是有组织的,有特定的规范性和秩序性

人类社会是一个有组织的系统,小系统里面有更小的系统,大系统外面有更大的系统,系统和系统之间又互为系统。人类的一切活动都是按系统进行的。人类活动是有组织地进行的,而有组织就有领导。我国历史上的黄帝、尧、舜、禹,古希腊传说中的诸神,《圣经》中的摩西等,都是当时组织中的领导者。

3. 人类活动是不断发展的,有特有的累积性、传承性和进步性

人类的实践活动是不断发展、进步的,这种进步以几何级数加速发展,且进步的速度越来越快。未来学家预测,就像20世纪人类的科技发明相当于人类有史以来所有发明的总和一样,21世纪未来10年的科技发明将相当于20世纪科技发明的总和。

任何一种社会活动都需要有领导。领导活动和领导行为贯穿于人类文明的始终,贯穿于各种形式的社会实践之中。尽管在不同的历史时期,领导的内容、方式和方法不同,但领导行为始终存在。在当代社会,任何一个组织所要完成的工作任务都是单独的个体绝对无法完成的,必须有人把分散的力量凝聚起来,把无序的活动协调起来,因此,领导工作成为一种专业化的社会分工,领导成为一种职业行为。

领导是人类自觉的社会活动,是人类特殊的、重要的实践活动。因此,必须以科学的理念认真研究领导活动的规律及特点,不断提升组织的领导效能和开发个人的领导潜力。

第二节　领导科学的理论来源

在长期的领导实践中,人们形成了某些相关的观念、思维模式和思想方法,形成了某些固有的工作程序和工作方法。这些逐渐积淀起来,就构成了领导经验。领导经验经过专家、学者、政治家、领导人的加工概括,上升为理论,进而成为指导人们实践的理性知识。古往今来,有大量关于领导经验和理论的历史积累,这些经验和积累成为人们世代传承和修习的东西,成为领导实践不断进步的理论阶梯,也构成领导科学(或称领导科学与艺术)的理论来源。

一、我国传统领导思想

从历史发展过程看,领导实践自古有之,关于领导实践的智慧、经验、理论观点也自古有之。我国民间传说中的"大禹治水三过家门而不入",就生动地说明了领导者率先垂范的重要性。纵观各国有文字记载的文明史,在各个国家和民族的文化中,都包含有领导工作方面的内容,我国的历史记载尤为丰富。

我国传统文化中关于领导思想的记载主要在以下四个方面。

1. 古代思想家、政治家、军事家的著作

如《论语》《曾子》《孟子》《老子》《庄子》《墨子》《韩非子》《管子》《孙子兵法》等都有关于领导思想的记载。北宋宰相赵普有"半部《论语》治天下"之说。

2. 历史典籍

无论是正史还是野史,其核心都是围绕领导这根主线编撰的政治史。如《尚书》《春秋》《国语》《战国策》《资治通鉴》《史记》等,都充满了统治经验的记载,记录了众多的领导原则、方法和艺术,至今仍给人以启迪。如被称为正史的二十五史,毛泽东就认为是一部帝王将相史,是一部我国古代领导人领导活动的记录史。

3. 官员或研究人员所作的"官箴之言"

西周至明清,目前可查到的"官箴之作"有300多种,1000多万字,其中均有"官箴之言",如林则徐的"苟利国家生死以,岂因祸福避趋之"。

4. 文学作品和民间传说

如《封神演义》《三国演义》《水浒》等传世之作和民间传说中包括包拯、海瑞、寇准、况钟等清官故事,都在一定程度上反映了历史上人们对领导实践的深刻见解,驾驭领导实践活动的本领、方法和艺术,其内容的丰富性、复杂性不亚于甚至超过了其他类型的实践活动。

二、西方领导理论的演变及发展

在西方,对领导行为的研究肇始于古希腊时代,领导思想也在那时就产生了。例如,无论是柏拉图的《理想国》,还是亚里士多德的《政治学》都注意了领导现象和领导活动。从19世纪开始,欧洲资产阶级进行了一场思想解放运动。从马基雅维利的《君主论》、洛克的《政府论》、卢梭的《社会契约论》、孟德斯鸠的《论法的精神》、拿破仑的《拿破仑文选》、约翰·密尔的《论自由》等近代资产阶级思想论著中都可以看出,以领导活动或现象为中心,分别从史实、政治理论、法和哲学的视角对事关社会命运的各类领导问题进行了多侧面的研究。然而,把领导行为及其活动作为一门科学来研究,则是从20世纪初开始的。那时资本主义已经得到高度发展,从自由竞争资本主义发展为垄断资本主义。市场竞争日益激烈,西方企业为了获取最大利润,以便在竞争中生存和发展下去,均不约而同地把

重心转向于管理,管理学于是应运而生。在此过程中,许多领导学内容都是被纳入管理的范畴中加以研究的。

(一) 西方领导理论的演变

由于领导总是与特定的领导者联系在一起的,因此大多数人对领导的理解,首先是从领导者这一核心要素入手的。随着人际关系学派理论的产生,人们开始透过体制性要素,试图从人际关系、感情结构这一视角去理解领导。当菲德勒的领导权变理论产生以后,人们便把环境因素纳入进来,试图从组织和外在环境的互动来理解领导的含义。这样,就产生了如下三种对领导的不同理解,西方的领导学理论大致经历了特质论、行为论和权变论三个阶段。当然,这三个阶段并非在时间上是截然分开的,我们可称之为三个主要研究方向或三种研究类型。

1. 特质论阶段

特质论继承了20世纪初出现的伟人论的传统,但它在研究方法上因为拥有心理学的支持,从而超越了伟人论。我们知道,伟人论的基本假设是领导者是天生的,一个人之所以会成为领导者,有其他人不可比拟的天赋和个人品质,如思维敏捷、能言善辩、英俊潇洒等。类似的看法在中国也存在过很长一段时间,如相貌、出身、音质等均是一个人成为领导者的先决条件。特质论则对领导者先天具有和后天养成的独特性给予了充分的研究,以此探讨领导的有效程度。在特质论阶段,由于领导科学注重对领导性格、领导心理的研究,从而使其成为心理学的分支,很难成为一门独立的学科。特质论是对领导现象进行体系化研究的最初尝试,但它对伟人论之神秘主义特征的克服是不彻底的。因此,对领导现象进行科学化研究的任务是由行为论完成的。但由于特质论抓住了领导现象中最为基本的要素——领导者,因此,特质论的研究几乎贯穿于领导科学发展过程的始终,它在20世纪70年代的复苏也可以说明这一点。

2. 行为论阶段

持行为论观点的学者认为,领导是对组织内群体或成员施加影响的活动过程,是一门促使下级满怀信心地完成其任务的艺术,是一种说服他人热衷于一定目标的努力。这一理解与美国学者哈罗德·孔茨所界定的"领导是一门促使其部属充满信心、满怀热情来完成任务的艺术"一脉相通。行为理论认为只有那些行为上表现为既关心生产(工作)又关心个人(下属)的领导者才是最有效的。换言之,那些天资绝顶的人不一定会成为有效的领导者,真正决定一个人成为有效领导者的因素是他的行为。行为论主要体现在美国的俄亥俄州立大学和密歇根大学的研究成果之中。其大致观点是,有效的领导者应该是那些适应性强的人,就是那些能考虑到自己的能力、下属的能力以及需要完成的任务,且能将权力有效下放的人。领导者不应该仅仅在严格的"集权"或"民主"这两极之间进行选择,而是要有足够的灵活性,不断调整自己的行为选择,应付不同的情况,这一倾向促发了权变理论的产生。

3. 权变论阶段

持权变论观点的学者认为,领导是如何使组织有效地适应外在环境以维持存续和发展的一项活动。正如权变理论的创始人菲德勒所说:"'权变模型'意味着领导科学领域中一个划时代的变革,它使领导科学的研究从无益地寻找最佳的领导风格、最佳的领导行为或最佳的管理哲学中解脱出来,使人们转而去寻找这样的条件,在这些条件下各种风格、行为和哲学都可能是适宜的和有效的。"

由于伟人论和行为论都忽视了领导者所处情境对领导效能的影响,因此刻意追求最佳领导特质和行为模式的做法并没有把环境因素考虑在内,于是,在20世纪60年代之后,进入了第三个阶段,即权变论阶段。提出这一理论的菲德勒认为无论领导者的人格特质或行为风格如何,只有领导者使自己的个人特点与领导情境因素相"匹配",他才能成为一个优秀的领导者。权变论把客观情况与领导行为的相互作用视为领导活动能够成功的关键所在。但后来的批评者认为菲德勒提出的"权变模型"犹如一个"黑箱"。于是,菲德勒又提出了认知资源理论作为应答,即只有那些最佳地应用认知资源(包括知识、能力、技能以及领导者和群体成员的经验)的人,才能成为一个优秀的领导者。

以上三个阶段或三种类型都是片面地将某一要素置于首要地位,实际上对于领导活动来说,并不存在一种永恒的、永远处于决定性地位的要素。这就说明,领导既是一门科学,又是一门艺术。领导活动的成败取决于诸多要素在特定状态下的有机组合。

(二) 西方领导理论的发展

20世纪70年代后期,全球范围内商业竞争日益加剧,成员对组织的承诺与忠诚普遍缺失,促使人们期望领导者能够有效激发组织成员的动机与热情,变革并提升个体道德水平和组织业绩。研究者们发现,要解释和预测领导者对追随者的情感激发和对整个组织的影响,传统领导理论存在明显局限,不得不寻找新的研究视角。

在研究对象上,研究者们从关注小群体的领导转向了关注整个组织的领导。同时,实践领域的现实要求引起了高层领导者对提升领导效能的普遍重视,于是,研究者更容易采集到关于高层领导者的相关研究数据,使研究整个组织的领导成为可能。

在思想来源上,美国政治学家、历史学家詹姆斯·麦格雷戈·伯恩斯提出的变革型领导理论和管理学教授罗伯特·豪斯提出的1976年魅力型领导理论为后继研究者贡献了逻辑起点与分析框架。而伯恩斯的变革型领导理论和豪斯的魅力型领导理论则植根于社会学大师马克斯·韦伯提出的魅力型领导思想。

对韦伯的魅力型领导进行现代诠释的学者中最具影响的是伯恩斯和豪斯。基于此二人的思想与方法,20世纪80年代以来,一批研究者继续致力于探索这种类型的领导。他们从不同角度为切入点,进行了大量实证研究并建构了各自的理论。由于关注重点不同,研究者对这类领导的称呼也不尽相同。有的延用伯恩斯的命名——变革型领导,有的延用豪斯的命名——魅力型领导,有的提出新的名称,如愿景型领导(visionary leadership)、榜样领导(exemplary leadership)、文化领导(cultural leadership)和符号领导(symbolic leadership)等。尽管这些理论名称不同,内容侧重点各异,但它们的思想起源一致,并可以归纳出明确的共同主张,因而被归为一类。这类理论被布莱曼称为新领导(new leadership)理论,被亨特称为新兴领导(emerging leadership)理论,被豪斯和爱蒂泰尔称为新魅力理论(New-charismatic Theory),被萨希金和谢莫等人称为变革型领导理论。至今,这种研究思潮,在学术界仍然方兴未艾。另外,还有很多学者致力于从不同的学科视角研究领导活动及其现象,使领导科学的关注主题更加日趋丰富。

三、当代我国领导科学研究的发展

案例2

我国领导科学的发展离不开世界文明发展的大道,但又与本国独特的文化和历史传统有着紧密的联系。中国共产党在长期领导我国人民进行艰苦卓绝、错综复杂的革命斗争中,在建设中国特色社会主义事业的过程中,总结概括出一系列科学领导的原则和方法,如领导班子和组织建设的理论,领导体制和干部队伍建设的理论,正确制定路线、方针、政策的理论,领导作风和勤政、廉政建设的理论,调查研究和思想政治工作的理论,领导方法和领导艺术的理论等,许多已成为领导科学宝库中极其宝贵的财富。毛泽东的《党委会的工作方法》《关于领导方法的若干问题》,周恩来的《怎样做一个好的领导者》,刘少奇的《肃清空谈的领导作风》,邓小平的《老干部第一位的任务是选拔中青年干部》,江泽民的《各级领导干部要研究领导科学》,胡锦涛在党的十六大、十七大以来关于领导干部加强学习、提高素质、改进领导作风和领导方法、提高领导水平和领导艺术的一系列重要论述,习近平关于"领导干部要读点历史""领导干部要以身作则,带头保持党的纯洁性"等论断,都是这方面的代表作。

理论在一个国家实现的程度,取决于理论满足这个国家需要的程度。领导科学作为一门学科在我国发展、繁荣起来,是在党的十一届三中全会之后。随着改革开放的深入,1981年9月,中央组织部、中央宣传部联合召开的干部教育工作座谈会,提出了在各级党校、干校开设领导科学课程的设想。1982年10月,中共中央、国务院发出《关于中央党政机关干部教育工作的决定》,把领导科学列为党政干部必须学习的业务基础课之一。1983年5月,广西人民出版社出版了国内第一本领导科学著作,即夏禹龙等合著的《领导科学基础》,4年之内连续再版7次,印数达70多万册。1985年3月,河南省社会科学联合会主办的《领导科学》杂志创刊,这是我国第一家公开发行的领导科学专业刊物。同年4月,由领导科学杂志社和河南省社会科学联合会发起、主办的全国首届领导科学学术研讨会在洛阳召开。此后,领导科学学术研讨会在武汉、成都、柳州、长沙、海口、呼和浩特、聊城等地相继召开。在这期间,最有影响的领导科学教学活动是1986年10月4日中共上海市委组织部和《现代领导》杂志联合举办的"领导科学系列讲座",时任上海市市长江泽民出席了开学典礼,并作《各级领导干部要研究领导科学》的重要讲话,对领导科学在我国的确立和传播产生重要的推动作用。到目前为止,国内成立了领导科学研究会及各级分会,出版的有关领导科学的专著、译著、教材、杂志等已达数百种。领导科学不但进入了各级党校、行政学院,而且进入了高等院校的课堂,成为公共管理和工商管理类专业的必修课程。

第三节 领导科学的研究对象

一门学科成熟的标志,在于有其特有的研究对象。所谓研究对象,就是学科观察和思考的客体。领导科学是关于领导理论、方法、艺术的知识体系,是一门研究领导规律及其应用的科学,它综合运用多学科知识研究领导问题,目的在于开发领导力,提高组织的领导效能。领导科学亦称领导学,也称为领导科学与艺术。

由于研究的目的、关注的主题和采用方法的差异,国外领导科学研究在研究内容和研究对象等方面存在很大差异。约翰·安东纳基斯等在《领导力的本质》一书中提出了领导学研究的 8 个主要学派,即特质学派、行为学派、权变学派、情境学派、怀疑学派、相对学派、新型领导力学派、信息处理学派等。他认为,领导力研究的多元化,便于人们更完整地把握领导科学。

国内学术界对领导科学的研究内容和研究对象同样存在不同解读。

1. 强调领导要素研究

有学者认为,领导科学就是研究领导者、被领导者和客观作用对象三者合理结合、互相作用的规律的科学。领导者、被领导者、客观作用对象相互结合、相互作用的活动规律及其应用,就是领导科学的研究对象。相近的观点认为,领导科学的研究对象一是领导活动的主体,二是领导活动的结构,三是领导活动的过程。

该观点强调,领导活动基于三个基本要素,即领导者、追随者、领导环境。这三个要素相互作用,构成领导活动。所以领导活动是由领导者、追随者、领导环境这三个要素组成的复杂函数,可用公式表示如下:

$$领导活动(领导) = f(领导者,追随者,领导环境)$$

领导活动中特有的基本矛盾有两对:一对是领导环境中领导者与追随者之间的矛盾;另一对是领导者和追随者共同构成领导活动的主体,与被改造的客体即领导环境之间的矛盾。由这两对基本矛盾又派生出一系列其他矛盾,如领导者之间的矛盾、追随者之间的矛盾、领导者主观指导与领导环境之间的矛盾、领导者与追随者之间矛盾的交叉等。从上述意义上可以说,领导科学就是研究领导者、追随者、领导环境之间的关系。

2. 强调领导的作用系统研究

有学者认为,领导科学的研究对象,就是作为整体的领导系统以及这个系统本身运动的一般规律。领导科学的研究对象就应当是领导工作系统,具体地说,就是由领导者、被领导者、领导手段和共同作用对象构成的动态系统。邱霈恩等人则认为,领导科学的研究对象是整个领导现象、领导活动以及相关的行为主体、外在环境、内在因素和内在矛盾及其运动规律。内外部环境如何影响领导行为及其效果是领导科学关注的特定内容。

3. 强调领导规律研究

王乐夫认为,领导科学的根本任务是揭示领导活动中各种因素之间的内在的、本质的、必然的联系,即领导活动的规律。夏禹龙等人认为,领导科学是研究现代领导工作的规律性及其方法的一门学问。一些学者指出,领导科学的研究对象是影响领导活动诸领域、诸方面、诸环节、诸因素的合理结合、平衡运动的规律,而我国领导科学研究对象应是社会主义领导活动中主体、客体的特征以及互相结合、互相作用的一般规律。有学者认为,领导科学是以领导活动作为研究对象。领导活动不同于一般的社会活动,因为大多数的活动与其目标的关系都是直接的,而领导活动却相反,领导行为与目标的关系是间接的。这一"间接性"的关系决定了领导活动实际上是一种通过影响他人来实现目标的特殊活动。领导规律研究包括的基本内容有:

(1)领导者素质结构与领导绩效相关性的规律;
(2)领导班子建设的规律;
(3)领导活动的基本要素及其相互作用的规律;
(4)领导活动过程及机制的规律;
(5)领导的职能和作用的规律;
(6)领导风格、方法和艺术的规律;
(7)领导绩效及其考评的规律;
(8)领导者学习与成长的规律;
(9)领导能力的发展过程、途径的规律。

4. 强调领导过程中面对的实际问题研究

有学者认为,领导科学的研究对象是领导问题,领导科学就是通过研究领导问题,揭示领导规律的科学。

本章重要概念

领导活动(leading activity)　　领导科学(leadership science)
理论来源(theoretical sources)　　研究对象(object of study)

本章思考题

1. 你心目中的杰出领导者有哪些人?你认为他们最杰出的才能是什么?你认为这些才能可以通过模仿或培养来获得吗?
2. 近代西方领导科学的形成和发展经历了哪三个基本阶段?
3. 领导科学研究的主要内容是什么?你还知道领导科学研究的其他内容或相关领域吗?

本章推荐阅读书目

1. [美]沃伦·本尼斯,罗伯特·汤森. 重塑领导力[M]. 方海萍,等,译. 北京:中国人民大学出版社,2008.
2. 章义伍. 如何打造高绩效团队[M]. 北京:北京大学出版社,2005.

第二章
领导活动的主体

——本章导言——

一个人能够改变一个环境,一个杰出的领导者可以重塑一个组织。领导品质与领导风格的差异可以影响公共组织目标的实现,有效的领导者可以提升公共部门的管理绩效。相反,领导行为失当可能导致公共管理的失败。领导是公共管理和私人部门管理的灵魂,领导贯穿于公共管理活动的各个环节,即贯穿于计划、决策、组织、控制等各项公共管理职能之中。当前,公共组织日趋多元化,领导的作用更显突出。领导行为如何影响和改造公共组织与公共管理,有效的领导取决于哪些条件,有效与无效领导者有哪些差异,如何促进有效领导等,这些都将是本章要探讨的核心问题。

第一节 领导与领导者的内涵

一、领导的内涵

由于人们研究视角的不同,关于领导(者)的概念,可谓仁者见仁、智者见智。据美国领导学者统计,目前世界上关于"领导"的定义有350种,"领导者"的定义有160多种。在汉语词汇中,"领导"一词也具有多重含义,有时指领导活动、领导过程以及领导功能和作用;有时指"领导者";有时兼而有之。例如,约翰·科特教授认为:"'领导'一词在日常生活中有着两种截然不同的含义。有时,领导指的是有助于引导和动员人们的行为和(或)思想的过程;另一些场合中,领导指的是处于正式领导职位的一群人,希望他们起着这个词前一种含义中所指的作用。"

1. 领导的定义

在西方学术界,由于研究视角的差异,领导的定义林林总总,而且含义各不相同。一位管理学家说,有多少管理学家为领导下定义,就有多少个领导的定义。

(1)领导是影响和支持其他人为了达到目标而富有热情地工作的过程。约翰·纽斯特罗姆和基斯·戴维斯指出,在帮助个体或群体确认目标以及激励和协助他们达到一定目标的过程中,领导是一个重要的因素。在该定义中,领导力的来源是对组织成员的影响和支持,领导行为的目的是实现目标,领导的有效性依赖于组织成员自愿的努力。

(2)领导可定义为影响力。哈罗德·孔茨和海因茨·韦里克指出,领导是影响人们心甘情愿地和满怀热情地为实现群体的目标而努力的艺术或过程。领导者的行动即在于帮助一个群体尽其所能地实现目标。领导者并不是站在群体的后面推动和激励，而是要置身于群体之前，引导群体前进，鼓舞群体为实现组织目标而努力。这里强调的是领导行为的战略性、引导性、艺术性，以及领导的组织、激励功能。

（3）领导是一种影响一个群体实现目标的能力。斯蒂芬·罗宾斯指出：这种影响的来源或许是正式的，如来源于组织中的管理职位。

（4）斯道戈迪尔和切斯特·巴纳德在其编辑的《领导学手册》一书中，基于对各种领导学学派及其观点的归纳和总结，对领导（者）的含义提出了如下 11 种界定：领导意味着群体的中心，领导意味着人格及其影响，领导意味着劝导服从的艺术，领导意味着影响力的运用，领导意味着一种行动或行为，领导意味着一种说服的形式，领导意味着一种权力关系，领导意味着互动中逐渐形成的效果，领导意味着一种分化出来的角色，领导意味着结构的创始，领导意味着一种实现目标的手段。

美国著名管理学家，现代管理学之父彼得·德鲁克则认为："领导者的唯一定义就是其后面有追随者。一些人是思想家，一些人是预言家，这些人都很重要，而且也很急需，但是，没有追随者，就不会有领导者。"曾任美国教育部部长，著名的领导学家约翰·加德纳在一次演讲中，在回答一位年轻人所提出的"如果我想成为一位领导者，最重要的是什么"这一问题时，也明确地告诉那位年轻人："记住，年轻人，最重要的是你必须有追随者。"我们认为，关于领导者是其身后有追随者的概念，反映了领导者与追随者之间的良性互动关系，是一个具有鲜明时代精神的概念，揭示了关于领导者的本质含义。

在传统的教科书中，领导者往往是和正式组织紧密相关的。一般认为，只有在正式组织中才存在领导现象，领导者也自然存在于正式组织之中。因而，领导者就是"在正式的社会组织中经过合法途径被任用而担任一定领导职务、履行特定领导职能、掌握一定权力、肩负某种领导责任的个人和集体"。

实际上，领导者不仅存在于正式组织中，而且存在于大量的非正式组织中。由美国著名管理学家梅奥所主持的霍桑试验证实，在正式组织中有非正式组织的存在，非正式组织中所涌现出的领袖人物，有时候其权威性远远超过了正式组织中的领导者。在社会生活中，政治学家早已发现了"非委任领导"的存在，如甘地、南丁格尔、马丁·路德·金等人，他们在没有建立正式组织之前，就已经拥有成千上万的追随者，可以说，他们是无可争议的领导者。

从发生学的角度看，领导者可以分为两类。一类是从群体中自发产生出来的领导者。在社会生活中，广泛存在着从群体中自发产生出来的领导者。群体是介于组织和个人之间的人与人之间的聚合体，一般指几个人、十几个人的小单位。例如，家庭是社会最基层的群体。在家庭中，父母是天然的领袖，父母按照自己的价值观和实践经验引导、教育孩子，对于孩子而言，最初的领导行为就发生在家庭之中。另一类领导者是通过选举或组织任命正式产生的，包括经过注册、登记而被承认的正式组织的领导者。

□ **2. 领导内涵与中文里"领导"的差异**

（1）领导权并不一定来自正式的权威。一个群体的领导者可以通过正式任命的方式产生，也可以从群体中自发产生，如黑人运动的领导者、游行示威的组织者、宗教领袖等。

（2）对于公共组织而言，领导者并非只有行政官员。体制内的立法和司法系统，体制外的政党、利益团体等都存在领导者。如政党领袖、公立学校校长、工会领袖、法官等，他们或代表一个利益集团,或代表一个权力机构,或代表一个非营利机构,都可以成为公共组织的领导者。

（3）一个有职位的行政官员事实上也许并不能被称为领导者。因为,仅仅由于组织提供给管理者某些正式权力并不能保证他们能够实施有效的领导。

■ 二、领导的构成要素

□ 1. 拥有领导权威的领导者

按照福莱特的观点,领导者是和谐与效率统一体的代言人,如果一个领导者具有令人钦佩的人格,会用权力并且能够迫使他人按照自己的意愿行事,那么他就是一个好的领导者。

案例 3

□ 2. 追随者

领导的实质是组织成员的追随与服从。追随是主动的行为,领导者与追随者的关系应该是互惠的。现实生活中可导致追随的因素很多,如领导者自身的知识、才能、魅力和业绩,或者满足追随者的愿望和需求,为之提供必要的条件等。

□ 3. 拥有明确使命与目标的组织

在组织的很多方面都存在着对领导的需要,组织目标的实现与使命的完成需要借助有效的领导来完成。

□ 4. 管理情境或领导环境

福莱特指出,领导是以在情境的相互联系中领导者与被领导者的相互影响为基础的,一个领导者并不单纯是一个部门的头头,他应该能够总揽全局,能够将情境与特定的目标和政策联系起来,能够保证由一种情境演变到另一种情境,能够懂得如何从一种情境过渡到另一种情境。

□ 5. 领导行为

领导者的责任就是使组织的计划能够顺利有效地运作起来。领导者应该能够为自己的团体尽心尽力,懂得如何调动人的积极性,能够集思广益;他必须对工作有透彻的了解,能够把握未来的发展方向,并具有开拓者的冒险意识。

■ 三、领导与管理

从管理职能的角度看,领导是一个引导和影响人们为实现组织和群体目标而做出努力与贡献的过程。然而,并非所有的管理都是领导,并非所有的管理者都能成为领导者。领导与其他职能的区别之处在于与人相联系的方面和特征上。斯蒂芬·罗宾斯说:"每个组织都包含人。于是,指导和协调这些人就成为管理工作,这就是管理的领导功能。当管理者激励下属、指导别人的活动、选择最有效的沟通渠道或解决成员之间的冲突时,他们就卷入了领导工作。"

管理和领导是管理学、领导学、组织行为学等学科最基本的概念之一,对这两个概念的含义及其相互关系的理解,是正确解读管理者与领导者内涵及其相互关系的逻辑起点。

目前,在对领导与管理各自内涵及其相互关系的认识上,主要存在四种具有代表性的观点。有些人认为,管理即领导,领导即管理,领导者也就是管理者,二者没有区别。这种观点在目前的一些出版物中虽然较多,但其影响力正日渐式微。有些人认为,领导是管理的职能之一,管理的范畴大于领导。在管理学界,一般认为管理具有四种职能,即计划职能、组织职能、领导职能和控制职能,所以领导是管理的重要职能之一。这是管理学界比较成熟的观点,也是占主导地位的观点。有些人认为,管理是领导的职责之一,是完成领导任务的重要手段,这是领导学界很多专家所持的观点。实际上,管理和领导是两个相对独立的范畴,它们各具自己的执行系统和独立表达的概念、术语和方式。这是当前最新的观点,本书持这种观点。

领导(者)与管理(者)的区别主要体现在以下方面。

1. 权威基础不同

管理者的权威基础是组织的正式任命,而领导者的权威基础是个人魅力。在现实生活中,尽管一个人可以同时扮演领导者和管理者双重角色,但有时候领导者却不一定是管理者,而管理者也不一定是领导者。彼得·德鲁克说:"领导者的唯一定义是其身后有追随者。"这说明,领导者在本质上是一种影响力的拓展,与其下属的关系更多的是一种追随与依从的关系。

2. 存在空间不同

领导者既存在于正式组织中,又存在于非正式组织中;管理者只有在正式组织中才有其活动空间。现实中,有些管理者可以通过其职权迫使人们去从事某一项工作,但却往往无法有效地影响人们去追随他,这样的管理者实际上并没有扮演领导者的角色;有些人尽管没有正式职权,却能够以个人影响力去影响他人,这些人往往就是实际上的领导者。实践证明,只有那些将管理者与领导者角色真正融为一体的人,才能保证组织目标的达成。

3. 素质要求不同

在任何组织中都存在着两种不同的角色:领导角色和管理角色。前者是人格化的领袖,后者更偏重于一种专门化、职业化的职务。由于职能不同,因而对领导者与管理者的素质要求的侧重点也必然不同。一般而言,作为领导者,必需的能力主要包括决策能力、协调能力、处理人际关系能力、语言表达能力等,即特别强调概念技能和人际技能;对管理者而言,强调的重点是专业化方面的知识和技能。

4. 职能不同

管理是计划、预算、组织和控制某些活动的过程,这一过程或多或少是借助于科技和权威专家来进行的。即管理表现为一套看得见的工具和技术,这些工具和技术建立在合理性和实验的基础上。在各种组织环境中,人们以十分相似的手法使用这些管理工具和技术。人们通常把领导定义为一个目标的实现过程,即领导者主要通过非强制性的方式方法,鼓动一部分人(或一个群体)来实现一个或若干既定目标的过程。领导的基本职能是拥有愿景、提出发展战略、整合队伍、进行沟通和激励,从而实现组织目标。领导者不是管理者那样的技术和效率专家,而是熟知人和社会的人类学家。二者相比较,管理更规范、更科学,而且也更为普遍,管理是一门科学;而领导则表现出一定程度的多才多艺和灵活性,以适应不断变化和充满矛盾的需求。领导既是科学,又是艺术,是领导科学和领导艺术的有机统一。

5. 功用不同

管理是维持秩序,领导是带来变革。华伦·班尼斯把领导定义为"创造并实现梦想",认为领导的重点放在做正确的事情上,即与目标方向有关;而管理的重点则放在把事情做正确上,即管理是执行的角色——正确地做事。华伦·班尼斯在总结管理者和领导者的区别时认为:管理者寻求稳定,领导者探讨革新;管理者循规蹈矩,领导者独辟蹊径;管理者维持原状,领导者提高发展;管理者注重组织结构,领导者注重人力资源;管理者依赖控制,领导者激发信任;管理者目光短浅,领导者目光远大;管理者重视原因和方式,领导者重视事情和原因;管理者盯着结果,领导者看到希望。

领导不同于管理,但领导与管理又是统一的,二者的有效结合是组织发展的根本保障。正如有学者认为,有效的领导与高效管理相结合,将有助于产生必要的变革,同时使混乱的局面得到控制。只有有力的管理和有力的领导联合起来,才能带来颇为满意的效果。若两者都不具备或都很弱,便如一只无舵之船再加上船体有一个大洞。如领导和管理两者只具备其一,不一定能使其境况变好。没有与领导相结合的强有力管理可能会变得官僚主义,令人感到压抑,为了秩序而维持秩序;没有与管理相结合的强有力领导会变得以救世者自居,形成狂热崇拜,为了变革而变革——甚至变革是朝着完全不理智的方向发展。

■ 四、领导的属性

从属性来看,领导既是一门科学,也是一种艺术。领导之中包含着很多科学的方法与规律。如有效的领导往往与一定的领导特质(如坚定、热情、充满魅力、富有勇气等)有密切关系;领导的有效与否通常与领导者的行为、领导风格、领导情境的差异有内在的直接关联等。

然而,领导也有艺术的成分,这是领导职能与管理职能相区别的重要之处。因为领导都是与人打交道的,运用人文、社会科学方面的知识较多,随机性、或然性和临场发挥的余地均较大,其方式方法往往没有精确、统一的答案。所谓领导艺术,就是指在实施领导的方式和方法上所表现出来的创造性。它首先是领导者素质和经验的综合体现,是在领导科学和方法基础上的一种创造性发挥和升华。领导艺术最重要的特征首先是创造性,这是与模式化、程序化相对立的;其次是因人而异,所以领导艺术可以学习,但切忌模仿;最后是注重实效,以完成领导任务、达到组织目标为评价标准。

与领导艺术相对立的是"权术",即"弄权之术"。某些冠以各种名称的所谓领导学或管理学的书籍,实质上是宣扬权术之类的东西,必须坚决反对。领导艺术与权术有着本质的区别,主要表现在:①领导艺术的运用是出于公共利益,而权术则往往是为了个人和小集团的私利;②领导艺术强调必须符合道德标准,而权术则无视道德标准,为达目的不择手段;③领导艺术是公开的和光明磊落的,而权术则秘而不宣,不可示人。

■ 五、领导与权威

领导一般可简单地定义为影响力,即影响人们心甘情愿地为实现组织目标而努力工作的过程,也就是说,领导的这种影响力能改变个人或群体的思想和行为,这种影响力来自领导权威,这种权威由两个部分构成,即职位权力和个人权力。

(一) 职位权力

职位权力,即职权,来源于等级制的组织,是外部如上级、组织、法律等赋予个人的。其特点是同职务具有不可分性,有职就有权,无职则无权,并且职权同职务的关系成正比,职务越高,拥有的权力也就越大。职位权力包括惩罚权、奖赏权等,它是保证组织正常运行的基本要素。

职位权力的主要影响方式有以下几个方面。

(1) 合法要求。领导者在职权范围之内,可要求所管辖的下级履行与工作有关的责任和义务。

(2) 奖励报酬。可分为经济性奖酬和非经济性奖酬,前者包括提供佣金、红利、加薪、入股、福利待遇等经济诱因,后者包括表扬、升迁、给予较好的工作条件、调整有利的工作时程、授予更大的自主权等非经济诱因。

(3) 强迫。强迫的影响方式在于以恐惧引发服从,如批评谴责、罚款、减薪、降职、降级、停止加薪、开除等,这种方式在现代管理中已受到严格的制度限制,作为领导者也应尽量少用这种方式影响他人。

(4) 决策。通过决策的制定和实施来影响个人和群体,如修改工作程序、机构调整、人事任免、组织目标的确定、政策的制定、解决问题方案的抉择、人力资源与物质资源的分配等都是决策的影响方式。

(5) 信息控制。在信息日益发达的今天,公共组织的领导者必须懂得如何获取信息、如何控制信息以及如何利用信息,无论是对内还是对外,领导者都应有效地控制各种情报信息的流程,从而影响和制约被影响者。需要说明的是,信息控制不只是职位权力者所有,个人权力也有。

(二) 个人权力

个人权力(即非职务权力)是职务之外的,是由于个人的性格、知识、经验、能力、技术,乃至个人的品质和行为、业绩、声望或其他个人因素获得的影响他人心理和行为的能力,也就是个人影响力。个人权力渊源于领导者自身,以对方的追随和自觉服从为前提,是一种超时空的影响他人的力量或能力。这种影响力与职位无关,只取决于个人素质,是保持组织正常运作的补充要素。

个人权力的主要影响方式有以下几种。

(1) 专家权。专家权指个人具有的专业知识和技术能力,有时也表现为文凭、执照或资格证书。专家权具有群体和社会认同感,领导者在运用这一权力时具有说服力,从而对公共组织产生良好的影响。

(2) 个人魅力。个人魅力产生于领导者的特质个性。斯托格迪尔研究表明:个人魅力表现为生理特质(如精力、外貌和身高等)、智慧与能力特质、个性特质(如适应性、进取心、积极性、自信心等)、工作特质(如成就欲、持久性、主动性等)、社会特质(如合作性、交际技巧、管理能力)等几个方面。更为重要的是,人们愿意追随那些他们认为可以满足他们个人或群体需要的人,并且深信他一定能够带领他们走向成功。

(3) 良好的人际关系。在工作中建立良好的人际关系,是影响组织或社会成员的一种重要方式。有学者认为,个人事业的成功,30%取决于技术、知识和智慧,70%取决于人际关系。因此可以说,建立在相互尊敬、羡慕、了解和信任基础上的良好人际关系是完成工作的一种重要权力来源。另外,良好的人际关系也可成为重要的信息渠道,为组织的发展提供有效的信息来源。

(4) 高尚的品质。作为组织的领导者,应具有高尚的品质,忠诚正直、廉洁奉公,群体为上,以人为本,一视同仁。只有这样,才能提高个人在群体中的威望,在组织中产生极大的影响力。

(5) 创新精神。创新是组织生存和发展的必由之路,墨守成规的组织必将被时代淘汰,人们通常渴望创新,而只有具有创新精神的领导者才能在组织或社会中形成强大的个人影响力。

■ (三) 领导权威的完备性原理

由于对以上两种权威来源的认识和理解不同,自然就形成了两种权威观,即正式权威论和权威接受论。

(1) 正式权威论是古典管理学派的权威观。这个学派认为,领导者主要依靠职位权力来树立威信。亨利·法约尔说:"所谓权限,是指发布命令的权力和引导员工服从命令的能力。"他们主张充分利用职位权力,在发号施令中树立领导权威。

(2) 权威接受论是以切斯特·巴纳德为代表的社会系统学派的观点。他们认为,权威的主要来源是个人权力,而非职位权力,权力和权威不是来自上级的授予,而是来自下级的认可,领导者的权威是否成立,不在于发布命令本身,而仅仅在于命令是否被接受和执行。

综上所述,作为一种影响力的领导权威有广义和狭义之分。狭义领导权威仅指职位权力,也就是职务影响力或强制性影响力;广义领导权威则包括职位权力和个人权力,后者即个人影响力或非强制性影响力。领导权威就是二者的统一体,即领导权威=职务权力+个人权力。也就是说,职务权力带来的强制性影响力与个人权力带来的非强制性影响力的结合,即构成现实的领导力,这就是领导权威的完备性原理。

事实上,职务权力和个人权力在权力结构中并不是均衡的,后者变得越来越重要。所谓的开发领导力或开发领导潜能,主要是指开发个人权力,而不是职务权力。在农业经济时代和工业经济时代,权力的来源是血缘关系、财富和暴力,谁拥有这些谁就容易获得和享有权力。当知识经济时代到来的时候,谁拥有知识、能力,谁就容易拥有权力。更全面地说,知识经济时代人们最崇敬的是个人的品德魅力、知识能力和成功经历。谁拥有这三方面的优势,谁就拥有较大的影响力,也就容易获得正式的职务权力,或强化职务权力。这种权力来源的重大变化,正是知识经济时代所具有的主要特征之一。

第二节 公共组织领导者

一、公共组织领导者的内涵

公共组织领导者是指从事公共管理的政府部门及非政府公共机构中依法担任领导职务、行使领导权力并负有相应领导责任的个人和集体,其中主要是政府部门的领导者。

公共组织领导者和一般行政工作人员的主要区别在于,依法占据公共组织中正式的职务,具有相应的职权和职责。领导职权是指来自领导职务,并用于履行公共职责的权力。职权同职务紧密相连,公共组织领导职务一旦取消,公共组织领导职权也随之消失。领导职责是指担任领导职务者在行使其职权过程中应承担的责任,主要包括政治责任、法律责任、工作责任和道德责任。

公共组织领导者的来源一般有两种。一种是内部来源,即从公共组织系统内部升任和补充。这类人员熟悉情况,具有施政经验,便于尽快打开领导工作局面,同时也有利于激发内部人员的进取心。另一种是外部来源,即从全社会选拔优秀人才。这样可以取得为组织输入新思想、新活力,开拓新局面的效果,同时有助于防止帮派和小集团的滋生。在我国,公共组织领导者取得领导职务都必须经过法定程序。当前我国法定的担任公共组织领导者职务序列中的人员,是通过选任制、委任制、考任制、聘任制四种方式产生的。

我国行政机关领导者的职务,按照国家公务员的领导职务序列,共有10个职务等次,分别是:国家级正职、国家级副职、省部级正职、省部级副职、厅局级正职、厅局级副职、县处级正职、县处级副职、乡科级正职和乡科级副职。另外,还设有8个非领导职务序列,即巡视员(相当于厅局级正职)、副巡视员(相当于厅局级副职)、调研员(相当于县处级正职)、副调研员(相当于县处级副职)、主任科员(相当于乡科级正职)、副主任科员(相当于乡科级副职)、科员和办事员。这八级非领导职务,都规定了任职资格条件,严格职数和层级限制(中央国家行政机关最高可设到正司级,地方各级行政机关最高不能超过所在部门的领导职务层级)。

二、公共组织领导者与工商企业领导者

美国学者华莱士·塞尔曾提出一个引起争论的定律:"公共事业和私营企业的管理,在所有不重要的方面是基本相同的。"这个定律更确切地说是一种格言式的结论。哈佛大学学者格雷厄姆·奥尔森在充分研究的基础上,针锋相对地提出了他的观点:"公共事业管理和私营企业管理的不同之处与相同之处同样多,并且不同之处比相同之处更为重要。"美国的约翰·邓洛普在《政府管理部门与私营企业的印象比较》一文中,从十个方面进行了比较。理查德·诺思塔特以美国总统和大公司总经理为例,指出了他们六个方面的显著区别。格雷厄姆·奥尔森则从更多、更细微的方面,对美国环境保护局局长和美国汽车公司总经理这两个典型人物进行了案例分析。

公共组织领导者与工商企业领导者存在诸多差异,主要包括以下方面。

1. 任期

公共组织领导者，特别是政府部门的领导者一般都是有任期的，有严格的等级晋升和退休制度，在一个岗位上的服务期限相对较短。工商企业领导者没有任期制和行政级别，通常在领导岗位上可以有较长的任期。

2. 薪酬

公共组织领导者的工资多来源于国家财政支出，即纳税人缴纳税款的转化形式，这集中体现了他们公共服务的角色。工商企业领导者的薪酬源于企业自身利润。这说明二者的工作性质和激励方式大为不同。

3. 个人素质结构

公共组织领导者大多与政治关系密切，又行使公权，因此要求有较高的政治素养和道德水准，"讲政治"摆在首位，其领导活动对全社会有示范性和导向性作用。对工商企业领导者当然也有上述方面的要求，但由于他们主要从事经济和商业活动，更看重的是他们的经营能力和市场开拓能力。

4. 责任

公共组织领导者作为社会公众人物，其自身及其工作方式都是开放的，特别是在制定公共政策时，要贯彻公开原则，如公民参与或听证，便于社会公众知晓和检查、监督。而工商企业领导者及其工作则有更多的私人属性，其工作方法多为内部运作，除管制规定如上市公司要求财务公开等以外，并没有对公众开放的义务。

5. 人事权限

公共组织领导者的人事权限受到很多制约，如个人不能作出人事任命。政府的人事政策和权限更多的是在组织人事部门的控制之下，包括机构之外的组织人事部门和民意代表机构。工商企业领导者作为独立的经营法人，有相当大的人事自主权，有权任命、罢免和解雇其雇员。

6. 与传媒的关系

公共组织领导者与大众传媒关系越来越重要，他们通过大众传媒监测环境、了解民意、阐释政策、引导舆论、开展工作，同时他们的活动及工作内容也受到大众传媒的广泛关注。公共组织领导者要善于和大众传媒打交道。工商企业领导者与大众传媒的关系主要表现为宣传和广告，而且多是通过工商企业公关部门来策划运作的。

7. 绩效评价

公共组织领导者的绩效表现为社会公共效益，涉及众多因素和主观评价标准，评估难度较大。工商企业领导者的绩效评价标准主要是利润，即"账本底线"，相对来说易于衡量。

8. 公共监督

公共组织领导者特别是政府部门的领导者，行使公共权力受到各方面的检查和监督，如立法、司法、政党、舆论等，个人活动也受到很多制约。工商企业领导者当然也要受到上述方面的检查和监督，但更多的是在工商、税务和消费者方面，个人行动相对更加自由。

公共组织领导者与工商企业领导者之间虽有上述不同，但也有相同的地方，最为相同的一点,就是都要有创新精神和创新能力。所谓创新,就是扬弃旧的事物,创造新的事物,这恰恰是领导的本质。领导带来变革,没有创新,就不成其为领导。对一个公共行政组织和工商组织来说,领导者作为引路人和掌舵者,必须具备创新精神和创新能力,才能在日新月异的现代社会中引导本组织、本部门跟上时代发展,创造骄人业绩。

公共组织领导者与工商企业领导者之间是相互影响的。公共组织领导者在相互影响中处于主导地位,对全社会有导向作用。因此,公共组织领导者提高自身素质、提高领导水平和领导艺术就尤为重要。孔子说"政者,正也。子率以正,孰敢不正",就是这个道理。公共组织领导者也要向工商企业领导者学习,吸收他们的长处,提高公共管理部门特别是政府机构的领导绩效。但是,如果认为只要将工商企业中成功的领导模式直接、简单地移植到公共管理中来,就能产生重大的改进,这种观点则是错误的。

■ 第三节 领导者的基本技能与基本职责

案例 4

对于承担不同公共管理职能的领导者而言,拥有一定的素质和技能是其完成组织使命、实现组织目标的基本前提。组织赋予领导者一定职权,要求其完成管理任务,然而,仅有职权是不够的,必须辅之以领导者个人技能,这样才能使领导行为变得卓有成效。

■ 一、领导者的基本技能

罗伯特·卡茨认为,领导者必须具备三种技能,即技术技能(业务能力)、人事技能(处理人际关系的能力)、概念技能(抽象和决策能力)。上述技能又简称为领导者的 THC 技能。

□ 1. T 技能

T 技能即技术技能(technical skills),是指正确地掌握从事一项工作所需的技术和方法。它包括三个方面的内容。

(1) 掌握专业技术,如公共预算技术、工程设计技术、各种机器设备的操作技术、人员功能的测评技术等。

(2) 掌握工作方法和程序,如行政执行方法、机关办公的收文和发文程序、市场的各种营销方法等。

(3) 掌握工作制度和政策,如行政许可制度、税收政策与法律、会计制度和财务规定、人事制度和人事政策等。多数技术技能可以在学校教育和工作培训中获得,但唯有工作实践才能提高技术技能的熟练程度。

一般而言,领导者所处层级越低,对其技术技能的要求就越高。因为基层领导者大多数时间都在指导和监督操作者的具体工作,回答他们有关工作方面的问题。基层领导者为提高管理权威和管理效率,就必须具有过得硬的技术技能。对中高层领导者来说,技术技能在其需要的全部技能中所占比例相对小一些,而且技术技能的结构也相应发生了变化,要求其由单一技术技能发展为多样化的技术技能。一般说来,中高层领导者是由基层领导者晋升上来的,基层领导者技术技能的单一化必然造成中高层领导者技术技能的单一化,这显然不利于中高层领导者对下级的技术指导。为克服这一弊端,可采取两种措施:第一,运用组织手段,在不同的管理岗位之间轮换基层领导者,以便培养未来的中高层领导者;第二,优化中高层管理队伍的人员组成,使整个队伍形成多样化的技术技能结构。

2. H 技能

H 技能即人事技能(interpersonal skills),是指在工作中与人打交道的技能。它包括以下三个方面的内容。

(1) 处理人际关系的技能(主要指协调技能和沟通技能)。领导者处于组织结构网络的网结上,与上(上级)、下(下级)、左右(平级)的人发生着联系,有时还要与组织外部的人发生联系(尤其是高层领导者)。娴熟地运用人事技能处理与这些人的关系,建立起相互的信任和真诚的合作氛围,管理工作则会事半功倍。

(2) 识人用人的技能。管理就是通过他人的努力达成组织的目标,因此领导者必须深入地了解他人,用人所长,避人所短。而要做到这些,领导者就必须有一套高超的识人和用人的技能。

(3) 评价激励技能。一般而言,组织成员的工作积极性和创造性不会自发产生,需要领导者给予激发,因此领导者应该掌握现代评价和激励方法,以便客观公正地评价他人,并给予激励。人事技能可以在学校教育和管理实践的循环过程中逐步获得。

人事技能对各层领导者都具有同等重要的意义,而且,要求领导者具有人事技能也是民主管理和人本管理的发展趋势使然。多项研究结果表明,在同等条件下,H 技能突出的领导者能够获得更大的成功。遗憾的是,在现实中,并非所有领导者都认识到了这一点。例如,对于那些曾经搞过技术工作的领导者来说,往往会有以具体工作为中心的取向。因此,对他们来说,人际关系在他们的工作日程表上是不会取得"优先权"的。他们认为,如果把时间都花费在处理人际关系这种琐碎的、不起眼的"小事"上得不偿失。事实上,处理人际关系的能力是领导者应具备的基本能力之一。一个领导者必须使自己成为一个重视组织内部关系的领导者,必须拿出足够的时间和精力来处理人际关系。

3. C 技能

C 技能即概念技能(conceptual skills),是指对事物的洞察、判断和概括技能。对高层领导者而言,它是最重要的一种技能。它包括以下三个方面。

(1) 预测技能。组织及其环境处于不断的变动中,领导者应密切注意组织内部各个组成要素的相互作用以及组织与环境的互动关系,预测各种因素在当前的微妙变化将对组织未来的发展构成哪些可能的影响。

(2) 判定技能。组织在发展过程中,经常会出现一些意想不到的问题,造成混乱的局面。领导者需要敏捷地从混乱而复杂的局面中辨别各种因素的相互作用,迅速地判定问题的实质,以便果断地采取对策。

(3) 概括技能。领导者应依据信息作出决策,而从纷繁复杂的信息中抽象出对组织全局和组织战略有重要影响的关键信息则依赖于领导者的概括技能。概括技能虽难以描述,但它绝非生而有之,勤于思考、善于学习、不断总结经验,是获得概括技能的最佳途径。

对各种不同类型公共组织的领导者而言,具备 THC 技能是对领导者的基本要求,但研究发现,不同层级的领导者对技术、人事、概念等三种技能有着不同的要求。亨利·法约尔指出,管理人员的能力和素质具有"相对的重要性"。随着领导者等级地位的提高,管理能力的相对重要性增加,而技术能力的重要性减弱。罗伯特·卡茨则进一步提出,如果把领导者分为低、中、高三个层次,那么技术、人事、概念三种技能在这三个层次中的结构比例如下:低阶层是 47∶35∶18,中阶层是 27∶42∶31,高阶层是 18∶35∶47。

已有研究结果表明,出色的概念技能可使领导者作出更佳决策。概念技能对高层领导者来说尤为重要。中低层领导者也应具备一定的概念技能,否则就难以准确地理解和有效地贯彻执行高层的决策。

■ 二、领导者的基本职责

领导者的职责就是领导者为了实现领导职能而应承担的责任和所要做的工作,是领导者在行使权力过程中应尽的义务。对领导者的责任的理解,可以从不同的视角进行认识。

1. 抽象视角

抽象地说,组织中的领导者应该肩负四种责任,即政治责任、法律责任、伦理责任和工作责任。领导者工作责任的展开,就是领导者职责。刘少奇同志曾经指出:领导者和领导机关的职责,就是实行正确的领导;就是要正确地了解情况,正确地抓住中心,提出任务,决定问题;正确地动员和组织群众来实现自己的决定;正确地组织群众来审查自己决定之实行的情况。这在一定程度上概括了领导者职责的实质。

从领导工作的实际情况看,领导者职责主要包括:①调动一切积极因素,不遗余力地去实现群体或组织目标;②在工作范围内充分、正确、恰当、节制、透明地使用权力;③恰到好处地利用各种社会资源,尽力减少对这些社会资源的浪费或荒废;④建立、健全、维护和遵守群体或组织乃至社会的制度和法律;⑤对群体和组织乃至社会的信任和委托作出令他们感到满意的回答;⑥接受群体和组织乃至社会的监督检查;⑦成为清正廉洁、言行一致的实践者和组织成员楷模,当好群体和组织的栋梁和轴心,保证群体和组织全社会崇尚真理和正义,营造良好的道德环境;⑧确保整个领导行为都有最充分、饱满的服务性质。

2. 系统视角

伴随当代领导科学的发展,许多学者从学科意义上提出了一系列关于领导者职责的系统论述。美国领导学者詹姆斯·库泽斯和巴里·波斯纳认为现代领导者应具有五种行为,在五种行为中分别包含有不同的使命。两位学者的领导行为观实际上就是领导者在实际工作中应当履行的职责。五种行为包括:①以身作则,其使命是明确自己的理念,找到自己的声音以及使行动与共同的理念保持一致,并为他人树立榜样;②共同愿景,其使命是展望未来,想象令人激动的各种可能以及诉诸共同愿景,并感召他人为共同的愿景而奋斗;③挑战现状,其使命是通过追求变化、成长、发展、革新的道路来找寻机会,进行试和冒险,以不断取得小小的成功,并从错误中学习;④使众人行,其使命是通过强调共同目标和建立信任来促进合作,并且通过分享权力来增强他人的实力;⑤激励人心,其使命是通过表彰个人的卓越表现来认可他人的贡献,并通过创造一种集体主义精神来庆祝价值的实现和胜利。

而约翰·加德纳的划分更为详细,他提出了领导者的重要职责,即八大任务,分别如下。①拟定目标。②确定价值。③激励行动。④学会管理。约翰·加德纳对此领导者职责的解释是:"大部分管理者都会表现出某些领导技巧,而且大部分领导者偶尔也会发现他们自己在执行管理。虽然领导和管理并不是一回事,但他们却有部分重合,因此有必要将管理纳入领导者的表现中。"⑤致力于统领。即化解内部矛盾,保持组织团结,建立相互信任。⑥宣导说明。这是由于人们都想知道问题出在哪里、为什么他们必须做某些事、为什么他们会充满困顿挫折,领导者的责任就是替追随者把话说出来。⑦作为象征。⑧担任团体代表,如出面谈判、维护体制完整、处理公共关系等。

综上可以发现,在西方领导学者视野中,领导者主要应当承担和履行四种职责:①拥有愿景;②提出战略;③形成联盟;④激励与鼓舞。

依据中国具体国情,并置于中国语境,从系统视角出发,国内学者普遍认同的领导者职责可以表述为:①领导决策;②领导用人;③沟通与协调;④激励与鼓舞;⑤思想政治工作。其中,领导决策相当于西方国家语境中的拥有愿景、提出战略。领导用人和沟通与协调相当于形成联盟,激励与鼓舞则是东西方的共识,而思想政治工作则是我们的传统、优势和宝贵财富。

3. 角色视角

领导者职责从角色视角来看,要求领导者在实际工作中扮演好两种角色:其一是任务角色,即达成组织目标的角色;其二是社会角色,即协调人际关系的角色。这种对领导者职责的双维度阐述,始终是管理学、领导学所关注的话题之一。

在信息技术快速发展,经济全球化步伐加快的今天,上述关于领导职责的认识仍然具有极其重要的理论价值和现实意义。这就要求领导者在任何时候都应当平衡和处理好两种关系:把多少时间和精力放在扮演任务角色上,把多少时间和精力放在扮演社会角色上。据有关调研资料显示,在许多组织中普遍存在着一种"领导烦恼现象",即领导者往往要把70%的时间和精力用在处理和协调组织中的人际关系方面,只能用30%的时间和精力用在达成组织目标方面,这说明社会角色占据了领导者的大量时间和精力。

尽管组织中的"内耗现象"与无休止的应酬令人烦恼,但是,就领导者的职责而言,协调和处理人际关系并不是领导工作的额外负担。这里需要说明的是,人际关系的实质是利益关系。领导者是组织中众多利益和矛盾冲突汇集的中心,每个群体乃至个体都有自己特殊的利益诉求。尽管从总体上看,达成组织目标可以满足组织全体成员的共同利益,但是具体到每个群体和个体自身利益的实现,则往往有前有后,莫衷一是,具有明显的非均衡性。这就要看领导者如何回应和协调不同的利益诉求,倘若回应和协调不好,必然会影响组织目标的达成。

本章重要概念

领导(leadership)　　领导者(leaders)　　管理(management)

公共组织领导者(leaders of public organization)

私人部门(private sector)

技术技能(technical skills)

人事技能(interpersonal skills)

概念技能(conceptual skills)

领导者职责(responsibilities of leadership)

本章思考题

1. 联系实际,谈谈你对领导(者)与管理(者)两者差异的认识。
2. 试阐述领导者应具备的基本技能。
3. 什么是公共组织领导者？公共组织领导者与工商企业领导者有何差异？

本章推荐阅读书目

1. [美]加里·尤克尔. 组织领导学[M]. 陶文昭,译. 北京:中国人民大学出版社,2004.
2. [美]斯蒂芬·P. 罗宾斯. 组织行为学[M]. 孙健敏,等,译. 北京:中国人民大学出版社,1996.
3. [美]哈罗德·孔茨,海因茨·韦里克. 管理学[M]. 张晓君,等,译. 北京:经济科学出版社,1998.
4. [美]斯蒂芬·P. 罗宾斯. 管理学[M]. 黄卫伟,等,译. 北京:中国人民大学出版社,1997.
5. 朱立言. 行政领导学[M]. 北京:中国人民大学出版社,2004.
6. 朱立言. 领导科学与领导艺术[M]. 北京:中国人事出版社,2004.

第三章 领导活动的客体

——本章导言——

领导活动的客体是指领导者开展领导实践的环境或场所。在领导学研究视野中,领导活动的客体一般被定义为被领导者及领导环境。领导环境对领导活动有着重要影响。迈克尔·哈默在《新组织之魂》中提出,无论是过去还是现在,每个组织都有自己的语言、自己的历史形态(神话)以及自己的英雄。这一连串丰富的内容缠绕在一起,不断向新老成员证实和灌输组织的形象特征和行为规范。同时,以各种各样正式的或非正式的方式,告诉组成人员什么该做,什么不该做。像其他社会团体一样,公共和私人部门也培育了自身独特的"组织文化",它影响着领导行为,也塑造着领导者。

第一节 领导环境

一、领导环境的含义与特征

案例 5

组织是人类在生产、生活实践活动中所产生的一种合作形式和合作形态,任何组织必然存在于特定的环境之中。组织与环境之间既有区别,又彼此依赖、相互渗透,二者通过不断的交互作用和互动过程,来影响和制约对方的行为和功能,在相互适应和调整过程中保持着一种动态的平衡状态。

(一)领导环境的含义

环境一词是指事物周围的情况和条件。环境的最初含义主要是指空间上的范围大小,具有明显的地域边界,即环绕而成的区域。随着社会的发展,环境含义逐渐突破了原有的狭窄的空间属性,具有越来越宽泛的社会意义和人文意义。

领导环境有广义和狭义之分。狭义的领导环境,是指领导者所在组织的内部情境;广义的领导环境,则是指组织内部情境和组织赖以存在和发展的外部条件的总和。具体而言,领导环境是指独立于领导者之外并能为领导者所认识的客观存在,包括对领导活动产生直接或潜在制约的各方面因素、条件的总和及其所形成的发展态势。领导环境与领导者、追随者共同构成了领导活动的最基本要素。

任何领导活动都是在一定的领导环境中展开的,同样的,任何领导者都是在一定的政治、经济、社会和技术力量变动的开放系统中进行决策、组织、协调和控制活动的。一方面,正是由于领导者受制于一定的客观环境,才使得任何领导理论或领导方式都面临着时空的限制;另一方面,领导者也在塑造着有利于自身的领导环境。领导环境对领导活动有着复杂而深刻的影响,作为领导者必须对环境给予高度的重视,带领追随者积极认识、适应、利用和改造环境。

在现代社会中,组织成功的概念与组织和环境之间的一致性程度呈正相关关系,而一致性程度首要以认知程度为基础。作为领导活动中的一个基本要素,领导环境是对领导者、追随者和群体目标的一个有效补充,有助于从更为广阔的视角研究领导活动运行发展的过程和规律。领导环境沟通和连接了领导活动中多种表面看来并无联系的要素,为领导科学的研究和发展提供了一种动态的、联系的观察视角和学术思路,这充分说明了研究领导环境的重要意义。对领导环境的基本含义,还可以通过以下几点作进一步的了解。

(1)领导环境既包括客观的物质因素和条件,也包括主观的精神因素和条件,它们都是领导者认识和实践的对象。领导环境具有动态性,其各个方面的条件、因素都处于发展变化之中,因此会派生出很多矛盾和变化,也必然会使领导者及其追随者在工作上面临新问题、新情况、新任务。

(2)领导环境是一个多层次的开放的有机系统。首先,它是指领导者所在的组织系统;其次,它包括集体领导,即组织指挥子系统;再次,它还包括上、下、左、右各相关系统,如上级领导单位、下属单位、横向纵向与之发生各种工作联系的部门和人员等;最后,它还涉及整个国家、社会乃至国际环境的大系统。领导者就是在这样极其复杂的环境中处理各种"内政外交"事务的。

(3)领导环境还包含着组织特有的工作任务,这是领导环境中的重要内容之一。工作任务与领导环境是密切相连、不可分割的。社会中每个组织都有其特定的工作任务,它既是组织存在和发展的基本依据,也是组织成员凝聚到一起的基本条件。所以,领导者所面临的领导环境,必然包括客观的工作任务。领导者的重要责任之一,就是把环境改造并提升为在主观上清晰可辨的领导目标,并率领追随者完成组织任务。

(二)领导环境的特征

1. 客观性

领导环境虽然在一定程度上为领导者所感知,而且领导者也可能在一定程度上对环境施加某种影响,但归根结底,领导环境是一种不以人的意志为转移的客观实际。一方面,领导环境是独立于领导者而存在的,无论领导者能否认识或把握它,领导环境都依然会发挥各种作用。这就要求领导者树立自己的环境意识,在开展领导活动时充分考虑到各种环境因素。当然另一方面,环境也具有部分可塑性,即领导环境也具有可改造性。这说明,领导活动并不是消极被动地适应环境的产物。在领导过程中,领导者可以通过完善领导体制、变革组织文化、调整传统组织结构等措施来完善领导环境,以促成领导目标的达成。

2. 复杂性

如前所述,领导环境是一个由诸多要素相互作用而形成的系统,领导者在领导活动中所遇到的环境非常复杂。首先,领导环境的因素多种多样,常常相互交织,内部环境与外部环境同时作用,导致领导环境情况错综复杂。另外,即使客观环境相同,不同的领导者也不可能做出相同的事情,甚至可能产生截然相反的反应,进而引起不同的领导活动和领导结果。而领导环境不同,即使领导者相同,也不可能产生相同的领导行为和领导结果。领导环境的复杂性决定了领导者在作出行为选择时,应当从多方面、多角度了解领导活动所具备的环境。一般而言,领导层次越高,面对的领导环境也就越复杂。同时,领导环境因素尽管是多样的,但并不是杂乱无章的。一定类别的环境因素总是与一定领域、内容的领导活动联系在一起的。

3. 稳定性与动态性的统一

领导环境是领导者所面对的周围的全部现实条件和客观境况,既包括领导者所处的组织环境,也包括整个组织所处的社会以及文化条件。一个组织的组织文化及其所处的社会和文化条件具有一定的稳定性。领导环境的稳定性主要体现在领导环境中各个方面、各个因素、各个条件的有序运行和顺利发展,在一定时期的变化相对较小。

然而,领导环境也具有动态性特征。领导环境始终处于不断变化之中,领导环境发展变化的原因在于领导环境构成要素自身的矛盾运动及领导活动与环境系统的相互作用。领导行为不仅是环境的产物,领导行为选择一旦作出,也会反过来对它赖以产生的环境产生反作用。在动态发展的过程中,领导环境的各种要素相互作用、相互制约,不断派生出诸多矛盾和变化,是导致领导活动中新矛盾、新问题不断出现的重要原因。但是,领导环境的发展变化并不是杂乱无章的,而是具有一定的规律性。

领导环境的稳定性和动态性是辩证的对立统一关系。一方面,稳定性既是领导活动顺利开展的重要前提,也是领导活动对领导环境的基本要求;另一方面,动态性要求领导者始终具有变革与创新意识,领导者不但要善于审时度势,因时、因地地调整和改变自己的行为,而且要在发展变化的环境中,积极探究和恰当利用领导环境动态发展变化的规律,以便更好地利用和改造环境。

4. 不确定性

领导环境具有稳定性特征,表现出了一定的确定性,但与此同时,由于构成领导环境的各个要素和各种条件都是随着时间、空间的改变而不断变化的,加之领导者的思维方式和能力水平的不同,因而也导致领导者对同一环境产生不同甚至是完全相反的认识,这些因素决定了领导环境具有不确定性特征。

领导环境的确定性和不确定性是辩证统一的:确定的领导环境,隐含着偶然的不确定性;不确定的领导环境,隐藏着必然的确定性。领导环境的确定性和不确定性错综复杂地交织在一起,二者相互影响,往往很难有明确的界限。有的领导环境是确定的,有的领导环境则是不确定的,而大多数则介于确定与不确定之间。

5. 风险性

领导环境既然具有确定与不确定的二重性质,所以利用和改造领导环境,就可能产生某种风险。领导环境越是具有不确定性,利用或改造的风险必然就越大;反之,风险就越小。领导环境不确定的性质不同,风险的类型不同,危害的性质也不同。

领导者认识上所带来的对环境的不确定是领导环境的认识风险。这种风险是最可怕的,有可能导致领导者的主观盲动主义,在领导方向和路线上容易犯错误。环境本身的不确定性是领导环境的固有风险。这种风险与领导者的主观世界无关,在一定意义上是无法避免的。领导者只有通过对环境的深刻认识,适时调整领导决策和组织行为,才能有效地回避或减少固有风险。

6. 制约性

领导者的一切活动本质上都是踏实和实际的,也就是说都不能脱离和超越客观存在的领导环境,始终受制于领导环境所提供的现实依据和条件。这主要体现在以下方面:其一是领导环境为领导活动的开展提供了前提和基础;其二是领导环境制约和影响着领导目标的实现;其三是领导环境的特性制约和影响着领导方法和领导方式;其四是领导环境影响领导关系的建立和维系;其五是领导环境制约和影响着领导的效能。

7. 特定性

领导环境的特定性主要有两层含义。其一,领导环境只是围绕并适合于领导这种最重要的人类实践活动的,而其他一般意义上的环境并不直接构成领导环境,也就是并不对生产活动产生直接或有效的影响。其二,微观领导环境对特定领导者具有特别适合性。例如,领导者在某一具体的领导环境中工作起来能够得心应手,并取得显赫绩效,但在另一领导环境中却会感到工作起来异常困难,难有成就。这些特定性决定了领导活动必须充分依据领导环境,并同时针对不同的环境特征开展领导工作。只有这样才能确保做到审时度势、因地制宜、有的放矢,进而提升领导工作的适应性、有效性、胜任性。

二、领导环境的类型及其影响因素

领导者在领导活动过程中遇到的环境因素极其复杂,从不同的角度,按照不同的标准可以将领导环境划分为不同的类型。从基本性质看,领导环境可分为自然环境和社会环境;从助益性影响看,领导环境可分为顺境、逆境和沌境;从主观能动性上看,领导环境可分为可控环境、部分可控环境、不可控环境和失控环境;从边界划分上看,领导环境可分为外部领导环境和内部领导环境。以下主要介绍领导环境划分中最典型的一种类型,即内部领导环境和外部领导环境。

(一) 内部领导环境及其影响因素

内部领导环境简称为领导活动的内环境,是指组织内部对领导活动产生制约和推动作用的各种要素的总和。领导活动与内部领导环境的关系最直接、最现实,它直接影响着领导活动的效率。内部领导环境与外部领导环境相比,具有影响的直接性、深入性和相对不确定性等特征。美国领导学者菲德勒在研究中认为,微观(内部)领导环境包含三个关键的方面:职位权力、任务结构以及领导主体与领导客体之间的关系。在一般意义上,影响内部领导环境的因素主要有以下方面。

1. 组织因素

组织有广义和狭义之别,从广义上讲,所谓组织是指由诸多要素按照一定方式相互联系起来的系统;从狭义上讲,所谓组织是指人们为了实现一定的目标,互相协作结合而成的集体或团体。具有明确的目标、具体的权责结构,以及拥有人、财、物和信息等方面的资源是任何组织所具有的显著特征。

现代领导科学意义上的任何领导活动都存在于一定的组织之中,即意味着离开了组织,领导活动也就无从谈起。组织的属性、使命不同,组织的目标也往往不同,必然会导致组织内部领导活动内容、方式等方面的差异。例如,在军事组织中,组织存在的根本目标在于维护国防安全、保障民众的合法权益、维护稳定的社会秩序,全部的领导活动都是围绕这一目标而开展的。为此,采取严格的等级制度、军人的天职是服从命令等就成了这类组织领导方式的基本特征。在营利性组织中,领导者非常注重领导方式的灵活性和适应性,给组织其他成员充分的自由度,以对迅速变化的市场环境作出快速反应。由于组织的自身性质会给领导者的实践活动带来不同的影响,这就要求领导者要对组织的类型、性质、目标、使命等有充分的了解和认识。

2. 组织文化因素

组织文化是"组织上下一致信奉和遵循的无形的行为规则",包括价值观、英雄人物、典礼与仪式、文化网络等。其中,价值观是组织文化的基石,它提供了组织员工共同的思维倾向,并指导着他们的日常行为,决定了组织英雄的类型以及组织文化中的神话、仪式和典礼。英雄是价值观的化身,既是组织文化的集中体现,也是拟人化了的组织文化;典礼与仪式是传播和强化组织文化的重要方式;文化网络是组织非正式的沟通渠道,反馈组织文化信息。

由于发展历史和成长道路不同,不同组织的组织文化往往凸现出明显的个体差异。阿伦·肯尼迪与雷特·迪尔从感性认识的角度,将组织文化归结为强悍型组织文化、工作娱乐并重型组织文化、赌注型组织文化和按部就班型组织文化。约翰·科特和詹姆斯·赫斯克特在实证研究的基础上,从组织绩效与组织文化的关系视角,将组织文化划分为强力型组织文化、策略合理型组织文化和灵活适应型组织文化。

在一个具体的组织中,领导者与组织文化是相互作用、相互影响的。一方面,在组织文化形成过程中,领导者指导组织文化的发展方向,并培育和建设着组织文化本身;另一方面,组织文化又反哺领导者的精神风貌,影响着领导者的处世方式和行为模式。

领导者的职责之一就是建设组织文化,领导者不仅是组织文化的集中体现者,而且是组织文化的楷模。尽管组织文化有多种来源和构成,但领导者在文化方面所展现出来的价值观、伦理观、组织观在其中居于主导地位。与组织其他成员相比,领导者在整个组织中具有特殊身份,决定了组织在建设自己的文化特征时,须臾不能离开领导者的导航作用。第一,领导者重视、调节和控制组织文化。领导者在领导过程中"注意和赞扬的那些过程,"以及"有规则地处理这些事,向组织成员发出强烈信号,告诉他们,什么是重要的和期望他们做的"。领导者在日常工作中的关注重点,往往向组织成员传达出一种强烈的指示信号,组织成员会自觉或不自觉倾向于领导者所关注的方向。领导者在领导过程中的重要举动实际上也是对组织文化的调节和控制行为。第二,领导者面对重大危机时的态度及其处理方式。在当下复杂、动荡的生态环境中,组织随时都可能遭遇来自各方面、不同形式的诸多危机。当面临危机时,领导者对危机的反应态度及其处理方式,往往可以表现出他们的价值观念,有可能增强现有的组织文化,也有可能在某些方面产生改变原先组织文化的价值观念和行为规范。例如,当组织给社会提供的产品和服务因存在瑕疵而被媒体曝光时,领导者是隐瞒真相,还是主动承认错误,争取社会公众的谅解,可以反映出领导者的潜在价值观,进而会影响组织文化的价值观内涵。第三,激励政策和聘人标准。激励政策反映了领导者开展工作时的考虑重点和价值观念,是组织文化的重要组成部分,对于组织成员的行为具有明显的导向作用,特别是额外的激励措施,更容易引起组织成员的注意。可以说,有什么样的激励政策,就会有什么样的组织成员行为倾向。同时,组织招募、挑选、提拔和晋升的标准,向人们传递着领导者用人的基本价值取向。"组织维持一种文化的基本方法,就是招募过程。此外,用以决定派谁承担特定职务和工作,让谁提职和调动的标准,以及为什么让谁以解雇或提前退休的方式等等,都加强和表明了文化的基本方面。这些标准是组织内所通晓的,并能够维持和改变现有的文化。"

3. 组织成员因素

组织中的组织成员,即领导者的下属或追随者,是指在领导活动过程中,能够按照领导者的意图,为达成组织目标而执行组织的决策方案的行动者。组织成员对领导者在领导活动中实现既定的目标,起着十分关键的作用。这是由于组织成员既是领导活动得以顺利开展的中介力量,也是组织目标最终得以实现的决定性力量。领导者与组织成员之间的关系具有互相依赖性:一方面,领导者顺利开展工作有赖于组织成员的认可和支持;另一方面,组织成员行为目标的实现,也有赖于领导者的肯定和认同。只有领导者与组织成员之间建立起一种相互信任、相互支持、相互认可和相互监督的良性关系,才能保证领导活动开展的有效性,从而促进组织目标的顺利实现。然而,组织成员的特质往往具有差异性,在一个组织中几乎不可能存在完全同质性的组织成员,这就要求领导者在领导活动中必须考虑组织成员的个性特质,组织成员不同,所采取的领导方式也应当有所不同。

1) 组织成员的成熟度不同,领导方式不同

组织成员的成熟度是指作为个体的追随者对自己的直接行为负责任的能力和愿望状况,主要表现为工作成熟和心理成熟状况两个方面。工作成熟度是指组织成员所拥有的与工作相关的知识、技能和经验的综合程度。工作成熟度高的组织成员由于拥有足够的专业能力和丰富的工作经验,凭借其自身能力就可以完成工作任务而不需要他人的指导。与之相反,缺乏专业知识和工作经验的组织成员,在工作过程中则需要他人的指导,才能有效完成任务。

美国学者赫赛和布兰查德的情境领导理论模型给出了领导者如何根据组织成员的成熟度进行领导方式的选择。在两位学者的理论模型中,他们把领导者分为任务导向和关系导向两种类型,相应地,领导方式可分为四种,分别是指导型领导方式、推销型领导方式、参与型领导方式和授权型领导方式。任务导向型的领导者关注工作的过程和结果,不关注组织成员的情感和需要,组织任务的完成情况是领导者实践行为的目标所在;关系导向型的领导者重视组织中的人际关系,关注组织成员的需求、晋升和职业发展。

赫赛和布兰查德根据组织成员的知识技能状况和工作意愿程度,将组织成员的成熟度划分为以下四个阶段。第一阶段是低成熟阶段。处于此阶段的组织成员对执行任务既无能力又不情愿,他们既不能胜任工作,又不被人信任,这时候领导者就应当采用高任务、高关系的指导型领导方式。领导者应经常告诉组织成员如何去做以及何时、何地去做。第二阶段是成熟发展阶段。处于该阶段的组织成员尽管缺乏工作能力,却非常愿意承担工作任务,他们虽有工作积极性,但缺乏相关的专业知识和工作技能,这时候领导者应采取高任务、低关系的推销型领导方式。领导者既要告诉组织成员何时、何地应该如何去做,又要注重组织成员的个人感受,关心追随者的工作态度。第三阶段是中成熟度阶段。处于此阶段的组织成员具有工作能力却不愿意干领导者分配的工作任务,这时候领导者应采取低任务、高关系的参与型领导方式。领导者与组织成员共同决策,同组织成员进行

有效沟通,关心组织成员的工作感受,积极引导和充分激励他们投身于工作。第四阶段是高成熟度阶段。该阶段的组织成员既有工作能力又有工作热情,这时候领导者就应当选择授权型的领导方式。领导者尽量少提供或者不提供工作支持和指导,大胆授权,放心让组织成员自己去干工作(详解参见第四章)。

2) 组织成员的参与程度不同,领导方式不同

由于组织成员的知识结构、个性特征以及个人能力等方面的差异性,影响了不同的组织成员对组织活动的参与程度。根据组织成员参与组织活动程度的不同,领导者在领导活动过程中所采取的领导方式也应当有所不同。

以美国管理学家罗夫·怀特和罗纳德·李皮特为代表的一些学者,提出了三种领导方式:权威式领导、参与式领导和放任式领导。第一,权威式领导。此类领导者也被称为"独裁式"的领导者,他们几乎决定所有的政策;所有计划及具体的方法、技术和步骤也由领导者发号施令,并要求组织成员不折不扣地依从;工作内容、资源的分配及组合,也大多由他单独决定;平时他们对组织员工的接触、了解不多,如有奖惩,也往往是对人不对事。大多数权威式的领导者为人教条而且独断,往往借助奖惩的权力实现对别人的领导,对组织成员既严厉又充满要求。第二,参与式领导。参与式领导者一般会在理性的指导下及一定的规范中,使组织成员为了目标做出自主自发的努力,他们往往认真倾听组织成员的意见并主动征求他们的看法。参与式领导者将下属视为与己平等的人,给予他们足够的尊重。在参与式领导者管理的团队中,主要政策由组织成员集体讨论、共同决定,领导者采取鼓励与协助的态度,并要求组织成员积极参与决策;在确定完成工作和任务的计划、方法、技术和途径上,组织成员也有相当的选择机会。通过集体讨论,领导者使组织成员对工作和任务有更全面、更深刻的认识,并就此提出更为切实可行的计划和方案。参与式领导方式按照组织成员的参与程度又可分为三种不同的类型:其一是咨询式,领导者在作出决策前会征询组织成员的意见,但对于组织成员的意见,他们往往只是作为自己决策的参考,并非一定要接受;其二是共识式,这类领导者鼓励组织成员对需要决策的问题加以充分讨论,然后由大家共同作出一个大多数人同意的决策;其三是民主式,领导者授予组织成员最后的决策权力,他们在决策中的角色则更像是一个各方面意见的收集者和传递者,主要从事沟通与协调。第三,放任式领导。此类领导者喜欢松散的领导方式,极少运用手中的权力,他们几乎把所有的决策权都完全下放,并鼓励组织成员独立行事。他们对组织成员基本采取放任自流的态度,由组织成员自己确定工作目标及行动。他们只为组织成员提供决策和完成任务所必需的信息、资料、资源和条件,提供一些咨询,并充当组织与外部环境的联系人,而尽量不参与、也不主动干涉组织成员的决策和工作过程,只是偶尔发表一些意见,任务的完成几乎全部依赖组织成员的自主工作。这种领导方式虽然控制力较弱,但对专业人员却可以收到不错的效果(详解参见第四章)。

3) 组织成员工作的结构化程度不同,领导方式不同

所谓工作的结构化程度是指工作任务是否清晰、明确,完成任务的方法是否固定,与工作相关的信息是否易于收集,按照以往的工作经验能否解决问题的程度。如果组织成员所承担的工作任务比较清晰、明确,方法比较固定,与工作相关的信息收集比较容易,而且按照以往工作经验足以解决问题,则说明组织成员工作的结构化程度高,相反则低。

加拿大多伦多大学教授罗伯特·豪斯"路径—目标"理论认为,领导者的工作是帮助

组织成员达到他们的目标,并提供必要的指导和支持,以确保各自的目标与群体或组织的总体目标相一致。领导者的基本职能在于制定合理的、组织成员所期望得到的报酬,同时为组织成员实现目标扫清道路、创造条件。豪斯认为,一个领导者的职责具体为:其一是在组织成员达成工作目标后,增加报酬的种类和数量,以增强吸引力;其二是明确组织成员的工作目标,指明达成工作目标的道路,协助组织成员克服工作过程中的障碍,使他们较易获得这些报酬;其三是在完成工作的过程中,增加组织成员满足其需要的机会。根据"路径—目标"理论,领导行为分为以下四种。

第一,指示型领导。领导者对组织成员提出要求,指明方向,并为组织成员提供他们应该得到的指导和帮助,使组织成员能够按照工作程序去完成自己的任务,实现自己的目标。第二,支持型领导。领导者考虑到组织成员的需要,对他们的幸福表示关切,平等待人,与组织成员关系融洽,同时努力营造愉快的组织气氛。当组织成员遇到挫折和不满意时,这类领导行为对组织成员的业绩能产生最大的影响。第三,参与型领导。领导者经常与下属沟通信息,商量工作,虚心听取组织成员的意见,让组织成员参与决策和管理。这类领导行为能提高对组织成员的激励效果。第四,成就型领导。领导者所要做的重要工作是树立具有挑战性的组织目标,寻求改进业绩的方法,深信组织成员愿意实现高要求的目标,并激励组织成员想方设法去实现目标,迎接工作中的挑战。豪斯进一步指出,领导者应该根据不同的环境特点来调整自己的领导行为。当领导者面临一个新的工作单位或一项新的工作任务时,他可以采用指示型领导行为,指导组织成员建立明确的任务结构和各自的工作任务。接下来他可以采用支持型领导行为,以利于同组织成员形成一种协调和谐、积极向上的工作气氛。当领导者对组织的情况进一步熟悉,组织正常运行后,则可以采用参与型的领导方式,积极主动地与组织成员沟通信息、商量工作,让组织成员参与决策和管理。在此基础上领导者就可以采用成就型领导方式,领导者与组织成员共同制定具有挑战性的工作目标,并且运用各种有效的方法激励组织成员为实现目标而努力工作。这一理论还认为,环境因素与领导风格互为补充,而组织成员的特质决定了他们对环境因素和领导风格的评价。因此,当环境因素与领导行为相比较重复或者多余时,或者当领导行为与组织成员的评价不一致时,领导效果都不会很好(详解参见第四章)。

(二)外部领导环境及其影响因素

外部领导环境是居于一个相对独立的领导系统之外的更大系统中的对领导活动产生直接或间接影响的各种因素的总和。从其地位、作用看,外部领导环境是同领导成败直接相关的外在条件,是领导者赖以生存、发展和发挥作用的综合性客观基础和客观条件。反过来,领导者的行为选择又会对外部领导环境产生直接或间接的影响。

组织行为学认为,组织存在于不同类型的环境之中,并对组织环境的类型与特点进行了大量的研究。艾默里和特里斯特依据组织的活跃程度对组织的外部环境进行了以下的分类(见表3-1)。

表3-1 外部环境及其特点

环境的类型	特　　点
平静、随机型	环境简单且平静,环境对组织的影响最小,单个的小型组织存在于其中
平静、串型	环境变化不快,可以对因果关系作出概率估计;组织形成等级层次并实行集权化控制

续表

环境的类型	特 点
混乱、活跃型	存在许多相似的组织,必须不断变化且非常混乱
动荡型	对内部组织和管理的影响很大;组织高度依赖其研究与开发工作,以适应竞争的挑战

劳伦斯和洛斯奇则主要依据组织的稳定性程度对组织的外部环境进行了分类(见表3-2)。

表 3-2　外部环境的性质、类型及其对组织的影响

稳定的环境:变化不大,有一定的规律和较大的确定性	该环境中的组织有规范的操作和严格正规的结构
中性环境:不太稳定,也不太动荡	该环境中的组织既要面临稳定的环境,也要面临变化;组织结构不严格,也不正规
动荡的环境:不断变化,高度的不稳定,结果也不正规	该环境中的组织要面对环境的不断变化,并且要适应这些变化

在一般意义上,外部领导环境的影响因素主要包括经济技术因素、政治法律因素、文化因素、自然生态条件及国际背景因素等。

1. 经济技术因素

整个社会或某一地区、某一行业的经济发展水平、技术发展水平及资源开发状况等,构成领导活动的外部物质环境。领导者所属的组织、部门或单位作为全社会经济技术系统中的一个子系统,其经济发展和技术进步必然受到全系统和相关子系统的制约和影响。领导者的领导实践活动是在市场竞争的条件下进行的,更要受到同行业各相关组织经济技术发展状况的制约和影响,组织领导者应当密切关注同行的环境变化动向。

具体而言,组织外部环境的经济因素主要是指作用于组织的物质条件和经济制度,即马克思主义经济理论中的经济基础。公共部门的主要职能是为社会提供公共产品和公共服务,而私人部门的主要职责是在遵纪守法的基础上,实现投资者利益的最大化。不管是公共部门的领导者还是私人部门的领导者,其重要的职责之一就是保证组织在生产和管理过程中以尽可能少的经济投入尽可能多地提供公共产品和公共服务,以及质优价低的私人产品。这意味着,物质条件的高低直接关系到领导工作的效率和水平高低,而经济制度和生产关系对领导者的绩效具有非常重要的作用,在以经济建设为中心的时代更是如此。科学技术是第一生产力,社会的科学技术水平,不仅影响着全社会人们生活方式的变迁,而且是引发组织在结构形式、领导理念、领导方法等方面进行变革与创新的重要推动力量。

2. 政治法律因素

政治法律因素是指一个国家或地区的政治制度、体制、法律、法规、方针政策等方面的影响因素。其中,政治因素主要包括一个国家的意识形态、政治价值与政治哲学、特定的政治观念与政治传统、阶级现状与阶级结构及变化、国家制度与结构、社会制度与结构(包括其性质和稳定程度)、政党制度与结构、政府体制与结构、现实政治气氛、集权和分权的取向与程度、政治模式与社会治理模式、公共职能和职责的多样性与规范化、公共责任的承担与追究制度、公民参与、平等公开等许多具体情况。法律因素主要包括宪法的功能和地位以及受重视程度、法律的性质及遵守和执行、完善程度以及法律的调整与变化,法制

的建设与发展,法治的普遍化与时效性,法制与权力在实际治理模式中的地位、比重与关系,政府的委托立法权、行政司法权及其应用,法治精神的社会性,法律、法规的制定程序、特别法的制定等。这些因素都制约、影响着组织的领导方式、内部组织结构的设置等,是外部领导环境的重要组成部分。

任何领导活动都不能背离其所在国家的政治、法律制度而存在。作为一种非自然人的行为,领导活动与一个国家的政治传统、法律制度和权力结构紧密相连,并需要自觉遵守一个国家的各项政治、法律制度,否则,组织的发展就会受到限制,甚至会因为组织违法行为而使组织走向解体。

案例 3-1

沃尔玛工会的建立

2006年7月,沃尔玛百货有限公司(WalMart Inc.)福建晋江店成立了工会。出席该工会成立大会的全国总工会副主席徐德明高度评价:该工会的成立充分体现了《中华人民共和国工会法》(下称《工会法》)的强大威力,体现了我国工会的力量所在,体现了沃尔玛员工的追求和愿望,是我国工会史上的一件大事。

根据《工会法》总则第十条,企业、事业单位、机关有会员25人以上的,应当建立基层工会委员会。中华全国总工会徐德明表示:"工会是职工自愿结合的工人阶级的群众组织,对维护职工合法权益、促进劳资和谐具有重要的作用。"在企业、事业单位、机关建立工会组织,是我国法律的规定。

而全球最大连锁零售商沃尔玛却对工会"恨之入骨",反对工会的企业文化也由来已久。其已故创始人沃尔顿认为,工会是一种分裂势力,会使公司丧失竞争力。目前,沃尔玛在全球10多个国家拥有4300多家分店,雇员总数超过160万人,除因收购原因在日本、英国等国的分店有工会组织过活动外,绝大多数包括美国本土分店,都没有一个工会组织。

沃尔玛工会组织的缺失,违反了我国相关法律的规定,直接损害了工人的结社权利,也对保障工人的其他权利埋下了隐患。2004年10月,中华全国总工会公开批评一些大型外资企业抵制建立工会,沃尔玛名列榜首。

在随后两年多的时间中,中华全国总工会与沃尔玛管理层以及沃尔玛的员工进行了积极的沟通和交流,同时,沃尔玛拒绝成立工会是违反我国法律的做法,也给其自身形象带来了极大的损害,带来其订单数量的下降和新店推广计划的搁浅。最终,时隔两年后,第一家沃尔玛工会终于建立起来了。

(金延平. 领导学[M]. 大连:东北财经大学出版社,2007:51-52.)

思考与提示

1. 工会的功能是什么?你认为沃尔玛为何不愿意建立工会?
2. 沃尔玛在工会问题上的态度先后发生了哪些转变?其影响因素是什么?

3. 文化因素

在人类社会繁衍发展的漫长历史演进中，不同种族的人创造了不同的民族文化——一种相对稳定的生活方式、思维方式、人格模式以及社会规范和行为准则。领导作为人类有目的的主体性实践活动，领导者的价值观、思维方式必然会影响组织的战略抉择、人事政策、激励方式等，而领导者的价值观又受其所接受的民族文化的深刻影响。

可以说，任何一种管理理论和管理模式都是在其特定的文化背景下形成与发展的，管理理论和管理模式越是与特定的文化背景相吻合，就越能发挥其功效。正如彼得·德鲁克所指出的："管理虽然是一门科学——一种系统化的、并得到到处适用的知识——但同时也是一种'文化'。它不是一种超乎价值的科学。管理是一种社会职能，并植根于一种文化（一个社会）、一种价值传统、习惯和信念之中，植根于政府制度和政治制度之中。管理受到而且应当受到文化的影响。"

以揭示文化差异对管理的影响为目的的最重要的研究，最初是由荷兰文化协作研究所所长霍夫斯坦在20世纪60年代后期进行的，并在之后一直没有中断。经过大量的实证研究，霍夫斯坦认为，在过去的80年中，理论家和企业家在管理问题上的一个弱点是忽视了文化差异与管理的关系。在他看来，尽管现代管理产生于美国，且第二次世界大战后几乎所有的管理文献出自美国学者之手，但是，美国的管理理论和管理模式是在其独特的文化背景下形成和发展的，在美国有效的管理理论和管理模式在其他国家和地区并不完全适用。有些国家，特别是一些第三世界国家往往把引进管理和引进技术混为一谈，结果造成经济和人力的重大损失。与之相反，虽然日本的管理方法主要来源于美国，但日本在引进时结合本国国情进行了必要的改造，形成了自己的管理特色，并取得了很大的成功。

领导者作为特定社会中的一员，其价值观念和行为模式必然受到该社会文化的影响，从而会影响领导活动。例如，美、日两国文化之间的差异导致了两国企业在管理方式上的不同。个人主义、自由主义是美国文化的最高价值观，美国也是世界上个人主义、自由主义文化特色最为明显的国家之一，承诺被领导者最大限度地追求个人利益是美国领导理论的逻辑起点。日本是集体主义程度较高的国家。在日本企业中，企业组织的领导者重视伦理规范和行为准则，强调组织员工对组织的忠诚，员工关心集体，并期望依靠集体使自己及家庭的生存、生活与发展得到保障，也愿意以自己的忠诚对组织做出回报等是日本企业文化的显著特征。显然，美国的领导理论并不完全适用于以集体主义为基本价值导向的日本企业，由于各个国家的文化传统具有很大的差异性，组织结构模式也呈现出多样性的特征。在一个权力差距很大的国家中，人们喜欢决策权限集中化，具有规避不确定性的倾向。基于这种关系，像法国和意大利的领导者偏向于设立严格的官僚行政机构，组织在集权化和正规化程度方面都很高；而印度的领导者偏好高集权化和低正规化的组织；德国人则偏好正规化和分权化的组织；日本人具有高度的集体主义，在这种文化背景下，员工喜欢围绕工作团队构筑更有机的组织；中国的领导者有抑制内部竞争和个人冒险行为的倾向，这与中国传统的集体责任价值观是一致的。

总之，领导活动要受领导者所处的文化氛围的影响，这种影响可以说是全方位、多角度的，不仅影响着一个组织大的领导环境，如国体、整体、法律法规等，同时也影响着一个组织内部的领导环境，影响着领导者的行为方式，制约着领导者的管理实践活动。

4. 自然生态条件及国际背景因素

地理生态条件、地域资源状况、气候环境条件等都可以影响领导活动的进行，导致领导方式的不同。领导活动所在地区的自然环境影响到人们的生活质量和水平，自然对领导者的工作积极性和态度有影响。对企业而言，气候、资源、人口、交通等更是会影响其生产成本、经营规模、员工素质等诸多方面。如以牺牲生存环境为代价，依靠乱砍滥伐森林来增加国民收入的决策，只能导致洪水肆虐等生态恶果。

国际背景因素是指世界格局以及众多的政治、经济、军事、文化、教育、科技等事件及其产生的影响所组成的总体情况。这些情况总是随着时间的推移而不断发生变化，这就必然会引起领导观念和人们对世界的看法不断发生变化。随着世界经济一体化和全球化进程的加快，这种变化已经引起了某一具体社会不断的变迁和转型，进而导致整个现实社会环境以及领导行为也在悄然随之发生日益深刻的变化。为此，领导者应当具有强烈的国际环境意识，在各个领域能够按照国际惯例办事，由此得以主动、充分地影响、改善和利用现实的国际环境，充分地开发、调动和利用国际社会和国际形势的积极因素，开展积极的国际联系与合作以及合乎规则的良性竞争，赢得更多、更好的发展条件和成功机会，实现领导活动的最大成功和组织的基业常青。

（三）外部领导环境与内部领导环境之间的关系

由于任何一个组织都是一个开放系统，随时都要与外部环境之间发生信息、物质等方面的交流与交换，而外部环境又总处于变化常新之中，外部环境的变化既可能给组织发展带来机遇，也可能使组织在未理解和认清变化的实际情况之前就走向失败。组织外部环境的变动具有绝对性，这是由于社会、经济、科学技术、消费者需求、社会回应状况等总是处于不停变化之中。

组织的开放属性，决定了内部环境与外部环境必然处于一个动态的相互作用过程之中。组织内外环境的互动程度，在很大程度上是决定组织发展和领导有效性的重要变量。

1. 外部环境对内部环境产生压力

外部环境的压力往往是一个组织图谋变革的原动力，能否有效地应对外部环境的压力，是衡量组织内部领导有效性的一个重要指标。

随着21世纪知识经济时代的来临和日益扩大的经济全球化趋势，以及人类技术创新能力的显著提高与组织所面临社会压力的空前增大，组织的外部环境出现了复杂化、动态化与不确定等时代特征。首先，经济全球化趋势加快。世界经济全球化是随着科技革命在广度和深度上的发展，特别是信息革命的迅速发展和跨国公司在全球迅速扩大对外直接投资与全球市场体系的形成而形成的。经济全球化不仅迫使进一步深化各国产业结构调整，在世界范围内形成生产体系，而且将推动国际间组织的合并和兼并，跨国公司的经营战略也会随之发生变化。与此同时，经济全球化所带来的"大竞争"将必然导致"胜者全胜"的局面。从而，在国家、社会团体和个人之间，由于知识水平和信息拥有量等方面的原因，经济全球化浪潮的驾驭者与落伍者之间的差距变得越来越大。其次，信息技术日新月异。信息技术的迅猛发展和日新月异，对组织成长和发展产生了深刻的影响。一方面，信息技术的快速发展不仅改变了人们的生活方式，也改变了旧的社会和经济秩序，使组织竞争的空间从单一的国内市场转向全球市场，从而为组织更有效地协调多市场业务、加快决策与反应速度提供了可能。在信息经济背景下,一切都处于急速变化之中,可谓"唯一不变的就是变化"。另一方面,信息作为核心产业的副产品对组织成功至关重要,以"信息高速公路"为基础的信息技术吸收的投资也远远超过了其他任何领域的投资。最后,社会压力增大。组织行为并不是单纯的经济行为,而是一种可能产生不同影响的社会行为,会对顾客、供应者、竞争者、社区、政府、所有者以及员工等利益相关者产生直接或间接的影响。利益相关者要依赖组织来实现他们的计划,同样地,组织也有赖于利益相关者才能取得成功。当下,随着各类组织的大量涌现及其不同组织间竞争的明显加剧,组织提供给社会的产品种类和服务类型越来越丰富,尤其是消费者消费心理和消费行为的日趋成熟和更加理智,使得组织所面临的外部压力越来越大。主要表现在:第一,保护消费者合法权益问题受到了各国政府的普遍重视,并加强了国际间的有效合作;第二,社会对组织的伦理要求越来越高;第三,培育消费者和员工对组织忠诚的难度增大。

2. 内部环境对外部环境存在着抵制和适应的两重性

虽然外部环境不可避免地对组织的内部环境产生诸多压力,然而,由于受制于各种因素的深刻影响,内部环境与外部环境在一定程度上有时候会出现并不和谐的现象。"经济环境能带来全新的机遇,也能增大竞争压力;政治环境可以带来自由,但也限制个人和组织的权限;而开放系统中的社会环境会给恰当的行为造成更多或者说是不同的预期。"这意味着,内部环境对外部环境既有适应的一面,这是领导者可以有效应对外部环境压力的结果,与此同时,内部环境对外部环境还有抵触的一面。例如,组织的压力主要来自组织外部环境,经常表现为技术进步、经济冲击、竞争加剧、社会发展趋势以及世界政治格局的变动等因素。但是,技术进步并非一个单纯的技术问题,它往往包含了新产品的问世、新工艺的采用、新组织的产生、新市场的形成以及新资源的开发。实践证明,技术创新必须要在组织中进行,但是,由于组织深受原先组织文化的影响,技术创新可能会触及一些人的既得利益,从而招致习惯势力的抵制,甚至是激烈的反对。

三、领导环境的作用与发展

领导环境与领导者以及领导活动之间紧密相关、相互影响制约。一方面,领导者及其领导活动都是在、也必须在某一具体环境中存在,领导环境是领导者和领导活动必须依赖的平台和载体,对领导者的思维和行为发挥着各种各样的影响作用;另一方面,领导者可以通过对客观环境的认识、适应、利用和改造,创造出更加适合领导工作需要的客观环境。

(一)领导环境的作用

领导环境对领导者从事领导活动的重要作用主要体现在以下几个方面。

1. 领导环境是领导活动的必要条件

领导活动都是在一定的环境中进行的,没有离开环境的领导活动。正如乔恩·皮尔斯所言:"个人不会因为一些特性的组合便成为领导者,但领导者个人性格的模式应该与其追随者的性格、活动以及目标有一定的关系。因此,必须根据不断变化的变量之间的相互关系来理解领导。环境特征是一个尤其需要注意的因素","发现谁是领导者的人选并不十分困难,但把他们安排在能够发挥其领导才能的不同环境中却是另一回事。很明显,对领导的全面分析不仅包括对领导者自身的研究,还应当包括对环境的研究",否则,领导者就无法进行正常的领导活动。

2. 领导环境是领导者决策的科学依据

领导者决策总是在一定的环境中进行的，发现问题是领导者进行决策的起点，而问题存在于环境之中。因而，不能正确地认识环境，领导者就无法发现组织中存在的问题；不能发现组织中存在的问题，领导者则难以进行科学决策。如果领导者不能对环境进行科学分析，则会受到环境的惩罚。例如，1944年，盟军决定横渡英吉利海峡，在欧洲开辟第二战场，于是制订了在诺曼底登陆的计划。德军错误地判断了天气，认为不利于盟军登陆，由此作出了错误的决策，让军官休假，取消海空侦察，整个德军处于毫无戒备的状态，结果盟军在诺曼底登陆成功。通过此案例，我们可以看出自然环境对领导者进行决策的重要意义。

3. 领导环境是领导者创新的客观基础

牛顿曾经说过，我所以能看得更远，是因为我站在巨人的肩膀上。所谓"巨人的肩膀"，就是前人创造的环境。牛顿的创新，离不开这种环境，领导者的创新同样如此。

任何创造型实践活动都应当是脚踏实地的，否则，只会是空想。优秀的领导者，总是通过正确面对客观存在的现实环境开展领导工作的。美国通用公司总裁杰克·韦尔奇曾经说过，"把头埋在沙子里，你的企业也就随之停滞不前"，"把头埋在沙子里，等待你的只有失败。面对现实，你就可以化腐朽为神奇"。

领导者的创新是个人主观和客观条件相结合的产物，离开了客观的环境，是不可能进行有效创新的。

4. 领导环境影响领导者的素质

不同的领导环境要求领导者具有不同的适应性，因而对领导者的素质提出了不同的要求。实际上，领导环境是不断发展变化的，这必将导致领导者所面临的客观形势和基本任务也随之发生变化，领导者如果不能使其素质及时跟上这种变化，就不能适应变化了的环境，也就无法应对组织所面临的新挑战，更遑论完成新环境下的新任务。显然，当领导环境发生变化时，领导者的素质也自然要进行相应的改变、提升和发展，但侧重点应有所不同。即领导环境最主要地决定着领导者的构成和质量，严重影响甚至决定领导成败的内因即领导者素质，并由此又间接地进一步影响着领导行为和领导效果。

（二）领导环境的发展

领导环境变化的动态特性，要求领导者不仅要有反映变革、驾驭变革的能力，更重要的是要有引导变革、制造变革的能力，否则，组织就不可能得到发展，领导效果也难以实现。与此同时，任何组织机构，经过合理的设计并实施后，都不是一成不变的。它们如同生物的机体一样，必须随着外部环境和内部条件的变化而不断地进行调整和变革，才能顺利地成长、发展，以避免老化和死亡。

所谓领导环境的发展是指领导者通过发挥主观能动性，经过仔细辨识领导者所处的内外环境变化的状况，积极创造有利于充分调动组织成员工作积极性、主动性的全新环境条件，以实现领导环境的创新和优化。领导环境的发展是领导者对环境能动作用的最高体现。这就要求，现时代的领导者既要看到全球一体化与多元化的矛盾，又要看到全新的社会契约与组织的变化，推动组织进行持续创新。

一般来说，领导环境的发展过程包括认识环境、适应环境和改造环境三个阶段。

□ **1. 认识环境**

所谓认识环境就是领导者在周密调研的基础上,对领导环境的各方面情况进行全面研究和分析,以把握客观环境的本质及其发生、发展的规律。

□ **2. 适应环境**

所谓适应环境是指领导者在认识和熟悉领导环境的基础上,根据客观环境的特性和要求,采取适当的方式、方法开展领导实践活动,使领导活动符合领导环境的情况及发展规律。

□ **3. 改造环境**

所谓改造环境是指领导者在认识环境、适应环境的基础上,通过发挥主观能动性,促使环境向有利于实现领导目标的方向转化,最终实现领导环境的优化和创新。

组织创新的内容随着环境影响因子的变动与组织管理需求、发展方向等而发生变化。一般可涉及以下一些方面:其一是功能体系的变动,即根据新的任务目标来划分组织的功能,对所有管理活动进行重新设计;其二是管理结构的变动,对职位和部门设置进行调整,改进工作流程与内部信息联系;其三是管理体制的变动,包括管理人员的重新安排、职责权限的重新划分等;其四是管理行为的变动,包括各种规章制度的变革等。上述创新开发工作往往需要经历一定的时间,从旧结构到新结构也不是一个断然切换的简单过程,一般需要一个较长的过渡和转型时期。所以,作为领导者要善于抓住时机,发现组织环境变化的征兆,及时地进行组织创新工作。以企业为例,企业组织结构老化的主要征兆有:企业经营业绩下降;企业生产经营缺乏创新;组织机构本身病症显露;员工士气低落,不满情绪增加等。当一个企业出现上述征兆时,应当及时进行组织诊断,以判断企业组织结构是否还有开发、创新的必要。

组织创新是组织所进行的一项有计划、有组织的系统变革过程。它应当遵循以下基本原则:其一是必须按照组织管理部门制定的规划来进行;其二是应当使组织能适应当前的环境要求和组织的规划;其三是应当使组织既能适应当前的环境要求和组织内部条件,又能适应未来的外部环境要求以及未来的内部条件的变化;其四是应当预见到知识、技术和人员的心理和态度的变化,以及工作程序、成员行为、工作设计和组织设计的改变,并根据这些变化采取相应的措施;其五是创新必须建立在提高组织的效率和个人工作绩效的基础上,促使个人和组织的目标达到最佳配合。

■ 第二节 领导体制

一个组织要想取得领导的成功,除了高素质的领导者、结构合理的领导集体外,还要有一个好的领导体制。领导体制的健全与否直接影响着

视频3

领导效能的高低,关系到领导工作的成败。因此,充分认识领导体制的重要性,设计和建立合理的领导体制结构,根据不同环境选用适当的领导体制类型,并在此基础上总结和研究领导体制演变的规律,借鉴国外的、历史的经验,从我国的现实出发,探讨适应现代经济建设和社会发展需要的领导体制,是领导科学研究的一个重要课题。

一、领导体制的内容与特征

领导体制是领导活动的载体,是领导关系的制度化、体系化,并具有自身的特点,在领导活动中具有重要的地位和作用。

在领导活动中,为了保证领导工作的顺利进行,更好地实现领导效能,必须根据领导的权限划分设立领导体制。领导体制是指领导系统上下、左右之间的权利划分以及实施领导职能的组织形式和组织制度。它包括两个方面的主要内容:一是领导机构的设置、运行,称为"体";二是领导制度的建立、健全,称为"制"。二者是紧密联系、互为依托的,具体规定了领导的程序、方法,以及领导者的权限划分和活动原则,是领导关系的一种制度化和体系化。由于任何领导活动总是在一定的领导体制中展开的,因此作为领导活动载体的领导体制,既是实现领导活动的重要工具,又是领导活动的内在机制,在领导活动中具有十分重要的地位和作用。

(一)领导体制的内容

领导体制作为领导活动的载体,其内容主要包括领导的组织结构、领导层次和领导跨度、领导权限和责任的划分,以及领导人员的配置和管理制度。

1. 领导的组织结构

领导的组织结构又称领导结构,描述的是领导的框架体系,主要是指领导机构内部各部门之间的相互关系和联系方式,包括纵向隶属和横向协作两方面的基本关系。

1)纵向隶属关系

领导组织结构中所涉及的纵向隶属关系,主要是指隶属的领导关系,即上下级关系。这种纵向隶属关系又可分为直线关系和职能关系。直线关系是指在一切方面都对下属实施领导的隶属关系,如总经理对部门经理、部门经理对其直接领导的下属人员之间的隶属关系等;职能关系则是在某一职能范围内对下属进行领导的隶属关系,如集团公司的财务部对下属子公司的财务部的领导就是这种关系。

2)横向协作关系

领导组织结构所涉及的横向协作关系主要是指组织系统内平行的各部门之间的分工协作关系,它一般包括直线式、职能式、混合式和矩阵式等结构形式。组织系统内各部门之间的不同分工和协作,有助于组织形成一个良好的有机整体,提高领导效率,发挥组织效能。如今在许多组织系统中,这种横向协作关系通常体现为以决策为中心建立的信息机构、咨询机构、决策机构、执行机构、监督机构和反馈机构之间的相互依赖关系。

2. 领导层次和领导跨度

领导层次描述的是领导组织的纵向结构,主要是指组织系统内部按照隶属关系划分的等级数量,即一个组织按照多少层级进行领导和管理。一般来讲,有多少等级层次,就有多少领导层次。

领导跨度又称领导幅度,描述的是领导层次的横向结构,主要是指一个领导者直接有效地指挥下级的范围和幅度。在现代领导工作中,由于专业性的增强,涉及面的宽泛,工作量的扩大,一个领导者能够直接有效地领导与指挥下属的人数往往是有一定限度的。一般原则是:下层领导跨度可以大些,上层领导跨度则应该小些,领导层次呈金字塔式。但是领导跨度究竟以多大为宜,至今还是一个没有完全解决的问题。有学者根据统计分析,提出了领导机制"二八律"。即在一般领导机构中,担任正职的领导者一般应有两位副手和八位下属,担任副职的领导者应有两位助手和八位下属。

在现代领导活动中,究竟领导的层次和跨度以多少、多大为宜,通常应把握这样一条规律,即领导层次与领导幅度成反比例关系,也就是说,领导层次越多,领导幅度就越小;领导层次越少,领导幅度就越大。

3. 领导权限和责任的划分

领导权限和责任划分是指制定、建立严格的自上而下的领导行政法规与岗位责任制,对不同领导机构、部门以及不同领导岗位的职权、职责作出明确的规定。这是领导体制的核心问题,也涉及领导活动的几个基本层面问题及其他一些问题。

1) 领导权力的授予必须根据实际需要来确定

在领导活动中,领导者的权力是为了完成实际工作而被授予的,领导者的权力大小必须根据实际工作的需要确定,因此,要有一个科学的标准和实践的依据,不能随意缩小领导者的权力,更不能脱离实际需要而扩大领导者个人的权力。若领导者所能掌握的权力小于实际工作的需要,他在某些场合就无法行使指挥权,也就无法完成工作。同样,若领导者所拥有的权力大于实际的需要,那么他就可能在某些本来不需要他的场合行使权力,从而干扰工作的正常进行,更可能滋生权钱交易、以权谋私的行为。因此,领导者的权力不是一种用来指使别人、满足个人野心的资本,更不是用来捞取个人私利的工具。

2) 领导责任的承担问题

领导者必须对其所掌握的权力负责。权力和责任是一对矛盾的对立统一体,行使权力是履行责任的前提,没有相应的权力就无法履行相应的责任;履行责任是行使权力的基础,离开相应的责任,权力就会异化。领导者的权力是履行其责任的保证,反过来,领导者的责任又是检验其权力的工具。领导者承担的责任同样必须根据科学的依据和实际的需要来确定。责任的划分必须明确、完整,那种责任不清、责任不明的现象是领导体制缺乏科学性的典型特征。

3) 领导者掌握的权力和履行的责任必须一致

权力和责任必须保持一致,这是领导活动的基本原则之一。权力和责任不一致的极端情形,是只享有权力而没有履行责任的义务,或只履行责任的义务而不被授予相应的权力,这些情形都不是正常的领导活动,都不能实现领导功能,甚至会带来灾难性的后果。权力和责任不一致的一般情形是,权力大于责任、权力小于责任和权力交叉重叠。权责不一致的情形容易造成权力行使方面的滥用,责任履行方面的互相推诿,以及多头管理、无人负责的弊端。

4. 领导人员的配置和管理制度

领导人员的配置和管理制度既属于用人范畴,也属于领导体制范畴,主要是指用何种方式和制度来选举、招考、任免以及监督轮换领导人员。领导者作为领导活动的主体,其自身的素质、能力和工作态度直接关系到领导工作的效率与组织的生存和发展,因此很有必要对领导人员进行科学、合理的配置和制度化管理,推动组织的健康发展,减少因管理和配置不当所造成的损失。随着社会的进步与发展,现在世界各国都十分重视适合本国国情的领导体制的建立,以使领导人员的配置与管理逐步走上制度化、法制化的轨道。

5. 领导体制的构成要素

领导体制的构成要素包括决策系统、咨询系统、执行系统、监控系统和信息反馈系统五个部分。决策系统是领导体制的灵魂,咨询系统是决策系统的思想库与参谋部,执行系统是决策方案的落实部门,监督系统是决策系统的调节器和平衡器,信息反馈系统是决策系统的辅助部门和助手。

但需要注意的是,领导体制与领导方式、领导机构和领导制度是不同的。领导方式是根据社会生产发展和领导的客观需要所采取的形式;领导机构是领导体制内部的机构设置和组织结构;领导制度是组织机构的隶属关系、权限划分、干部制度等。不同的领导方式,形成不同的领导体制类型;同样的领导体制,也可以有不同的领导机构;不同的领导机构也可能产生不同的领导效能。因此,选择科学的领导方式、形成合理的领导机构、建立合理完善的领导制度对实现有效的领导是十分重要的。

(二)领导体制的特征

领导体制是领导活动的载体,是实现领导的工具,凡是领导活动都离不开领导体制,但在不同的历史发展阶段和不同的社会形态下,领导体制的内容又各不相同,这就构成了领导体制的二重性。然而,领导体制作为领导关系的制度化和体系化,是比领导素质、领导班子更为重要的问题,一旦形成,就带有系统性、根本性、全局性和稳定性的特点。

1. 系统性

领导体制是一个完整的系统,是一个包括各级各类领导机关职责与权限的划分、各级各类领导机构的设置、领导者的领导层次和幅度的设立以及领导者的管理制度在内的有机统一体。在这个统一体中,各种要素之间相互联系、相互制约,发挥着系统整体的最优效用。领导体制的这种系统性特征表明,我们在进行领导体制改革的过程中要综合考虑各种因素,而不能孤立进行,否则就很难取得预期的效果。

2. 根本性

任何社会的领导活动都必须依赖一定的组织机构,确立一定的领导和管理规则。领导活动的成功与否,归根结底取决于领导者的思想和行动是否符合生产力发展的客观规律。而一套优良且高效的领导体制必然是符合生产力发展与科学技术进步需要的。领导体制作为一定领导集团及其所代表的阶级意志和利益的体现,一经形成就具有强制性,广泛地影响着组织成员的思想和行为。不仅如此,它还将逐渐形成一种习惯、一种流行的价值观念、一种社会性的角色规范和角色期望,在全社会范围内影响人们的思想,支配着整个领导、组织活动。领导者在具有强制性的领导体制中开展各种领导活动,其在根本上是符合事物发展的客观规律的。正因为如此,领导体制较之领导者的思想作风和作用而言,更显重要,并带有根本性。

3. 全局性

领导体制作为领导系统的权力机构、组织形态、运行模式及其基本制度的总和,在整个领导系统中起着全面性和整体性的作用。一个领导系统的建立完全是根据领导体制设置的,各个领导机构在领导系统的组织网络上虽都占有一定的位置,但都要受到领导体制的影响和制约。作为领导者个体的人,虽然在领导工作中对其组织或部门起着统御全局的关键性作用,但这种影响是局部性的和小范围的,总体上还必须接受领导体制的规范与制约。即便是领导系统的最高领导者,也同样会受到领导体制的影响和制约,甚至领导者也是由领导体制规定的程序和方法选择确定的。因此,领导体制相对于千差万别的领导者个体来说,更具有全局性的特征与作用。它对各地区、各部门和各行业的所有领导人以及领导活动的全过程都发挥着制约与规范的作用。所以说,领导体制覆盖着全局,规范着所有领导者个体,制约着领导活动的全过程。

4. 稳定性

稳定性是指领导体制的相对静止性。领导者或领导集体是经常变动的,领导人的思想作风与行为方式也是因人而异、因时而异、因地而异的。而领导体制则不然,它具有长期的稳定性,一旦建立起来,就处于相对稳定的状态,会在较长时期内保持其根本内容。此后,组织的一切权限划分、结构设计、领导程序、领导方法都由领导体制决定,在较长时间内制约着领导行为和领导过程,甚至几十年、几百年一以贯之。这种稳定性带来了领导体制存在的长期性。既能为灵活多变的领导活动提供一个可供遵循的框架体系,同时又可以不断吸收领导活动中的创造性成果,不断地对自身进行丰富与完善,并在实践中更好地指导组织领导活动的进行。因此,在构建领导体制时,首先要科学地进行机构设置、职责权限划分和人员配置,这样才能促进组织目标的达成。

二、领导体制的结构与类型

结构是指事物内部各部分、各要素在一定时间内和一定条件下的配合与联系方式。不同的事物有不同的结构,不同的结构产生不同的功能。任何组织都有适应该组织性质、任务而形成的不同结构。领导体制结构是领导体制的一个组成部分,是领导活动得以开展的框架体系,支撑着领导职能的发挥,不同的领导体制结构具有不同的优点和缺点。领导体制类型是领导机构中各部门之间的职责与权限的划分。按照不同标准,现代领导体制可划分为多种类型,而不同的领导体制类型也各有不同的优势和缺陷。由于组织的性质、任务不同,决定了领导体制不同的结构和类型。因此,任何组织都必须根据自己的实际情况设立科学、合理的领导体制结构,采用有利于组织生存和发展的领导体制类型,尽可能综合它们的优点,克服其局限性,以更好地实现组织目标。

(一)领导体制的结构

领导体制的结构有时也被称为领导体制的模式,是指在一定的领导机构系统中,内部各部门之间的排列组合、相互联结、相互作用的形式,是领导活动得以开展的框架体系,体现为领导机构系统中的纵向隶属和横向协作关系。领导机构只有通过一定的结构方式,才能变成一个更大的有机系统;也只有通过一定的结构方式,系统的属性和功能才能体现出来。因此,为了更有效地实现领导目标,设计和建立合理的领导体制结构是必要的,但领导体制结构应随着组织发展的需要和环境的变化而改变,否则就会阻碍领导活动正常、有效的开展。不同的领导体制结构具有不同的特点,适应于不同的组织。常见的领导体制结构主要有直线式结构、职能式结构、混合式结构、事业部式结构、矩阵式结构以及多维立体式结构等形态。

1. 直线式结构

直线式又称为分级式、层次式、层级式或系统式,是人类社会组织最早出现的一种最简单的、传统的领导体制结构。在这种领导体制下,同一系统的各个机构之间,全部联系都归于同一条垂直领导线上;每一个下属机关都只有一个上级领导执行着全部领导和管理职能;但在上层机构之下,则一般都有若干个下属机构,从而形成一系列不同的层次,呈现出一种从上到下的"金字塔"形的阶梯等级。这种领导结构的形式一般具有以下特征:①专业化分工;②职责明确,等级森严;③有明确的规章制度,并根据制度办事;④人员的任用、升迁和薪酬都有明确规定。

直线式领导体制结构最早是由马克斯·韦伯总结出来的,曾被认为是一项伟大的组织结构创新,通过组织劳动分工、制定管理决策以及制定一种程序和一套规则,使各类专家可以齐心协力地为一个共同目标努力,极大地拓展了组织所能达到的知识的广度和深度,因此直线式领导体制结构得到了广泛的发展和应用。但随着历史的发展,社会组织越来越复杂,社会活动的规模越来越大,这种结构就越来越不能适应形势的发展要求了。

案例 3-2

三 项 规 则

维得·汤普森(汤普森报业董事长兼总经理):在我的经验中,一家大企业能否成功的关键,就在于它的分层负责制度是否健全,各阶层的主管是否有适当的决定权力和责任义务。不过,要建立健全的分层负责制度,必须遵守三项规则。

第一,主管人员必须对他所负责的部门有充分的了解。为了达到这个目的,在我们的公司里,我们尽量把本部门的人提升为主管,而不用"空降部队"的方式。当然我们也不是完全不调用其他单位的主管,但是,在调任之前,我们必须先确定,他对自己将要去负责的那个部门有深切的了解。

第二,公司的智囊团必须做到麻雀虽小,五脏俱全,也就是说智囊团的成员必须包括公司各部门的精英。这样,这个智囊团才能对公司各方面的发展都有深切的认识,并鼓励各主管,使他们的工作更有效率,更能适应市场的变迁。同时,智囊团必须具有先见之明,能观察入微,在主管尚未犯下大错前,给予纠正,以避免各主管因作出错误的决定而造成公司重大的损失。

第三,公司在发展时,尽量局限在自己熟悉的范围内发展,不可贸然投入不深切了解的新企业。在我们公司,新发展的企业都是与原企业相关的。只有几个例外的情形,是我们找到经验丰富的合作伙伴,用他们的经验,投入新行业中。

(刘银花,姜发奎. 领导科学[M]. 大连:东北财经大学出版社,2006:154.)

思考与提示

1. 分层负责制有哪些特征?为何这一结构形式被广泛采用?
2. 为什么分层负责制并非总是有效的?原因是什么?

2. 职能式结构

职能式又称功能式、机能式、分职式,是一种在一个领导机构中,按照领导工作的范围要求,横向平行地设置若干职能部门,每个职能部门均以整个组织系统为服务对象,而彼此之间具有不同的职能分工的领导体制结构。例如,工厂中的办公室、计划科、人事科、财务科就是职能机构。这些机构与各个车间的关系,从领导角色的角度看,科长与车间主任的关系是平级的;但从工作的角度看,这些科室在各自的职权范围内对所涉及的人、事、物拥有指挥权,他们各自按照特定的分工,协助厂长对生产车间实施领导。很明显,这种领导体制结构的特点是,组织内除了直线主管外还相应地设立了一些组织机构,分担某些职能管理的业务。这些职能机构有权在自己的业务范围内,向下级单位下达命令和指示,因此下级直线主管除了接受上级直线主管的领导外,还必须接受上级各职能机构的领导和指挥。

职能式领导体制结构是泰勒在科学管理理论的基础上提出的。这种领导体制结构能够适应现代组织技术比较复杂和管理分工较细的特点,能够发挥领导职能机构专业的管理作用,减轻上级领导人员的负担。但在实际工作中,许多不同的事常常要由同一个人或同一个基层组织来做,结果一个基层组织往往会接到来自许多职能部门的指令,这就是通常所说的"上面千条线,下面一根针"。这样一来,就出现了问题:一是下级单位接到的指令太多,负担很重;二是指令之间如果存在矛盾和抵触,就会令下级单位无所适从;三是不利于明确划分直线人员和职能部门的职责权限,造成管理混乱;四是职能部门之间的协调性差,不利于在领导队伍中培养全面的领导人才。于是,原来意义上的职能式又有了新的发展,产生了新的领导体制结构形式——混合式结构。

3. 混合式结构

混合式结构又称直线-职能式结构,这种领导体制以直线式结构为基础,在每个领导层次都将设立从事专业管理的职能部门作为该级领导者的参谋部门,按职能分工分别处理各类问题。这种领导体制结构形式结合了直线式和职能式两种结构的优点,是目前普遍实行的一种较好的领导体制结构。其特点是以直线式结构为基础,在各级领导之下建立相应的职能部门,分别从事专业管理,作为该级领导者的参谋,实行主管统一指挥和职能部门参谋、指导相结合的组织结构形式。

混合式领导体制结构是由亨利·法约尔总结并提出的。他认为,组织机构中的"金字塔"是职能增长发展的结果。职能的发展是水平方向的发展,因为随着组织所承担的工作量的增加,职能部门的人员就要增多;等级系列的增长是垂直式的,是由于有必要增加管理层次来指导和协调下一级管理部门的工作而引起的。在组织中,高层领导者忙于实际领导工作,无暇进行学习和研究,因而有必要任用一批"有力量、有知识、有时间"的人作为领导者个人能力的增延来协助领导者的工作。这种混合式的领导体制结构形式既保持了直线式的集中统一指挥的优点,又吸收了职能式发挥专业管理的长处。其主要优点是:分工精细、任务明确,职责清晰、效率较高,而且稳定性也较好;其缺点是:各部门互相脱节,缺乏信息交流和全局观念,不同职能机构之间目标不易统一,矛盾较多,最高领导者的协调工作比较艰巨,也难以造就全面的管理人才。尽管如此,这种领导体制结构与其他领导体制结构相比,还是一种比较好的领导体制,因而在各国得到了普遍的应用。

4. 事业部式结构

事业部式结构,又称多部门结构、M形结构。所谓事业部,就是作为一个组织,其下属部门必须具备以下三个条件:有独立的产品和市场而且是其责任单位,有独立的利益并实行独立核算而且是其责任单位,有独立的相应自主权并能自主经营。这种分权管理的领导体制结构,就是事业部式结构。在事业部式领导体制结构下,组织的最高领导,是整个组织的最高决策机构,以实现长期目标为根本任务。为了保证组织是一个有机的整体系统,最高领导层必须把握整个组织的事业发展、资金分配、人才安排这三大决策权,集中力量研究和制定组织的总目标、总方针、总计划和各项政策。各事业部在这个总前提下,完全可以充分发挥各自的主观能动性,自主经营。由此可见,事业部式机构的最大特点是"集中决策、分散经营",即在集权领导下实行分权管理。

事业部式的领导体制结构首创于20世纪20年代的美国通用汽车公司。通用汽车公司在总公司下设立了多个事业部,各事业部有各自独立的产品、市场,实行独立核算,并通过下设的职能部门来协调管理该分部的生产经营活动。在事业部之上设有由高层经理组成、由许多财务和参谋人员协助的总办事处,负责管理一些多功能的事业部。这种领导体制结构的主要优点是:组织的最高领导层摆脱了具体的日常管理事务,有利于集中精力做好战略决策和长远规划,提高了领导的灵活性和适应性,有利于培养和训练领导人才。其缺点是:由于机构重复,造成了管理人员与费用的浪费;各个事业部独立经营,各事业部之间进行人员调动比较困难,相互支援较差;各事业部领导考虑问题往往从本部门出发,忽视整个组织的利益,形成本位主义。在事业部式结构的基础上,20世纪70年代,在美国和日本的一些大公司又出现了一种新的组织结构形式——超事业部式结构。它在组织最高领导层和各个事业部之间增加了一级管理机构,负责协调所属各个事业部的活动,使领导方式在分权的基础上又适当地集中。这样做的好处是既可以集中几个事业部的力量共同研究和开发新产品,又可以更好地协调各事业部的活动,从而增强组织活动的灵活性。

5. 矩阵式结构

矩阵式结构又称为规划-目标结构,它是把按职能划分的部门和按产品(项目、服务)划分的部门结合起来组成一个矩阵,使同一名员工既同原职能部门保持组织与业务上的联系,又参加产品和项目小组的工作。这种领导体制结构是按照数学上的矩阵方阵原理建立起来的。一些现代的大型科研项目,往往需要由各个不同部门的具有不同知识、技能或专长的人员组成专项小组共同完成,这种专项研究又往往同时有若干个,每个专项小组负责人都在本单位领导下工作,而其小组成员既要受本小组领导又要受原各职能科室领导。为了揭示这种双重交叉的领导关系,人们便引进了数学中的行列矩阵概念,按职能划分为纵向领导,按项目划分为横向领导,构成一种纵(列)横(行)交叉的矩阵结构来表示这种双重交叉的领导关系。这种领导体制结构形式不仅能充分发挥直线式的领导作用,又特别注意发挥各级组织和个人的职能作用,打破了传统的"一个员工只有一个头"的命令统一原则,使一个员工同时属于两个甚至两个以上部门的领导。

矩阵式结构形式最先是由美国洛克希德飞机公司和休斯飞机公司等在20世纪50年代末为执行巨大的军事生产计划所采用的,以后逐步推广到其他领域。这种结构形式适应了现代化大型综合科研项目的要求,所以国内外采用这种结构形式的大中型科研生产单位相当普遍。这种结构形式具有以下优点:能够将组织的纵向关系和横向关系很好地结合起来,有利于加强各职能部门之间的协作和配合,及时沟通情况,解决问题;具有较强的灵活性和适应性,能够根据特定需要和环境活动不同而变化;可以把不同部门、具有不同专长的专业人员组织在一起,有利于相互启发、集思广益,能充分发挥专业人员的潜力;还有利于各种人才的培养。但其也有不足之处:由于矩阵式结构实行纵向、横向的双重领导,权责不清,如果处理不当,会由于意见分歧而造成工作中的扯皮现象和矛盾;在矩阵式结构下,组织关系复杂,因此对项目负责人的要求较高;此外,由于这种矩阵式结构形式一般具有临时性的特点,因而易导致人心不稳,不安心工作,从而对工作产生一定的消极影响。

6. 多维立体式结构

多维立体式结构是矩阵式结构形式和事业部式结构形式的综合发展。这种结构形式由三个方面的管理系统组成:一是按常规产品(项目和服务)划分的部门(事业部),以产品利润为中心;二是按职能划分的专业参谋机构,如市场研究、生产、技术和质量管理等参谋机构,以职能利润为中心;三是按地区划分的管理机构,以地区利润为中心。在这种组织结构形式下,每一个系统都不能单独作出决定,而必须由三方代表,通过协调一致才能采取行动。因此,多维立体式结构能够促使每个部门都能从组织的全局来考虑问题,从而减少了产品、职能和地区各部门之间的矛盾。

多维立体式领导体制结构是由美国道-科宁化学公司于1967年首先建立的,该公司应用这种结构形式,在1967—1976年的10年,其营业额平均每年增加15%左右。由于这种结构形式可以为企业在不同产品、不同地区增强市场竞争力提供组织保障,因此多维立体式领导体制结构主要适用于跨国公司。

以上各种领导体制结构形式都来自实践,各有其优缺点。究竟采用哪一种结构形式,要从实际出发,根据各组织的规模、性质、任务、条件和特点等进行研究分析,灵活地、创造性地选择运用,甚至创造出更加科学、合理、独具特色的领导体制结构,不宜过于机械地生搬硬套现成的结构模式,更没有一种现成的适合不同组织的统一的万能的领导体制结构。

(二) 领导体制的类型

领导体制是一个社会历史范畴。不同的社会生产力和生产方式,决定了领导体制的类型必然是多种多样的。所谓领导体制的类型,主要是指领导组织机构的具体内容,尤其是各部门之间的职责与权限划分的模式。现代领导体制纷繁复杂,按照不同的分类标准,可划分为不同的类型。但是,无论何种领导体制,按照不同的领导体系结构及其相互关系所表现的领导方式来划分,大体上可分为首长负责制和委员会制、层级制和职能制、完整制和分离制、集权制和分权制,如表3-3所示。这些划分类型是领导体制相对固定的形式,规定了领导体制的基本框架和运行规则。

表 3-3 领导体制的类型

划分标准	类型	评价	
		优点	缺点
按照最高决策者人数的多少	首长负责制：在一个组织中，将法定的最高决策权集中于一个领导者手中的领导体制	权力集中，指挥灵敏，责任明确，办事果断，行动迅速，决策效率高，易于考核	个人智慧和能力有限，处理问题难免有考虑不周之处，还有可能导致专制和权力滥用
	委员会制：在一个组织中，法定的最高决策权掌握在两个或两个以上的领导者组成的领导集体手中的领导体制	决策权力属于领导集体，能集思广益；集体决策，考虑周详；利于组织系统内部的协调和统一；既可减轻主要负责人的工作负担，又可避免领导者个人专制和滥用权力	参与决策的领导者较多，行动不快、效率较低、权力分散、责任不明、难分优劣；易相互推诿，贻误时机；可能会出现争功诿过，甚至会发生无人负责的现象
按照一个系统或组织的指挥、监督和控制方式	层级制：在一个系统或组织内，在纵向上划分为若干层级，每一个层级对上一层级负责，各层级的管理内容大体相同，只是管辖范围随层级的降低而缩小的领导体制	系统内各单位的关系一目了然、职责分明、行动迅速、步调一致、纪律严明，便于领导指挥；利于培养统筹安排、综合平衡能力的通才	层级过多，指挥不灵，导致信息阻塞，影响工作效率；易使领导者深陷诸多杂事，而草率处理事务
	职能制：一个系统或组织，在横向上按照业务性质的不同平行设置若干职能部门，作为首脑机关的顾问、参谋，辅助最高领导者开展领导活动的领导体制	分工精细，职责明确，各司其职，业务熟悉，工作效率高，有利于培养精通各门业务的专家型领导者	分工过细，易造成机构臃肿、重叠；政出多门，无所适从，增加协调和统筹难度；易使领导者业务面狭窄，产生本位主义
按照同一层级的各单位接受上级机关的指挥、控制程度	完整制：在一个复杂的组织系统中，同一层级的各机构或同一机构的各组成单位，在权力结构上统一由一个领导机构或一个领导者进行指挥、控制和监督的领导体制	接受统一领导，权力集中，责任明确，工作效率高，便于统筹规划，减少"内耗"，还可以减少独立单位，避免财力、物力、人力的浪费	权力高度集中，易滋生官僚主义，压制民主，影响下级机构主动性、积极性和创造性的发挥；行动迟缓，效率低下，不利于组织目标的实现
	分离制：同一层级的各类机构或同一机构的各组成单位，根据其不同的职能，在权力结构上分属两个或两个以上的领导机构或领导者来领导、指挥和控制的领导体制	权力分散，各司其职，可防止独断专行和滥用职权；机构分离，彼此竞争，便于下级机构积极性和创造性的发挥	易造成各自为政、互不买账、各行其是、相互推诿责任的现象；易导致事权冲突，人力、财力、物力分散，资源浪费

续表

划分标准	类型	评价	
		优点	缺点
按照职权的集中和分散程度	集权制:对所有领导工作的最后决策权都集中于上级领导机构或上级领导者,下级机构或下级领导者没有或很少有自主权,只能按照上级机构或上级领导的决定、命令和指示办事	权力集中,政令统一,统领全局;能最大限度地集中组织系统的物力、人力和财力,完成大型项目	权力集中,下级缺乏主动性、积极性和创造性;统得过死,缺乏应变能力;工作缺乏弹性和灵活性,易滋生以权谋私、权钱交易等腐败现象
	分权制:下级机构或下级领导者在自己管辖的范围内,有独立自主地决定问题的权力,上级对下级在法定权限内决定处理的事情不进行干涉	易发挥下级优势和潜力,发挥下级智慧和才干;可及时、灵活、客观地处理问题,具有较强的环境适应能力	机构独立,政令不统一,易发生矛盾和冲突;易产生本位主义、分散主义,甚至会导致全局失控、有令不行、有禁不止

☐ **1. 首长负责制和委员会制**

按照最高决策者人数的多少,可以将领导体制划分为首长负责制和委员会制。

1) 首长负责制

首长负责制,又称独任制。它是指在一个组织中,将法定的最高决策权集中于一个领导者手中的领导体制,由领导者个人对上级和监督机关负责,用下级服从上级的原则进行决策和处理问题。首长负责制包含三个方面的内容:一是行政首长对于本单位、本部门乃至本层级的领导和决策具有高度的领导权和最终决策权,并负有主要的或全部的行政责任;二是首长负责制建立在一定的民主讨论基础之上,要受制于各种民主化的规则;三是首长负责制的运作是以分工负责的方式展开的,这种分工包括自上而下的逐层、逐级的权责分工和同一级几个机构之间的权责分工。公共行政部门一般采取首长负责制的领导方式。

首长负责制的优点在于:权力集中、指挥有力、责任明确、办事果断、行动迅速、决策效率高、易于考核。不足之处在于:在首长负责制下,由于一个人的知识、能力、经验、智慧和才华毕竟有限,处理问题难免有考虑不周之处。虽然现代领导体制中广泛地增设了专家智囊系统,可以帮助领导者科学决策,但因领导者有着最后的决策权,因此首长负责制不能完全弥补这一缺陷。另外,在首长负责制下,如果其主要领导者选择不当,可能会造成个别领导者独揽大权,导致专制和权力滥用,进而出现营私舞弊,危害国家和集体的利益。

2) 委员会制

委员会制,又称合议制。它是指法定的最高决策权掌握在两个或两个以上的领导者组成的领导集体手中的领导体制,按少数服从多数的原则进行决策和处理问题。

委员会制的优点在于:一是决策权力属于领导集体,能够集思广益,博采众长,可以克服个人领导能力的不足;二是可以利用集体的智慧进行决策,考虑问题相对周详,减少武断,能够保证决策的正确性;三是委员来自不同的方面,既能代表各方面的利益,又有利于组织系统内部的协调和统一;四是各委员分工合作,既可以减轻主要负责人的工作负担,又可以避免领导者个人专制和滥用权力。不足之处在于：在委员会制下，由于参与决策的领导者较多，存在着行动不快、效率较低、权力分散、责任不明、难分优劣的弊端，有时因领导者之间意见不一，相互扯皮，使问题久拖不决，贻误时机。另外，在委员会制下，一旦缺乏严谨的制度法规，可能会出现争功诿过，有时甚至会发生无人负责的现象。

上述两种领导体制各有长短，难以绝对区分优劣，而只能根据不同领导类别和不同环境情势灵活运用。从实践来看，一般行政性的、技术性的、事务性的、速决性的、突发性一类的领导活动，宜采用首长负责制，以谋求决策及时、指挥果断、管理高效。但这种领导体制对领导者个人素质的要求较高。而具有立法性、方针政策性、战略规划性、协调性以及综合平衡一类的领导活动，宜采用委员会制，以便充分反映各方的意见和要求，使立法和决策更合理、更科学。事实上，在采用某一体制为主的同时，可以用另一种体制作补充，以取得最佳的领导效果。在现代领导活动中，首长负责制和委员会制既相互制约又相互融合。例如，在公共行政部门，首长负责制受制于各种民主化的规则，也强调充分发挥集体领导的作用；同时，在具体运作时，首长负责制又通过分工负责来实现，这种分工负责是首长的权力下授，分管领导必须对首长负责。

2. 层级制和职能制

按照一个系统或组织的指挥、监督和控制方式不同，可将领导体制划分为层级制和职能制。

1）层级制

层级制是一种传统的领导体制，又称层次制、分级制或系统制、直线制等，是指在一个系统或组织内，在纵向上划分为若干层级，每一个层级对上一层级负责，各层级的管理内容大体相同，只是管辖范围随层级的降低而缩小的领导体制。在这种领导体制下，领导者与其下属之间有统一的直线关系，指挥和命令从领导系统的最高层，按照垂直方向自上而下贯彻执行，形成了一个从指挥中心到基层连续的、像台阶那样的指挥系统，即形成直接指挥、监督和控制的渠道，整个组织体系从而呈现出下大上小的金字塔结构，权力分布则呈现出上宽下窄的格局。

层级制的优点在于：在层级制下，系统内部各单位的关系一目了然，职责分明、行动迅速、步调一致、纪律严明，因而便于领导指挥。另外，在层级制下，由于各层次领导者业务性质大体相同，因此人员升迁或平行调动均能较快胜任工作，有利于培养具有统筹安排、综合平衡能力的通才。

但层级制的缺点也很明显：在大型的组织系统中，由于层级过多，指挥不灵，导致信息阻塞，影响工作效率；此外层级制还容易造成领导者事无巨细、事必躬亲的局面，这一方面不利于发挥下级的积极性和主动性，另一方面，使领导者深陷诸多杂事而不能自拔，难免滥用权力，草率处理事务。因此，层级制的领导结构仅适用于领导场合较小、上下级关系比较单纯的组织或单位。在人类社会长期发展的各个历史时期，无论是行政领导、军事领导还是宗教领导等，大都采用这种领导体制结构。但是随着历史的发展，社会组织越来越复杂，社会活动的规模越来越大，这种结构就越来越不能适应形势发展要求。只有军事组织还始终如一地沿用这种领导体制。

2）职能制

职能制，又称分职制、功能制或机能制，是指一个系统或组织，在横向上按照业务性质的不同平行设置若干职能部门,作为首脑机关的顾问、参谋,辅助最高领导者开展领导活动的领导体制。职能制的领导体制最初由美国管理学专家泰勒提出,在这一体制下,组织机构是为完成某一领导职能或管理业务而专门组建的,每个职能部门都以组织整体为管辖范围和服务对象,只是管辖范围和分工不同而已。

职能制的优点在于:在职能制下,分工精细,职责明确,领导者可以各司其职,业务上容易熟悉,工作效率较高,有利于培养精通各门业务的专家型领导者。

其不足之处在于:一是在职能制下,职能分工过细,容易造成机构臃肿、重叠,出现人浮于事、互相扯皮的现象;二是政出多门,无所适从,增加领导协调和统筹的难度;三是各部门只熟悉本部门的业务,不了解全局,会造成领导者业务水平过于集中在本部门,易使领导者业务面狭窄,产生本位主义,忽视全局,增加领导者的协调任务。由此可见,职能制不利于协调各单位之间的活动,不利于有效地把各个职能部门的指示协调起来,不利于解决各种综合性问题。

层级制和职能制各有优劣,因此在现代领导活动中,需要将二者有机结合起来,以达到比较好的领导效果。然而在现代经济、科技、社会的高度综合和协调发展的条件下,社会组织规模的日益大型化,不可避免地会带来这样的问题:一是由于一个领导人所直接管辖的人数有一定限度,在组织规模大、人数较多的机构中,层次必然会增加;二是组织规模的大型化,要求职能部门更加专业化,所以横向部门数量必然也日益增加。因此,需要科学地处理领导体制中层级制和职能制的问题。在实际运用中,可遵循以下原则来指导二者的科学设置:一是目标原则,即以有利于组织目标的实施为前提,根据目标和使命来设置层级和职能部门;二是效率原则,即组织系统层级和职能部门的设置与调整,必须有利于办事效率的提高;三是工作任务原则,即根据目标系统的具体任务设立机构的层级和部门,任务完成后再及时取消这些机构;四是以人为本的原则,即组织系统层级和职能部门的设置与调整要有利于方便组织成员以及民众,为民众或组织成员着想。

3. 完整制和分离制

按同一层级的各单位接受上级机关的指挥、控制程度的不同,可以将领导体制划分为完整制和分离制。

1) 完整制

完整制,又称一体制、集约制、一元统属制,俗称一元化领导,是指在一个复杂的组织系统中,同一层级的各机构或同一机构的各组成单位,在权力结构上统一由一个领导机构或一个领导者进行指挥、控制和监督的领导体制。

完整制的优点在于:在完整制中,同一层级的各机关均接受同级组织的统一领导,或者同一机关的各个构成单位均接受同一个上级单位的领导,权力集中,责任明确,便于统筹规划,减少相互推诿、扯皮,有利于工作效率的提高,消除各单位之间的工作重复与权力冲突,减少"内耗",同时还可以减少独立单位,避免财力、物力、人力的浪费。

完整制的缺点在于:一是权力高度集中,容易造成上级机构或个别领导者包揽一切,易滋生官僚主义,特别是高层领导者独断专行,压制民主,会影响下级机构的主动性、积极性和创造性的发挥,使下级机构养成对上级机构的依赖性等;二是行动迟缓,效率低下,不利于组织目标的实现,而且大权一旦落在品德不好的领导者手里,则会产生恶劣的领导后果。因此,对于完整制的领导体制必须处理好由于权力高度集中而造成的独断专行和下属单位失去自立精神的问题。

2) 分离制

分离制,又称独立制、分散制或多元领导,是指同一层级的各类机构或同一机构的各组成单位,根据其不同的职能,在权力结构上分属两个或两个以上的领导机构或领导者来领导、指挥和控制的领导体制。

分离制的优点在于:一是权力在高层分散存在,各个领导者各司其职、各掌其权、各负其责,且相互制约,可以防止领导者独断专行或滥用职权;二是各机构相互分离,彼此竞争,便于发挥下级机构的积极性和创造性,有利于培养和发现人才;三是在分离制条件下,即使上级领导机构设置不健全,领导者不称职甚至决策失误,也不至于对组织的全局性工作发生重大影响。

然而,如果分离制发挥得不好,其缺点导致的后果也相当严重,容易造成各自为政、互不买账、各行其是、相互推诿责任的现象,尤其是遇到困难时,难以同心协力、同舟共济、共渡难关。此外,在分离制下工作内容易重复,导致事权冲突,人力、财力、物力分散,资源浪费,影响国家和集体的利益。

完整制和分离制在领导体制中是一个矛盾的两个方面,是对立统一体。有效的领导体制应当是完整制与分离制的有机统一,严守完整制或分离制的做法是有较大难度的。在实际运行中,完整制与分离制的固定形态实际上是不存在的。领导者只有不断地研究新情况、解决新问题,在领导体制结构上表现出动态性管理,才能使完整制与分离制的功能在有机结合中发挥得更好,把两者的负效应降低到最小限度。当今世界,不管哪个国家,也不管什么社会制度和什么性质的组织,都不可能严格地实行完整制或分离制,都要因时、因地灵活掌握。

4. 集权制和分权制

按照职权的集中和分散程度的不同,可以将领导体制划分为集权制和分权制。

1) 集权制

所谓集权制是指对所有领导工作的最后决策权都集中于上级领导机构或上级领导者,下级机构或下级领导者没有或很少有自主权,只能按照上级机构或上级领导的决定、命令和指示办事。

集权制的主要优点在于:权力集中,有利于政令统一、标准一致、力量集中,领导者能够统领全局,兼顾各方利益,命令容易得到贯彻执行。特别是在系统资源有限的情况下,集权制能够最大限度地集中组织系统的物力、人力和财力,从而完成在其他领导体制下办不到或办不好的大型项目。

但是,集权制领导体制的缺陷也很明显,集权制把所有决策权集中于上级机构,下级机构没有自主权或很少有自主权,因此,下级机构往往缺乏主动性、积极性和创造性,同时集权制往往因为统得过死而缺乏应变能力,使组织不能因时、因地制宜,缺乏必要的环境适应性。另外,在集权制的领导体制下,领导工作缺乏弹性和灵活性,有时还会助长上级机构或领导者独断专行的歪风,滋生以权谋私、权钱交易等腐败现象。

2) 分权制

所谓分权制是指下级机构或下级领导者在自己管辖的范围内,有独立的决定权,上级对下级在法定权限内决定处理的事情不进行干涉。

分权制的优点与集权制正好相反,这种领导体制可以使下级机关从实际情况出发,独立自主地开展工作,依据具体情况、具体特点去处理问题,一方面可以充分发挥下级机关的优势和潜力,另一方面也可发挥下级人员的智慧和才干。另外,分权制的领导体制是按权分级、按级分工、分工负责,这样可以根据客观环境的变化,及时、灵活、客观地处理问题,具有较强的环境适应能力。

但分权制的缺点也很明显,主要表现在:各组织机构相互独立,政令不统一,容易发生矛盾和冲突,且难以协调。此外,各个部门从保护自己利益的角度出发,容易产生本位主义、分散主义,有时甚至会发生为了部门利益而牺牲整体利益的情况,导致全局失控、有令不行、有禁不止。

关于集权与分权问题,从权力配置上看,有两种类别:一种是完整制与分离制所涉及的平行机构之间的集权与分权关系;另一种是集权制与分权制所涉及的上下级机构之间的集权与分权关系。但在多数情况下,集权与分权主要指的是后者。如何处理集权与分权的关系,一直是领导者需要解决的重要问题。从实践来看,解决两者之间的关系,并没有一个固定的模式。但可以坚持以下原则。

(1) 可能损失原则:如果下级制定某项决策容易失误,决策实施后可能产生严重损失或不良后果时,这种决策宜采取集权的形式;反之,则可以采用分权的形式。

(2) 责任范围原则:如果一项重大决策引起的责任后果较大时,而又对决策的后果不能准确预计时,则决策权不宜下放。

(3) 决策范围原则:如果一项决策影响的范围较大,或者决策涉及所有部门与单位时,宜采用集权的形式;反之,部门性决策则可下放。

(4) 监督考核原则:凡属考核内容的工作,如监督考核某一层次领导的工作,应采用集权形式。

(5) 业务性原则:涉及各地、各部门业务性质相同的工作,一般应采用集权形式;反之,可采用分权形式。

(6) 地域规模原则:凡是大规模的发展计划和战略规划工作,应采用集权形式;与上述情况相反的,则采用分权形式。

(7) 下属的成熟度原则:如果下属的自我约束能力较强,自我定位较准确,则决策权下放的可能性就较大;反之则较小。

无论是集权程度大或是分权程度大,目的都是为了更好地实现组织的战略目标,充分调动每个成员的积极性,发挥 $1+1>2$ 的综合优势。但从发展趋势来看,当组织发展到一定水平时,应当考虑采用分权制的领导体制。其理论依据如下。

(1) 就营利性组织而言,随着社会生产力的发展,世界产品市场正逐步由卖方市场向买方市场转移,市场需求向多样化、个性化方向发展,市场划分越来越细,组织对市场变化作出反应的时间要求越来越短,同时,组织作出正确决策所需信息量越来越多,必然要求充分发挥低层组织的主动性和创造性,充分利用其自主权来适应他们所面对的不断变化的情况;就公共组织来说,随着世界各国民众民主呼声的进一步高涨以及民众对公共部门提供公共产品和公共服务需求的多元化变化,客观上也要求以政府为主体的公共部门通过分权、授权等途径强化基层组织的社会管理和公共服务等职能,以适应变革时代公共组织所处环境的全新诉求。

（2）如果决策集中于最高层领导,则传递有关决策的信息的成本会越来越大,所需时间会越来越长,不利于组织对所处环境变动作出快速反应。

（3）即使最高层领导经验丰富,判断力极强,但如果决策职能过分集中,则会造成其负担过重,陷入具体事务而不能脱身,也就没有时间作出更重要的决策。

三、领导体制的变革

人类社会是组织的社会,为了达到一定的生产和生活目标,人们必须按照一定的方式组织起来,以实现理想的组织效率。领导体制正是人们寻求改善组织方式、提高组织效率的形式。领导体制的出现,反映了人类社会领导活动的客观必然要求,其形成和发展与生产力发展水平有着密切的关系,并随着社会的不断发展变化,呈现出不断演进更替的趋势。任何一种领导体制虽然在一定时期内,应当保持其相对稳定性,但领导体制总是随着客观形势变化的需要,不断地进行相应的调整和变革。随着现代社会经济和政治领域领导活动的日益繁杂,领导体制也相应地变得更加精细、更加完备,产生了丰富多样的形式。

（一）领导体制变革与完善的重要性和必要性

领导体制虽然具有相对稳定性,但领导体制作为上层建筑的一个组成部分,必然要与一定的社会生产力的发展水平相适应,与一定的领导环境相适应,一旦这些因素发生了变化,领导体制就要发生相应的变革。

1. 变革和完善领导体制是解放和发展生产力的客观需要

从领导体制演变的过程看,领导体制是与一定的生产力发展水平相适应。尽管领导体制一经建立就具有相对的稳定性,并长时期地发挥作用,但领导体制必然要随着社会生产力发展水平的变化而变革,否则,它就会失去生机与活力,就会走向僵化,阻碍生产力的发展。领导关系作为一定的领导体制的具体表现,一方面要根据领导体制的改变而改变;另一方面,领导关系的优化对领导体制的完善和发展,也会产生积极的促进作用。

事实上,经济上和政治上遇到的种种问题,都与领导体制中存在的弊病及领导关系不顺有着重大的关系。良好的领导体制,有助于建立、维护良好的领导关系,可以充分发挥领导者和组织的主观能动作用,并对领导活动中的不良领导关系起着制约作用;领导体制不好,不仅会压抑领导者的积极性、创造性,甚至可能使领导关系发生扭曲,使领导者犯错误,甚至犯严重错误。因此,领导体制的改革和科学化就成为必然。

具体而言,领导体制的改革和科学化是指领导组织机构设置、领导权限划分、领导关系规定等制度体系的变革与优化,也就是要把现代领导科学原理贯穿到领导体制、领导机制和领导过程中,填补各种漏洞,防止专制腐败,避免发生各种错误,理顺各种关系,减少各种阻力,形成最大合力,进而形成强大的领导力和核心竞争力。事实上,科学的领导体制、领导机制和领导过程本身就蕴含并生产着领导力,推进着领导体制的科学化;而领导体制的科学化不仅能直接解放被旧体制束缚的生产力,而且能开发出大量的体制性、机构性领导力和竞争实力。这就是说,领导体制的改革和科学化就是一种改革和优化除领导素质以外整个领导系统的重要措施,是谋求整个领导系统生产领导力、出效率效益的要策,是开发和增强领导力和核心竞争力的一条重要途径,是解放生产力的核心内容和关键举措,是领导发展的客观需要和重大现实取向,因而是十分重要和必要的。

2. 变革和完善领导体制是领导主体适应领导环境的客观要求

任何一种领导体制都有一个自身演变的过程。例如西方的企业领导体制,经历了从家长制领导到经理制领导,从"硬专家"领导到"软专家"领导、"软专家"集团领导的变迁过程。在这个过程中,领导者和领导集团面临着领导体制及环境的变化,其活动方式、方法也在不断变化,以使领导活动与这种变化相适应。随着领导活动的不断变化,领导经验的不断总结,领导关系所包含的内容、涉及的领域、调节的手段都日益丰富、广泛和多样化。因此,领导体制和领导关系的变化,实际上是领导主体对领导环境变化的适应过程。

3. 变革和完善领导体制是领导者实施有效领导的必要前提

领导活动是一种自觉的社会实践活动。成功的领导在于,它是在尊重客观规律基础上充分发挥主观能动性,是对客观实际的自觉把握。其重要表现就是,通过领导体制的改革和领导关系的调整,使主观符合客观。这可以通过领导关系、领导方式、领导方法等体现出来。首先在领导关系上,领导者不只是靠命令驾驭追随者,使之服从。更重要的是,要为追随者对决策的执行提供保证、提供服务,使追随者的活动更自觉地服从上级领导作出的全面性决策。其次在领导方式上,要更多地运用经济手段和法律手段,规范经济社会生活,充分体现经济社会生活的客观要求,不违背客观规律。最后在领导方法上,把精力集中到主要工作上面,充分调动组织成员的主观能动性,实现有效的领导。

(二)现代领导体制变革的发展趋势

领导体制是协调领导机构的根本机制,领导体制的变革,又是实现这一艰巨任务的关键。随着社会化大生产程度的提高,组织规模的不断扩大,旧的领导体制无法适应社会生产迅速发展的新形势和新要求,必然会呈现出变革的发展趋势,现代领导体制正朝着专家化、集团化和民主化的方向迈进。

1. 领导专家化

19世纪中期以前,工业发展初期的企业,实行资本家的个人领导企业的经营管理和生产,一切由资本家本人说了算。这种领导方式,在开始时还很适用。因为当时企业规模小,生产技术简单,管理要求不高。同时,第一代资本家有许多是从激烈的竞争中脱颖而出的,具有一定的管理经验和能力。但是,随着企业规模的扩大,生产技术日益复杂,以所有者的资格充当企业领导者的领导体制就难以适应新的状况了。19世纪中期,美国出现了经理制。这种制度就是实行财产所有权同经营管理权的分离,老板只拿红利不管业务,聘请拿薪水的经理人员来领导企业。经理制在实践中显示出很大的优越性,从而得到迅速推广。经理制的普及,并不是因为资本家自愿退出历史舞台,而是说明领导专家化是企业领导体制发展的必然趋势。

自此以后的一百多年来,领导专家化也在不断地发展,其发展大致经历了"硬专家""软专家"等不同的发展阶段。企业经理最初由精通企业生产技术的"硬专家"担任转向由受过专门经营管理的"软专家"担任。但随着新技术革命的到来,企业的复杂化程度越来越高,现代企业要求既懂经营又懂技术的"双料专家"来经营管理,他们兼有"硬专家"和"软专家"的双重优点,善于把技术和管理融会贯通。因此,为了实现技术和管理两个轮子的同步高效运转,各大企业争相聘用这样的经理人才。所有这些都说明现代企业对领导专家化的要求越来越高。

2. 领导集团化

第二次世界大战以后,随着技术进步速度加快、企业规模扩大、市场日益国际化等变化,企业领导工作越来越复杂,特别是企业战略等重大决策的重要性日益被人们所认识,光靠专家个人的知识、经验和能力已经不能适应企业领导工作的要求了,于是就出现了从个人领导向集团领导的转变,进而呈现出领导集团化的趋势。领导集团化,主要表现为两种形式:一种是领导班子实行集体决策,许多大公司组成了总经理办公室、董事长办公室、管理委员会等作为企业经营决策的核心;另一种是智囊团、思想库等企业领导的参谋、咨询机构的兴起和发展,为企业领导决策提供咨询。

应当指出的是,领导集团化并不等于领导集体在决策时必须实行少数服从多数的表决方式。领导集团化的目的是克服个人领导能力的不足,实行集思广益,发挥集体智慧。另外,领导集团化并不排斥责任制,它是在专家化基础上发展起来的领导集团化。至于将各种不同意见集中起来形成统一决策的方式则可以是不同的,它可以采取领导班子内少数服从多数的办法来形成统一的决策,也可以在充分讨论的基础上,由主要领导人对各种意见权衡利弊,然后作出决策,或者是采用主要领导人拥有否决权的方式。

3. 领导民主化

领导民主化主要是指在领导工作中,不仅要注意发挥领导集体和决策机构的集体智慧,而且还要通过各种方式吸收组织成员参加组织的领导工作,参与组织决策的讨论。第二次世界大战以后,由于企业经营情况的复杂,加上为了缓和资产阶级与工人阶级之间的矛盾,资本主义国家的企业开始向员工参与管理的民主化进程发展,企业员工或员工代表在企业决策中的作用增强。例如,当时联邦德国的法律规定,在500人以上的企业中,要建立监督委员会(相当于美、日企业的董事会)。其成员一半是股东代表,另一半是员工代表。监督委员会主席由股东代表担任。表决时,如双方票数相等,主席就有最后的决定权。监督委员会讨论并决定企业经营管理的重大问题,决定管理委员会的人选。再如,目前在世界上,尤其是日本,十分流行一种管理模式,叫作"走动式管理",要求企业领导人经常倾听下级和员工的意见和呼声,经常深入基层,甚至深入到最基层的员工中去,体察民意,了解真情,广泛听取意见和批评,要多听一些反面意见,而不是只听好的,这样,正确的决策思路就在走动过程中逐步形成了。

(三) 现代领导体制变革发展目标——领导体制科学化

领导体制变革的目标就是要实现领导体制的科学化。所谓领导体制的科学化是指通过将领导体制的形式、结构、机构合理地设置和有机配合,使其符合领导规律的客观要求,从而为领导者提供最佳的活动舞台,保障实现最佳的领导绩效。实际上,领导体制的科学化就是减少领导活动的随意性和主观性,增加领导活动的可预见性和可操作性。同时,科学化的领导体制还意味着领导体制必须顺应现代管理活动的大趋势,采用先进的领导方法和手段,既包括领导机构的设置合理,又包括领导制度的安排合理、领导方式合理、领导程序民主,此外,还要体现领导体制的法制化要求。

1. 领导体制科学化的重要意义

对于任何一个领导者来说,即使素质再高、能耐再大,如果没有科学化的领导体制做保障,其作用也很难发挥出来。因此,领导体制科学化是实现领导活动的重要保障,是现代领导体制变革发展的重要目标,在现代领导活动中具有重要的意义。

1) 领导体制科学化是实现领导科学化的保障

如果没有领导体制的科学化,那么领导观念科学化、决策科学化、策略科学化和行为科学化等都无法保障,甚至连机构臃肿、人浮于事和效率不高等积弊都无法根除。领导观念、决策和策略的科学化,说到底,都属于领导范围之中"软件"的科学化,而领导体制的科学化则属于领导范围之中"硬件"的科学化。没有"软件"的科学化,"硬件"的科学化自然毫无意义;反之,没有"硬件"的科学化,"软件"的科学化也就必然失去保障。

2) 领导体制科学化是保障和促进其他各方面体制科学化的关键

领导体制科学化从根本上制约着经济体制、科技体制、教育体制和人事管理体制等其他方面的科学化,离开了领导体制的科学化,其他方面的科学化就不可能取得最终成功。

3) 领导体制科学化是提高整体领导业绩的重要因素

领导业绩亦即领导绩效,是领导过程中的效能效率与领导结果和领导标的的一致性,集中体现为领导活动带来的直接经济效益和社会效益。事实上,领导业绩或领导绩效既是对领导者工作态度、能力的反映和评价,又是天时、地利、人和等各种主客观因素综合作用的结果,其中领导体制无疑是一个重要因素。另外,要提高领导业绩,就要确保目标明确、方向正确和运转高效,而这都同领导体制的科学化直接相关,也就是说,领导体制科学化对领导绩效的提高发挥着非常重要的作用。

2. 现代领导体制变革与科学化的基本原则

领导体制是实现领导意图和领导职能的根本保证,科学设置领导体制不仅可以保证领导活动正常、有序的运转,而且还可以提高领导效能。为此,领导体制的科学化变革应坚持以下原则。

1) 目标统一性原则

任何一个组织的存在与发展,都是由它特定的目标所决定的。组织目标是组织在一定时期、空间条件下要达成的目的或要取得的最后成果,是组织的各个组成部分和成员共同奋斗的方向,也是确定组织结构的出发点。领导体制作为组织系统的一部分,应该与既定的组织目标有关。目标统一性原则是指领导体制变革必须有利于领导目标的实现。因此,在这样的目标主导下,领导体制的变革设计要以事为中心,因事而设置机构和职务,做到人与事的高度配合,避免出现因人设事、因人设置机构的现象。

2) 权责一致、合理明确原则

在领导体制的改革设计中,既要合理明确规定每一个领导层次和每个部门的职责范围,又要赋予完成其职责所必需的管理权限,要求职责和职权必须协调一致、合理明确。要履行一定的职责,必须有相应的职权。只有职责,没有职权或职权太小,则其领导的积极性和主动性必然会受到束缚,而且也不可能承担起应有的责任。相反,只有职权而无任何责任或责任程度小于职权,将会导致滥用权力,产生官僚主义。科学的领导体制设计应该是将职务、职责和职权形成规范,订出章程,真正做到权责一致、合理明确。只有规定合理明确的职责权限,才能各司其职、各尽其责、互相配合,克服官僚主义,改进领导作风,严明工作纪律,提高工作效率。

3) 稳定性和适应性相结合的原则

领导体制一旦形成就具有相对的稳定性,可以长时期地发挥作用,但领导系统赖以生存的环境是不断发展变化的,组织本身也处在不断运动之中。因此,组织机构的设立都要因时、因地、因条件而定,真正适应领导任务的需要,适应生产力发展的需要,同时还要有一定的弹性。只有坚持稳定性和适应性相结合的原则,才能保证领导目标的实现。

4) 机构精干和整体效应原则

一个领导机构是否精干是衡量领导体制是否合理的主要标准。机构精干原则是指从组织部门的设定到人员的配备,都要精干,在服从领导目标所决定的各种活动需要的前提下,力求减少领导层次,精简领导机构和人员,充分发挥领导者的积极性,提高领导效率,更好地实现领导目标。领导组织只有机构精干,工作效率才能提高。如果领导层次太多,就会造成机构臃肿,人浮于事,浪费人力、物力和财力,并容易滋生官僚主义。在机构精干原则前提下,还要保证发挥组织的整体效应,就是要使组织的每一个部分、层次都成为领导机关组织体系必不可少的有机组成部分,并且能够分工合作、协调一致、有序地开展工作,即力求使组织部门及其领导者和组织成员之间上下沟通、左右协调、指挥统一、运转灵活,形成统一、完整、严密、高效的体制。

5) 管辖适度原则

管辖适度原则是指每一层次的领导者直接指挥和监督的对象范围,要有合适的限度,范围过大,领导者的能力和精力承担不了,就会误时误事;范围太小,势必会增加领导层次和人员,不利于集中统一领导。一般来说,管辖的幅度应以发挥最大效率为目的。领导能力强,领导手段现代化、效率高,管辖幅度就可大些;反之,就可小些。具体来讲,在确定管辖幅度时,可考虑以下几个方面。

(1) 上下级知识的多少和能力的大小。知识多,能力大,则领导幅度可大些;反之,应小些。

(2) 上下级关系的复杂程度。关系复杂则幅度应小些;反之,可大些。

(3) 下级活动同类性程度。同类性大,幅度应大些;反之,可小些。

(4) 下级工作分散性程度。工作分散,则幅度应小些;反之,可大些。

此外,在确定领导管辖幅度时,还需考虑下级工作的技术性和专业化程度等方面的情况。

6) 信息回路原则

"回路"一词是从物理学上的电流回路借用来的。这里所讲的信息回路主要是指组织结构内部的功能传输、信息传输构成的回路,也称之为信息反馈。一个组织系统只有自身构成回路,才能正常运转并发挥功效。例如,一个领导者发出的命令、指示、决定等,由下级职能部门或执行机构贯彻实施,其执行的情况和结果,必须通过一定的渠道反馈到领导者那里,使之补充、修正或撤回原指令,这就构成了一个反馈回路。只有按信息回路的原则确立领导的组织结构,才能有利于实现正确的联系。

7) 法治原则

合理的领导权限划分、恰当的领导机构设置、严格的领导工作制度,都要通过法律保障固定下来。只有做到权力依法分配,机构依法设置,制度依法建立,工作依法进行,才能保持更大的领导权威,有效地进行领导。因此,要使领导体制改革与加强立法工作相结合,必须加快立法速度,提高立法质量,维护宪法和法律的权威与尊严,坚持在法律面前人人平等。只有这样,领导体制改革中的机构改革、权限划分、人员配置才能依据法律、法规的规定来进行,不各行其是;也只有这样,才能加强领导权力的制约和监督,建立、健全对领导的监督机制。

第三节 我国行政领导制度

从整体上来说,行政领导制度可以划分为三个层次:一是从根本上制约行政活动的制度安排;二是足以保障领导者个人与组织协调行动的制度,以使领导者个人的能量与组织的能量最大限度地发挥;三是足以保证日常行政领导活动顺利开展的制度性措施,使行政活动富有成效,不致无的放矢。根据这三个不同的层次,这里重点阐述几种主要的行政领导制度。

一、我国的根本领导制度

民主集中制是我国的根本领导制度,它是民主制和集中制有机结合的一种制度。就民主制而言,是指在国家生活中,人民群众当家作主,有权以不同方式积极参加有关国家大政方针、重大决策和法律的讨论,参加对国家事务、经济和文化事务及社会事务的管理,充分体现人民参政、议政的民主权利。一切国家机关及其工作人员必须对人民负责,受人民监督,这是我国社会主义本质的体现。就集中制而言,坚持在高度民主基础上实行高度集中,实行少数服从多数、个人服从组织、下级服从上级、全党服从中央,这是建立全党和全国的正常秩序,实现集中统一和行动上一致的基本保证。民主和集中是相辅相成、互相制约、不可分割的有机统一体。

民主集中制是我国根本的领导制度。我国宪法把民主集中制作为人民民主专政国家政权的组织原则和国家的根本领导制度确立下来,具体表现为:

(1) 全国人民代表大会和地方各级人民代表大会的代表,都由民主选举产生,对人民负责,受人民监督;

(2) 国家行政机关、司法机关都由人民代表大会产生,对它负责,受它监督;

(3) 中央和地方国家机构职权的划分,遵循在中央统一领导下,充分发挥地方的主动性、积极性的原则。

民主集中制的领导制度贯穿于各级行政领导的全部实践活动中,是社会主义根本制度的直接体现,它决定和影响着其他行政领导制度;其他行政领导制度是民主集中制领导制度的具体化,是由其决定和衍生出来的;其他具体的行政领导制度,离开了民主集中制,就难以实现和发挥作用。

二、我国的行政领导制度

行政首长负责制是我国的行政领导制度,这是一种集体领导制度。集体领导就是集体决策、共同负责的制度。重大问题由领导集体全体成员通过讨论作出决策和决定,一经决定,必须共同遵守。实行集体领导,对重大问题表决时,应坚持少数服从多数的原则,不能个人或少数人说了算,如有不同意见,可以保留,但必须服从多数人的意见和集体决定。在集体领导中,行政首长必须正确地使用最终的决定权和否定权,应当在集体意见的基础上决定或否定,而不是以个人意志为转移。行政领导集团内各个成员要分清职责,根据各自职责和工作任务,分工合作,不能互相推诿。

我国的行政首长负责制是领导个人分工负责的制度。个人分工负责制就是行政领导集体内各成员为执行集体领导的意志而密切配合、各司其职、各尽其责的。这是保证集体领导实现的一项重要措施。个人分工负责的工作,是集体领导工作的组成部分,分工不分家,既要分工,又要配合,做到权责统一。

集体领导和个人分工负责是辩证统一的,是不可偏废或分割的。集体领导是个人分工负责的前提,个人分工负责是集体领导的基础。集体领导的决策是个人分工负责的方向、目标,个人分工负责是集体领导意志实现的途径。离开集体领导的个人分工负责就是无政府主义和自由主义;离开个人分工负责的集体领导只能是"清谈馆"。坚持集体领导与个人分工负责相结合,就要反对个人说了算和不敢负责的官僚主义倾向。

我国的行政首长负责制就是集体领导与个人分工负责制的有机结合。行政首长负责制是相对于委员会制而言的,是民主集中制和集体领导与个人分工负责制相结合的一种具体形式。它是指重大事务在集体讨论的基础上由行政首长定夺,具体的日常行政事务由行政首长决定、行政首长独立承担行政责任的一种行政领导制度。我国宪法、国务院组织法、地方各级人民政府组织法都明确规定我国实行行政首长负责制,这种制度是建立在发挥集体作用基础之上的,是同集体领导相结合的行政首长负责制。

三、日常的行政领导制度

日常的行政领导制度是前两项领导制度在实际执行中的具体化。从行政活动主体的双向性,即从行政领导者的角度和行政活动参与者的角度来研究日常的具体行政领导制度,可以发现,日常的具体行政领导制度可以表现为三个层面:领导与群众的关系问题,领导与领导之间的上下级关系问题,领导班子内部关系协调问题。

1. 处理行政领导者与行政活动参与者关系的制度

这种制度是行政领导的民主原则最直接的要求和体现。由于行政领导者在这种制度安排中处于权力掌握者、政策决定者的地位,因此,他们应当主动加强与行政活动参与者的联系,想方设法搜集群众的意见、建议,了解群众的愿望、要求,以求最广泛地征集到行政活动的社会反应,从而获得最有力的社会心理支持,以保证行政活动的参与者以高昂的热情始终活跃于行政活动的过程之中。加强与群众联系的方法有多种,有接待日制度、对话制度、咨询制度、信访制度、通报制度、评议制度等。需要特别强调的是,这些具体制度必须有助于解决具体问题,是常设而不是临时应急性的,否则,只能取得暂时性的效果。

2. 上下级行政领导者之间联系的制度

要使行政活动有序、有效地开展,既需要各种客观条件,更需要各级别的行政领导者的有效配合。在上者,能够发出正确的行政指令或行政禁令;在下者,能够令行禁止。上下相互配合,共同支持,才能优化行政行为。而最有利于提高行政效果的上下级联系制度的原则是统一意志、统一指挥、统一步调、统一行动。统一的前提条件有两个。一是对行政领导的共同使命——提高行政效率、增强合作意识、提高社会效率和效益、实现行政目的有共同的认识。二是对对方都抱着尊重的态度。上级尊重下级,就是要保护他们工作的创新性、自主性,从而激发下级的工作热情,提高效率;下级尊重上级,就是要服从上级发出的合理的行政指令,并加以创造性地执行。这样,借助于通报征询、报告请示、检查反馈等具体制度,就可以保证行政领导上下级之间亲密无间的合作关系,共同致力于优化行政活动,实现工作目标。

3. 协调行政领导班子内部关系的制度

行政领导班子内部关系的协调状况如何,对整个行政管理活动及其结果都有很大的影响。这种内部关系协调的制度包括以下方面。

(1) 行政领导班子要有搞好行政管理的共识。如果行政领导班子成员都有搞好行政管理的共识,都能理智地相互配合而不是相互拆台,这样才有可能搞好行政领导工作。

(2) 行政领导班子应主要依靠公开的、合理的制度安排来协调内部关系。

(3) 行政领导班子应以工作成绩和客观效率来衡量自身的行政工作效果,评估各自的工作绩效,并以此作为协调行政领导班子成员的客观准则。

只有这样,才能进一步密切彼此关系,通力合作,逐步通过办公会议制度、集体学习制度和民主生活会等多种形式的制度安排,收到更理想的行政活动效果。

第四节 学习型组织文化与领导角色

随着知识经济时代的来临,组织生态环境复杂程度的增强以及知识型成员队伍的日渐壮大,原先那种依靠强硬的管理制度控制、约束组织成员行为的领导方法,以及以权力大小为标志进行领导的组织文化模式,正面临着前所未有的危机和挑战。时代呼唤一种全新的组织文化以适应不断变化的组织生态环境的新要求。

一、学习型组织文化及其特征

(一) 组织文化及其功能

组织文化是组织成员共有的价值体系和行为规则。由于发展历史和成长道路不同,不同组织的组织文化往往凸现出明显的个体差异。阿伦·肯尼迪与雷特·迪尔从感性认识的角度,将组织文化归结为强悍型组织文化、工作娱乐并重型组织文化、赌注型组织文化和按部就班型组织文化。约翰·科特和詹姆斯·赫斯克特则在实证研究的基础上,从组织绩效与组织文化的关系视角,将组织文化划分为强力型组织文化、策略合理型组织文化和灵活适应型组织文化。一般而言,组织文化具有以下功能。

1. 目标导向功能

如何协调、平衡组织的经济目标与社会目标、整体目标与员工个人目标以及整体目标与内部各作业单位目标之间的矛盾与冲突,是管理所面临的一大挑战。优秀公司的成功案例表明,组织文化的目标导向功能不仅可以很好地协调组织利益目标和社会目标之间的关系,而且有利于将员工的价值观念、思想观念以及道德观念等导向组织所确立的目标,使其变为影响员工心理和行为的无形力量:一方面通过价值观来引导组织自身行为,另一方面直接引导员工个体的心理和行为。

2. 整合协调功能

整合协调功能即整合协调组织中的各种要素与关系,使员工形成共同的信念、理想和价值取向。在特定的组织文化氛围中,员工通过自己的切身感受,可以养成职业自豪感和使命感,以及对组织的认同感和归属感,而且乐意把自己的思想、感情、行为与组织的命运联系在一起。组织文化正是以种种微妙的方式来沟通人们的思想感情,融合人们的理想、信念、作风、情操,培养和激发人们的群体意识的。

3. 规范约束功能

组织文化的管理功能往往偏重于"软约束"。组织文化的规范性不一定是强制的,它通常由价值观,而不是由惩罚来说明为什么一个组织的成员必须服从它的要求。对于人的行为约束,文化的"软控制"要比依赖强力所完成的"硬控制"更为持久和有效。

4. 激励辐射功能

在一般意义上,人的潜能具有无限性。从组织员工个体自我开发的视角看,什么力量才能发挥如此之大的功能呢?只有依靠精神、意志、信念,也就是"文化的激励"。研究表明,营造良好的组织文化,对内可以创设并维持一种适宜员工事业发展的、有凝聚力的组织内部环境,让员工在和谐互动、催人上进的文化环境中心情愉快地学习、工作和生活;对外可以使组织形象得到社会公众的认同和肯定,从而为组织的卓越成长创造一个健康良好的外部生存环境。组织文化这种独特的激励因素,使得组织在日益激烈的竞争中增强持续生存和自我发展的能力。

(二) 学习型组织文化的优势

作为一种全新的组织文化形态,学习型组织文化是指通过营造组织学习气氛,发挥组织成员的创造性思维能力而建构一种有机的、符合人性的、能持续成长与发展的组织文化管理模式。学习型组织文化不仅要求组织成员学习,而且特别强调集体学习的重要性,并且把学习状况作为评价其成员是否具有可塑性的重要指标。学习型组织文化强调组织集体学习的目的在于实施变革和创新,而变革与创新则是为了更好地适应环境的变化。由此可见,学习型组织文化是将学习视为组织发展动力之源的一种新型组织文化:学习既有利于组织可持续发展,也有利于组织成员的全面发展。

1. 关注组织成员拥有共同愿景

共同愿景是组织成员在分析现实情况基础上所勾画出来的远景规划和指向于未来的宏伟目标。在目标驱动的组织中,愿景可使人们产生灵感以及参与工作的动力。除了与目标相关之外,还包括价值观、道德观、行为准则以及人的内在价值。由于愿景是涉及未来的理想,它与现实之间必然存在一定程度的差距,即"创造性张力"。保持创造性张力就是要不断地从愿景与现实之间的差距中创造出学习与工作的热情和动力。它虽来源于组织成员个人追求的目标但又高于个人目标,是一种创造性的升华。

学习型组织文化将组织看成一个具有生命活力的实体,成员个人愿景与组织愿景之间存在着一种有机的循环关系。组织成员追求自我成长与自我实现的愿望以及由此而产生的勤奋学习精神,通过成员间的密切交流、相互影响和相互感染,为组织源源不断地注入活水,促进组织形成群体动力,从而有利于提升组织的整体品质;组织良好的学习氛围以及追求卓越成长的美好愿景可以为成员创造进一步发展的良好平台。

2. 注重以能力为基础的创新团队建设

学习型组织文化是肯定团队智慧高于个人智慧,团队整体协同的行动能力高于个人能力的简单相加。当团队自觉吸纳新的事物和知识时,不仅团队整体会创造出色的成果,而且组织成员成长的速度也比其他学习方式更快。团队学习之所以重要,是因为组织的所有目标都是直接或间接地通过团队作战来达到的:学习型团队既能够增强组织内部成员之间的相互适应性,又能够在迎接外部挑战时随机应变,适时调整已有战略,提升组织自身的可持续发展能力。

当然,学习型组织文化所倡导的学习并非局限于读书求知,而是注重在工作实践中形成各种能力。其能力概念可以被界定为如战略思维、主动学习、沟通协调、应对突发事件、心理调适等一些决定组织绩效的持久品质和显著特征,功能在于既能够将组织的愿景转化为具体行为方式,又能够使组织成员理解组织的愿景并付诸实践行动。同时,能力概念也为组织人力资源管理部门提供了很好的评估机制,这一评估机制可用于组织成员的选聘、考核和培养。由于可以比较准确地衡量某种能力的高低,因而能够为组织挑选表现出组织理想文化所需行为的组织成员。以能力作为考核基础,又可以将组织所需要的行为方式在整个组织中进行传达,还可以在组织成员培养机制中运用能力概念,并创造出改变组织成员行为模式的具体途径,使组织成员的行为与学习型组织文化达成一致。

3. 强调个人与组织的互动发展

组织是由个体和群体构成的一个集合体。组织与群体、组织内部不同群体以及组织成员之间会发生观念、行为和利益冲突。如何解决这些冲突,需要组织文化这只无形之手,整合、协调组织中的各种要素及其关系。在整合过程中,不再是组织成员为了抽象的组织利益牺牲自己,而是每个成员的利益都能得到充分尊重,组织成员的个体发展越来越被关注。组织文化的整合的功能不仅渗透到组织的各项活动中,也是一个人们的思想、观念和文化的交流与融合的过程。

在学习型组织文化氛围中,组织成员通过自己的切身感受,可以养成职业自豪感和使命感,以及对组织的认同感和归属感,而且乐意把自己的思想、感情、行为与组织的命运联系在一起。学习型组织文化不仅关心组织自身的发展,也非常关心组织成员的个人发展及其家庭生活质量的改善。

二、领导在组织文化建设中的作用

领导的职责之一就是建设组织文化,领导不仅是组织文化的集中体现者,而且是组织文化的楷模。尽管组织文化有多种来源和构成,但领导在文化方面所展现出来的价值观、伦理观、组织观在其中居于主导地位。与组织成员相比,领导在整个组织中具有特殊身份,决定了组织在建设自己的文化特征时,须臾不能离开领导的导航作用。

1. 领导者调节和控制组织文化

领导者在领导过程中向组织成员发出强烈信号,告诉他们什么是重要的和期望他们做的。领导者在日常工作中的关注重点,往往向组织成员传达出一种强烈的指示信号,组织成员会自觉或不自觉倾向于领导者所关注的方向,领导者在管理过程中的重视举动实际上也是对组织文化的调节和控制行为。

2. 领导者面对重大危机时的态度及其处理方式

在当下复杂、动荡的生态环境中,组织随时都可能遭遇来自各方面及不同形式的诸多危机。当面临危机时,领导者对危机的反应态度及其处理方式往往可以表现出他们的价值观念,有可能增强现有的组织文化,也有可能在某些方面改变原先组织文化的价值观念和行为规范。例如,当组织给社会所提供的产品和服务因存在瑕疵而被媒体曝光时,领导者是隐瞒真相,还是主动承认错误,争取社会公众的谅解,这可以反映出领导者的潜在价值观,也会影响到组织文化的价值观内涵。

3. 激励政策和用人标准

激励政策反映了领导者开展工作时的考虑重点和价值观念,是组织文化的重要组成部分,对组织成员的行为具有明显的导向作用,特别是额外的激励措施,更容易引起组织成员的注意。可以说,有什么样的激励政策,就会有什么样的组织成员行为倾向。同时,组织招募、挑选、提拔和晋升的标准,向人们传递着领导者用人的基本价值取向。组织决定派谁承担特定职务和工作,让谁升职或调动的标准,以及为什么解雇谁等,都加强和表明了组织文化的基本导向。

三、学习型组织文化中的领导角色

1. 领导是设计师

在学习型组织文化中,领导者既不单纯是组织这艘大船的"船长""设定方向的领航员",也不只是"实际控制方向的舵手""在甲板下面添加火力的工程师",而是船体本身的设计师。所谓设计就是确认组织系统的各个组成部分能够互相搭配,以致发挥组织的整体功能。具体说来,领导者的设计工作是一个对组织要素进行整合的过程,不仅要设计组织结构、组织政策与战略,更重要的是要设计组织发展的基本理念、价值观念及其学习过程。

随着社会物质生活条件的显著改善和民众受教育程度的明显提高,人们的工作价值观念与以前相比已大为不同。许多人不再仅仅将工作视为谋生和养家糊口的手段,而是定位于自我价值实现的关键平台。这表明,原先层次上非常重要的薪水、职位以及社交关系很难满足他们的需求,而自我成长和个人潜能发挥的重要性则显得尤为突出。在这种背景下,如果领导者能够根据组织成员的不同需求,实施差异化领导方式,积极创造有利于个人发展的条件,则会产生有效的激励作用。学习型组织文化中的领导者要善于用人之长,领导者的任务,就是要充分运用每一个人的长处,共同完成任务。同时,学习型组织文化中的领导者应乐意采取各种方法帮助组织成员充分地了解、认识自己。另外,学习型组织文化中的领导者还应该经常鼓励组织成员积极参与管理工作,培养他们的主人翁意识,尽最大可能使个人利益与组织整体利益融为一体。

2. 领导是善于授权者

在一个等级森严的组织中是不可能培育出学习型组织文化的。实践证明,一个组织越强化等级权力,越强调集权控制,组织成员的依赖心理就越重,工作的创造性和积极性也会随之明显地减弱,甚至会完全丧失。与之相反,一个组织越强调授权,越主张权力下移,组织成员的学习力、创造力就越强。自学习型组织理论问世以来,尽管许多组织宣布要竭力培育学习型组织文化,但是,在一个具体的组织中,如果领导者出于各种原因不敢放权、不愿授权,学习型组织文化建设就只能是走形式、图虚名,而不可能收到真正的成效。

授权既是领导者智慧和能力的延伸,是激励组织成员的一个重要途径,也是一种以领导者为中心的权力分享和参与活动,其核心价值在于给予人们在相关的决策上以更大的影响,创造积极条件培育被授权者的创新意识和自我领导、自我负责观念。许多组织管理的成功案例表明,领导者与组织成员分享权力并不意味着领导者会失去权力,相反,可以使权力得到巩固。尽管授权在一定程度上存在着一些风险,甚至短期内可能在组织内会引发一些暂时的混乱,但从长远看,组织将会因此而受益。因为组织成员的参与行为可以使他们感觉到自己是重要的,自己与组织是一个命运共同体,这样,他们的工作效率就会更高,领导也随之更加强劲有力。

学习型组织文化所哺育的领导者是善于授权者,因为他们对授权领导艺术的娴熟运用可以使自己集中精力聚焦于战略规划等事关组织卓越成长和可持续发展等重大问题,更有利于调动组织成员的工作积极性、主动性和创造性,有利于发现人才、使用人才、培育人才。

从某种意义上讲,授权是领导者能否有效进行管理的一个重要因素。对于领导者而言,他的责任就是最大限度地调动各个方面的力量,齐心合力地为实现组织目标奋斗。任何一个好的领导都应当营造一种组织文化氛围,这种氛围能够使组织成员在理智和情感上全身心地投入工作。因此,在倡导学习型组织文化的氛围中,领导者对组织成员的看法要积极,要抱有"多给他们一点"的态度,让众多大脑都开动起来,以充分发挥他们的技能和才干。当然,授权并不意味着放任自流,领导者适当的监督同样是必不可少的。

3. 领导是教练员

当下,许多组织正在非中心化,成为更小的、半独立的组织单位,或围绕着跨越功能或地域对工作团队进行重组。伴随组织的这一变化,团队领导者更多地成为教练员和促进者,而不是指导者和控制者。

领导者作为教练员的首要任务是界定组织内部及其外部生态环境的真实情况,协助组织成员对真实情况进行正确、全面、深刻的把握,提升他们对组织系统的了解能力,督促每个人能够自觉学习,使组织成员行动一致,方向明确,心中拥有促进组织持续发展的共同愿景。学习型组织文化中的领导者喜欢亲自面对组织成员,不断宣传组织战略,指导、帮助组织成员树立全局观念;科学、合理地调配组织中的全部资源,保证组织资源的有效配置;洞悉每一位成员的长处和优势,为他们设计具有成长性的职业生涯,并给予相应的帮助。同时,学习型组织文化中的领导者应具有良好的人际关系处理能力,主要包括:对组织成员显示出信任和信心以及友好与关心的实际行动,帮助组织成员进一步发展他们的职业生涯,保持与组织成员的信息沟通,对组织成员的想法表示欣赏以及对贡献和成就给予及时认同。

4. 领导是组织愿景的公仆

领导者的公仆角色表现在实现组织愿景的使命感,能够自觉接受组织愿景的召唤,以及践行以人为本的领导理念,为组织成员实现个人愿景、取得优良业绩创造更加有利的条件等方面。在此意义上,可以说,"领导就是服务"。一方面领导者要为组织成员提供服务,另一方面领导者也要为组织的价值观和使命提供服务。学习型组织文化中的领导者在自己的愿景背后,往往内隐着一个神圣的使命——阐明这个组织因何存在而且走向何方的问题,它使得领导者能够对他个人和组织的愿望赋予独特的意义。在具体层面上,领导者的公仆角色主要表现为诸如人的价值提升、追求更有创造性的生活、思考与行动的结合等。

首先,领导者需要创设一种使组织成员尽职尽责的工作环境,为组织成员提供更好、更多、更深入学习的机会,鼓励并帮助组织成员不断学习和成长。在学习型组织文化中,领导是让其他人认可和支持需要做什么和如何有效去做的过程,是促进个人和团队努力去实现共同目标的过程。

其次,在组织成员中阐释外部事件,选择所追求的目标和战略,鼓励组织成员去实现目标,支持组织成员之间的相互信任和合作,帮助发展组织成员的技能和自信,在组织成员中学习和分享新知识,在外围人员中谋求支持和合作。事实证明,一个组织的生存和发展取决于它有效适应环境的能力。通过满足消费者的多元化需求,评估竞争者的行动和计划,评价可能出现的强制和威胁(例如政府管制、缺乏投入、对手的敌意行动),以及确定组织有独特能力提供适合市场的产品和服务等方法,可以有效地促进组织成长与环境变革的协同性。而领导的一个基本职能就是帮助组织适应它的环境,获取生存所需的资源。

最后,积极倡导变革。学习型组织文化哺育的领导者是对组织文化具有高超诊断和矫治水平的医师,他能够敏捷地觉察到组织文化成长中可能出现或已经出现的"疾病",有能力及时进行纠偏和矫治。但是,学习型组织文化中的领导者并不是急风暴雨式变革的推行者,他们"一步步逐渐接近变革,就好像园丁在培育他的植物一样,而不仅仅是改变它"。

本章重要概念

领导体制(leadership structure)
追随者(followers)
组织文化(organization culture)
领导环境(leadership environment)
矩阵式结构(matrix structure)
事业部式结构(divisional structure)

本章思考题

1. 什么是领导环境?其基本特征是什么?
2. 举例说明什么是事业部式结构,它与矩阵式结构各有什么优缺点?
3. 简述领导体制的含义及其功能。
4. 简述领导体制的类型及其优缺点。
5. 组织文化有哪些功能?
6. 试述现代领导体制变革的发展趋势。
7. 举例说明学习型组织文化有哪些优势。

本章推荐阅读书目

1. [美]沃伦·本尼斯. 领导的轨迹[M]. 姜文波,译. 北京:中国人民大学出版社,2008.
2. [美]沃伦·本尼斯. 超越领导——经济学、伦理学和生态学的平衡[M]. 刘芸,译. 上海:格致出版社,2008.
3. [美]沃伦·本尼斯. 成为领导者[M]. 姜文波,译. 北京:中国人民大学出版社,2008.
4. 邱霈恩. 领导学[M]. 4版. 北京:中国人民大学出版社,2014.
5. [美]安弗莎妮·纳哈雯蒂. 领导学——领导的艺术与科学[M]. 7版. 刘永强,程德俊,译. 北京:中国人民大学出版社,2016.

第四章 领导理论及其发展

―― **本章导言** ――

虽然领导作为一种社会现象由来已久,但学术界对领导进行理论研究却是从 20 世纪初才开始的。领导的本质是什么?如何进行有效的领导?一直是领导学研究者们关注的重要话题。不同的研究者从不同的角度、不同的研究路径研究领导的本质以及领导的有效性问题,希冀发现其内在规律,由此形成了不同的领导理论。领导理论是研究领导本质及其有效性的理论。从其形成与发展来看,大致可以分为四个阶段:第一阶段是从 20 世纪初到 20 世纪 40 年代前期的领导特质理论,关注的是领导者的素质修养,即领导者需要具备哪些素质,才能成为一名卓越的领导者;第二阶段是从 20 世纪 40 年代中期到 60 年代中期的领导行为理论,探讨的是什么样的领导行为、领导风格才能提高领导绩效;第三阶段是从 20 世纪 60 年代末到 90 年代的领导权变理论或情境理论,研究的重点是影响领导绩效的情境因素;第四阶段是从 20 世纪 90 年代至今的领导理论新发展阶段,这一阶段的研究比较分散,研究者从多方面、多角度研究影响领导绩效的各种因素,产生了多种领导理论。前三个阶段可以称之为传统的领导理论研究阶段,第四阶段可称之为领导理论的新发展阶段。

第一节 人性假设与领导特质理论

一、几种主要的人性假设理论

现代管理思想的发展,折射出人性理论的发展脉络,也体现出组织领导者对人的本性及人的个人和群体行为的认识变迁。在领导过程中,不同的领导者之所以倾向于不同的领导风格,往往是由其对人性的不同认识决定的。代表性的人性假设理论主要有道格拉斯·麦格雷戈的 X 理论和 Y 理论以及沙因的四种人性假设。

(一)麦格雷戈的 X 理论和 Y 理论

美国管理学家道格拉斯·麦格雷戈的 X 理论和 Y 理论是人性假设理论中最具代表性的理论。

X 理论认为:

(1) 一般人天性好逸恶劳,只要有可能就会逃避工作;

(2) 人生来就以自我为中心,漠视组织的要求;

(3) 一般人缺乏进取心,逃避责任,甘愿听从指挥,安于现状,没有创造性;
(4) 人们通常容易受骗,易受人煽动;
(5) 人们天生反对改革。

基于 X 理论对人的认识,持这种观点的领导者认为,在领导工作中必须对员工采用强制、惩罚、解雇等手段来迫使他们工作,对员工应当严格监督和控制,在领导行为上应当实行高度控制和集中管理,在领导模式上采取集权的领导方式。所以,X 理论被认为体现了集权型领导者对人性的基本判断。

Y 理论对人性的假设同 X 理论的假设完全相反,其主要观点是:
(1) 一般人天生并不是好逸恶劳的,他们热爱工作,从工作中获得满足感和成就感;
(2) 外来的控制和处罚不是促使人们为组织实现目标的有效方法,下属能够自我确定目标、自我指挥和自我控制;
(3) 在适当的条件下,人们愿意主动承担责任;
(4) 大多数人具有一定的想象力和创造力;
(5) 在现代社会中,人们的智慧和潜能只是部分地得到了发挥。

基于 Y 理论对人的认识,领导者应该对员工采取民主型和放任自由型的领导方式,在领导行为上必须遵循以人为中心的、宽容的、放权的领导原则,使下属目标和组织目标很好地结合起来,为下属的智慧和能力的发挥创造有利的条件。

X 理论和 Y 理论的人性假设是对立的。从领导行为来看,领导者往往自觉不自觉地采用某种人性假设,并直接影响自己的领导模式和领导方法。从道格拉斯·麦格雷戈的论述来看,他本人更推崇 Y 理论。

(二)沙因的四种人性假设

在对前人和自己的研究加以归纳分类的基础上,美国心理学家和行为科学家沙因提出有关人类特性的四种假设。

1. 理性经济人假设

古典经济学和古典管理理论将理性人假设奉为圭臬,该理论与道格拉斯·麦格雷戈的 X 理论有一定的相同之处,可归纳为:
(1) 人是由经济诱因引发工作动机的,其目的在于获得最大的经济利益;
(2) 经济诱因在组织的控制之下,因此,人们是在组织的操纵、激励和控制之下被动地从事工作;
(3) 人以一种合乎理性的精打细算的方式行事;
(4) 人的情感是非理性的,会影响人对经济利益的合理追求,组织必须设法控制个人的感情。

2. 社会人假设

这是人际关系学派的倡导者梅奥等人提出来的,可以归纳为:
(1) 人的主要工作动机是社会需要,人们通过与同事之间的工作关系可以获得基本的认同感;
(2) 分工原则和工作合理化原则使工作变得单调而毫无意义,因此,必须从工作的社会关系中寻求工作的意义;
(3) 非正式组织的社会影响比正式组织的经济诱因对人有更大的影响力;
(4) 人们最期望获得领导者对他们成绩的承认并满足他们的社会需要。

3. 自我实现的人假设

这是马斯洛等人提出的,阿吉里斯所谓的个性成熟的人和道格拉斯·麦格雷戈的Y理论中的人,都是自我实现的人。这一假设的内容有:

(1) 人的需要有低级与高级的区别,人的最终目的是满足自我实现的需要;

(2) 人们能够自我激励和自我控制,外来激励和控制会对人产生某种威胁,造成不良后果;

(3) 人们力求在工作上有所成就,实现自治和独立,发展自己的能力和技术,以便富有弹性,能够更好地适应环境;

(4) 个人的自我实现与组织目标的实现并不冲突,而是一致,在适当的条件下,人们会自动地调整自己的目标,使之与组织目标相配合。

4. 复杂人假设

这是沙因提出的。他认为,前面三种假设,各自反映出当时的时代背景,并适合于某些人和某些场合,但是,人有着复杂的动机,不能简单地归结为某一种,而且也不可能把所有的人都归结为同一类人,人如其面,各不相同。至于人的动机,则是由生理的、心理的、社会的、经济的等方面因素再加上不同的情境因素和时间因素形成的。复杂人假设的内容有:

(1) 每个人都有不同的需求和不同的能力,人的工作动机是复杂的,同一个人的工作动机也因时、因地而异,各种动机之间交互作用形成复杂的动机模式;

(2) 一个人在组织中可以获得新的需求和动机,因此,每个人在组织中表现的动机模式是他原来的动机与组织经验交互作用的结果;

(3) 一个人是否感到心满意足、愿意为组织尽力,取决于他本身的动机构造,他同组织之间的相互关系、工作性质,他本人的工作能力和技术水平、动机的强弱以及同事间的关系情况;

(4) 人们依据自己的动机、能力及工作性质等方面情况,对不同的管理方式有着不同的反应。

在领导行为中,不同的人性认知往往导致不同的领导方式和风格选择,进而对组织目标的实现产生重要的影响。

二、领导理论的发展脉络

领导理论关注的核心问题是,哪些因素造就了有效领导者。围绕这一问题,相关的学术研究分别选择不同路径对各种可能的因素进行考察,希望能够发现其内在规律,以有效提升领导效能。由此,自20世纪30年代以来,领导理论研究经历了四个阶段,每个阶段分别由一种研究路径所主导。

第一个阶段(20世纪初到40年代前期),这一时期的研究致力于了解领导者与非领导者在哪些人格特质方面存在差异,形成领导特质理论。

第二个阶段(20世纪40年代中期到60年代中期),主要采用行为主义的方法和视角,希望从领导行为和领导风格的差异上发现领导者与非领导者的区别,被统称为领导行为理论,其代表性的有管理方格论等。

第三个阶段(20世纪60年代末到90年代),这一时期考察的重点主要在环境和领导情境对领导的有效性是否有决定性的影响,被统称为领导权变或领导情境理论,具代表性的有菲德勒权变理论、赫塞和布兰查德的情境领导理论等。

第四个阶段(20世纪90年代至今),这一阶段的研究比较分散,研究者从多方面、多角度研究影响领导绩效的各种因素,产生了领导绩效理论。

但是,四个阶段并非截然分开,事实上,无论从研究主题、研究方法还是从研究内容、研究结论来看,不同的理论之间往往相互交融、互为借鉴,并由此展示了一幅色彩斑斓的领导科学研究的"丛林"图景。

三、领导特质理论

领导特质理论是领导理论中最早的一种理论,是其他领导理论产生的基础。领导特质理论就是通过对大量优秀领导者的考察、分析和研究,从性格、生理、智力及社会因素等方面寻找领导特有的素质或应有的品质的理论。领导特质理论,也称为素质理论或品质理论,是指一个人之所以成为领导,关键在于他具有当领导所具备的特质。换句话说,特质理论重点在于探讨领导所具有的特质,或者说领导是不是具有一些普通人所不具有的特质。这一理论的出发点是领导效能的高低主要取决于领导者的个人特质。

领导特质理论盛行于20世纪20年代至40年代,也是领导学中最早对领导者及其效能进行系统研究的尝试。根据领导者品质的来源和特质不同,领导特质理论又可以分为传统特质理论和现代特质理论两个阶段。前者认为领导者所具有的特质是天生的,是由遗传决定的,因此,这一时期的领导特质理论把研究的重点放在领导者的测评和选拔上。后者认为领导者的品质和特质并不是与生俱来的,而是在后天的实践中逐渐形成的,因此是可以通过教育和训练培养的。基于此,这一时期的领导特质理论把研究的重点放在对领导者的培训上,通过系统的培训,可以使领导者具备从事领导工作所需的素质。

(一)传统领导特质理论

传统领导特质理论也叫天赋决定论或伟人论,即领导是天生的,而不是后天培养的。该理论认为一些人之所以成为领导,是因为他们生来就具有当领导的特质,具有一种超凡的能力与魅力,比如华盛顿、成吉思汗等。也就是说,一个人能不能成为领导,是由遗传决定的。比如,亚里士多德就认为,一个人从生下来就已经注定治人或治于人的命运。如果你天生具有成为领导的潜质,那么日后你肯定会成为领导;相反,如果你不具有当领导的特质,那么日后成为领导的可能性甚微。从这个角度来看,传统特质理论带有浓烈的宿命论色彩。

那么,究竟具有哪些特质的人才是天生的领导者呢?对这个问题,早期的学者们希望通过对领导者的观察和分析,尤其是通过对大量的成功的领导者的分析研究,收集了关于他们的各种详细的资料,并对他们的领导品质进行各种测量,包括年龄、体质、智力、动机、主动性和自信心等各种参数的测量与分析,试图发现领导者所特有的而被领导者缺乏的才能和品质。并在此基础上确定出领导者的特质。比较有代表性的有以下几种。

1. 吉伯的七项领导特质论

1969年,心理学家吉伯在其研究报告中指出,天才领导者具有7项特质:①智力过人,②英俊潇洒,③能言善辩,④心理健康,⑤外向而敏感,⑥有较强的自信心,⑦有支配他人的倾向。

2. 斯托格迪尔的六类领导特质论

1974年,被誉为美国领导科学之父的俄亥俄州立大学教授斯托格迪尔在其《领导手册》一书中,归纳出六类领导特质。①身体特性,如身高、外貌等。②社会背景特性,如社会经济地位、学历等。③智力特性,如决断力、判断能力、知识量等。④个性特性,如自信、正直、诚实、适应能力、进取心等。⑤与工作相关的特性,如工作责任感、工作积极性、工作富有成效等。⑥社交特性。

(二)现代领导特质理论

现代特质理论是指20世纪70年代以后,学者们对领导特质理论进行探讨所形成的观点。与传统领导特质理论不同,现代领导特质理论认为领导者的品质并非全是与生俱来的,而是可以在领导实践中形成,可以通过培训教育获得。因此,现代特质理论也可称为后天习得论,强调得更多的是能力。

1. 鲍莫尔的领导特质论

美国普林斯顿大学的威廉·杰克·鲍莫尔教授认为,一个领导者应该具备10项基本特质。①合作精神:愿与他人一起工作,能赢得人们的合作,对人不是压服,而是感动和说服。②决策才能:依赖事实而非想象进行决策,具有高瞻远瞩的能力。③组织能力:能发掘被领导者的才能,善于组织人力、物力和财力。④精于授权:能大权独揽,也能小权分散。⑤善于应变:机动灵活、善于进取,而不抱守残缺、墨守成规。⑥敢于创新:对新事物、新环境和新观念有敏锐的感受能力。⑦勇于负责:对上级和下级及社会抱有高度的责任心。⑧敢担风险:敢于承担组织发展的风险,有创造新局面的雄心和信心。⑨尊重他人:善于接受和采纳别人的意见,不盛气凌人。⑩品德高尚:品德为社会认识、组织成员所敬仰。

2. 鲍尔的领导特质论

1977年,麦肯锡公司创始人之一鲍尔在其著作《领导的意志》一书中提出了领导者应当养成的14种品质:①值得信赖;②公正;③谦逊的举止;④倾听意见;⑤心胸开阔;⑥对人要敏锐;⑦对形势要敏锐;⑧进取;⑨卓越的判断力;⑩宽宏大量;⑪灵活性和适应性;⑫稳妥而及时的决策能力;⑬激励人的能力;⑭紧迫感。

3. 吉赛利的领导特质理论

吉赛利为研究有效领导者的特质调查了90个企业的300名经理人员,在《管理才能探索》中研究了领导者的8种个性特征和5种激励特征。8种个性特征具体包括:①才智:语言与文字方面的才能。②首创精神:开拓创新的愿望和能力。③督察能力:指导和监督别人的能力。④自信:自我评价高、自我感觉好。⑤适应性:善于同下属沟通信息,交流感情。⑥判断能力:决策判断能力较强,处事果断。⑦性别:男性与女性有一定的区别。⑧成熟程度:经验、工作阅历较为丰富。5种激励特征具体包括:①对工作稳定性的需要。②对物质金钱的需要。③对地位和权力的需要。④对自我实现的需要。⑤对事业成就的需要。吉赛利不仅具体分析了每个特征对领导者行为的影响,并且指出了这些特征的相对重要程度,如表4-1所示。

表 4-1　领导个人特性价值表

重要程度	重要性价值	个性特征
非常重要	100	督察能力(A)
	76	事业心,成就感(M)
	64	才智(A)
	63	自我实现欲(M)
	62	自信(P)
	61	判断能力(P)
中等重要	54	对安全保障的需要少(M)
	47	对下属关系亲近(P)
	34	首创精神(A)
	20	不要高额金钱报酬(M)
	10	权力需求高(M)
	5	成熟程度高(P)
不重要	0	性别(男性或女性)(P)

注:重要性价值中,100＝最重要,0＝没有作用;A、M、P 分别表示能力特征、激励特征、个性特征。

吉赛利的研究结果表明,首先,一个有效的领导者首先是才智和自我实现,以及对事业成功的追求等,这些特征对一个人能否取得事业的成功关系较大,而对物质金钱的追求、工作经验等则关系不大。其次,一个有效的领导者的督察能力和判断能力也是十分重要的,是驾驭事业航程顺利前进所必不可少的。最后,男性与女性的区别与事业成功与否关系不大。

4. 皮奥特维斯基和罗克的领导特质论

1963 年,皮奥特维斯基和罗克两位管理学家出版了一本名为《经理标尺:一种选择高层管理人员》的著作,对成功的领导者的个人特质列举如下:①能与各种人士就广泛的题目进行交谈的能力;②在工作中既能"动若脱兔"地行动,又能"静若处子"地思考问题;③关心世界局势,对周围生活中发生的事件感兴趣;④在处于孤立环境和困难局势时充满自信;⑤待人处事技巧灵敏,而在必要时也能强迫人们拼命工作;⑥在不同的情况下根据需要,有时幽默灵活,有时庄重威严;⑦既能处理具体问题,又能处理抽象问题;⑧既有创造力,又愿意遵循惯例;⑨能顺应形势,知道什么时候该冒险,什么时候谋求安全;⑩作决定时有信心,征求意见时谦虚。

5. 诺斯科特·帕金森的领导特质论

诺斯科特·帕金森总结了成功领导者必备的特质:①总是遵守时间;②让下属充分施展才能,并通过良好的、恰如其分的管理,而不是靠蛮干来达到目标;③注意抓住关键,先做最重要的事,次要的事宁可不做;④深知仓促决定容易出错;⑤尽可能授权他人,使自己获得时间规划组织未来。

6. 彼得·德鲁克的领导特质论

美国管理学家彼得·德鲁克在《有效的管理者》一书中指出了 5 种有效的领导特质,

并指出它们是可以通过学习掌握的。这5种特质包括：①知道时间该花在什么地方，领导者支配时间常处于被动地位，但所有有效的领导者善于系统地安排与利用时间；②致力于最终的贡献，他们不是为工作而工作，而是为成果而工作；③重视发挥自己的、同事的、上级的和下级的长处；④集中精力于关键领域，确立优先次序，做好最重要的和最基本的工作；⑤能作出切实有效的决定。

7. 汤姆·彼特的研究

美国管理学家汤姆·彼特从另一个角度来研究领导者，他认为人们可以找到确定的证据来证明某些特性是不成功领导者的品质，这些难以胜任领导的品质可以归结为：①对别人麻木不仁，吹毛求疵，举止凶狠狂妄；②冷漠、孤僻、骄傲自大；③背信弃义；④野心过大，玩弄权术；⑤管头管脚，独断专行；⑥缺乏建立一支同心协力的队伍的能力；⑦心胸狭窄，挑选无能之辈担任下属；⑧目光短浅，缺乏战略头脑；⑨犟头倔脑，无法适应不同的上司；⑩偏听偏信，过分依赖某个顾问；⑪懦弱无能，不敢行动；⑫犹豫不决，无法决断。

（三）对领导特质理论的评价

1. 对领导特质理论的批评

毫无疑问，尽管领导特质理论的研究者付出了很大的努力，但研究结果表明不可能有这样一套特质能够将领导者与非领导者区分开来。研究得出的领导特质缺乏一致性，有的甚至是相反的，也并非所有的领导者都拥有这些特质，即便具备了这些特质，也并不一定能保证实施有效的领导；不具备这些特质，也不一定就会领导失败。因此，领导特质对领导成效的影响是不清晰的，而且领导特质理论并没有说明领导特质应该达到什么程度，无法分离出完整而有效的领导特质。但领导者确实与普通人不同是领导特质理论得到的基本结论。因此，可以这么说，具有某些特质确实可以提高领导者成功的可能性，但没有哪一种特质能够保证成功。

2. 对领导特质理论的肯定

尽管领导特质理论并不能充分解释有效的领导，但领导特质理论确实发现了与领导力高度相关的一些特质，这些研究是较为成功的。研究者发现有6项特质与有效的领导有关。分别是：内在驱动力、领导愿望、正直与诚实、自信、智慧、工作相关知识（见表4-2）。这对领导者在实际工作中如何发展和完善自我有一定的指导作用，同时对培养、选择和考核领导者也有帮助。

表 4-2 与领导力有关的 6 项特质

领导特质	简要描述
内在驱动力	领导者非常努力，有着较高的成就愿望；进取心强，精力充沛，对自己所从事的活动坚持不懈，永不放弃，并有高度的主动性
领导愿望	领导者有强烈的愿望去影响和统率别人，他们乐于承担责任
正直与诚实	领导者通过真诚无欺和言行一致在他们与下属之间建立相互信赖的关系
自信	下属觉得领导者从没怀疑过自己，为了让下属相信自己的目标和决策的正确，领导者必须表现出高度的自信

续表

领导特质	简要描述
智慧	领导者需要具备足够的智慧来收集、整理和解释大量信息,并能够确立目标解决问题和作出正确的决策
工作相关知识	有效的领导者对有关企业、行业和技术的知识十分熟悉,广博的知识能够使他们作出睿智的决策,并能认识到这些决策的意义

第二节 领导行为和领导风格理论

正是由于领导特质理论对于怎样成为一个好领导者,很难获得一个满意的答案。20世纪40年代末至60年代中期,领导学研究者们将研究的视角转向了领导者行为上,试图从揭示领导者行为是否有什么独特之处来深刻地认识领导者和领导工作,领导行为理论应运而生。领导行为理论认为,一个领导者成功与否,最重要的不是领导者个人的性格特性,而是领导者采用什么样的领导方式,形成怎样的领导作风,领导者具体怎么做。换句话说,领导行为理论主要是通过探讨领导者在工作中所表现出来的行为来说明领导的效果。

一、领导的结构维度和关怀维度

最早、最全面且重复较多的行为理论是20世纪40年代末期俄亥俄州立大学进行的研究。研究工作以斯特格迪尔和沙特尔为核心,并有许多人参加。他们搜集了大量的下属对领导行为的描述,并列举出1000多个因素,最后归纳出两大类,被称为结构维度和关怀维度。

案例6

结构维度(initiating structure)指的是领导者更愿意界定和建构自己与下属的角色,强调各自在组织中的地位与作用,围绕组织使命和领导目标而发挥各自的作用。高结构特点的领导者注重设定工作内容、制订工作计划和程序、向成员分派具体工作、明确工作职责和工作关系、设立绩效标准、明确工作期限等。

关怀维度(consideration structure)指的是领导者关心下属,尊重成员意见,重视成员情感,注重与下属建立相互信任的工作关系。高关怀特点的领导者注重人际关系在实现领导目标中的作用,他通常友善而平易近人,尊重下属的需要,并帮助下属解决个人问题,对下属的生活、健康、地位和满意度十分关心。

两个维度的组合共形成四种典型的领导行为,即低结构低关怀的领导行为、高结构低关怀的领导行为、高结构高关怀的领导行为和低结构高关怀的领导行为(见图4-1)。

依据关怀维度和定规/结构维度,可以构成一个领导行为坐标。大致可分为四个象限或四种领导方式,即高关怀与高定规/结构、高关怀与低

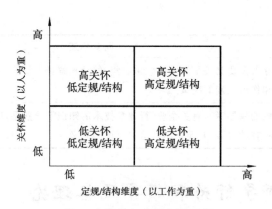

图 4-1 领导行为四分图理论

定规/结构、低关怀与高定规/结构以及低关怀与低定规/结构

（一）高关怀-低定规/结构的领导行为

该种风格的领导者注意关心、爱护下属,经常与下属交流信息,与下属感情融洽,重视营造相互信任和尊重的和谐气氛;但对工作缺乏关心,组织内规章制度不严,工作秩序不佳。这是一类较为仁慈的领导者。

（二）低关怀-高定规/结构的领导行为

该种风格的领导者注重工作任务和目标的完成,注意严格执行规章制度,建立良好的工作秩序和责任制;但不注意关心、爱护下属,忽视人的感情和需要,不与下属交流信息,与下属关系不融洽。这是一类较为严厉的领导者。

（三）高关怀-高定规/结构的领导行为

该种风格的领导者将对人的关心和对工作的关心放在同等重要地位,注意严格执行规章制度,建立良好的工作秩序和责任制;关心、爱护下属,经常与下属交流信息、沟通思想,想方设法调动组织成员的积极性,在下属心目中可敬又可亲。这是一类高效、成功的领导者。

（四）低关怀-低定规/结构的领导行为

该种风格的领导者既不关心人,也不重视工作,不注意关心、爱护下属,不与下属交换思想、交流信息,与下属关系不太融洽,也不注意执行规章制度,工作无序,效率低下。

俄亥俄州立大学研究小组的研究结果表明,不同的领导方式对工作效率和员工的情绪都有直接的影响,例如高结构低关怀的领导行为容易造成领导者和下属的对立情绪,满意度低,缺勤率高且人员流动性大。但是,领导行为的两个方面并不是互相排斥的,领导者可以而且应该把两个方面结合起来。他们认为,一位高度强调两方面行为的领导者,其工作效率与下属满意度必然较高。

二、员工导向的领导者与生产导向的领导者

20 世纪 40 年代末期,美国密歇根大学调查研究中心致力于研究领导者的行为特点与工作绩效的关系。他们将领导者按照两个维度进行划分,即员工导向的领导者(employee-oriented leader)与生产导向的领导者(production-oriented leader)。员工导向行为指的是领导者很重视与员工沟通时所采取的行为模式。他们对员工的个性因素很感

兴趣,重视员工的个性价值,同时也特别关注他们的个人需求。生产导向行为指的是强调一项工作的技术层面,是从生产的角度来考虑的领导行为。很明显,前者承认人与人之间的不同,重视下属的需要;后者主要关心的是群体任务的完成情况,并把群体成员视为达到目标的手段。

与俄亥俄州立大学研究人员看法不同的是,密歇根大学的研究人员在一开始时就把员工导向行为和生产导向行为看作是一个连续集合中对立的两个端点。这意味着,具有生产导向特质的领导者,其员工导向属性较弱;同样,具有员工导向的领导者,其生产导向属性较弱。研究发现,员工导向的领导行为与高生产率和高工作满意度成正相关关系。

三、管理方格论

根据关怀与结构维度和员工导向与生产导向的二维观点,1964年,美国管理学家罗伯特·布莱克和简·默顿设计了管理方格图,它综合概括了之前的理论成果,以"关心人"和"关心生产"的坐标组合方式来描述领导行为的差异,并根据程度不同将其区分为81种不同的领导类型(见图4-2)。

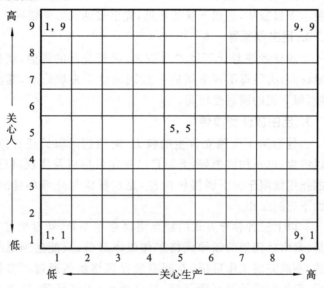

图4-2 管理方格图

在管理方格图中,有5个方格代表着5种典型的领导方式。1,1型即贫乏型管理,意味着领导者对下属和工作都漠不关心,这种领导方式一般会导致失败,是很少见的极端情况。1,9型即俱乐部型管理,意味着领导者支持和体谅下属,努力创造一种和睦的组织气氛和舒适的工作节奏,使下属心情舒畅。9,1型即任务型管理,意味着领导者强调对生产任务和作业的效率的要求,强调完成企业的生产目标,而把人的因素的影响降到最低。5,5型即中庸型管理,意味着领导者对人的管理和对生产的关心程度能保持平衡,一边注意计划、指挥和控制,使工作得以完成;一边注意对下属的引导、鼓励,以保持士气和满意度。5,5型管理模式中的员工缺乏革新精神,其创造性得不到充分发挥,在激烈的竞争中难免失败。9,9型即团队型管理,该方式表明,在"对生产的关心"和"对人的关心"这两个因素之间并没有必然的冲突,组织的目标和个人的需要反而可以最理想、最有效地结合起来，使下属了解组织目标，关心工作成果，进而形成利害与共的"命运共同体"关系，下属士气旺盛，能进行自我指挥和自我控制，从而很好地完成任务。罗伯特·布莱克和简·默顿的研究结论是，9,9型的领导方式效果最好。

然而，管理方格论仅为领导风格分析提供了概念化框架，并未能提供足够的证明来解释某些成功领导行为的奥秘。

■ 四、领导风格理论

案例 7

视频 4

心理学家勒温认为，在领导行为中，根据领导者控制或影响被领导者方式的不同，可以把领导方式划分为专制型、民主型和自由放任型三种基本的领导风格。

□ 1. 专制型领导

领导者主要依靠权力和强制命令来进行管理，其主要特点是专断独裁，把权力集中在自己手中，支配着群体的决策过程，领导者发号施令，要求下属服从，忽视下属的意见，凭借奖惩权力来领导。

□ 2. 民主型领导

领导者注意让下属参与进来，进行公开的沟通，就拟议的问题同下属磋商，决策得不到下属的一致同意就不采取行动，其决策速度虽然较慢，但下属的满意度较高。

□ 3. 自由放任型领导

他们给下属独立自主的权力，对他们采取放任自流的态度，既不加以约束，也不加以指导，下属自己决定目标以及实现目标的方法，领导者的作用仅限于为下属提供信息，充当群体与外部环境的联系人，以此帮助下属的工作。

以上三种领导方式的特点明显存在差异，勒温根据实验得出的结论是：自由放任型的领导风格工作效率最低，只能达到组织成员的社交目的，不能完成工作目标；专制型领导风格虽然通过严格管理能够达到目标，但组织成员没有责任感，情绪消极，士气低落；民主型领导风格工作效率最高，不但能够实现组织目标，而且组织成员之间的关系融洽，工作积极主动，有创造性。领导者倾向于采取何种领导风格，往往也与其他情境要素有关。研究表明，下属分为不同的类型，对他们的领导就要采取不同的风格，而且情境不同，领导的风格也就不同。例如，在军队中和紧急情况下，专制型领导更有效；在科研院所，自由放任型领导也不失为一种好的领导方式。采取何种领导风格，要具体情况具体分析。

■ 五、利克特的四种领导体制

美国密歇根大学的利克特教授认为，在所有的管理工作中，对人的领导是最重要的中心工作，其他工作取决于这一点。他认为，领导方式有四种类型，称之为四种领导体制。

1. 专权独裁式领导体制

权力集中在最高一级，领导者对下属不信任，决策和组织的目标设置大多由高级管理阶层作出，以命令形式下达，并以威胁和强制方式推行。下级在恐惧、威胁的状态之中工作，动辄受罚，上下级之间缺乏信息交流和互相信任，因而易形成与正式组织目标相对立的非正式组织。

2. 开明专制式领导体制

权力集中在最高一级领导者手中，他们也授予中下层部分权力，决策一般由最高领导层制定，但下级也有一定程度的决策权。领导者和下属之间有类似主仆之间的信任，上级较谦和，下级还有恐惧、警戒心理，交往在上级屈尊和下级畏缩的气氛下进行，领导者采用奖惩结合的方式进行激励和控制。组织中也有非正式组织，但非正式组织却不一定反对组织目标。

3. 协商式领导体制

重要问题的决定权在最高领导者手中，中下层人员在次要问题上有决定权，也在某种程度上参与制订计划。领导者和下属有相当程度的信任。上下级之间具有双向的信息沟通。组织中的非正式组织对正式组织的目标有时表示支持，有时也会作出轻微的对抗。

4. 参与式领导体制

领导者让下属参与管理，对下属完全信任，上下级处于相互平等的地位，有问题互相协商。决策是以各部门广泛参加的方式进行的，但由最高领导者最后决策。组织内部不仅有上下级之间的双向沟通，而且有平行沟通。领导者让下属参与制定报酬标准、设置目标、改进方法、评估计划的进展。

在上述四种领导体制中，第一种领导体制是传统的领导方式，领导者是独裁者，以工作为中心。第二种和第三种体制同第一种体制并无本质的不同，只有程度上的差别，都属于命令主义或权力主义，前三种体制可以统称为权力主义领导方式，只有第四种体制即参与式领导体制才是效率最高的领导方式，它注重人际关系，领导者以人为中心，本质上是民主主义。第四种领导体制的具体特征如下。

（1）领导过程。在上下级之间洋溢着互信精神，领导者和下属可以无拘无束地交换意见，讨论问题。

（2）激励过程。通过参与管理，广泛调动下属的积极性。

（3）交流沟通过程。组织内上下、左右之间信息畅通而不被歪曲。

（4）相互作用过程。领导者和下属对于各部门的目标、方法和活动都能公开和公平地起到作用。

（5）决策过程。各级组织采取集体决策方式。

（6）目标设置过程。鼓励集体参与目标设置，目标要高标准并切合实际。

（7）控制过程。控制渗透到组织的各个角落，下属关心有关信息，主要实行自我控制。

（8）绩效目标。组织有高标准的目标，并为各级领导者积极追求。

六、领导风格连续统一体理论

坦南鲍姆和施米特提出了领导风格连续统一体理论。该理论认为，领导风格多种多样,从以领导者为中心的专制风格到以下属为中心的民主风格,中间根据领导者授予下属自由权的程度不同有7种领导风格。他们认为,并没有一种领导风格总是正确的,也没有一种领导风格总是错误的。

代表性的领导风格具体特征说明如下。

(1)领导者作决策并宣布决策。领导者不仅独自决策,而且用压力要求下属按照他的决策去做。

(2)领导者"推销"决策。领导者独自决策,但他会增加一个说服被领导者接受这个决策的步骤,试图通过阐明这种决策给被领导者带来的利益来减少被领导者的反对。

(3)领导者提出计划并欢迎被领导者提出问题。领导者给被领导者了解决策的机会,向被领导者提供一个有关他的想法和意图的详细说明书,并允许被领导者提出问题。

(4)领导者提出一个可以变更的临时性决策,并把自己拟定的临时性决策提交给有关人员征求意见,允许被领导者对决策发挥某种影响作用,但最后的决定权保留在领导者的手中。

(5)领导者提出问题,征求意见,然后决策。领导者尊重被领导者处理问题的知识和能力,并相信他们能提出与众不同的意见,被领导者可以在决策前提出建议。

(6)领导者将被领导者能决定的事准确地陈述并加以限制,然后把决策权交给集体,但领导者也许不喜欢被领导者的决策。

(7)决策权下放,领导者允许被领导者在更大的范围内参与决策。被领导者有充分的自由,自己确认问题,而且决定如何去做,只是要向指定的领导者负责。

在考虑上述7种领导风格中哪一种最为有效时,坦南鲍姆和施米特认为,要考虑以下三个方面的因素。第一,领导者个性因素。领导行为受领导者自身的背景、知识、经验、个性的强烈影响,例如,他的价值观念体系,他对下属的信任度,他自己在领导方式上的倾向,他对不确定情况的安全感如何等。第二,被领导者的因素。例如,被领导者对独立性的需要程度,被领导者是否准备承担决策的责任,被领导者是希望有明确的指示还是希望有较大的活动自由,被领导者是否对问题感兴趣以及对问题重要性的认识,被领导者对组织目标的理解和认识程度,被领导者是否具备解决问题所必需的经验和知识,在被领导者的经历中是否参与过决策等。第三,环境方面的因素。例如,组织中的"管理气候"、组织规模的大小、组织在地理上的分布等。领导者应该根据这些权变因素来确定领导风格,而不应该机械地从独裁、民主两种领导风格中作出选择。

■ 第三节 领导权变理论

对有效领导的行为分析揭示出领导行为类型与群体工作绩效之间的确存在一定的关联。但遗憾的是,这些观点并不能说明全部问题。同样的领导风格,如严格、关怀等,在不同环境、不同性质的工作中可能产生完全相反的领导效果。比如,对管理体力工人有效的领导风格对管理研究所的科研人员也同样有效吗?对管理美国人有效的领导风格对管理日本人也同样有效吗?一些研究者注意到,情境变化时,领导风格也应该随之调整。因此,20世纪六七十年代,对领导问题的研究开始由行为主义视角向注重情境的权变理论转变。

领导权变理论，又被称为领导情境理论，其特点是重视情境对领导行为有效性的影响。该理论认为，并不存在着一种普遍适用的"最好的"领导方式，领导是一个动态过程，领导者的有效行为应随着情境的变化和下属的不同而变化。领导者在一定情境条件下通过与下属交互作用来达到目标。领导绩效取决于领导者、被领导者、情境等因素的交互作用。权变理论把研究重点放在领导者与被领导者的行为对环境的相互影响上，认为难以提出一个可以适用于任何情况的领导模式，只能应用适当的理论和模式，帮助领导者探索在某种具体情况下，可能采取的相应的领导行为，实施适应性的领导。

一、菲德勒权变理论

菲德勒从 1951 年起从管理心理学和实证环境分析两方面研究领导学，提出了"权变领导理论"，开创了西方领导学理论的一个新阶段，使以往盛行的领导形态学理论研究转向了领导动态学研究的新轨道。第一个领导权变理论是由菲德勒提出的领导权变模式。菲德勒的权变模式指出，领导绩效取决于以下两个因素的合理匹配：情境对领导者的控制和影响程度，与下属相互作用的领导风格。首先要"确认领导风格"，其次要"确定情境"，再次是进行两者的匹配，最后提出改进绩效的方法。

1. 确认领导风格

领导者在指挥下属时，可以有两种方式：一是明确指令下属做什么和怎样去做，即以任务为中心；二是吸收他们一起来参与决策，从而与组织成员共同分担领导工作，共同承担责任，即以人为中心。这两种方式从表面上看是相反的，一个使用的是权力的大棒，一个使用的是胡萝卜，但其实质是一样的，都是为了激励组织成员去努力工作，为实现组织的预定目标而奋斗，只是领导风格不同。这两种风格各有优劣，不能说哪一个就一定比另一个好。它们对领导者来说都是有用的，问题是应当在不同的场合或情境下使用不同的领导方式。

菲德勒设计了一种确定领导风格的量表，叫作"最不喜欢同事评价问卷"（Least Preferred Co-worker Questionnaire），即 LPC 问卷。这一问卷由 16 组对应形容词构成。接受调查者在填表前，先回想一下与自己共过事的所有同事，并找出一个你最不喜欢的同事，然后在 16 组形容词中，每个词汇都要按从 1（最消极）到 8（最积极）的等级，对这个你最不喜欢的同事进行评估，给出 1~8 分的分值。如果偏向于积极评价，被调查人显然乐于与同事形成良好的人际关系，属于关系取向型的领导风格；相反，如果偏向于消极评价，则被调查人可能更关注生产，属于任务取向型的领导风格。

在菲德勒眼里，领导风格是稳定不变的。寄希望于领导人改变自己的风格来改善管理，十个有九个会失败。根据菲德勒的判断，依靠培训来改变领导人的个性以适应组织管理工作的要求，从来没有成功过。所以，确认领导风格的目的不是改变领导风格，取得领导活动的有效性需要另辟蹊径。

2. 确定情境

菲德勒阐明了领导情境的三个关键方面，它们有助于判断应与何种领导风格匹配最为有效。

第一，职位权力。它是与领导者职位相关联的正式职权以及领导者从上级和整个组织各个方面取得的支持程度。职位权力（分为强与弱两类）是领导者对其下属的实有权力,由领导者所具有的奖惩力量决定。当领导者拥有一定明确的职位权力时,则更容易使群体成员遵从他的指导。

第二,任务结构。它是指任务明确程度和人们对这些任务的负责程度(分为高和低两种程度)。当下属成员对所承担的任务的性质清晰明确而且常规化时,领导者对工作质量较易控制。当然,群体成员也有可能因任务多有变化而对自己所承担的任务性质认识不清,这时就需要领导者更好地担负起对他们进行指导的责任。

第三,领导者与下属的关系。领导者—下属关系指的是团队氛围和员工对领导者的信任、尊敬和吸引的程度。如果团队氛围积极,员工信任、喜爱领导者,并且相处融洽,那么领导者—下属关系就很好;相反,如果气氛很不友好,团队中存在矛盾,那么领导者—下属关系就很糟。菲德勒认为,从领导者的角度看,这个方面是最重要的,因为职位权力和任务结构大多可以置于组织的控制之下,而上下级关系不易控制,可能影响下级对领导者的信任和爱戴以及是否乐于追随他共同工作。

3. 领导风格与领导情境的匹配

菲德勒研究了1200个工作群体,对8种情境的每一种,均对比了关系取向和任务取向两种领导风格,总结出领导有效性与不同情境的匹配关系,如图4-3所示。故得出结论:任务取向型的领导者在非常有利的情境和非常不利的情境下工作更有利。换句话说,在职位权力不足、结构任务不明确、领导者与下属的关系恶劣等环境因素对领导者不利的情况下,任务取向型的领导者将是最有成效的;同样,在另一种极端情况下,即在职位权力很高、任务结构明确、领导者与其下属关系良好等环境因素对领导者有利的情况下,任务取向型的领导者也是最有成效的;当情况在中等有利时,关系取向型的领导者是最有成效的。菲德勒领导权变模型如图4-3所示。

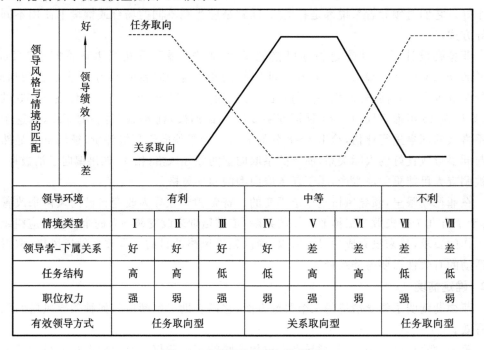

图4-3 菲德勒的领导权变模型

菲德勒权变理论的应用非常广泛。菲德勒认为，个体的领导风格是稳定不变的，个体的 LPC 分数决定了个体最适合于何种情境类型，因此，提高领导的有效性只有两条途径：

（1）替换领导者以适应情境，如果领导者不能适应他所在的领导情境，那么只有用另外一个领导者来替换他；

（2）改变情境以适应领导者，重新建构任务和领导者的职务权力，如果可以做到这一点，就可以让环境变得符合领导者的风格。

二、赫塞和布兰查德的情境领导理论

赫塞和布兰查德的情境领导理论（situational leadership theory），常被作为培训下属的一项主要内容。该理论重视下属，认为有效的领导风格必须根据下属的成熟度来确定，因为领导的有效性和领导目标的实现从某种意义上讲是来自下属的工作，如果下属拒绝接纳领导者，那么不管行动计划多么周密，都难以变成现实。

该理论从三个方面展开分析。

（一）下属的成熟度

赫塞和布兰查德将成熟度定义为个体完成某一具体任务的能力和意愿的程度。换言之，这一概念即指某个人是否掌握了完成指定任务所需要的技术，是否对这项任务有足够的热情。如果员工对要做的工作有兴趣和信心，也知道该如何完成时，我们就可认为他们具有较高的成熟度。相反，如果员工对手头的任务没有足够的热情和信心，目前也不具备能力完成这一任务，那么我们就可以认为他们的成熟度比较低。

在一个特定的任务中，下属成熟度可以由低到高被分为四类。分别标记为 D1、D2、D3、D4。D1 类是指那些具有较高的责任心和热情，但是能力不足的员工。他们对于这一任务而言是新手，不确定该如何做这件事，但是他们对这一挑战很感兴趣。D2 类则指具有一定能力，但对任务没有什么热情的员工。他们已经开始学习相关业务，但同时也失去了对这项工作最初的兴趣。D3 类指的是能力很强、但缺乏热情也不愿承担责任的员工。他们已具备了相当的能力来完成这一工作，但他们不很确定是否可以独自解决问题。D4 类是指具有最高发展水平的员工。他们既有很强的工作能力，又对这一工作抱有很强的责任心，也就是说他们具备完成这一工作所需要的能力和动力。

（二）领导的风格

情境领导模式使用的两个领导维度与菲德勒领导理论相同，即任务取向和关系取向。而赫塞和布兰查德的创新之处在于他们认为每一维度有高有低，从而组合成四种具体的领导风格。

1. 指示型（S1，高任务、低关系）

领导者采用单向沟通形式，明确地规定任务，确定工作规程，告诉下属在何时、何地、以何种方法去做何种工作。

2. 推销型（S2，高任务、高关系）

领导者以双向沟通信息的方式给下属以直接的指导，大多数工作仍由领导者决定。领导者给下属以心理上的支持，同时也从心理上激发他们的工作意愿和热情。

3. 参与型（S3，高关系、低任务）

领导者通过双向沟通和悉心倾听的方式，和下属互相交流信息，讨论问题，支持下属努力发展他所具有的能力,但是领导者对工作很少指导。

4. 授权型(S4,低任务、低关系)

领导者赋予下属权力,让下属自行其是,自己决定何时、何处和如何做等问题,领导者只起监督作用。

(三)选择适当的领导风格

下属成熟度(D1、D2、D3、D4)和领导者的行为模式(S1、S2、S3、S4)之间存在的是一一对应的关系,领导者应根据下属成熟度选择适当的领导风格,情境领导模型如图4-4所示。当下属处于D1类型时,领导者应采取指示型领导行为,给下属以明确而具体的指导;当下属处于D2类型时,领导者应采取推销型领导行为,一方面要给下属以心理上的支持,另一方面也要给下属以工作上的指导;当下属处于D3类型时,领导者应采取参与型领导行为,通过信息共享和共同决策,以激励下属;当下属处于D4类型时,领导者应采取授权型领导行为,领导者不要干涉过多,因为下属既有工作能力又愿意承担责任。

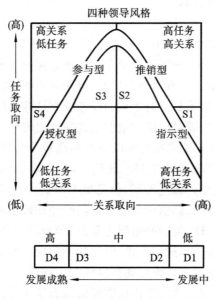

图4-4 情境领导模型

与菲德勒权变理论所强调的领导者应具有固定领导风格的看法不同的是,情境研究法要求领导者必须具有很高的灵活性。由于员工总是在成熟度发展区间中发展变化,这就要求领导者的行为模式灵活多变。员工可能在很短的时间(例如一天或者一个星期内)迅速由一个发展水平转变为另一个发展水平,而任务的进程有可能比较缓慢(例如一个月)。所以领导者不能在所有的情况下一直都采取同样的领导风格,而是应该不断调整领导风格以适应员工所处的情境。

三、路径-目标理论

罗伯特·豪斯提出的路径-目标理论是较受关注的一种领导权变理论。该理论是在俄亥俄州立大学的领导方式理论和激励的期望理论的基础上提出来的。该理论认为,领导者的工作是帮助下属达到他们的目标,并提供必要的指导和支持,确保下属的目标与组织的总体目标相一致。

领导者面对的"目标",既包括组织的总体目标,也包括下属自己的目标。"路径"则是指有效的领导者通过导引实现工作目标的渠道、方式或手段来支持下属,帮助下属排除实现目标过程中的障碍,使他们能顺利达到目标,在过程中给下属多种满足需要的机会。按照路径-目标理论,领导者的行为被下属接受的程度取决于下属将这种行为视为获得满足的即时源泉还是作为未来获得满足的手段。领导者行为的激励作用在于:

第一,它使下属的需要获得满足与有效的工作绩效联系起来;

第二,它提供了有效的工作绩效所必需的辅导、指导、支持和奖励。

豪斯在研究的基础上指出,高任务与高关系的组合不一定是最有效的领导方式,还应该补充环境因素。他认为存在四种领导方式。

□ 1. 指导型

领导者发布指示,明确告诉下属做什么、怎么做,决策完全由领导作出,下属不参与决策。

□ 2. 支持型

领导者很友善,平易近人,关注下属,但是不太注意怎样通过工作使下属满意。

□ 3. 参与型

领导者与下属共同磋商问题,征求下属意见,认真考虑和接受下属意见。

□ 4. 成就取向型

领导者向下属提出挑战性的目标,希望下属最大限度地发挥潜力。

与菲德勒的领导行为信条相反,豪斯认为,领导者是弹性灵活的,同一领导者可以根据不同的情境表现出任何一种领导风格。豪斯提出了两类情境或权变变量作为研究领导行为和领导结果之间关系的变量:一类是被领导者的个人特点;另一类为工作环境。其中,个人特点主要包括被领导者对自身能力的认识及其控制点这两个重要特点。如果被领导者认为自己能力不强,则他们更喜欢指导型领导;反之,有的被领导者自视能力甚高,则可能对指导型领导行为表示愤懑。控制点是一种人格特质,是个体对环境影响自身行为的认识程度。根据程度大小,可分为内部控制点和外部控制点。拥有内部控制点的人相信结果是本身努力和行为所产生的,而拥有外部控制点的人则将结果归于运气、命运或"系统"因素;拥有内部控制点的人可能偏好参与型领导,而拥有外部控制点的人则偏好指导型领导。领导者对被领导者的个人特点是难以影响并改变的,但可以通过改造环境(提供奖励、任务结构化)利用这些个人特点。另一方面,环境特征。环境特征包括任务结构、职权制度和工作群体的情况。当任务结构很明确时,采用指导型领导行为效果较差。被领导者不需要领导者告诉他们如何完成例行工作。正式的权威系统或正式的职权制度是另一个重要的环境特征。如果正式的职权都规定得很明确,则被领导者会更欢迎非指导型的领导行为。工作群体的性质也是影响因素之一,如果工作群体为个人提供了社会上的支持和满足,则支持型的领导行为就显得多余了。反之,个人则会从领导者那里寻求这类支持。如工作上的满意度、领导者的接受和激励行为等。

路径-目标理论认为,领导方式的选择根据环境权变因素和被领导者的权变因素来决定(如图4-5)。当环境因素与领导者行为彼此重复时,领导效果不佳;当领导方式可以弥补员工或环境的不足时,会对员工的工作绩效和满意度产生积极影响。但是当任务十分明确或员工有能力和经验处理它们而无须干预时,如果领导者还要花费时间解释工作任务,则被领导者会把这种指导型行为视为多余甚至是侵犯。因此在应用路径-目标理论时应坚持领导行为适应环境的原则。图 4-6 说明了在四种情况下,领导行为是如何与环境因素相适应的。

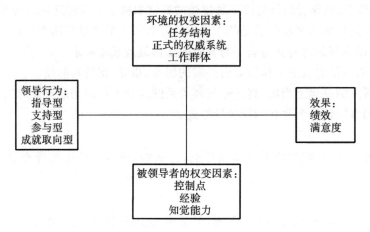

图 4-5　路径-目标领导理论模型

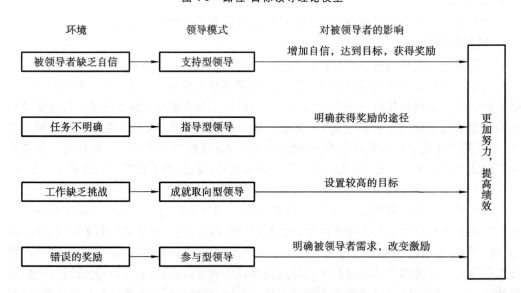

图 4-6　路径-目标状况及相适应的领导模式

路径-目标模型的贡献在于它指出了另外一些权变变量,并且扩展了领导者行为的选择范围,它的独特之处在于所描述的每种领导风格都是明确基于一种激励模型,是对领导过程良好的合理描述。这一理论加深了对领导的理解,一方面要考虑被领导者对任务的把握与理解因素,同时还要考虑领导者消除障碍对任务圆满完成的作用。将员工满意度作为领导成效的标准,拓宽了对领导研究的视野。尽管这种理论的研究结果并不完全一致,但在众多领导理论中仍是独树一帜。

四、领导者参与模型

1973年,维克托·弗鲁姆和菲利普·耶顿提出了领导者参与模型。该模型将领导行为和下属参与决策联系起来。研究认为,由于常规活动和非常规活动对任务结构的要求各不相同,领导者的行为必须加以调整以适应这些任务结构。该模型是规范化的,它提供了在不同的情境类型下应遵循的一系列的规则,以便确定下属参与决策的类型和程度,这就形成了复杂的决策树模型,其中包括5种领导风格和7种权变因素。后来,维克多·弗洛姆和亚瑟·加哥又将权变因素增加为12种。

(一)领导者的决策方式

该理论的主要观点是领导者应根据不同的情景让被领导者不同程度地参与决策。领导者在进行决策时,根据不同的情况,可以有5种不同的领导风格。

(1) 独裁Ⅰ(AⅠ):领导者使用手头现有的资料,独立解决问题或作出决策。

(2) 独裁Ⅱ(AⅡ):从下属那里获得必要的信息,然后独自作出决策。在向下属获取资料时,可以告诉也可以不告诉他们要解决的问题。下属的任务只是向领导者提供必要的资料,但不提供或评估解决问题的方案。

(3) 磋商Ⅰ(CⅠ):领导者与个别下属进行讨论,获得他们的意见和建议。在作决策时,可能受也可能不受下属的影响。

(4) 磋商Ⅱ(CⅡ):领导者与下属集体讨论有关问题,由下属提出意见或建议;领导者作出决策时可能受也可能不受下属的影响。

(5) 群体决策(CⅢ):领导者与下属集体讨论有关问题,一起提出和评估可行性方案,并争取获得一致的意见。

(二)影响决策方式选择的权变因素

一开始,维克多·弗洛姆和菲利普·耶顿提出了5种领导风格和7种权变因素。后来,维克多·弗洛姆和亚瑟·加哥又对该模型进行修正,新模型中包括了与过去相同的5种领导风格,但将权变因素扩展为12个。

(1) 质量要求(QR):决策的重要性。

(2) 承诺要求(CR):获得下属对决策承诺的重要性。

(3) 领导者的信息(LI):是否拥有充分的信息作出决策。

(4) 问题结构(ST):问题的结构化程度。

(5) 承诺的可能性(CP):专制决策是否可以获得下属的承诺。

(6) 目标的一致性(GC):下属是否可以领会组织的目标。

(7) 下属的冲突(CO):在下属找出的所有解决方案中,相互间是否存在冲突。

(8) 下属的信息(SI):下属是否拥有必要的信息作出决策。

(9) 时间限制(TC):时间对于领导者的制约是否限制了下属的参与。

(10) 地域的分散(CP):把地理位置分散的员工聚集起来共同作决策成本是否过高。

(11) 激励-时间(MT):领导者在最短时间里作出决策的重要性。

(12) 激励-发展(MD):使用参与风格作为工具来发展下属的决策技能的重要性。

(三)决策风格的选择

根据领导者对上述12个问题的不同回答,领导者可以构建一个决策树(见图4-7),以决定在面对某个具体问题时应该采取何种领导风格。比如，如果对"是否拥有充分的信息作出决策"的回答是否定的，那么独裁式的领导方式就不可取。同样，如果对"获得下属对决策承诺的重要性"的回答是肯定的，那么两种独裁式的领导方式就不可取。领导者参与模型的复杂性，导致其在管理实践中的运用存在较大的局限性。

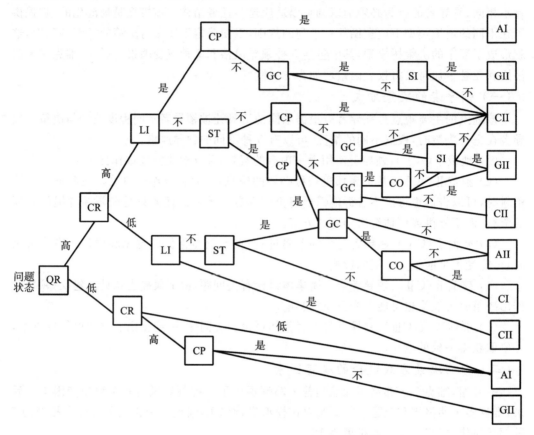

图 4-7 领导者参与模型

第四节 领导理论的发展

领导理论的发展是对领导实践活动本身的一种既经验又理性的总结。学术界一般将20世纪80年代前的领导理论定义为传统领导理论，20世纪80年代之后的领导理论被视为现代领导理论。传统领导理论的发展一般被划分为从特质理论到行为理论再到权变理论三个阶段，这个时期的领导理论集中在领导者与被领导者之间的领导效能和绩效的关系，主要关注领导者个体和微观领导。在领导理论发展初期，领导者因其所扮演的特殊角色以及在领导活动中的特殊作用，相对于追随者而言更容易成为众目关注的对象，领导特质理论就在对扮演领导者角色的个体的由外而内的审视与剖析中生成。从对领导特质的关注，到对领导行为风格的总结，再到对领导情景的重视等，反映的是领导活动实践者进而是领导理论研究者随着领导实践活动的逐渐开展，对领导活动真谛的逐步发现。当现实的领导活动中出现了新的问题、表现出新的特征时，领导理论的内容也随着发生转向。

20世纪80年代以来,组织面临的环境发生了巨大的变化,环境更加动荡,全球经济一体化进程加快,各类跨国组织大量涌现,信息技术迅速发展,改变了组织的管理方式以及人们的工作方式,这些都向领导理论和领导实践提出了各种新的挑战。领导研究进入了一个快速发展时期,并涌现出一大批新的理论。

一、变革型领导

20世纪80年代后,领导理论研究从传统的领导、管理和控制的研究逐步向变革型领导研究转变。在自由变革等思想的引导下,领导者要求对集体利益的重视要远远高于对个体的重视,领导者的魅力、感召力、人文都是研究的主要内容。顾名思义,变革型领导是一个改变或改造人的过程。它关注人的情感、价值、道德、准则和长远目标。变革型领导涵盖面很广,可以用来描述很多种领导,从非常具体的、试图一对一地影响追随者的领导,到非常广泛的、试图影响整个组织甚至整个文化的领导。虽然变革型领导者在促进变化上发挥着关键作用,但是在变革过程中,领导者和追随者有着千丝万缕的联系。

(一)变革型领导和交易型领导

作为一种重要的领导方法,变革型领导最早是由美国政治社会学家詹姆斯·麦格雷戈·伯恩斯在20世纪80年代提出。在他的经典著作《领袖论》中,伯恩斯试图把领导者和追随者的角色联系起来。他认为,领导者激发追随者的动机,以更好地实现共同目标;领导和权力截然不同,因为权力与追随者的需求是分离的。

伯恩斯区分了两种领导类型:交易型领导和变革型领导。交易型领导主要通过满足下属即刻的、与自我直接相关的利益来激励下属,整个过程类似于一场交易,所以被称为交易型领导。在交易的过程中,领导者的资源奖励(包括有形资源奖励和无形资源奖励)和被领导者对领导者的服从作为交换的条件,双方在一种"默契契约"的约束下完成获得满足的过程。如通过承诺"无新税"而赢得选举的政治家体现的就是交易型领导。交易型领导鼓励追随者诉诸他们的自我利益,但是交换的过程以追随者对领导者的顺从为前提,并没有在追随者内心产生一股积极的热情,其工作的内在动力也是有限的,因此,交易型领导不能使组织获得更大程度上的进步。

和交易型领导不同,变革型领导通过让员工意识到所承担任务的重要意义,激发下属的高层次需要,建立互相信任的氛围,促使下属为了组织的利益牺牲自己的利益,并达到超过原来期望的结果。变革型领导是个人管理其他人的过程,并建立一种联系来提高领导者和追随者的动机和道德水平。这种类型的领导者会考虑追随者的需要和动机,并试图帮助追随者发挥他们最大的潜能。如莫罕达斯·甘地,他唤起了数百万人民的希望和要求,在这个过程中,也改变了自己。

(二)变革型领导模型

20世纪80年代中期,巴斯提出了一种范围更广、更加完善的变革型领导理论,他的理论扩展了伯恩斯的研究,更多地关注追随者而不是领导者的需求。巴斯认为,变革型领导者可以适用于那些产出消极成果的情境中,并把交易型领导和变革型领导描述成一个统一的连续体(见图4-8),而不是相互独立的连续体。

巴斯认为,变革型领导者通过以下方式去激励追随者做更多预期之外的事情:第一,提高追随者对具体目标和理想目标的重要性以及价值的认知水平;第二,让追随者视组织

图 4-8　从变革型领导到放任型领导的领导连续体

或团队的利益高于个人利益;第三,鼓励追随者有更高的追求。

变革型领导模型和交易型领导模型中共包含了6种不同的因素。

1. 变革型领导因素

变革型领导因素涉及提升追随者的表现,让追随者发挥更大的潜能。具备变革型领导力的个人经常有一套很强的内在价值观和理想,这些价值观和理想能有效地激励追随者超越自身利益,去为更伟大的利益奋斗。

(1) 理想化的影响力。这一因素指的是领导者成为追随者的表率,得到追随者的认同和效仿。这些领导者通常有非常高的道德标准和道德行为,依靠他们能够做正确的事情。他们非常受追随者的尊重和信任,并为追随者描绘出事业远景,赋予他们使命感。

(2) 鼓舞性激励。这一因素描述的是领导者对追随者寄予很高期望,鼓励他们加入组织并成为组织中共享梦想的一分子。在实践中,领导者往往运用团队象征和情感诉求来凝聚下属的努力以实现超越自身利益的更多目标。

(3) 智力激发。它包括激励追随者勇于创新、挑战自我和领导者及组织的信仰与价值观。这类领导风格支持追随者尝试创新方法和创新手段去解决组织中遇到的问题,鼓励追随者自己思考,谨慎解决问题。

(4) 个性化关怀。这一因素指的是领导者创建一种友好气氛,以便于细心聆听追随者的个人需求。

2. 交易型领导因素

交易型领导与变革型领导不同,因为交易型领导者不会关注追随者的个性化需求,也不会关注其个人的发展。交易型领导者与下属交换有价值的事物,以推进自己与下属的目标进程。交易型领导有以下两个因素。

(1) 后效奖赏。它是指领导者与追随者之间的一个交换过程,在这个过程中,追随者的努力是为了换取特定的奖赏。在这种类型的领导下,领导者在任务分配及相应报酬上尽量与追随者达成一致。

(2) 例外管理。例外管理有两种形式:主动的和被动的。运用主动形式的领导者密切关注追随者是否犯错误或违反规则,然后采取行动去纠正。运用被动形式的领导者只是在没有达到标准或问题出现后才进行干预。

3. 放任型领导因素

在该模型中,放任型领导因素与交易型领导相去甚远,表现的是非交易型行为。自由放任是放任型领导的领导方式。自由放任的领导者采用的是"放任自流,任其发展"的做法。他们放弃责任、延误决策、不给出反馈,也很少努力地去帮助追随者满足他们的需求,意味着领导缺失。

在领导活动中,随着自下而上的实践经验的丰富以及自上而下的领导理论的有效指导,领导者的素养和水平也愈来愈高。与此同时,随着社会的发展和进步,被领导者的特点也在逐渐发生变化:文化水平越来越高,在领导实践活动中,被动和顺从逐渐减少,思想上有了更多的想法,行为上有了更多的自主性的追求,工作价值观、工作态度以及职业选择的标准和职业生涯的规划等都越来越得到强化和趋于个体化。所有这些变化都要求在领导实践活动中,在关注领导者之外,对被领导者也应有更多的关注和思考。这些反映在领导理论中就突出表现为对领导者影响力来源的再分析、对领导者与追随者之间互动力量和互动关系的另眼相看以及对追随者在领导活动中地位和作用的再认识。变革型领导将领导视为领导者与追随者之间发生的互动过程,特别强调追随者的需求、价值观与道德观,为领导学研究提供了更为广阔的视野。

二、性别与领导

20世纪末期,越来越多的女性担任领导职务,给社会带来了巨大的变化,也提升了学者们对女性领导的研究兴趣。研究的主要问题是:"男性和女性之间有领导风格和效能差异吗?""为什么在精英领导位置上的女性数量不多?"

(一)性别与领导风格

随着越来越多的女性担任领导职务,很多问题得到了更多的关注,比如她们的领导方式是否与男性不同,是男性领导者还是女性领导者更有效。然而,学术研究的结果呈现出多样性,事实上,许多人认为,性别与领导风格以及领导表现有很少的联系或者没有关系。文献分析发现,当女性以男性方式领导时、当女性处于一个典型的由男性领导的角色时、当评估为男性时,女性都处于劣势。这些发现不仅指出了女性在担任领导职务中经历的偏见,而且也表明,女性更多地运用民主风格似乎更具有适应性。

从20世纪80年代初开始,学者们开始研究一种新的领导风格——变革型领导。伊格里、约翰森·施密特和范·恩根的研究发现,女性和男性领导者之间在某些风格中存在着微小或显著的差异。例如女性的风格比男性更趋向变革,女性比男性有更多的后效奖赏行为。

通过对女性和男性领导者的比较发现,男性和女性是同等效力的领导者,但也有性别差异,男性和女性在符合他们性别特征的领导岗位上更有效。因此,女性在领导角色是男性化的岗位上不太有效。例如,在有关军事的领导岗位上,女性在一定程度上没有男性有效。但在教育、政府和社会服务机构中她们比男性更有效,在高度需要人际交往技巧的中层管理岗位上,女性比男性要有效得多。此外,当女性管理的男性下属占多数,或对领导者效能进行评估的大多数是男性时,女性就不如男性有效。

(二)玻璃天花板与领导差距

阻止女性升至精英领导位置的无形障碍被称为玻璃天花板,这是由美国两个《华尔街日报》记者在1986年引进的一个术语。即使在以女性为主的职业领域,女性也面临玻璃天花板,而男性白人似乎乘着"玻璃自动扶梯"到达领导职位的顶端。表4-3表明,美国的男性和女性领导者在教育和工作程度上没有明显差距,但在高层领导岗位的任职上存在显著的比例失衡,即领导差距。和男性相比,女性领导者不成比例地集中在低层次、低权威的领导职位,很难进入高层的精英领导职位。

表 4-3　不同性别的领导差距

项目	女性	男性
教育程度(学士学位)	57.5%	42.5%
管理/专业职位	50.8%	49.2%
劳动就业率	46.7%	53.3%
世界 500 强公司的 CEO	3%	97%
世界 500 强企业控股董事会席位	15.2%	84.8%
美国国会议员	16.8%	83.2%

对女性在高层领导的任职人数不多的原因解释一般有三种。第一种解释认为女性和男性存在人力资本的差异。相比男性,女性工作经验较少,比男性更多中断职业生涯,这主要是因为女性承担着更多的家庭责任。而且,女性受到的正规训练比男性少,工作的发展机遇比男性少,这两者可能和对女性领导的偏见有关。第二种解释是女性不同于男性,即性别差异。虽然女性在领导职位上同样地有效,同样地致力于她们的工作,或想要担任领导职务,但是,女性较少自我提升和进行谈判。此外,研究显示与有效领导特质相关的一些微小的性别差异,如一种有利于男性领导的性别差异是男性可能比女性更想得到他们想要的东西。第三种对领导差距的一个有力解释是陈旧的性别偏见:女性照顾,男性主导。在领导角色方面,性别刻板印象对女性是特别有害的,因为女性具有代表性,而不是共同性。因此,在领导角色上,女性面临多重压力:作为领导者,就应该阳刚和坚韧,但作为女性,她们不应该"太男性化"。这些相反的期望让女性往往认为女性比男性较少有资格承担精英领导职务,并在评价有效的女性领导者的时候又很苛刻,认为她们"不够女性"。在选拔精英领导人的过程中,这些性别偏见是有害的。不仅决策者受刻板印象的影响,认为女性不适合当领导者,而且他们倾向于喜欢和自己类似的其他人,对和自己最相似的人的评价最积极,因此,男性领导者在寻找替代人时,偏见可能明显地让女性处于不利的地位。这些刻板的期望,不仅影响他人的看法和对女性领导者的评价,而且还可以直接影响女性对领导职位的渴望。

三、跨文化领导

20 世纪有关领导的研究大多数是在美国、加拿大和西欧国家开展的。随着全球化进程的推进,进入 21 世纪后,对非西方文化背景下的领导研究兴趣迅速高涨。跨文化领导主要关注两个问题:在某种文化下发展和验证的领导理论在其他文化中的普遍化程度;确认各国在有效领导理念和现实管理实践方面存在的差异。

如同在单一文化中开展与领导相关的研究一样,许多跨文化领导研究涉及领导者行为、能力和特质。大多数跨文化研究考察了领导行为类型和具体管理行为的运用在不同国家的差异。如罗伯特·多夫曼和他的同事发现,与墨西哥或韩国的管理者相比,美国的管理者会更多地使用参与式领导。还有较少的跨文化研究试图确认某种具体行为类型在每个国家的实施过程中存在定量差异。如一项研究发现,领导者向下属传达指示和反馈时所用的方式存在差异。美国的管理者在向下属传达指示和提出消极反馈(批评)时,更可能采用面对面会见的方式,而日本的领导者更可能采用的方式是将指示写成书面备忘录以及通过同事交流进行消极反馈。

在跨文化领导研究中最有影响力的是"GLOBE"计划。"GLOBE"是"全球领导力和组织行为效能"（Global Leadership and Organizational Behavior Effectiveness）的首字母缩写。这个全球研究项目是罗伯特·豪斯在1991年发起的研究计划，迄今已经有160多个研究者参与了研究。该项目的主要目的是加深对跨文化交流和文化对领导效能影响的理解。全球研究人员利用定量方法研究了950个组织里超过17000位经理的反应，这些人代表世界各地62种不同的文化。研究者们将文化价值观分为9个维度，分别考察国家的文化价值观维度如何与领导信念、领导行为和领导力开发实践联系在一起，这9个文化维度分别是：不确定性规避、权力距离、宏观集体主义、微观集体主义、性别平等主义、进取、未来导向、绩效导向、人文导向。"GLOBE"计划中最有趣的成果之一是发现了62个国家或地区17000多人普遍认可的积极有效的领导特征。项目研究的受访者提到了22个受重视的领导属性，分别是信任、有远见、积极、建立信心、智慧、双赢解决问题者、行政技巧、追求卓越、公平、提前计划、精力充沛、动力、果断、沟通、合作、诚实、鼓舞人心、激励、可靠、有效的谈判者、见多识广、团队建设者。这些属性被普遍认为是优秀领导的特质。研究项目还确定了被普遍视为有效领导障碍的属性，分别是不合群、自私、不合作、易怒、含糊、以自我为中心、无情、独裁。这些特征反映出一个无效的领导者是自私的、恶意的、以自我为中心。显然，所有文化的人们都认为这些特点会阻碍有效的领导。

本章重要概念

行为理论（behavioral theories）
路径-目标理论（path-goal theory）
菲德勒权变模型（Fiedler contingency model）
员工导向的领导者（employee-oriented leader）
生产导向的领导者（production-oriented leader）
情境领导理论（situational leadership theory）
自我实现需要（self-actualization needs）
变革型领导（Transformational Leadership）

本章思考题

1. 选择一位你熟悉的成功领导者，分析其具有的领导特质。
2. 你从早期俄亥俄州立大学和密歇根大学的研究中学到了什么有关有效领导行为的知识？双高型领导是否一定意味着较高的领导绩效？
3. 本章描述的权变模型中的哪种对你最有用？为什么？
4. 想想你以前做过或将会做的工作，使用路径—目标理论来找出领导者必须考虑的任务和组织因素。假定你已经找出了这些因素，试问这种情境下四种领导行为中的哪一种将会最有效？

本章推荐阅读书目

1. [美]沃伦·本尼斯.成为领导者[M].姜文波,译.北京:中国人民大学出版社,2008.
2. [美]诺埃尔·蒂奇,沃伦·本尼斯.决断——成功的领导者怎样做出伟大的决断[M].姜文波,译.北京:中国人民大学出版社,2008.
3. 李传军,杜同爱.管理学:理论与实践[M].北京:北京大学出版社,2014.
4. [美]诺思豪斯.领导学:理论与实践[M].6版.北京:中国人民大学出版社,2014.

第五章 领导决策

---**本章导言**---

决策是现代领导最基本、最重要的职能。领导决策的正确与否关系到领导活动的方向正确与否和结果成败。从一定意义上看,领导工作的过程就是作出决策、实施决策和评估决策的过程,因此,决策是领导工作的核心。每一个领导者,都需要掌握领导决策的原则、程序和方法,在充分掌握相关信息并对有关情况进行深刻分析的基础上,用科学的方法来拟定并评估各种决策方案,从中选定最优方案,进而作出科学的、正确的决策,以达到最佳的决策效果。

第一节 领导决策的要素与原则

决策学派的代表人物赫伯特·西蒙在20世纪40年代出版的《行政行为:行政组织决策程序》一书中认为,管理就是决策,决策是领导工作的核心,是领导职能中最重要的职能。决策贯穿于管理全过程和各个层面,在组织的领导高层尤其重要。任何组织的所有管理工作在开始之前都要优先进行决策,制订计划实际也就是进行决策,组织、领导和控制也都离不开决策,领导活动实际上就是领导者作出决策和组织成员实施决策的过程。因此,决策贯穿于整个领导活动,领导活动的每一个环节都是以决策为引领、为核心的。当下,一切组织所面临的外部环境比以往更加复杂多变,利益相关者相互依赖度显著提升,作为当代组织的领导者更需要深刻理解领导决策的内涵及意义,把握领导决策的特点,掌握科学决策的原则,力求决策的科学化、民主化、法治化。

视频 5

案例 5-1

创新的索尼为何坠落?

索尼公司创办于1946年5月,自成立以来,在创始人盛田昭夫与深井大的带领下,以强劲之势迅速发展,占领全球电子消费品市场,索尼品牌已然成为尽人皆知的著名品牌。从索尼公司盛田昭夫的决策理念来看,决策者要有冒险精神,求新、求异,敢为人先。同时,要相时而动,根据实际情况调整策略。此外,还要充分发挥智囊参谋机构的作用。正是由于盛田昭夫超前的管理意识,才使得索尼在激烈的竞争中脱颖而出。盛田昭夫说:"我们的计划是用产品领导潮流,而不是问需要哪一种产品。"一般的经营者的经营宗旨是跟随市场的需求而经营,而索尼却敢于创造需求,使需求随着索尼的新品而出现,随着它发展而增加。索尼公司创造市场的秘诀就是不断开发新产品,以新制胜。1955 年到 1965 年间,索尼生产出领先于世界的半导体收音机、录音机、晶体收音机和固态电路的家用电视机,使其获得了先驱者的名声。从 1965 年到 1975 年,索尼公司又把彩色电视机等划时代的新产品不断推向市场,其业务蒸蒸日上。索尼公司之所以能够一直走在行业的最前端,不仅由于索尼公司重视现代科学技术,更得益于其领导人在索尼发展阶段面临的每个路口所作出的英明决策。

　　正确的决策可以使一个公司不断壮大,然而错误的决策也可以使其瞬间被摧毁。2001 年以来,全球经济衰退、网络泡沫化。索尼自旗下的家用电视游戏机 PlayStation 开发后,已有 10 年未再开发独创性的产品;其开发的随身听 WalkMan 不支持 MP3 格式,而同时苹果推出的 iPod 数位随身听在全球热卖,取代了 WalkMan 的原有地位;因为错估液晶电视的发展,拥有液晶技术的夏普(Sharp)、三星(Samsung)取得电视影像的领导地位。这一连串的决策错误以及电子产品价格不断压缩等因素,使得索尼在 2000 年取得空前成功之后,在 2002 年受到重挫。索尼公司在 2000 年以前的成功决策可称之为 20 世纪的神话,而 2000 年以来的诸多决策失误,为现代企业提供诸多借鉴,也敲响了警钟。由此可见,科学的管理决策可以为企业的发展带来效益,而管理决策失误则会让企业陷入泥潭。管理决策是现代管理活动中十分重要的一项工作。决策是管理的核心,整个管理过程都是围绕着决策的制定和组织实施而展开的。管理决策的科学性与创新对企业的发展、壮大具有至关重要的作用。

　　(戴林.从 SONY 公司的案例谈管理决策的科学性与创新[J].杭州电子科技大学学报,2011,31(6):179-182.)

↔ 思考与提示

1. 你认为决策失败的原因是什么?
2. 你认为在组织决策中领导者通常扮演什么角色?

一、领导决策的含义

"决策"一词首先出现于 20 世纪 50 年代的美国,当时的英文名称为"decision-making"。在日语中,译为"意思决定",其含义是"决定主意"。在我国最早译为"作出决定",后被译为"决策",并沿用至今。

所谓决策是指组织或个人,为了实现某种目的而产生解决某些问题的要求,经过思维活动而作出行动决定并付诸实施的全过程。决策是一个提出问题、分析问题和解决问题的完整过程。我们通常所讲的"拍板",即出主意、定方向、拟计划、提任务、想对策、拿办法等,都是决策。"决策"有狭义和广义之分。狭义的决策是针对若干行动方案的选择和决定,通俗地讲就是"拍板定夺",是指决策者在若干个可供选择的方案中,经过斟酌,作出最终和最优化的选择。之所以把这种决策称为狭义的决策,是因为这种意义上的决策只是指作出决定的这一环节,不包括作出决定之前和作出决定之后的工作。广义的决策则概括了整个决策制定的全过程,即包括从对决策目标的确定到决策的实验、实施、反馈调节的全过程。由此可见,广义的决策包含了狭义的决策,现代领导决策理论大多采纳广义上的决策概念。当然,也要认识到狭义的决策在整个决策中的重要性。

决策是领导者进行领导活动的重要职能,是领导的开始,也是最实质的领导。领导首先是靠决策来实现的,领导过程的起始环节都是决策。决策贯穿于整个领导过程,一切领导活动都是围绕它并随它产生的,最常规、最重大的领导活动就是决策。因此领导活动要正常展开,领导工作要正常进行,必须首先从决策开始。

所谓领导决策,是指领导者在领导活动中,为了实现某一组织目标,通过采用科学的决策方法和技术,从若干个有价值的方案中选择一个最佳方案,并在实施中加以完善和修正,以实现领导目标的活动过程。它既是静态的领导决定,又是动态的决策过程。领导决策是领导者的基本职能和首要任务,是其他一切领导活动的出发点和归宿,凝聚了领导者的意志、权力和权威,是领导倾向性的行为,是全面展示领导者所具有的领导素质的重要标志。领导决策通常会成为群体或组织乃至社会的行动依据和指针,规划和指导着群体或组织乃至社会的具体行为,直接影响其行为方向、行为内容和行为结果,直接对群体或组织乃至社会产生影响。

在科学原理上,领导决策与其他任何决策都是一样的,但在其实质和具体的特征上略有别于其他决策,如在决策主体及其行为影响、行为结果和行为责任上存在差异。在领导决策中,决策主体是领导主体,主要是领导者;决策影响和结果均事关组织系统全局;决策责任因决策结果涉及整个组织系统而比其他所有决策的责任都更大、更重。因此,要理解领导决策,还需要从以下几个方面来认识。

1. 领导决策是有明确组织目标的领导行为

任何领导决策都是为了实现一定的组织目标,决策目标是领导决策的前提。领导决策本质上是一种以完全明确的目的和目标为核心的组织行为,即领导决策具有绝对明确的目的性。而要达到明确的目的必须有明确的标准,可以定量或者比较,以便衡量和确定决策效果。

2. 领导决策是产生或引发组织行为的特殊行为

任何领导决策的作出,都是为实现一定的组织目标服务的。而领导决策一旦作出,实际上就成了组织行动的纲领,代表着组织未来发展所要达到的目标,为组织直接提供了必须兑现的行动依据和动力,这样群体或组织就必定在此决策下展开相应的行动,所以说,领导决策是产生或引发组织行为的特殊行为。事实上,领导决策是领导活动的基础,是组织行为的"龙头",没有合理的领导决策就没有合理的领导活动。

3. 领导决策是与领导职能相关并承担严肃责任的领导行为

领导决策是领导者的基本职能或首要任务。从横向上看,包括了领导活动的各个方面,无论组织管理、选才用人,还是沟通与协调,都需要领导者制定正确的决策来实现既定的组织目标。从纵向上看,领导决策贯穿于领导活动的全过程。从发现问题、确立目标开始,到组织实施结束,都需要领导者自始至终围绕决策进行。领导决策的正确与否,对领导活动的成败关系极大,直接影响到领导职能的发挥,关系着领导职责的履行,集中体现为一个群体或组织乃至社会的愿望和要求,负有相当严肃、重大的责任。一旦决策失误,影响甚大,有时会使一个组织遭受重大损失。古今中外领导活动的历史证明,决策正确,可以事半功倍,顺利达到预期目标,能很好地发挥领导职能、履行领导职责;决策失误,会事倍功半,使事业蒙受巨大损失。尤其是那些事关全局的领导决策,一旦失误,后果不堪设想。因此,领导决策来不得半点的马虎。

4. 领导决策是凝聚领导意志、权力和权威的综合性信息行为

领导决策始终是信息行为,是收集、整理、加工、判别和决断信息的过程,也是形成和产出具有权威性的新信息的过程。没有信息,就不会有领导决策;没有信息的领导决策就不存在。领导决策本身就是信息流,是加入了领导权力、领导权威和领导意志的特殊信息流。权力、权威在这种信息流中成了特定的标志,将决策彻底界定成了领导行为。作为领导活动,领导决策包含了领导行为所要触及的各个层次、各个方面,诸如用人、指挥等具体领导行为都有决策的问题,充分体现和证明了领导决策的根本性及综合性,以及以信息流为基本内容或基本线索的基本特征。

5. 领导决策是多阶段、多步骤优选方案的领导行为

领导决策是为实现一定的组织目标而制定行动方案、进行方案优选并准备方案实施的活动,是一个提出问题、分析问题、解决问题的过程,是一个建立在环境和条件分析基础上,对未来的行为确定目标,对实现目标的若干可行方案进行分析判断,以及选择并决定一个优化合理的满意方案的过程。领导者成功与否首先取决于他能否作出正确的、有前瞻指导性的决策。领导决策其实是一项流程性极强的领导工作:从决策动机到形成决策方案,再到评估决策效果,是一环扣一环的优选方案的领导行为。

6. 领导决策是有因果分析和综合评价的领导行为

任何一个领导决策都有一定的目的性,而实现目的的领导决策可以有多种可行方案,并且每一个可行方案既会对目的的实现发挥某种积极作用和影响,又会产生某种消极作用和影响。因此,必须通过科学的决策程序,对每一个可行方案进行综合的分析和评价,确定每个方案的实际效果和可能带来的潜在问题,以便比较各个方案的优劣,从中选择一个最有利于组织发展目标的方案。从另一个方面来看,不仅对每一个方案要进行综合评价和分析,而且对任何一个领导决策实施的结果,也要进行多种分析和综合评价,以便评估领导决策的效果。

7. 领导决策是测定领导素质的领导行为

领导决策是领导者最重要的职能,是集领导者全部智慧、激情、才智于一身的行为,依赖于领导者的素质与能力。在当代,领导决策虽已由经验决策发展为科学决策、民主决策,但"拍板定夺"的狭义的决策仍然是高度依赖领导者素质的领导行为。正确决策的作出,展示的是领导者全面的素质和全方位的才能,是领导者综合素质的体现。事实上,任何一方面的领导素质都能直接影响决策,都是科学、正确领导决策的内在基础和前提条件。如果说能力素质和智慧素质是最直接决定领导决策质量和水平的内在条件,那么教育素质、文化素质、职业素质、社会素质、生活素质等则是直接相关的重要基础,而政治素质、思想素质、尤其是道德素质,则是掌握智慧和能力、调动所有素质及相关资源参与决策的统帅。当然,心理素质和身体素质则为前述所有素质提供基本平台。如果缺乏良好的领导素质,就不应该进行决策,否则领导决策就会发生错误甚至贻害深远。

8. 领导决策是广泛存在的领导行为

美国学者马文曾在调研高层管理者后得出结论:决策是高层管理者每天最重要的事情,高层管理者在决策方面花费的时间最多,高层管理者履行职责时感到最困难的也是决策。领导决策作为领导者的基本职能,不仅是广泛存在的领导行为,而且是事关重大的领导行为。从另一方面来看,领导决策是领导主体的领导行为,因此,只要有领导主体存在,就一定有领导决策行为发生。由于领导主体广泛存在,所以领导决策也广泛存在。小至一个非正式群体、一个家庭,中至一个企业、一个团体,大至一个政党、一个政府、一个国家、一个社会,都普遍存在领导主体,所以,作为领导行为的领导决策就同样广泛地存在,同样广泛地发挥着作用。领导决策水平的高低反映出领导活动的质量和领导水平的高低。

二、领导决策的要素

领导决策一般由决策者、决策目标、决策备选方案、决策环境和决策后果5个要素组成。

1. 决策者

决策是决策者做出的实践行为,因此,决策者是决策活动的主体,是决策最基本的要素。决策者处在决策系统内外信息的枢纽地位,是决策系统中最积极能动的因素,是决策系统的驾驭者和操纵者。决策者的素质、能力、水平高低,直接影响着决策活动的成败。决策者既包括个人,也包括领导集体。

2. 决策目标

决策目标是指决策所要达到的目的。决策目标的确立是科学决策的起点,它为决策指明了方向——既为选择行动方案提供了衡量标准,也为决策实施的控制提供了依据。因此,决策目标是否明确,直接关系到领导决策效果的好坏。如果决策目标明确,那么在决策实施中就有明确的方向和针对性的行动。从领导决策的共性出发,决策目标的制定必须满足以下几条检验准则:①目标要具有针对性,即要解决的问题必须是明确无误的;②目标要具体,即目标要有具体的标准;③目标要系统,即目标要着眼整体并分清主次;④目标要可行,即目标要以现实为基础,不能凭空设想;⑤目标要合乎规范,即目标要符合特定的规范体系。

3. 决策备选方案

领导决策实际是一种选择方案的活动。方案是实现领导决策目标的途径和行动路线,没有方案,目标就难以实现。因此,方案是领导决策的要素之一。决策方案应当有两个以上,以备优选,或供不同情况选择使用。对于领导决策的备选方案,选择的目的是追求优化。由于客观情况的复杂性,决定着领导决策目标和行动方案的多样性,因而对领导决策备选方案的选择就要进行比较、鉴别,选择出可行性方案。

4. 决策环境

决策环境是指领导决策面临的时空状态,即特定的决策情境和形势。一个领导决策是否正确、合理和恰当,能否顺利实施,它的影响效果如何,不仅取决于决策者和决策方案,而且直接取决于领导决策所处的环境和条件。领导决策环境包括经济环境、政治环境、文化环境、教育环境等。决策行为实际上就是决策者的主观因素和决策环境这两方面共同作用的结果。

5. 决策后果

决策后果是指一项决策实施后所产生的效果和影响。一切决策活动的目的,都是为了取得决策的结果,这是领导决策的又一要素。在作出最终决策之前,对每一备选方案的实施后果进行客观、公正的预测和评价,既是保证决策科学化的重要前提,也是方案择优的最终依据之一。决策后果一般以语言、文字、图表等形式表现,这使得决策可以迅速、准确、顺利地实施。在作出决策且方案实施以后,对实施后果进行评估,同样是领导决策重要的一环,是判断领导决策得失成败的客观依据。对于领导决策来说,追求良好的决策结果是领导决策的出发点和评判标准。任何领导决策从提出到实施的一系列过程,都是针对现实问题或即将出现的问题而展开的,领导决策通过一系列活动达到预期的目的,正是领导决策的价值与意义所在。

案例 5-2

小米是如何成功逆转的?

过去两年,小米到底遇到什么困难?过去两年外界舆论几乎一边倒,觉得我们不行了,那么我们究竟遇到了什么问题?如果不搞清楚我们自身的问题,其实很容易乱决策,尤其是企业遇到压力的时候。第一个困难,线上市场遭遇恶性竞争。第二个困难,我们专注线上,但错过了县乡市场的线下换机潮。第三个困难,高速成长带来的管理挑战。面对这些困难,我提出三大命题:要以创新、质量和交付三个命题为龙头来解决问题。对手机业务来说,质量是生命线,我们是靠质量在中国成为第一的,我们也是靠质量消灭了所有山寨机,但是今年的问题是对手不是山寨机了,我们的对手是中国最牛的公司,怎么能在质量上全面超过他们?

唯有创新,因为不创新是逆转不了的,我们在创新方面做了哪些事呢?举个例子,我们去年在全球发布了全面屏手机小米 Mix,惊艳了全球。这款全陶瓷机身的手机屏占比达到了 91.3%。我们把这种新手机设计形态命名为"全面屏"。现在包括三星、苹果大家都跟进了这种设计,整个行业都接受了"全面屏手机"这种定义,我们站到世界的巅峰,引领了整个技术的潮流。

(雷军.雷军:小米如何成功逆转[J].中国企业家,2017(17):26-28.)

思考与提示

1. 你认为小米的决策成功在哪里?
2. 结合案例分析决策环境。

三、领导决策的特征

领导决策贯穿于领导活动的全过程。其具有目标性、预测性、创造性、优化性、风险性、执行性、动态性等特点。

(一)目标性

领导决策是为了实现领导目标的活动,这是领导决策的出发点,如果没有目标,领导决策就无从谈起,同样,假设领导目标已经实现,则也无需进行决策。没有领导目标或者领导目标不明确,领导决策就不能称其为决策。更进一步说,领导决策总是在确定的条件下寻求优化目标和优化达到目标的途径,因此,任何领导决策都要有明确的领导目标,没有领导目标,领导决策就失去了意义。

(二)预测性

领导决策是面向未来的,是对未来领导活动的目标以及实现它们的方案的抉择及执行所作的决定,因而领导决策离不开对未来领导活动发展趋势和状况的预测,这种预测必然包含着对可能出现的各种情况的估计以及相应的对策。因此在领导决策过程中,要进行科学预测,为领导决策提供科学依据。可以说,科学预测是领导科学决策的前提。预测在领导决策活动中占据特别重要的地位,这是由于领导决策的执行发生于领导决策之后,决策意味着对未来行为的决定,所以领导决策必须事先预测未来的各种情况和趋势,这是领导决策能够最大限度地产生正效应的前提。领导决策是否正确可行的重要衡量标准,很大程度上取决于对未来发展趋势的把握是否客观准确,缺乏预测的领导决策是盲目的,甚至会导致灾难性后果。

(三)创造性

领导决策往往是一项开创性的活动,是指领导者发现并提出新问题、新思想、新方法。领导者只有冲破思维定式的束缚,敢于走前人未走之路,勇于创新,与时俱进,才能有所作为。缺乏创造性,领导决策也就没有意义。

(四)优化性

领导决策总是在既定条件下,探寻优化目标和达到目标途径的活动,为此,领导决策就要从多种备选方案中权衡利弊、综合评价,作出最后选择,这也是领导决策的关键环节。一方面要有多种备选方案可供选择,即选择性;另一方面要在多种备选方案中作出唯一选择,即择一性,否则,就无所谓决策。这里需要指出的是,追求优化,并非是追求最优。由于领导决策环境的变化、条件的限制以及领导决策中的不确定因素,因此领导决策只能选择"令人满意"的方案,不可能也没有必要去追求"最优方案"。

(五)风险性

由于客观情况的复杂性以及事物发展变化的动态性,再加上受制于领导者主客观条件的限制,任何决策的后果都带有某种程度的不确定性,这就意味着可能出现领导者不希望的、不可控的结果,甚至可能出现"一着不慎,满盘皆输"的决策结果。风险是决策中的必然因素,由于领导决策环境的不确定性,领导者的决策大多是在一种不确定的条件下作出的。任何领导决策的后果都有可能导致或多或少的不确定性,都可能出现不利的结果,甚至是领导决策的失败。如果领导者因惧怕冒风险而不敢决策,便可能丧失组织发展的诸多机会。

(六)执行性

领导决策总是要付诸执行的,否则,领导决策就是多余的。领导决策绝不是脱离实际的空想,而是根据执行需要所制定出的行动方案。领导决策一旦形成,就需要付诸执行,并在执行中检验决策的正误,不断加以修正和完善。离开执行这一环节,领导决策就从根本上失去了应有之义。

(七) 动态性

领导决策是一个包括确定目标、执行、评估、反馈等环节的完整过程,包括准备、决断、执行等阶段,是一个非静止而动态的过程。此外,领导决策在执行过程中还存在着适当的调整和修改的可能性,这也决定了决策具有动态性的特征。

四、领导决策的原则

领导决策的基本原则是领导决策活动中所蕴含客观规律的具体化体现。领导者在决策过程中,应当严格遵循领导决策的基本原则。在现代社会,要实现决策的科学化、民主化,就必须掌握领导决策的基本原则。

1. 客观性原则

客观性原则是领导决策的首要原则。领导决策活动虽然是体现领导者智慧和才能的灵魂性工作,但这绝不意味着领导者可以随意决策。领导决策应当建立在对客观实际情况的正确分析之上,即坚持实事求是,一切从实际出发,按照客观规律进行决策。

2. 信息性原则

决策的最大困难并非在于对决策技术的掌握,而是在对主客观状况概率值的分析估计上。因此,获得尽可能充分的情报信息就成为领导者进行科学决策的基础和关键,信息在领导决策中具有十分重要的作用。领导决策的过程就是信息的输入—处理(作出决策)—输出(执行决策)的过程,领导决策的科学性是同信息的准确性、及时性、适用性成正比的。也可以说,信息的准确是领导决策的重要条件。领导决策所依据的信息越准确、真实、可靠和全面,领导决策就越具有科学性。实践证明,只有掌握了全面而准确的信息,并对之进行系统的归纳和整理、选择、比较和分析,领导者才能有条件作出科学决策。

案例 5-3

领导干部提高决策能力"三要"

改革开放是党在新的时代条件下带领全国各族人民进行的新的伟大革命,是当代中国最鲜明的特色,也是我们党最鲜明的旗帜。面对当前艰巨繁重的改革任务和错综复杂的国际国内形势,领导干部必须具有决策决断能力。

一要敢于面对。"为官避事平生耻。"敢于面对现实,不回避矛盾和问题,是推动改革的第一步。改革,说到底就是利益调整。推动改革必然要触及各种矛盾,甚至会得罪一些人,受到阻挠和责难。特别是一些久拖不决、积重难返的问题,解决起来往往难度很大;在那些利益关系盘根错节、消极腐败现象比较严重的地方,阻碍改革的因素会更多,推动改革的难度会更大。这就要求领导干部必须具有敢于面对的勇气,在困难、问题和尖锐复杂的矛盾面前不退缩、不畏惧,敢于碰硬、敢于坚持。这样,才能把困难攻克、把矛盾化解、把问题解决,从而把全面深化改革的工作部署落实到位。

二要善于决断。"当断不断,反受其乱。"瞻前顾后,怕这怕那,往往会贻误时机,后悔莫及。在现实生活中,一些地方出现矛盾和问题后,由于当地领导议而不决,没有及时采取应对措施,结果"小事拖大,大事拖炸",最后酿成震惊社会的群体事件,教训不可谓不深刻。顾虑、拖延是决断的大敌。有些决策,特别是一些非常规性的决策,本身就包含着一定的风险,有些问题来得急,需要当机立断。这就要求领导干部必须敢于决断、勇于担当,切不可畏首畏尾、议而不决。

三要勇于创新。创新是动力之源,也是把党领导的改革事业不断推向前进的关键。一个领导干部的能力在很大程度上表现为创新能力。一个干事业、有作为的干部,必然是一个富有创新精神的干部;一个干事业、有作为的领导班子,必然是一个敢于突破陈规、勇于创新的领导班子。当前,我国改革已经进入攻坚期和深水区。推动改革,必须最大限度调动一切积极因素,敢于啃硬骨头,敢于涉险滩,以更大决心冲破思想观念的束缚、突破利益固化的藩篱,始终保持与时俱进的精神,大胆解放思想,大胆实践、探索,始终坚持在实践中寻求答案,在创新中寻求出路,在改革中完善改革。

(王玉堂.领导干部提高决策能力"三要"[OL].[2014-01-02].http://www.gxnews.com.cn/staticpages/20140102/newgx52c497fb-9356275.shtml.)

思考与提示

1. 结合领导决策的原则,谈一谈对"当断不断,反受其乱"的理解。
2. 领导决策原则与领导决策创新之间具有怎样的关系?

领导决策不仅要求领导者掌握决策所需要的充足的准确的信息,而且还要求领导者必须善于发现可供利用的信息。在这一问题上,领导者应注意以下问题。

(1) 要拥有"信息权力"。这是由信息的时效性所决定的。在现代信息社会中,对信息的优先掌握便是占据主动的前提,优先掌握信息,就优先掌握了权力。因此,有的学者将这一现象称为"信息权力"。

(2) 要善于从一般人忽视的信息中汲取有用信息的智慧,这也是衡量一个领导者成为优秀领导者的主要标志之一。

(3) 要具有正确的分析和加工信息的能力,特别是区分"虚假信息"和"真实信息"的能力,万不能使决策建立在虚假信息的基础之上。

(4) 克服信息收集过程中的选择性倾向。美国管理学家罗格·道森分析了信息收集过程中的八种倾向,这八种倾向可能导致领导者偏离正确方向,降低领导决策的有效性。这些倾向分别是:图现成、以自我为中心、排除异己、恋旧、选择性接收、先入为主、喜新厌旧、求同。它们中的任何一种错误的价值倾向都会影响领导者的判断,使领导决策误入歧途。因此,认识并克服这些倾向是保证领导决策正确的前提。

3. 系统性原则

任何事物都是相互联系的复杂系统。系统性原则是指必须将领导决策对象作为一个系统来对待,分析系统与系统环境之间、系统整体与要素之间、内部各要素之间的相互关系,以求领导决策达到整体性、综合性、最优性。其中,整体性就是要求领导决策不能只从事物的某一部分或某一指标来考虑问题,而是必须从整体出发,正确处理好局部利益与整体利益、眼前利益与长远利益之间的关系。现代领导决策所要处理的问题比过去任何时候都复杂,彼此之间盘根错节,相互交织,互为因果。如果孤立、静止、片面地看待事物,而不是系统、全面地去认识和把握事物,那肯定会造成领导决策失误。因此,领导者决策必须做到系统全面、严谨规范。只有坚持领导决策的系统性原则,才能使领导决策达到整体性、综合性和最优性。

4. 外脑原则

"外脑"是一个兼具社会性和生物性的概念。主要指的是领导者在决策过程中,为领导者出谋划策、收集信息、帮助决策的一些人员或组织。在当今时代,领导决策所涉及的要素越来越复杂,范围也越来越广阔,日益复杂的领导决策单靠某一个人的智慧已难以承担。于是,由各种专家组成的智囊团便成为领导者进行决策时必不可少的"外脑","外脑"在领导决策过程中所发挥的作用愈来愈重要。

5. 集体性原则

领导决策面临的问题一般都是重大的复杂性问题,单靠领导者个人的智慧和能力是远远不够的,必须依靠众人的力量,特别是专家、智囊人员的参与和辅助,才能够保证领导决策的正确。因此,集体原则既是民主集中制原则在领导决策中的应用和体现,又是发挥咨询参谋机构的作用和充分调动组织成员参与决策的积极性的重要形式,同时也是现代领导决策的一个重要特征。

6. 对比优选原则

领导决策总是在既定条件下,寻找优化的目标,并探寻实现目标的最佳途径。为此,决策要从多种方案中进行选择,否则,就无从优化。实际上,领导决策是一种择优活动。只有经过对多种决策目标和行动方案的比较、鉴别,才能选择出最优目标及配套的行动方案。因此,对比优选既是领导决策过程中的关键步骤,也是一条应当遵守的重要原则。任何决策都必须建立在对多种方案对比优选的基础之上,若无对比,则无从选优。领导者在进行一些重大决策时,制定出多种可供选择的方案,可以有充分的选择余地。否则,一旦失误将无法挽回和补救。

7. 灵活性原则

领导决策事关重大,没有过硬的原则性做保障必定会出现严重问题。然而,所作的决策、所处理的问题以及所依托的领导环境总是错综复杂、千变万化,每种情况都具有差异性。因而,领导者在决策时不能只看一点而不计其余,不能僵硬、绝对地看待事物,进行决策。要在不断变化的情势中找到有利的位置和角度,从容地采取措施,逐步地解决问题。这就要求领导者在进行决策时要解放思想,讲究灵活,防止刻板、保守和简单化。也就是说,领导决策不仅要有原则性,而且还要有灵活性。

8. 时效性原则

领导决策是一种在特定的情况下,把组织在当前环境中的因素与组织未来的行动联系起来,旨在解决问题或把握机会的领导活动。这就决定了领导决策必然具有时效性,一旦超出时间的限度,环境因素发生了变化,再英明的领导决策也不可能达到预期目标。机不可失,时不再来。领导决策必须及时、快速、果断。这事关作出的决策是否能够及时解决问题,是否能够迅即产生良好效果和效应。如果领导决策慢慢腾腾、拖拖拉拉,那么就会丧失机遇,就会造成严重损失和其他一系列的严重后果。这就要求领导者在决策过程中做到及时、顺势应变,确保效果,追求效率。

9. 可行性原则

任何一项决策都是为了得到执行,能够执行的领导决策才具有可行性,这是衡量决策正确的标志。因此,领导者应该从实际出发,对现有的人力、物力、财力、科学技术水平等主客观条件进行科学的分析,找出事物发展过程中可能发生的各种变化与存在的利弊事实,以及领导决策执行后可能产生的各种影响,经过慎重、全面、科学的论证、审定、评估,作出可行性分析,确定可行性程度,把需要与可能有机地统一起来,在此基础上作出的领导决策才是科学的。由此可见,可行性原则是客观性原则的进一步延伸。

10. 法治化原则

领导决策中的法治化原则就是要求领导者依法决策。决策失误是重大的失误,造成决策失误的一个重要原因往往就是没有依法进行。因此,领导者要牢固树立法律意识,依法规范领导决策制度,只有这样,才能维护法律的权威,才能进行科学的领导决策。

11. 道德性原则

领导者掌握着权力,居高临下地进行着决策活动和整个领导活动。如果领导者不能容忍组织成员参与决策,则组织成员就不能发挥作用。如果领导者以其私心为自己或为少数人谋利益,那么在决策过程中就不会使计划或政策倾向于大多数人。这样,领导往往就会变成忘却领导之本的行为,甚至会走向违法犯罪。因此,道德原则在领导决策中具有十分重要的意义。领导者只有坚持以组织为本,全心全意为组织成员服务,特别是在决策时认真为组织成员着想,才能保持领导的人本性和合法性,也才能实施正确的领导,并取得实绩和实效。

12. 界度性原则

领导决策要谨防越俎代庖和漫无边界。一方面,这些决策活动都是在一定的社会环境中进行的,就应当受到特定的政治、制度和法律的约束;另一方面,这些决策活动都是针对性很强的具体活动,具有相对明确的决策适用范围和作用对象。这些范围和对象之间都有明确的边界,所以,领导决策应当高度关注有关规范的范围界限和现实可能的边界,由此注意决策的界限和分寸,可以适度临界,使决策效能达到最大可能的限度。

第二节 领导决策体系、类型与程序

在某种意义上,领导工作的过程就是领导决策的过程。领导决策体系是领导决策十分重要的内部环境,是领导者科学决策的重要保证。进入新时代,领导决策对领导者提出了更新和更高的要求,面对日益复杂的形势,领导者不仅要具有很强的决策能力,能及时准确地区分决策的不同类型,还要掌握科学决策的程序,以便科学领导、合理决策。

一、领导决策体系

领导决策体系,即在领导决策过程中承担决策的机构和人员所形成的组织形式。这里所讲的组织形式,是指整个决策过程中的各个层次、各个部门在决策活动中的决策权限、机构设置、调节机制和监督方法的整个体系。领导决策体系既是保证领导决策效能的中心环节,又是领导决策十分重要的组织内部环境。领导者要进行有效决策,除了领导者自身所具有的高素质外,还需要一个科学的领导决策体系。领导决策体系一般由六大系统组成,分别是决策信息系统、决策智囊系统、决策中枢系统、决策执行系统、决策监督系统和决策反馈系统。

1. 决策信息系统

决策信息系统是设立在不同层级领导决策核心周围,专门收集、统计、储存、检索、传播、显示有关情报资料信息的组织机构,它充分利用现代通信技术、计算机技术及网络技术的功能,对来自各方面的信息进行综合处理与分析,为正确的领导决策提供坚实的信息基础。及时、准确的有效信息在领导决策中有着重要的作用。一方面,信息构成领导决策的基础。没有及时和准确的信息,领导者就无法作出正确的决策。另一方面,领导决策的贯彻和实施,也离不开信息。领导决策的意图需要通过计划和命令等信息形式传达给下属执行者,领导决策方案需要不断借助反馈信息进行修正和改进,以适应不断变化的客观情况。领导决策的每一个环节和步骤都离不开信息。除此之外,信息还是控制决策实施的依据,是检验决策正确与否的尺度。决策是从发现问题开始的,而领导决策要想发现问题,必须通过各种渠道,采取不同的方式,获取足够多的信息,从信息中发现问题,换言之,发现问题的过程就是获取信息的过程。离开充足的信息,任何决策者都像是被关在封闭的牢笼之中,即便有再强的能力,也不能"对症下药"地解决问题。因此,能够获取准确、及时、适用的信息,关系到整个领导决策活动的成败。可以说,信息系统运转得好,就为决策科学化提供了重要保证。但是,值得注意的是,由于信息本身是杂乱无章、丰富多彩的,所以,对于任何一项领导决策而言,并不是所有的信息都可利用。

2. 决策智囊系统

决策智囊系统,又称为"咨询系统""思想库""智库"等,是主要从事决策研究、帮助领导者进行决策的系统,实际上它也是负责谋划的工作,是专门为领导决策服务的研究咨询机构,是广泛开发智力、协助领导者科学决策的组织形式。该系统一般由各种不同专业的自然科学与社会科学专家组成,具有集体性、科学性和相对独立性的特点。它的作用是在调研的基础上,或者向领导者提出战略性建议,或者应领导者的要求,提供可供辅助决策的意见,或者对领导者交议的战略报告提出会审意见,或者在领导决策之后,根据需要提出几种可供选择的具体实施方案等。具体来讲,智囊系统具有如下功能。

1) 决策咨询功能

咨询是现代智囊系统的重要功能之一。领导者在决策过程中,难免会碰到个人力不从心的重大问题,应当就这些问题向智囊团征求意见与建议,必要时召集专家进行"会诊",找出问题的症结,寻找解决问题的途径。咨询实际上是一个领导者和智囊系统密切配合的过程,反映了现代领导活动的一个重要发展趋势。

2) 综合认识功能

智囊系统的另一功能体现在对各种问题的综合认识和整体判断上。现代智囊系统的综合认识功能,突出地表现在对社会决策背景的认识上。但凡决策所涉及的内容和知识都是相当广泛的。任何决策的成功都需要多学科的知识、多维视角、全方位考虑和众多因素的相关分析。由于智囊系统是由多学科的专家组成,多元化专家的综合分析可以弥补决策者自身的不足,为决策者提供一种宽阔、开放的视野。

现代智囊系统的综合认识功能,还表现在对过去、现在和未来的系统研究上,并及时敲响人类社会和组织所面临问题的警钟。

3) 培养和输送人才的功能

现代智囊系统是一个聚集了一大批专家学者的机构,因而其承担了培训和输送人才的部分任务。

4) 宣传和舆论影响功能

智囊系统因其独特的科学、中立面目而成为有效的宣传机构。无论是哪种类型的智囊系统,都或多或少地具有宣传和传播功能。一般来说,智囊系统的宣传功能都是通过大众传媒等途径得以实现的。非官方的智囊系统有时会通过制造和左右舆论来影响政策。

在现代领导决策体系中,应当高度重视和发挥智囊系统的作用。领导者要作出科学决策必然要发挥智囊系统的作用。不依靠智囊系统的领导者,很难作出科学决策。各级领导者必须把智囊系统的工作看成领导决策中不可缺少的重要组成部分,重视发挥智囊系统的作用。首先,要多层次、多形式地广泛开展决策咨询活动;其次,要正确处理领导者与智囊人员的关系,二者各有所长,相辅相成;最后,要切实端正领导者对待智囊人员的态度,为他们独立开展决策研究工作提供良好的环境条件。

3. 决策中枢系统

决策中枢系统,又称决策中心,是现代领导决策体系的核心,由负有决策责任的领导者组成。只有决策中枢系统才有权力就一定范围内的有关问题作出决策。决策中枢系统具有两大特点。一是权威性,即智囊系统提供的备选方案必须经过决策系统中枢的确认和选择,才能转化为一种权威性的力量。由此也可以证明领导者在整个决策活动中的地位是不可替代的。二是主导性。作为核心的决策系统,主导着决策活动的整个过程,它不仅是决策活动的发动者、组织者、协调者,而且还是决策方案的决断者。具体来讲,决策中心的主要任务是根据信息系统提供的有关信息,对智囊系统提交的各种方案进行比较分析,权衡利弊,拍板决断,对备选方案作出正确的抉择,最后责令下级部门执行决策的方案。大量国内外的领导活动实践证明,从来没有一个决策中枢系统失误而使这个决策系统能够获得满意效能的。

因此在决策活动中领导者负有的主要职责是:

(1) 考虑决策目标的确立;

(2) 组织决策方案的制定;

(3) 负责决策方案的抉择;

(4) 领导决策方案的实施。

4. 决策执行系统

决策执行系统是指将决策变为现实行动和过程的组织系统,具体来说,是实施决策、将领导者指令转化为实际效能的组织系统。制定决策是为了决策得到执行,将目标变为现实,决策的有效性体现在执行上,组织内要有高效的执行系统来实施决策。因此完整的领导决策体制都包括执行系统。但决策执行系统的运行要注意以下方面。

(1) 需要雷厉风行的作风,有令即行,有禁即止。

（2）需要发动、依靠组织成员的力量。与领导决策体制中其他系统相比，执行系统的人员是最多的，能发动更多、更自觉行动的人参与决策的执行、实施，是检验执行系统工作效率的一个重要尺度。

5. 决策监督系统

决策监督系统是对决策执行系统贯彻执行决策指令进行检查监督的组织系统。具体来讲，监督系统是指对决策的制定、实施的过程进行监督，及时发现问题，纠正偏差的组织系统。监督系统具有很强的独立性，一般由制定决策之外的机构、人员参与并负责实施。没有有力、有效的监督，就难以形成科学、民主、合理的决策。同时，监督系统的人员必须具有极强的原则性、鲜明的是非感、勇于担当、敢于坚持正义、不怕打击报复等品质。

6. 决策反馈系统

决策反馈系统的主要任务是把决策实施的情况和问题及时反馈到决策中枢系统，以便决策中枢系统根据新的情况或动向对决策指令作出适当的控制和调整，从而使决策保持动态适应。由于现代领导决策涉及面广、不确定因素多，很难完全预料到决策在执行过程中可能遭遇的全部问题。因此，现代领导决策体制必须设置专业人员和机构，采用先进技术和设备，建立并实现信息反馈系统的现代化、网络化，保证信息传递的畅通、灵敏、快速、准确，进而更好地为领导决策服务。

7. 领导决策体系的新变革

领导决策体系在不同的时代具有不同的特点。随着现代决策理论、程序和方法的快速发展，现代决策体系也发生了深刻的变化，突出地表现为以下几个方面。

（1）决策的制定与执行相对分工日益明显。这有助于领导者集中精力研究涉及全局的重大问题，组织制定战略性决策。

（2）决策中的"谋"与"断"的相对分工日益明显。与此同时，在领导者之外，出现了智囊团、思想库等决策咨询机构，为领导者出谋划策。

（3）现代决策越来越依赖全面、准确、灵敏、及时的信息，因而信息系统已成为现代领导决策体系不可缺少的组成部分。

（4）现代领导决策体系越来越依赖于先进的科学技术手段和方法。因此，现代决策体系是由现代化的技术装备同具有较高科学素养的人相结合的"人-机"系统。

（5）现代决策体系是科学分工和高度综合的有机整体，在横向上由分工各异的系统组成，共同完成决策任务；在纵向上由多层次的决策系统上下相连，互相配合，使战略决策与战术决策紧密结合，形成完整、健全的领导决策体系。

与此同时，现代领导决策体系也呈现出全新的发展趋势。首先，从"无序决策"向"程序决策"转变。无序决策是经验决策的最大弊端，即没有按照一定的决策程序，主观随意性很大。程序决策是科学决策的最大特点，即必须按照一定的决策步骤，采用一定的决策手段，使决策建立在科学的基础之上。其次，从"静态决策"向"动态决策"转变。静态决策不仅决策是静态的，而且在实施过程中强调"坚定不移""不折不扣"，不能有半点改动。动态决策则相反，要求在执行过程中，要不断利用反馈原理，调整、补充、修改既定决策，使其更符合实际，达到最优的目的。最后，从"个人决策"向"集体决策"转变。个人决策表现为"一言堂"；科学决策则要求发扬民主，发挥整体功能和集体智慧。

在现代领导决策活动中，领导者要重视和发挥制度和规范的重要作用，尤其是要营造科学决策的制度和规范环境。第一,营造求真务实的社会氛围;第二,健全和完善一系列科学决策所需的法律、法规、制度;第三,坚持执行严格的决策制度和程序;第四,建立严格的责任追究制度,对失责者严肃问责;第五,建立科学和公开的信息披露制度。

二、领导决策类型

领导决策从不同的角度可划分为不同的类型。了解领导决策的各种类型,有助于领导者合理地进行决策。

1. 战略决策与战术决策

按领导决策所涉及的范围,将领导决策划分为战略决策与战术决策。

战略决策也称宏观决策或高层决策,是指对全局有长远、重大影响的决策。战略决策涉及的范围大、因素多,带有明显的整体性、长期性、稳定性等特点,主要表现在路线、方针、政策、规划的制定上。

战术决策也称微观决策,是指对带有局部性的某一具体问题的决策。主要以实现战略决策所规定的目标为决策的前提和标准,是宏观决策的延续和具体化,具有单项性、具体性、定量化等特点。

战略决策和战术决策是相互依存、相互制约、相互影响的。战略决策为战术决策确定了方向和目标,战术决策是战略决策的延续和具体化。

2. 确定型决策与不确定型决策

按领导决策所具备的条件,将领导决策划分为确定型决策与不确定型决策。

确定型决策又称常规性决策,是指在自然情况比较清楚、依此提出的不同方案的结果也比较确定的前提下,根据决策目标所作出的肯定选择的决策。这类决策相对地看是比较简单的,但若可供选择的方案很多,找出最佳方案也不那么容易,往往需要求助于线性规划、排队论、库存论等数学方法。

不确定型决策也称非常规性决策,是指决策者面临可能出现的自然状态有多种,各种自然状态出现的可能性也无法作出主观的分析和估计的决策。由于事物的不确定性,领导者在决策过程中对其发展条件、影响因素等不能完全控制,只能对发展的可能性进行概率性统计。决策者要把注意力集中在信息反馈上。常用处理不确定型决策的方法有:悲观法(小中取大原则)、乐观法(大中取大原则)、折中法(乐观系数原则)、最小遗憾法(大中取小原则)、平均法等。

3. 经验决策与科学决策

按领导决策的方式,将领导决策划分为经验决策与科学决策。

经验决策是决策者依靠个人的经验、智慧和胆略作出的决策。经验决策是历史的产物,并随着历史的发展和人类的进步而逐渐丰富完善,对现代科学决策有着重要的借鉴作用。

科学决策是指在现代科学理论和知识的指导下,决策者依靠专家和群众,采用现代科学技术手段所作出的决策。现代决策是伴随着社会化大生产的产生逐步发展起来的。社会化大生产一方面创造了空前的生产力,另一方面又使社会生活变得空前的复杂和多变。面对这种客观现实,迫切要求领导者采用现代决策技术手段进行科学决策。现代系统理论的出现和电子计算机的广泛应用,为科学决策提供了必要的条件。

经验决策与科学决策的本质区别在于方式方法的不同。经验决策的主体一般表现为个体,而科学决策是集体智慧的产物;经验决策主要凭借决策者的主体素质,科学决策则尽可能采用先进的技术和方法;经验决策带有直观性,而科学决策不排斥经验,但注重在理论的指导下处理决策问题。因此,应该把经验决策与科学决策结合起来,实现决策的科学化。

4. 集体决策与个体决策

按领导决策主体,将领导决策划分为集体决策与个体决策。

集体决策,是由领导集团制定并控制实施的决策。集体决策的长处在于集思广益,可提高决策优化的概率,不出或少出决策漏洞,同时也可以防止个人专断。集体决策的局限性在于沟通过程、协调意见需要很多时间,有时会因意见不一致而久议不决,贻误时机。

个体决策,就是最后由一个人作出决断的决策。个体决策的长处是决策者能够迅速、灵活、机动地作出决策,在贯彻执行中也便于集中统一指挥,提高工作效率。个体决策的局限性在于决策者个人素质决定着决策质量,如果缺少必要的制度保证,或者决策者主观专断,那就很可能导致家长制、一言堂。因此,采用集体领导和个人分工负责制,是把两种决策方式结合起来的最佳方式。凡属重大问题,如方向性、战略性、规划性、政策性、协调性的重大问题,都应该由集体决策;而日常工作中应急性、具体性、技术性、执行性、随机性的事情,则由分工负责的领导者个体决策。

5. 最优决策、满意决策与待定决策

按领导决策认可度,将领导决策划分为最优决策、满意决策与待定决策。

最优决策是最符合决策者理想状态中所达到的最优目标的决策。但由于理想与现实之间的距离,现实条件的变化或意料不到的人为因素、偶然因素等的出现和作用,最优决策往往很难百分之百地实现。

满意决策是指决策者根据现实的条件,不求最优,但求经过努力可以实现并得到令人满意结果的决策。著名管理学家赫伯特·西蒙认为,最优或最佳的概念只有在纯数学和抽象的概念中存在,而在社会的现实生活中是不存在的,现实生活中大量存在的是可行的、满意的或合理的决策。

待定决策是指那种一时拿不出更好的决策,或在对已经出台的决策不甚满意的情况下所作的有保留余地的决策。

6. 常规决策与非常规决策

按领导决策出现的频率,将领导决策划分为常规决策与非常规决策。

常规决策亦称程序性决策,是指领导工作中的一般性决策,它们常以相同或基本相同的形式反复出现,通常是决策者有章可循的决策,产生的方式、步骤一般是规范化的例行其事。

非常规决策亦称非程序性决策,是指决策者在突发条件、偶发条件或首发条件下进行的决策。这类决策一般没有常规可循,也没有先例或现成的模式可循。领导者的经验、才能、性格等因素对这类决策有着重大影响。

7. 定量决策与定性决策

按领导决策问题的量化程度,将领导决策划分为定量决策与定性决策。

定量决策是指领导决策问题可以用数学模型表示,并可借助于电子计算机进行定量分析的决策。这类决策可以用数学方法寻求最优解。

定性决策是指影响领导决策的因素很多，难以用数学模型表示，主要依靠领导者的丰富经验、智慧、直觉和分析判断进行的决策。

8. 单目标决策与多目标决策

按领导决策目标的多寡，将领导决策划分为单目标决策与多目标决策。

单目标决策是指领导决策所要达到的目标只有一个。

多目标决策是指领导决策时要考虑多个目标的要求，而且这些目标相互联系、相互影响。由于目标多了，衡量方案优劣的标准也就多了，这给领导决策带来了很大的困难。在现实生活中，多目标决策是经常遇到的、大量的决策类型，而单目标决策则较少。

9. 单项决策与序贯决策

按领导决策关联问题的多少及其相互关系，将领导决策划分为单项决策与序贯决策。

单项决策也称静态决策，它处理的是在某一时间段或某一时点的条件下，某问题应达到的可能状态和结果。它所要求的行动方案只有一个，即使这一方案中有多个决策目标和决策变量，它们之间的关系也只是平行的。

序贯决策也称动态决策，它是处理一串在时间上有先后顺序同时又是相互联系、呈串联结构状态的问题的决策。序贯决策有三个特点：

（1）它作出的决策是一串，而不是一个；

（2）这一串决策不是彼此毫无关系，而是相互影响、相互制约的，前一个阶段的决策能够影响到以后的决策；

（3）整个决策问题的效果并不是各阶段决策效果的简单叠加，而是相互影响、组合而成的总效果，领导者关心的也正是这一整串决策的总效果。

10. 高层决策、中层决策与基层决策

按领导决策的级别，将决策划分为高层决策、中层决策与基层决策。

高层决策是由最高领导集团所作出的，其决策的性质属于战略决策和宏观决策，具有全局性和整体化的特征。

中层决策是由中层领导集体作出的，介于战略与战术决策之间，中层决策服从于高层决策。

基层决策是由基层领导作出的，其性质一般属于战术性的、微观性的决策，是为了落实高层决策与中层决策而进行的决策。

三、领导决策程序

领导决策程序指的是领导决策过程中的决策环节或决策步骤。一般而言，领导决策主要包括以下步骤。

1. 提出问题

领导者将针对什么问题进行决策，在决策前就需要清晰、明确地界定并提出。因此，提出问题是领导决策的第一步。即通过调查研究、预测和信息反馈等方法，发现问题并对问题进行深刻的分析和界定，抓住问题的本质，把握事物的发展方向，确定需要解决的问题。

2. 确定目标

确定目标既是领导者的重要职责,也是领导者进行科学决策的关键环节。领导者根据存在和需要解决的问题,在系统分析的基础上确定目标。所谓目标,是指在一定的环境和条件下,在预测的基础上所期望的结果。目标是领导决策的基础,没有目标,就无所谓领导决策,而目标选择的正确与否,则直接关系到决策的成败。这是一个促进决策问题更加具体和明确的过程,既是领导决策的出发点又是归宿点。确定目标离不开对有关问题进行定性、定量、定时的分析。为此,必须采用行之有效的科学预测方法和调查研究技术。一般而言,决策目标有4个特征。

(1) 单一性。目标是单一的,只能作一种理解。

(2) 定量性。目标的成果或程度是可以计量的。

(3) 明确性。设立目标必须具体明确,目标应当包括可以量化的成果、严格规定的时限、明确具体的责任等。

(4) 目标必须区分主次。当决策目标不止一个的时候,领导者就要权衡轻重,列出先后次序,分为"必须达成的"和"希望达成的"目标。

3. 收集信息

要使领导决策正确有效,收集信息是不可缺少的步骤之一。信息是领导决策的基本依据,信息是否准确、充分、及时,会直接影响到领导决策分析的质量。可见,收集信息在领导决策过程中有着极其重要的作用。

4. 价值标准

价值标准就是建立评价标准,以此作为方案选择的衡量尺度。其目的是为了确保领导决策的实际效益而设置必要的限制性条件。价值标准是领导决策的规划依据、论证准则、仲裁规则和检查标准,因此价值标准应当尽可能科学、客观、公平、规范、可行。这需要领导者和有关专家共同协商,进而形成领导决策所要依凭的权威参照和公正准则。

确定价值标准有两个最基本的现实依据:一是未来行动以进取开拓为基本取向,二是未来行动以守成分享为基本取向。这两种不同的领导决策取向界定出了两种不同的基本决策类型,即计划和政策。显然,能够权威地界定和指导这两种决策的具体科学标准必定是不同的,因而领导决策标准就有两个基本的类别和系列。在这样的基本范围里,各决策者和决策参与者就可以明确地制定适合自身实际情况的具体的科学标准。

5. 拟订方案

拟订方案就是寻找达到决策目标的有效途径。它包括对各种历史资料和现实资料的分析研究,而后制定出多项可供选择的方案,而且各项方案之间必须要有明显的界限的区别,而不只是细节上的差异。拟订方案是一个复杂的过程,是领导决策的核心,方案的质量和数量直接关系到领导决策的成功与否。因此,拟订方案时要注意以下几个方面:

(1) 头脑清醒,理智,不能感情用事;

(2) 要为最后的决策提供多个方案;

(3) 拟订方案要先易后难;

(4) 方案的表达要清晰、明确,不要含混不清;

(5) 方案的内容要具体;

(6) 每项方案必须都具有可行性。

6. 分析评估

制定出各种可行方案后,接下来是分析评估方案的适用性和可能的效果,选择一个最有利于实现目标的方案。对所拟订的各个方案,都应从定性和定量两个方面加以分析、评估。定性分析主要是直接利用人们的知识、经验和能力,根据已知情况和现有资料,对领导决策方案作出相应的评价。对一些受社会经济因素影响较大、所含因素错综复杂而多变、综合性较强的战略决策,定性分析具有极为重要的作用。但这类方法往往主观成分较强、论证不很严密,需要用定量分析方法进行补充,把两种方法结合起来应用。在分析评估的基础上,权衡、对比各方案的利弊得失,并将各种方案按优先顺序进行排列,提出取舍意见,送交领导者。

一般来讲,评估方案的标准有三个:一是是非标准,即"对不对";二是价值标准,即判断方案的优劣,也就是"好不好";三是现实标准,即"是否可行"。领导决策追求的目标是是非标准、价值标准、现实标准的有机统一,即追求"既对又好还适用"的目标和方案,但这三种标准之间并不是一一对应的关系,有时优的不一定是对的,对的也不一定是优的,优的或对的又不一定是可行的。不同学者对领导决策方案的判断标准有不同的论述。归纳起来,评价的基本标准有:①目标正确,②方案可行,③代价最小,④副作用最小。

7. 方案优选

方案优选是领导决策过程中决定性的一环。即在对各种方案分析、评价的基础上,根据目的性、可行性、时效性等原则,选定一个最佳方案。这就是人们所说的"拍板定夺"的环节,即狭义的决策,这也是领导决策的关键所在。这个工作应当由领导者来完成。在这里,领导者通常依据经验、实验和分析,完成最后的选择。在对各种备选方案的权衡中,并不一定各个指标都优的就是最好的方案,往往是主要指标较好,而能兼顾其他指标的方案是领导者所要选择的方案。此外,在选择方案的过程中,领导者要认真听取各方面的不同意见,包括一些尖锐的反对意见。因为,不少好的方案是根据对立的观点提出的。高明的领导者往往不是在众多方案中选取一个方案,舍弃其余方案,而是善于摄取各种方案的优点和长处,综合出一个最佳方案。在这一环节中领导者需要注意以下问题。

(1) 充分发扬民主,允许有不同意见的争论,营造畅所欲言的舆论氛围。

(2) 要求汇报者如实汇报,不得弄虚作假。

(3) 善于归纳,择优融合。

(4) 关键时刻领导者要敢于定夺。

8. 贯彻实施

制定决策方案的最终目的是贯彻实施,实现预定目标。因此,在决策制定以后,便进入实施阶段。当方案选定以后,必须在有限范围内进行试验,以验证其可行性与可靠性。通过模拟试验,进一步证明最佳方案切实可行后,就应不失时机地进行大规模实施。只有付诸实践,才能最终检验领导决策是否合理与有效,才能发现新问题。如果实践检验成功,就可以普遍实施。

在普遍实施的过程中,要做好四项工作:

(1) 编制具体实施计划,把决策方案具体化;

(2) 组织动员组织成员力量,调动组织成员的积极性、主动性和创造性;

(3) 落实责任,建立严格的责任制;

(4) 建立检查监督制度。

9. 追踪检查

在领导决策付诸实施之后,要随时检查问题、验证效果。这是因为在决策实施阶段,由于外部环境可能急剧变化,或者由于决策本身的严重错误,原有决策方案在实施中表明已脱离实际,甚至危及决策目标的实现时,就必须对原有方案进行根本性的修正,对此我们称之为决策追踪检查。要按照领导决策的方案,一步一步对比检查,对没有达到预定效果的项目要找出原因。因为决策是人为行为,具有主观性,人的错误总是难免的,再高明的领导者,也有失误的可能。所以,在进行决策追踪检查时,领导者要有足够的勇气,敢于承认现实,正视现实,克服阻力,尽可能地减少损失、弥补失误。

实际上,领导决策的每个环节就是具体的领导决策步骤,每个步骤都很重要,不可相互取代,缺少哪个环节都会直接影响领导决策的科学性。这些步骤先后连贯,构成完整的领导科学决策程序和科学的领导决策过程,是领导者具体作出计划、出台政策的真实过程。

第三节 领导决策理论、决策评估及其方法

领导决策理论是研究者们关于领导决策原则、过程、类型、评估及方法的较完整的理论体系。决策是为了更好地实现领导活动的目标,领导目标的实现离不开科学的领导决策,科学的领导决策需要以科学的领导决策理论为指导,并通过有效的评估来检验领导目标的实现程度,而这些都离不开科学的领导决策方法。

一、领导决策理论

决策行为和理论虽然古已有之,但专门研究科学决策问题还是在20世纪初。20世纪30年代以后,随着经理人员决策重要性的增强,人们开始把研究重点转到决策问题上来。最早把决策作为领导的主要功能进行研究的是美国领导学家古立克。1937年,古立克在他的《组织理论》一书中提出了决策是领导的主要功能的观点。而奠定决策科学基本理论框架的则是美国学者赫伯特·西蒙。此后,大批学者加入决策研究的行列,并创立了新的决策理论。在异彩纷呈的决策理论中,较具影响的主要有以下几种。

1. 传统的理性决策理论

传统的理性决策理论,通常也称之为科学决策模式。这种模式深受古典经济学理论的影响,包括以下基本内容:

(1) 决策者面临的是一个既定的问题,这一问题同其他问题相区别,或至少同其他问题比较而言,是重要的;

(2) 决策者作出决定的各种目的、价值或各种目标是明确的,而且可以按它们的重要性依次排列;

(3) 决策者将所有可能的解决问题的方案全部一一列举出来,以供选择;

(4) 决策者运用一系列的科学方法对每一决策方案进行评估,并预测出执行该方案后可能产生的后果;

(5) 决策者将每一个备选方案进行一一对比,并按优劣排出先后顺序;

(6)决策者正确地选择能最大限度地实现预定目的、价值或目标的那个方案。

2. 西蒙的有限理性决策理论

有限理性决策理论的提出者是美国卡内基-梅隆大学计算机科学和心理学教授赫伯特·西蒙。他由于对经济组织内的决策程序所进行的开创性研究而于1978年获诺贝尔经济学奖。

西蒙认为,传统的理性决策模式只是一种理想化的模式,它不符合决策的实际情况。他认为,在实际生活中,完全的"经济人""理性人"是不存在的,实际上是"行政人""有限理性人"。基于这一认识,西蒙提出了决策的满意原则,即以满意决策替代最佳决策。

西蒙进一步认为,以往的决策理论着重研究决策结果的合理性,而很少注意决策过程本身。实际上,决策并不仅仅是最后时刻的事情,它包括整个决策过程。西蒙提出整个决策过程可分为四个主要阶段:第一阶段是"情报活动",即找出制定决策的理由;第二阶段是"设计活动",即找到可能的行动方案;第三阶段是"抉择活动",即在各种备选方案中进行选择;第四阶段是"审查活动",即对已作出的选择实施并评价。

3. 林德布罗姆的渐进决策理论

美国著名经济学家、政治学家林德布罗姆针对传统理性决策模式的缺陷提出了渐进决策理论,该理论根据实际政策制定的特点,从"决策实际上如何做"而不是"应如何做"的角度出发建立的一套有特色的政策制定模式。

林德布罗姆在对传统的理性决策理论批判的基础上,提出了推行渐进决策理论的原因:①渐进决策是与渐进政治相适应的;②渐进决策是技术上的困难造成的;③渐进决策是由现行政策的巨额成本所决定的。

林德布罗姆的渐进决策模式具有以下特点。

1)渐进主义

林德布罗姆认为,政策的制定是根据过去的经验,经过逐渐变迁的过程而获得的共同一致的政策。

2)积小变为大变

林德布罗姆认为,渐进决策看上去似乎行动缓慢,但它积小变为大变,实际改变程度往往要大于一次大的变革。

3)稳中求变

渐进决策步子虽小,但却可以保证决策执行过程的稳定性,达到稳中求变。

林德布罗姆的渐进决策理论在充分考虑决策过程中实际困难的基础上,归纳和提出了一些比较符合决策实际的原则和方法,因而不失为一种灵活的和现实可行的决策制定模式。但是,渐进决策理论比较适用于稳定和变动不大的环境,这是由其保守性所决定的。

4. 埃特奥尼的综合扫描决策理论

在批判传统理性决策理论和渐进决策理论的基础上,社会学家艾米特依·埃特奥尼提出了一种既能克服传统理性决策理论和渐进决策理论的缺点,又能综合它们各自优点的综合性决策理论——综合扫描决策理论。综合扫描决策理论首先运用渐进决策理论来分析一般性的决策要素,然后在此基础上运用传统的理性决策理论进行决策。一方面,它考虑了决策者的能力问题,认为决策者并不具备同样的能力,凡是能力较强者,就能进行更广泛的观察,而观察越详尽,决策的过程也就越有效;另一方面,它能适应不断变化发展的环境,从而使决策的制定过程有了更大的弹性。然而,对于渐进主义和理性主义如何有机结合,也就是综合扫描决策理论在实践中如何运用的问题,仍有待探究。

5. 拉斯韦尔的权力决策论

哈罗德·拉斯韦尔的权力决策论在当代西方决策理论中占有特殊重要的地位,其代表作是《决策过程》和《权力和个性》。拉斯韦尔通过对决策与权力、决策与个性的研究,将精神分析法和行为主义方法全面引入领导学领域。他认为,决策者一般都有追求权力的欲望,并且善于选择追求权力的机会。权力即为参与政策制定,它作为一种价值,在全部决策程序中始终起着重要的作用。拉斯韦尔的权力决策论既研究了权力的主体,即决策者和掌权者,也研究了权力的运用过程,即决策制定过程。这两方面的研究均具有开拓性,对当代西方决策理论研究产生了深远影响。

6. 德鲁克的有效决策论

有效决策论也是西方决策理论中影响较大的一种理论,其代表作是1966年出版的彼得·德鲁克的《有效的管理者》一书。德鲁克的有效决策论的基本观点是,领导者应该是有效的管理者,而有效的管理者应该进行有效的决策。他认为,有效的管理者并非对任何问题都作出决定,他们只对具有重大意义的问题进行决策。有效的管理者不应只重视"解决问题",更应该着眼于最高层次的观念性认识,即正确决策的目标和内容,然后再确定决策所采取的原则。

德鲁克指出,有效的决策方法具有五方面的要求:

(1) 要明确问题的实质是否属于常态,以找出能够建立一种规则或原则的决策;

(2) 要找出解决问题所必须满足的条件,即"边界条件";

(3) 先弄清什么是能够充分满足解决问题所需条件的正确方案,然后考虑为使方案得以接受所需的必要的妥协和让步;

(4) 要有保证决策得以实施的具体措施;

(5) 在执行决策的过程中,注意信息反馈,以检查决策的正确性和有效性。

二、领导决策评估

领导决策评估是修正决策的前提和基础,是科学领导决策的重要组成部分。它既能决定决策的走向、资源的配置,又能提高决策的质量,为今后其他领导决策提供借鉴。具体来讲,它的作用主要在于:首先,有利于提高领导决策的科学性;其次,有利于总结经验,为以后的领导决策提供帮助;最后,有利于提高领导决策水平。当然,领导决策评估不是最终目的,而只是一种手段,是为了更好地实现领导工作的目标。

1. 领导决策评估的标准

领导决策评估的标准主要包括以下几个方面。

1)决策投入

领导决策投入是指决策资源在决策过程中的使用和分配情况,包括资金的来源与支出、执行人员数量以及工作时间等。

2)决策效益

领导决策效益是指达到决策目标的程度。确立决策效益标准的目的,是在对决策的实际结果和理想结果进行比较之后,对决策所达到预期目的的状况进行程度上的分析。决策的效益标准比较复杂,在具体运用时要考虑到各种要素的影响。首先,效益是根据预定目标衡量出来的,因此,一个明确而具体的决策目标是效益评估的重要前提。其次,要高度重视决策实施、完成任务的充分性,充分性不仅表现为解决问题的深度,还表现为解决问题的广度。再次,决策效益是决策实施后所获得的某种结果,这种结果是一种客观性的存在。最后,在对领导决策进行效益评估时,既要看到正面效益,又要看到负面效益。

3) 决策效率

领导决策效率表现为决策效益与决策投入之间的量的关系和量的比例。主要包括两个方面。一方面是指决策执行机构及其组织成员的工作效率,包括以最短的时间和最小的工作量完成某项活动,解决某个问题,或在决策资源有限的条件下,尽量扩大决策效益。另一方面是指决策的全部成本与总体效益之间的关系。一项决策的最终效益归根结底是由该决策的直接成本、间接成本与决策实施后所产生的积极后果之间的比例关系决定的。

4) 决策回应度

所谓决策回应度是指特定决策实施后,满足与之相关的特定组织成员的利益和需求的程度。如果决策对象认为该决策满足了自己的利益和需求,那么积极性就会发挥,意味着决策的回应度较高;反之,决策的回应度就低。一项即使有较合理的投入和较高的效率与效益的决策,如果它的回应程度不高,那么也不能被认为是一项成功的决策。

☐ **2. 领导决策评估的一般程序**

1) 评估的组织和准备

这一阶段的任务主要包括以下方面:①选择、确定评估对象;②明确评估目的;③确定评估标准,选择适当的评估方法;④设计和制定评估方案,明确评估的时间、进度以及评估经费的来源和使用等情况;⑤确定和培训评估人员。

2) 评估的实施

评估的实施是整个决策评估过程中最重要的组成部分,其主要任务是利用调查手段全面搜集有关决策制定和执行的第一手资料,并在此基础上进行系统的整理、分类、统计和分析,采用恰当的评估方法,根据评估标准,对决策的制定和执行状况作出客观、公正的评价。在实施评估过程中,评估者要始终坚持材料的完整性和分析的科学性,要力争避免各种主观因素的影响,以求全面、正确地反映出决策的实际效果。

3) 总结和撰写评估报告

总结和撰写评估报告是决策评估活动的最后一个环节,它主要包括两个方面的内容:一是总结,二是撰写评估报告。总结是通过对决策评估活动的全面回顾,评价决策制定和执行的优缺点,以便总结经验、吸取教训,为以后的决策活动提供借鉴。撰写评估报告是将评估结论以书面报告形式反映出来,提交有关决策者或实际部门,使其应用于以后的决策实践,为实现决策的科学化服务。

☐ **3. 领导决策评估的方法**

领导决策评估的关键是对决策效果的评估,它包括评估决策的完成程度、实施后的影响、实施后诸环境条件的变化,以及实施决策所投入的各种成本。因此,决策的评估一般采用对比分析方法,主要是对决策前后的各种要素以及情况进行对比,以判断决策实施所带来的效果。

4. 领导决策评估面临的困难

决策评估所面临的困难主要包括以下几个方面:①决策目标的不确定性,②有关人员的抵制,③获取数据和信息的困难,④决策资金的混乱与决策的重叠,⑤决策的沉淀成本,⑥决策影响的广泛性,⑦决策评估缺乏效果。

案例 5-4

领导决策的六大陷阱

一是"沉锚"陷阱。考虑作一个决定时,我们的大脑会对得到的第一个信息给予特别的重视。第一印象或数据就像沉入海底的锚一样,把我们的思维固定在了某一处。

二是"有力证据"陷阱。例如,别人一次成功和失败的经历都可能成为束缚我们决策的证据,这种"有利证据"陷阱会诱使我们寻找那些支持自己意见的证据,躲避同自己意见相矛盾的信息。

三是"框架"陷阱。趋利避害是人的本能。为了确保安全,领导者倾向于接受事物最初的框架,而不愿意冒险突破框架,尝试新的可能性。无论是你自己或是别人创造了问题的最初框架,都千万不要自动地接受它。要对一切所谓的经验、模式、规律、习惯、习俗等敢于怀疑,敢于说"不"。

四是"霍布森选择"(Hobson Choice Effect)陷阱。1631 年,英国剑桥商人霍布森贩马时承诺:买或是租我的马,只要给一个相同的低价格,可以随意选。其实这是一个圈套。他把马圈只留一个小门,大马、肥马、好马根本就出不去,出去的都是些小马、瘦马、劣马。霍布森允许人们在马圈里自由选择,可是大家挑来选去,自以为完成了满意的选择,到最后却仍然得到一个最差的结果。可以看出,这种选择是在有限的空间里进行着有限的选择,无论你如何思考、评估与甄别,最终得到还是一匹劣马。人的思维有时也是如此,常常受到自己"一亩三分地"的局限和影响,导致思维的自我僵化,当然不会有创新,所以它是一个陷阱。

五是"布里丹选择"(Buridan Choice Effect)陷阱。有一个叫布里丹的外国人,他的驴子饿得咕咕叫,就牵着驴子到野外去找草吃。看到左边的草很茂盛,他便带驴子到了左边,又觉得右边的草颜色更绿,他就带他的驴子跑到右边,但又觉得远处的草品种更好,他便牵着驴子到了远处。布里丹带着他的驴子一会儿左一会儿右,一会儿远一会儿近,始终拿不定主意。结果,驴子被饿死在寻找更好的草的路途中。

六是"群体思维"陷阱。集体决策是科学决策的基本方式,但不等于科学决策。在集体决策时,即使经验再丰富的管理者组成的团队也有可能犯下幼稚的错误。共同选择一个失败方案,并带来灾难性的后果,这就是所谓的群体思维的陷阱。

(警惕领导者的六大常遇陷阱[OL].[2009-11-16].https://www.douban.com/note/50612080.)

思考与提示

结合领导决策的原则,谈一谈如何规避领导决策的陷阱。

三、领导决策方法

视频 6

所谓领导决策方法,就是进行领导决策的手段,包括宏观和微观两类。宏观方法一般用于对领导决策目标的确定、方案框架的设定、决策后果的预测等;而微观方法主要用于对数据计算的处理。在领导决策过程中,由于每一个阶段的要求不同,因此领导决策方法的使用在各个阶段也不尽相同。

1. 德尔菲法

德尔菲是古希腊传说中可以预卜未来的阿波罗神殿所在地,管理中借用德尔菲来比喻高超的决策能力。德尔菲法是直观预测法的一种,它要求先由预测机构选定专家,通过书面的方式向这些专家提出所要预测的问题,得到答复后,将意见集中整理,然后匿名反馈给各位专家,再次征询意见,然后再加以综合和反馈。如此多次循环,最终得到一个比较一致并且可靠性较大的预测结果。德尔菲法大体有下述四个基本步骤。

1) 设计调查表

就需要解决的问题,通过设计调查表来贯彻调查目的。设计调查表的基本要求是:必须明确所提问题,避免理解上的歧义;问题选择得当,必须与目的相关,要注意相对集中;问题不宜过多,一般应在 25 个之内;问题回答方式尽量简化,尽可能用选择或填空的方式;要留有发表各自意见的余地。

2) 选择应答者

这也是与目的相关的内容,对象选择错误必然导致结论的错误。选择应答者包括选择谁、如何选择以及选择的规模与范围。

3) 委托征询意见

将调查表分别发给(寄给)应答者,征求他们对问题的看法,这一步通常要经过四轮。

(1) 第一轮的调查表只提出问题,围绕问题由应答者发表各自的看法,如对某个城市的旅游规划,应答者可以不受任何拘束地畅谈自己的看法。

(2) 将第一轮收集的意见集中后,列出主要问题一览表,放弃次要观点,集中主要或共同的看法。如有关一个城市的主要景区的确定和定位、交通安排和服务设施建设、旅游品牌战略和功能设计、旅游专业人才培养等都属于主要问题,而诸如某个景点的局部设计则为次要问题。将上述结果再分发给应答者,要求他们提出看法并陈述理由,有些决策的分歧是很大的,甚至反对者和赞成者针锋相对。这说明科学意义上的决策很少见到"一致通过"或"坚决拥护"的情况。

(3) 第三轮再重复第二轮的过程。

(4) 第四轮,要求应答者根据现有资料,提出最后意见和理由。

4) 写出结论

德尔菲法耗时费力,一般不适用于日常的领导活动。

2. 头脑风暴法

头脑风暴法又称专家会议决策法,是指依靠一定数量的专家的创造性思维来对领导决策对象未来的发展趋势及其状况进行集中的判断。在头脑风暴法的实施中,主持人要注意会场的布置,创造一个有利于自由发表意见的氛围,并制定相应的会议规则,主要包括:

(1) 不允许对别人的意见提出批评,只可以坚持自己的看法;

(2) 所有发言不分地位高低,一律记录在案,会后统一整理;

(3) 不准个别交换意见,所有的见解必须公开化;

(4) 主持人不发表自己的看法。

头脑风暴法有四个特点:

(1) 能够发挥若干专家所组成的团体宏观智能结构效应,而且这种效应往往大于团体中各个成员单独创造能力的总和;

(2) 通过多个专家的信息交流而引发思维共振,可以在较短的时间内取得可喜的创造性成果;

(3) 专家会议有助于专家的相互交流,通过相互启发和提示以及内外信息的交流与反馈,来弥补个人意见的不足,并将所产生的创造性逻辑思维活动集中于战略目标,从而为重大的战略决策提供依据;

(4) 专家会议的信息量大,提出的方案更具体、更全面。

与德尔菲法相比,头脑风暴法更多的是通过群体意见的交流得出事物的结论,但在细化方面存在不足之处。

3. 回归分析法

回归分析法是根据事物发展变化的因果关系,运用数学和统计学原理处理变量,对事物的未来发展进行预测的方法。事物之间的因果关系有两类:一是确定的函数关系(如牛顿定律、欧姆定律等表述的变量之间的关系);二是非确定的关系,即变量之间既存在着密切关系,又不能由一个变量的值精确地求出另一个变量的值,对于这种关系应当运用回归方程,通过大量统计数据的分析,找到它们之间相关的关系,预见其未来的发展状况。

4. 系统工程方法

系统工程方法是一种现代的科学决策方法,也是一门基本的决策技术。系统工程方法把要处理的问题及其有关情况分门别类、确定边界,又强调把握各门类之间与各门类内部诸因素之间的内在联系和完整性、整体性，否定片面和静止的观点和方法。在此基础上，它没有遗漏地、有区别地针对主要问题、主要情况和全过程，运用有效工具进行全面的分析和处理。

系统工程方法是一种完备的基本决策方法，包括目的、可行方案、模型、费用、效用和评价标准六项基本要素。它要求对这些要素都以系统的观点加以分解，得出每个要素的系统构成图，并在这些要素的范围内对决策方案进行全面的检测评价，这实际上就是对领导决策全过程进行系统、全面的把握、分析、设计、论证和检测评价。其实用化、操作化就在于要将领导决策的全过程变成固定、必经的决策程序，从而使领导决策具有高度的科学性。它能够建立技术模型（形象模型、模拟模型、数学模型等）来进行基本的技术处理，然后找到最佳的决策方案，使领导决策更加科学化。

5. 运筹学方法

运筹学是应用数学的一个分支，它是研究在物质条件（人、财、物）已定的条件下，为达到一定的目的，如何统筹兼顾整个活动所有各个环节之间的关系，制定出有数量依据的、最佳的方案。运筹学方法被广泛运用于领导决策中，是进行决策的一种有力工具，在领导决策实践中显示了重大的作用。

运筹学应用数学手段，在解决各种不同类型问题的过程中，形成了一些具有不同功能的方法，如规划论、对策论、排队论，以及网络分析、投入产出法等，用以解决各种不同性质和特征的问题。

6. 价值分析法

价值分析法是用价值大小来评价领导决策方案优劣的方法。所谓价值是指人们在从事活动时，其耗费和取得的成果之比率。人们要想取得某种成果，总要付出一定的代价，如买一件东西要付出一定的钱，生产一件产品要消耗原料和一定的劳动时间。所以人们常常要盘算"合算不合算""划不划得来"，并力争用较小的耗费取得较大的成果。买东西要价廉物美，生产某种产品要降低成本，提高产量和质量。

7. 多媒体决策会议法

多媒体决策会议法是将不同会场的与会人员活动情况、会议内容以及各种数据和信息及时传递给每个与会者，实现实时多媒体信息交互，进行实时讨论和共同设计。多媒体决策会议利用计算机强大的信息处理能力，可有效地进行协同工作，处理音频、视频、协作数据等大量信息，在一定程度上取代传统的会议，是一种高效、经济、方便且将会广泛应用的新方法。

8. 建模方法

从现代科学活动和社会活动的具体操作来看，建模方法是一种高度科学化而非经验化的决策方法。这个方法的实质就是一个建模的过程。在这个过程中，对规律性明显的决策问题和情况，它能够通过建立技术模型首先进行基本的技术处理，然后找到最佳的解，即理想的决策方案。

建模方法主要有如下一系列特征：

(1) 是对实体的抽象或模仿；
(2) 由与分析系统相关的主要因素构成；
(3) 能集中表明这些主要因素之间的关系；

(4) 能有效反映被描摹事物或决策对象所蕴含的关系和规律；

(5) 多次反复使用或运作而效果相同，则可以验证其科学性极其充分、鲜明；

(6) 在决策过程中成为决策信息的科学处理器，为决策提供科学处理结果或决策参考；

(7) 最终目的是要帮助决策者科学地形成最优化的决策方案。

9. 程序决策法

程序决策法是一种科学经验式的决策方法，由美国当代著名管理学家彼得·德鲁克创立。程序决策法主要有以下五个具体的步骤。

(1) 领导决策时必须了解确定问题的性质。该问题是一再发生的日常问题，还是偶然发生的例外问题。

(2) 领导者必须了解决策应遵循的规范。决策的目标是什么？最低限度达到什么目的？应该满足的条件是什么？用科学的术语说，就是决策时所谓的边界条件。一项正确的决策必须符合边界条件，必须足以达到目的。

(3) 领导者必须认真研究能够解决问题的正确决策是什么，而不是去研究能够被人接受的决策方案是什么。

(4) 领导者必须把决策化为行动，这是决策过程中最难的一步。

(5) 领导者应该在决策中建立信息反馈制度，以便经常检验决策的适用性和有效性。

10. 危机决策法

危机的出现一般是偶然的、突发的、出人意料的，对事物的危害是严重的甚至是致命的，这就要求领导者必须有较高的应变能力，领导者应付危机的对策就叫危机决策。要应付危机，领导者要增强危机意识，平时要防微杜渐、居安思危、不骄不躁、谨慎从事。只有时时有危机感，一旦危机出现，才会临危不乱、处变不惊、沉着应对、变害为利、转危为安。

◆ 本章重要概念

领导决策(leadership decision-making)　　决策要素(decision-making element)

决策类型(decision-making style)　　决策原则(decision-making principle)

决策体系(decision-making system)　　决策理论(decision-making theory)

决策评估(decision-making evaluation)　　决策方法(decision-making method)

本章思考题

1. 什么是领导决策？领导决策的特点有哪些？
2. 领导决策的程序主要包括哪些步骤或环节？
3. 如何保证对领导决策评估的客观真实性？
4. 试从决策的回应程度，对自己亲身经历的一项决策进行分析。

本章推荐阅读书目

1. 刘春涛.图解领导决策[M].成都:四川人民出版社,2003.
2. 于洪生.领导决策案例[M].北京:人民出版社,2010.
3. 尤元文,唐霄峰.领导决策论[M].北京:社会科学文献出版社,2012.
4. 杨国庆.领导决策[M].北京:研究出版社,2017.
5. [美]迈克尔·尤西姆.决策[M].万鸣,译.北京:中国青年出版社,2007.
6. [美]诺埃尔蒂奇,沃伦·本尼斯.决断——成功的领导者怎样做出伟大的决断[M].姜文波,译.北京:中国人民大学出版社,2008.
7. [美]约翰·S.哈蒙德,拉尔夫·L.基尼.决策的艺术[M].姜文波,译.北京:中国机械工业出版社,2016.

第六章 领 导 用 人

——本章导言——

当今世界,人才在经济社会发展和综合国力竞争中的地位和作用日益突出,人才已经成为一切资源中最重要的战略性资源。用人是领导者针对岗位的要求和人才的特点,通过行政规范和程序,以岗定人并委人以特定的使命,以实现人尽其才、才尽其用的领导行为。领导用人成效是领导主体所作的人事决策的正确性、妥当性、有效性和影响力的综合结果,主要包括正成效、零成效和负成效三种;领导用人一定要追求和达成正成效,避免零成效和负成效,确保把用人工作做好。领导用人成效的基础包括内在基础和外在基础两个方面,内在基础是用人成效的主要原因、症结或根源,外在基础的实质是现实基础,其中用人标准起着核心作用。

第一节 领导用人的成效及其基础

案例8

一、人是组织的战略性资源

孙中山曾指出,立国之道,在于立本;立本之道,在于立贤。1985年邓小平同志在全国科技工作会议上作了题为《改革科技是为了解放生产力》的讲话,他明确指出,善于发现人才,团结人才,使用人才,是领导者成熟的主要标志之一。2013年10月21日,中共中央总书记习近平出席欧美同学会成立100周年庆祝大会并发表重要讲话时强调,综合国力竞争说到底是人才竞争,人才资源作为经济社会发展第一资源的特征和作用更加明显,人才竞争已经成为综合国力竞争的核心,谁能培养和吸引更多优秀人才,谁就能在竞争中占据优势。当今世界,科学技术蓬勃发展,人才在经济社会发展和综合国力竞争中的地位和作用日益突出,人才已经成为一切资源中最重要的战略性资源。人才是生产要素中最重要、最活跃的因素,随着社会生产力水平的提高和科学技术的进步,人类社会发展正从以依赖物质资源为主转向以依赖智力人才资源为主。相对于物质资源,人才资源越来越重要。

□ **1. 人才是社会生产的第一要素**

人才作为先进生产力和先进文化的重要创造者和传播者,是生产要素中最活跃、最重要的因素,是当今社会生产力发展的核心要素。在农业经济时代,土地曾经是第一生产要素;在工业经济时代,资本取代土地成为第一生产要素;在知识经济时代,人才取代资本成为第一生产要素。人才具有自我增值的巨大潜力,它作为社会生产的第一要素,正日益成为首要的财富和最重要的资本。

2. 人才是社会生产的第一资本

把人才看作是一种资本,这是社会经济不断发展的产物,也是人类对自身认识不断深化的结果。过去,人们只注重对物质资本的开发和积累;到了知识经济时代,人才资本在经济发展中所起的作用将越来越大。对人才资本的投资往往可以带来几倍、几十倍的效益回报,远远超过其他资本所产生的效益。现在,世界上许多国家都认识到人才资本实质上是一种核心资本,并加紧投资开发。

3. 人才是社会发展的第一资源

人类生存发展凭借的资源主要包括四类:人力、财力、物力和信息。在这四类资源中,人才是最重要的战略性资源即第一资源。一方面,社会上的各种资源需要人去认识、去开发、去利用,这样才能产生社会财富,满足社会发展和人类自身的需要。因此,人才资源开发是其他一切资源开发的决定因素。另一方面,人才资源的优劣程度决定着其他资源使用效率的高低。同样的单位,人的状况不同,工作效率就不同,经济效益与社会效益也不同。再者,人才资源具有其他资源所没有的优越性——增值性、重复利用性、可无限开发性等。与物质资源的有限性相比,人才资源的开发潜力是无限的,正如美国著名经济学家舒尔茨指出的:人类的未来并不完全取决于空间、能源和耕地,而是取决于人类智慧的发展。

4. 人才是社会发展的第一推动力

人才是经济和社会发展的源泉,科技创新是经济增长的不竭动力。创造性是人才的基本特征,人才的创造性及其对经济社会发展的推动作用主要表现在三个方面:一是发明创造,二是管理创新,三是文化创新。人才资源开发和利用不仅可以直接促进社会生产力的进步,而且有助于从根本上提高其他生产要素的利用与配置效率,带动整个社会的文明进步。可见,人才是推动经济社会发展的主要力量和最直接的动力源泉。领导者应清醒认识并牢固树立人才资源是最重要的战略性资源的思想观念。

二、领导用人的成效判断

(一)领导用人成效的类型

领导用人成效是领导主体所作的人事决策正确性、有效性和影响性的综合结果,亦即领导主体进行人力资源开发和管理的实际绩效与结果。在领导用人活动中,不同的用人做法产生不同的用人成效。这些成效主要有三种。

1. 正成效

正成效就是用人正确到位并由此带来积极、良好的影响,最主要是对事业成功、社会进步都发挥出重大作用并产生丰硕成果。正成效有高成效和低成效之分;用人高成效就意味着领导高水平,用人低成效就意味着领导水平相对要低。但是,无论是高成效还是低成效,在总体上都显示和证明领导是正确的和有水平的,而且都必定带来非常现实的正效益和正向激励。

这里所谓的正向激励，等于正激励与负激励（如批评、教育、激将法等）之和，本质都是正确导向和积极力量对人的心理与行为实施的正激发与正推动，必然形成积极的需要和动力，产生积极的运动与结果。

2. 零成效

用人的零成效也即是用人无效，是指这样一种情形：领导用人昏昏然，似用非用或不用，人才或者浪费或者被看成多余。

3. 负成效

用人的负成效是指领导用人不正确或者严重错误，导致严重的用人后果，给事业造成严重的冲击和破坏，给群体和单位造成极大的伤害，影响极坏，后果极严重，损失和代价极其巨大而不可挽回。这不仅没有带来进步和发展，而且还造成了倒退和灾难。负成效显示和证明的是领导极端无水平、完全不胜任和失职、渎职。在负成效下，该用的人不被用，而不该用的人却用了，素质低劣、不足以当领导的而得用，并非领导人才，仅仅是凭关系而用等情况，其结果多会引起广泛深远的不满和怨恨、裂隙和矛盾、斗争和冲突，这种用人形式从一开头就埋下了隐患并最终酿成不可避免的失败与祸患。

以上三种不同的用人成效与领导绩效、领导水平、执政能力、政绩高低、领导的得失成败及领导者自身命运都密切相关。

事实上，不少领导者在用人上都存在问题，如：任人唯亲、以人画线、拉帮结派、凭印象用人、依感觉用人、靠经验用人，甚至听信谣言或逸言来决定用什么人和怎样用人，用人的随意性和个人主观特点非常极端化。随意用权除严重挫伤人才的积极性和创造性之外，还会导致整个组织的萎缩、瘫痪和衰败。

正是由于人才的关键作用，有远见的领导者都极为重视人才问题。1938 年，在党的六届六中全会上，毛泽东同志指出，政治路线确定之后，干部就是决定的因素。邓小平同志也曾在多种场合强调人才问题的重要性。他在 1985 年 3 月召开的全国科技工作会议上指出，改革经济体制，最重要的、我最关心的，是人才。改革科技体制，我最关心的，还是人才。1992 年他在南方视察讲话中强调，正确的政治路线要靠正确的组织路线来保证，中国的事情能不能办好，社会主义和改革开放能不能坚持，经济能不能快一点发展起来，国家能不能长治久安，从一定意义上说，关键在人。2013 年 10 月 21 日，习近平总书记出席欧美同学会成立 100 周年庆祝大会时强调，致天下之治者在人才。人才是衡量一个国家综合国力的重要指标，没有一支宏大的高素质人才队伍，全面建成小康社会的奋斗目标和中华民族伟大复兴的中国梦就难以顺利实现。

案例 6-1

员工流失大数据

前程无忧《2017 离职与调薪调研报告》称，2016 年员工整体流动性明显上升，平均离职率为 20.1%。2016 年企业调薪幅度为 7.2%，预计 2017 年企业调薪幅度还将维持小幅下降趋势，为 7.0%。

2016 年，受经济不确定性较强、供给侧改革、产业结构调整深化及新兴行业快速发展等多方面因素影响，员工整体离职率较 2015 年上升较为明显，达到了

20.1%。

从各行业员工离职率来看,高科技、制造业、消费品行业的追随者离职率依然较高,分别为25.1%、24.4%和21.1%。在"互联网+"模式快速发展的大背景下,高科技行业涌现出大量新型业态和商业模式,该行业对人才的吸引力依然热度不减,研发人员作为高科技企业的核心资源,其活跃度较高,加上传统行业在转型升级过程中频频挖角,造成该行业追随者离职率相对较高。2016年,制造业下行压力依然存在,在转型升级过程中企业势必对人员进行结构性调整,使得追随者离职率日渐走高。随着网络电商的迅速发展,行业竞争非常激烈,传统消费品企业加速转型,以应对市场变化,从而导致人才流动的趋势更为明显。

2016年员工主动离职率整体达到16.0%。高科技、金融、消费品行业的主动离职率相对较高,分别为21.6%、17.3%和17.1%。分析认为,随着"供给侧结构性改革"的深入,以互联网为代表的新兴高科技行业发展迅猛,由于该行业追随者从业年龄普遍年轻,期待更多发展机会与晋升空间,因此员工主动离职率明显高于其他子行业。

(前程无忧发布《2017离职与调薪调研报告》[OL].[2016-12-19]. http://www.cankaoxiaoxi.com/finance/20161219/1531428.shtml.)

思考与提示

1. 结合案例分析领导如何在复杂的客观环境中用人。
2. 人才流失会对组织造成怎样的影响?

(二)领导用人成效的改善

领导用人成效的改善和提高,对改善和加强领导、提高领导绩效和领导水平、建设高素质领导队伍和工作团队具有极其重要的意义。改善和提高领导用人成效的策略主要有以下几个方面。

1. 总策略

抓住素质基础,提高领导用人成效。具体而言,是指抓住双重素质基础,从培养到考评、监督再到控制、约束,从大力、全面地提高领导素质到转变领导方式、改善领导质量、提高领导水平,全面和大幅度地提高领导用人成效。

2. 具体策略

(1)善于抓住并充分获得领导用人的事实依据。这些依据包括:①需要依据,主要指开展工作的现实需要;②素质依据,主要指被领导者的实际素质;③绩效依据,主要指被领导者的实际绩效;④制度依据,主要指组织人事制度。

(2)善于最充分地把握和运用领导用人的理论根据。这些理论根据主要包括:①素质理论,这是最主要的理论根据;②绩效理论,这是关键性的理论根据;③人才理论,这是基础性的理论根据;④人力资源开发与管理理论,这是实质性的理论根据。

(3)实行和坚持一整套相互配合协调和相互支持保证的用人原则。

(4)逐步改善领导用人环境,逐步净化影响领导用人的不良风气与腐朽文化,营造良好用人生态。

（5）发展、完善和应用素质测评的专业理论、技术和工具。

（6）全面优化组织人事工作者的素质。更为重要的是，尽可能全面而大力地提高被领导者的素质。

（7）全面提高领导素质，这是提高领导用人成效的先决条件。只有全面提高素质才能帮助领导者摆脱诸如嫉妒、偏见、传谣、偏听、势利、人情关系、非事业导向、帮派取向、私利标准或小集团利益标准等心态障碍，从而大胆、正确、有效地用人。

（8）坚持正确的用人标准，不断改进和完善用人标准。具体包括：①从科学和便于操作上着眼，把用人标准改进得更加完善、更加系统协调且具体可依；②引入正确的人才观与政绩观，把这些观念转变成具体、明确、可行的用人标准条文或规范；③引入最新的理论研究成果和现代科技手段，形成以素质基础为主体、更加完善和便于操作的用人标准体系和用人标准实施体系，引入素质考评、绩效考评的理论和技术，使之转化为具有客观性、公正性和权威性的评价机制与方式，为领导用人提供科学有效的工具、手段。

（9）建立和推行有效的领导用人监控机制。具体包括以下措施。①监控用人标准在实际用人过程中的执行情况。防止其松动、走样、被践踏或被废弃；对已存在或发生的问题，必须非常及时、迅速地采取纪律措施和组织措施来严加纠正。②监控用人原则在实际的用人过程当中是否遭到违背、践踏或废弃，是否有走样、变味或腐败的问题，是否存在欺骗组织、欺骗群众，是否有"一手遮天"、"打擦边球"，假公开竞争、假公示透明的问题，是否有拉帮结伙、谋私图利、权钱交易、卖官鬻爵、暗箱操作的情况，是否存在固执偏见且嫉妒人才、歧视人才、压制人才、打击人才和迫害人才的问题。对已存在或发生的问题，必须非常果断、及时地采取措施严加纠正和惩戒。③监控领导用人过程本身的程序是否科学、民主和合理，发现问题要及时、果断地进行处理，包括国家法律、组织纪律、科技手段等方面的处理或改进。由此确保引入和应用的最新相关理论研究成果和技术手段能够起到切实作用，有效改进用人的方式、方法，提高用人的水平和质量。

（三）领导用人的基础

领导用人的基础包括两个方面：内在基础和外在基础。

1. 内在基础

内在基础，即内在条件或个人条件，其实质是素质基础。素质基础是影响领导用人成效的决定因素。领导素质是领导用人优劣成败的根本原因，领导素质决定着领导用人的水平、绩效和结果。

领导素质可以显示和解释一切领导用人的表现和结果的内在原因。有什么样的领导素质，就会有什么样的领导者或领导人才，进而就会有什么样的领导用人的行为、方式和方法，最后就会有什么样的成效和结果。它体现相应的素质水平、用人水平和执政水平。

2. 外在基础

外在基础，即外在条件或环境条件，包括文化背景和领导环境、用人机制、用人政策和制度、用人标准和原则、人际关系、运作方法和具体手段等。主要包括以下几个方面。

1) 完善选才用人制度

从长远来看，选才用人最根本的是要建立有利于发现、选拔、使用、保护及培养人才的各种制度，形成人才辈出、茁壮成长的社会环境和社会风气。

(1) 选拔录用制度。根据工作需要和人才类型来确定选才用人的方法,也可以综合运用各种方法。这样,可以取各种制度的长处,弥补其短处,最充分地开发和利用人才资源。

(2) 考核检查制度。人才考核是领导者对人才的政治表现、思想品德、业务能力、工作态度以及工作绩效的定期考察和评价。考核的内容主要包括德、能、勤、绩四个方面,其中最重要的是考绩。要通过各种有效的形式和渠道,全面真实地考核其政治水平和业务能力,以利形成合理的竞争、淘汰机制。

(3) 奖惩升降制度。奖惩升降制度是考核制度的继续。经过考核,优者受赏,给予荣誉或提职提薪;劣者要罚,取消荣誉或降职降薪。奖惩升降的目的是弘扬正气、打击邪气,增强各个岗位人才的责任心和荣誉感,提高工作效率,保证各项工作的顺利完成。

(4) 教育培训制度。教育培训是根据工作需要和人才状况而进行的再学习、再教育。为了适应时代发展的需要,对各类人才进行正规化培训具有一定的战略意义。人才培训要从实际出发,注重质量,防止单纯追求指标、追求学历。

(5) 实训挂职制度。一是领导干部深入基层制度,二是领导干部交流制度,三是在工人、农民和知识分子中发现、教育和培养人才的制度,四是把经过实践考验证明合格的优秀中青年干部及时提拔到领导岗位上来的制度,五是选拔高校优秀应届毕业生下基层锻炼培养的制度。

(6) 岗位责任制度。要明确岗位职责和权利,包括共同职责与权利、具体职责与权利。明确职责,确立工作目标,有利于培养人才的事业心、责任感,调动其主观能动性和创造性。对于人才的职责、权限要有明文规定,这也是依法考核的依据之一。

2) 优化人才成长环境

(1) 根据需要确定组织目标。领导如何在特定时间、地点、条件下,通过战略、目标、规划、措施的正确制定,使时代需求能够具体、明确地表现出来,使人们找到自己的努力方向,这是使时代需求的内在抽象转化为具体外显的根本条件,也是使人才成长效益增长的外部环境优化的表现。邓小平指出:"我们不是没有人才,而是被按住了,对于一些优秀人才为什么不能上来,怎样解决挡路的问题,非常需要认真想一想,采取有效的措施。我们要开出一条路来,让有才能的人很快成长,不要老是把人卡住。""要创造一种环境,使拔尖人才能够脱颖而出。改革就是要创造这种环境。"2016年5月,习近平总书记作出重要指示:"要着力破除体制机制障碍,向用人主体放权,为人才松绑,让人才创新创造活力充分迸发,使各方面人才各得其所、尽展其长。要树立强烈的人才意识,做好团结、引领、服务工作,真诚关心人才、爱护人才、成就人才,激励广大人才为实现'两个一百年'奋斗目标、实现中华民族伟大复兴的中国梦贡献聪明才智。"要善于根据时代要求,具体规划组织目标,激励人才奋发努力,自觉将个人发展与组织发展结合起来。

(2) 人才选用要引入竞争机制。把竞争引入人才机制,可以拓宽选人用人的视野,能够有效地防止在选人、用人上的不正之风,把选拔干部时出现"选错人"的现象降到最低程度。具体操作中,要注意严把以下几个关口。第一,资格审查。资格审查应严格依据有关要求,对竞争者的年龄、身份、任职条件、专业、文化程度等进行严格审查,对破格选拔的条件更应从严把握。第二,考试答辩。对命题考试和面试答辩这两个环节都要严格要求。第三,民主测评。民主测评要体现群众公认的原则,竞争者一定要得到多数群众的公认才能上岗。第四，组织考察。这是竞争上岗选拔干部的终结环节。应根据岗位要求的录用条件，对考察人员、考察内容、考察范围、考察方法、考察制度等各个方面严格要求，坚持选贤任能。

(3) 完善激励机制，形成尊重人才的氛围。所谓激励，就是领导者对人才的激发和鼓励，使各类人才发挥最大的积极性、主动性和创造性，做出超乎寻常的成绩。行为是受动机驱使的。每个人都有物质和精神方面的种种需要，满足这些需要的愿望构成人的行动的内在动机。但人的需要必须通过社会提供的各种条件和机会才能获得满足。激励便是由领导者在所能管辖的范围内，为各类人才提供这些条件和机会，从而使个人目标与国家、集体的长远目标密切地结合起来，发挥最大的工作效率。现代领导者必须掌握激励的原则，学会运用各种具体的激励方法，善于运用各种激励艺术。常用的激励方式有思想政治激励、任务激励、情绪激励、物质激励等。各种激励方式要综合起来加以运用，才能达到较好的激励效果。

第二节 领导用人的标准与原则

案例 9

一、"任人唯贤"的路线

用人，狭义上指使用干部，广义上包括使用各种人才。领导者必须坚持"任人唯贤"的用人路线，反对"任人唯亲"的用人路线。毛泽东在《中国共产党在民族战争中的地位》一文中指出："在这个使用干部的问题上，我们民族历史中从来就有两个对立的路线：一个是'任人唯贤'的路线，一个是'任人唯亲'的路线。前者是正派的路线，后者是不正派的路线。"这两条路线，一是认一个"贤"字，一是认一个"亲"字。

(一)"任人唯贤"路线的历史渊源

"任人唯贤"的路线，有着悠久的历史文化传统。

从历史渊源上看，我国最早选人、用人的记载起于原始社会晚期尧舜禅让的传说。尧号陶唐氏，其子丹朱"不肖"，尧便"求贤自代，访诸四岳"，了解到虞舜这个人很贤，颇得人心，便"试之以事"，让其"摄位行政"，并终于接替了自己的帝位。舜后来让位于禹，也是根据这种"任人唯贤"的传统，这也是因为他们自身都是贤人。

这一做法后来被孔子称为"选贤与能"。此后，如何选人用人、用什么样的人，是历朝历代政治家、思想家不断思考探索的一个重要问题。周秦之际，这种阐发和论辩已形成较为完备的理论主张，对后世产生了广泛深远的影响。其观点主要有以下方面。

1. 尚贤

选士纳贤是春秋时期的思想家面对动荡不安的社会所提出的治国之策。管仲、子产等人较早提出了选贤士、修德政的主张，并付诸执政实践。孔子注意总结夏、商、周兴衰成败的经验教训，主张"学而优则仕"，积极倡导"举贤才"。"贤"内含着才智和美德两个方面的要求，特别要求具备正直公正、忠诚信实、善良仁慧、勤敏谨慎等素养，这一思想在之后的孟子、荀子那里得到了更好的发挥。墨子著有《尚贤》篇，更为明确地提出了"尊贤""用贤""亲贤"的用人观，尤其强调要打破尊卑贵贱界限，把"贤"作为用人的唯一标准。

2. 任功

战国时就有人对"尚贤"思想提出了质疑，认为尚贤不仅无益于治，而且会导致"贤与君争"，弱化君主的一元化地位，造成社会的混乱。法家代表人物商鞅同样对"尚贤"之说予以驳难，指出尚贤本身不仅不能保证贤者得到任用，而且会给结党营私者提供可乘之机。商鞅认为，应推举法治，任"功"强于任"贤"，只要法令完备，"以功授官予爵，则治省言寡"。

3. 举才

在用人标准上，韩非子突出了一个"能"。他说："官职者，能士之鼎俎也。"对于"能"，韩非子的解释是，"以其能为可以明法，便国利民"，就是说，"能"的含义包括明晓法令、善理职事两个方面，并且认为，只要具备此能，虽品行有缺，也一定要用，可谓开历史上"唯才是举"理论之先河。

4. 德才并茂

荀子的很多思想具有儒、法合流的特点，他长于析理，在用人上把德与才的统一讲得十分充分。他说，"无德不贵，无能不官"，认为用人应当选用德才并茂的贤者，并要求在德才面前人人平等。荀子尤其反对用一把尺子衡量贤者，认为人才有大小之分，"上贤使之为三公，次贤使之为诸侯，下贤使之为士大夫"，应"论德而定次，量能而授官"。

在古代的用人思想中，已经包含了现在"任人唯贤"的基本内容，"贤"即德才兼具，"功"即政绩，"能"即才能。但尽管如此，用什么人是有阶级性和时代性的，"贤""功""才"虽然从古至今屡闻屡见，但在现实中很少能真正付诸实施。

中国历史上的一些社会集团、阶级在打天下、创业时，为延揽人才，用人往往重才不重德，对德的方面要求很低，只要忠诚可靠，不"反水"就行，叫作"唯才是举"。如曹操就提出了用人"勿拘品行"的方针，主张鸡鸣狗盗、不仁不孝之徒，散金求官之辈，凡有治国用兵之术者，皆可取用，勿有所遗。但到了治天下、守成时，则开始重德，强调德才并重，甚至德重于才。因为要励精图治，企求久安，就必须起用品行高尚、具有清正廉洁德行的贤才，这才能安抚民众，德化风气，整顿吏治，维护统治阶级内部的利益制衡和官僚机器的正常运转。曹操在《论吏士行能令》中，又明确地提出了"治平尚德行"的用人标准，主张选择有德的人。

宋代政治家司马光也说过："自古昔以来，国之乱臣，家之败子，才有余而德不足，以至于颠覆者多矣。"这是历史上的事实。司马光认为，德才兼备，称之为圣人；无德无才，称之为愚人；德胜过才，称之为君子；才胜过德，称之为小人。挑选人才的标准，如果找不到圣人，求君子而委任之，与其得到小人，不如得到愚人。因为君子持有才干，会把它用到善事上；而小人持有才干，就会用来作恶。持有才干做善事，能处处行善；而凭借才干作恶，就无恶不作了。愚人如想作恶，因为智慧不济，气力不胜，还有限度，好像小狗咬人，人还能制服他；而小人既有足够的阴谋诡计来发挥邪恶，又有勇猛的力量来逞凶施暴，就如恶虎生翼,为害之大可想而知了。

从历史上看,有时,封建统治集团为保住自己的既得利益,不想有也不可能有再大的作为,便会走上另一个极端,只要"德",不要"才",明确提出宁可用有德无才之人。而这个"德",主要是政治上忠于自己。如曹操之后的曹魏政权就是这样。它在与司马氏集团所进行的内部政治斗争中,处于守势,主张仅以德取人。司马氏父子则积蓄力量,采取进攻态势,主张放手用人,认为有才干的人才也就是最忠实的人才。这种理论上的争论恰恰反映了他们政治上的需要。又如,唐太宗是比较开明和有见识的帝王,但他代表的是封建地主阶级的利益,他的人才思想不可能超越他的阶级局限性。他的"任人唯贤"的用人思想中,要求德才兼备,这里的"德"是指儒家的道德,是传统的封建统治阶级的道德,它是以忠"君"为宗旨的。唐太宗推行"任人唯贤"的用人政策,致力于天下大治时,虽然声称是"养户百姓","惟以安养为虑",但这丝毫也掩盖不了它的剥削阶级的本性。魏徵曾说了一个形象的比喻:"臣闻竭泽而渔,非不得鱼,明年无鱼。"看来,唐初君臣反对的是"竭泽而渔"的横征暴敛,其目的不过是为了年年有鱼罢了。唐太宗也对大臣们说:"不敢轻用人力,惟令百姓安静,不有怨叛而已。"又说:"朕终日孜孜,非但忧怜百姓,亦欲使卿等长守富贵。"可见,"忧怜百姓"是要百姓永远供封建统治者驱使,不至于反叛,从而保证地主阶级"长守富贵"。也就是说,实行"任人唯贤""任贤致治"的根本目的是维护封建王朝的长治久安,保障地主阶级的长远利益。忽略了这一点,把封建统治集团的"任人唯贤"用人思想想象得过分完美显然是不切实际的。

(二)党的"任人唯贤"路线的创立与发展

毛泽东同志运用马克思主义的观点,批判地继承了历史上"任人唯贤"的用人传统,根据党的总路线和总目标,及时对"贤""德""才"提出了具体的标准和要求,并把它有效地运用于革命和建设的实践中。1937年5月,毛泽东第一次比较全面地论述了党的优秀干部的标准,必须包括"德"和"才"两个方面,这就是:"懂得马克思列宁主义,有政治远见,有工作能力,富于牺牲精神,能独立解决问题,在困难中不动摇,忠心耿耿地为民族、为阶级、为党而工作。"第二年他又强调了这一点,指出"这就是'任人唯贤'的路线","中国共产党是在一个几万万人的大民族中领导伟大革命斗争的党,没有多数才德兼备的领导干部,是不能完成其历史任务的"。在民主主义革命时期,毛泽东依据"德才兼备""任人唯贤"的原则,坚持把那些一味追求个人权力、专横跋扈、夸夸其谈、玩忽职守的干部从领导岗位上撤下来,着重实践"任人唯贤"的要求,把德才兼备的优秀干部充实到中央领导核心。遵义会议以后,毛泽东一直为组成这样一个德才兼备的领导集团而努力。在社会主义建设时期,毛泽东一再强调选拔干部一定要坚持政治和业务统一的、德才兼备的标准,对德和才的具体内容又有明确的阐述。为了保证德才兼备标准的贯彻落实,他提出,必须善于识别干部。不但要看干部的一时一事,而且要看干部的全部历史和全部工作,这是识别干部的主要方法。

邓小平坚持毛泽东提出的"任人唯贤"的路线,并予以创造性的发展。他在1982年1月提出,"实现干部队伍的革命化、年轻化、知识化、专业化,是革命和建设的战略需要"。1982年9月,党的十二次代表大会把努力实现干部队伍的"四化"写进了党的章程。1982年10月,邓小平在中央政治局会议上两次讲到"贤"的问题,强调人才要"贤",主要是说新时期用人要注意有"德"。所谓"德"包括三个方面。一是坚持社会主义道路和党的领导,

"拥护三中全会的政治路线和思想路线","讲党性,不搞派性"。二是要有人民性。人民性的集中表现是全心全意地为人民服务,"要选那些努力工作,联系群众,关心群众疾苦,有魄力,有实际经验,能够办事的人","要选人民公认是坚持改革开放路线并有政绩的人,大胆地将他们放进新的领导机构里,使人民感到我们真心诚意搞改革开放"。三是要有民族性。即继承和发扬中华民族的优良品德,热爱社会主义祖国。邓小平反复强调人才要具有强烈的民族意识、高昂的爱国热情。对社会主义不感兴趣和不爱祖国、缺乏责任心的人,尽管有某些知识和特长,也不能选用。

1997年,江泽民在党的十五大报告中继续强调,选拔干部,必须全面贯彻德才兼备的原则,坚持任人唯贤,反对任人唯亲,防止和纠正用人上的不正之风。十五届六中全会更把坚持任人唯贤提到"加强和改进党的作风建设的组织保证"的高度来认识,要求全党"全面贯彻干部队伍革命化、年轻化、知识化、专业化的方针和德才兼备的原则"。江泽民在纪念中国共产党成立75周年的座谈会上强调指出,要从五个方面提高干部素质:第一,要有远大的共产主义理想,坚持正确的政治方向,坚定地走建设中国特色社会主义道路,坚决贯彻执行党的基本理论、基本路线和各项方针政策;第二,努力实践党的全心全意为人民服务的宗旨,密切联系群众,特别是工农群众,坚决维护人民群众的利益;第三,解放思想、实事求是,一切从实际出发,善于开拓前进,具有唯物辩证的思想方法和工作方法;第四,模范遵纪守法,保持清正廉洁,发扬艰苦奋斗精神,自觉拒腐防变,坚决反对消极腐败现象;第五,刻苦学习,勤奋敬业,不断加强知识积累和经验积累,具备做好本职工作的专业知识和能力。概括起来有三:思想政治素质好、文化知识水平高、工作能力强。世纪之交,江泽民更加鲜明地提出要按照"三个代表"重要思想的要求加强和改进党的建设和干部队伍建设,这是新时期对"任人唯贤"所赋予的新的时代内涵,为我们正确理解和执行党的干部路线指明了方向。

2003年,胡锦涛同志在全国人才工作会议上指出,要切实做好识人用人的工作,把实践作为衡量人才的根本标准,作为发现和识别人才的根本途径,按照各类人才成长规律和不同特点去识别和使用人才,坚持任人唯贤、唯才是举,使各类人才创业有机会、干事有舞台、发展有空间。2011年,胡锦涛在庆祝中国共产党成立90周年大会上进一步指出,在新的历史条件下提高党的建设科学化水平,必须坚持五湖四海、任人唯贤,坚持德才兼备、以德为先用人标准,把各方面优秀人才集聚到党和国家事业中来。坚持五湖四海、任人唯贤,是我们党性质和宗旨的必然要求。中国特色社会主义道路能不能越走越宽广,中华民族能不能实现伟大复兴,要看能不能不断培养造就大批优秀人才,更要看能不能让各方面优秀人才脱颖而出、施展才华。要以更宽的视野、更高的境界、更大的气魄,广开进贤之路,把各方面优秀干部及时发现出来、合理使用起来。要坚持把干部的德放在首要位置,选拔任用那些政治坚定、有真才实学、实绩突出、群众公认的干部,形成以德修身、以德服众、以德领才、以德润才、德才兼备的用人导向。2012年,胡锦涛同志在党的十八大上再次强调,要坚持党管干部原则,坚持五湖四海、任人唯贤,坚持德才兼备、以德为先,坚持注重实绩、群众公认,深化干部人事制度改革,使各方面优秀干部充分涌现、各尽其能、才尽其用。全面准确贯彻民主、公开、竞争、择优方针,扩大干部工作民主,提高民主质量,完善竞争性选拔干部方式,提高选人用人公信度,不让老实人吃亏,不让投机钻营者得利。完善干部考核评价机制,促进领导干部树立正确政绩观。优化领导班子配备和干部队伍结构,注重从基层一线培养选拔干部,拓宽社会优秀人才进入党政干部队伍渠道。

2013年,习近平在全国组织工作会议上指出,用一贤人则群贤毕至,见贤思齐就蔚然成风。选什么人就是风向标,就有什么样的干部作风,乃至什么样的党风。各级党委及组织部门要坚持党管干部原则,坚持正确用人导向,坚持德才兼备、以德为先,努力做到选贤任能、用当其时,知人善任、人尽其才,把好干部及时发现出来,合理使用起来。要树立强烈的人才意识,寻觅人才求贤若渴,发现人才如获至宝,举荐人才不拘一格,使用人才各尽其能。需要科学有效的选人用人机制。要紧密结合干部工作实际,认真总结,深入研究,不断改进,努力形成系统完备、科学规范、有效管用、简便易行的制度机制。要把加强党的领导和充分发扬民主结合起来,发挥党组织在干部选拔任用工作中的领导和把关作用。要完善工作机制,推进干部工作公开,坚决制止简单地以票取人的做法,确保民主推荐、民主测评风清气正。2016年,习近平在庆祝建党95周年大会上指出,要坚持德才兼备、以德为先,坚持五湖四海、任人唯贤,坚持事业为上、公道正派,坚决防止和纠正选人用人上的不正之风,把党和人民需要的好干部精心培养起来,及时发现出来,合理使用起来。2017年,习近平在党的十九大上进一步强调,要坚持党管干部原则,坚持德才兼备、以德为先,坚持五湖四海、任人唯贤,坚持事业为上、公道正派,把好干部标准落到实处。坚持正确选人用人导向,匡正选人用人风气,突出政治标准,提拔重用牢固树立"四个意识"和"四个自信"、坚决维护党中央权威、全面贯彻执行党的理论和路线方针政策、忠诚干净担当的干部,选优配强各级领导班子。

由此可见,中国共产党"任人唯贤"的干部路线是在老一辈无产阶级革命家精心培育、经历了党的几代领导集体核心不断创造和大力实践中形成和发展起来的,党的选人用人思想是中国特色社会主义理论的重要组成部分。几十年来,党依照这条路线培养、选拔了一大批"文能治国,武能安邦"的领导干部,他们为党在各个历史时期的总路线、总目标的实现做出了巨大的贡献,保证了我们革命和建设事业的不断向前发展。但是,我们也必须清醒地看到,由于封建宗法观念的影响、新的社会矛盾的出现和西方价值观的渗透,党的干部路线在执行中也出现了这样或那样的失误,选人、用人上的不正之风时有发生,有的还相当严重,例如有的搞封官许愿,有的热衷于拉关系、跑官要官,有的搞非法组织活动、暗箱操作,有的搞权钱交易、权权交易等,严重背离了干部的用人标准,破坏了社会公平和秩序,损害了党和政府的形象。对此,人民群众深恶痛绝。

二、领导用人的标准

人才标准,自古有之。任何阶级、任何社会对人才都有自己的标准。虽然都强调德才,但不同的阶级,德才包含的内容是不同的。封建社会,统治阶级讲"德",是"忠君","才"是维护封建统治的才能。资本主义社会,谁能为资产阶级获得高额利润,谁就有德有才。我们党坚持德才兼备的用人基本标准,在不同历史时期有不同的具体要求和着重点。

进入新时代,领导者选才用人,首先应正确理解和掌握德才兼备的标准。

(一)德才兼备的含义

1. 德的含义

德,是领导者选才用人的首要方面,它是指人的政治觉悟和道德品质,主要包括以下内容。

(1) 坚持正确的政治方向，坚持党的路线、方针、政策。

(2) 具备正确的价值观，正确处理群众利益与个人利益、全局利益与局部利益、长远利益与眼前利益的关系。

(3) 具备较高的理论修养水平。

在德的标准中，政治态度、政治觉悟是最核心的、本质的方面，它影响和制约着道德品质。结合我国国情实际，衡量一个人的德时，应当把政治观点放在首位。

2. 才的含义

才，是领导者选才用人的另一个重要方面，它是指从事某方面工作所必须具备的专业知识和专业能力，即所谓"真才实学"。衡量一个人才的标准是具有从事现代化建设的实际才能。由于社会分工的不同，各行各业对才的要求彼此各异，没有一个通用的标准。一个人的真才实学主要表现在以下两个方面。

(1) 既要有专长，又要有较宽的知识面。现代化建设的问题，几乎都是综合性的、复杂的，涉及许多具体科学技术部门，需要多学科的知识和多学科的人才综合协作来完成。如果一个人的知识面太窄，就会在一些复杂问题面前无能为力，或者不能较好地同其他专业的人才协作配合。如果各类人才能做到专与博的统一，就会大大提高他们解决实际问题的本领。

(2) 要有较高的智力水平。智力是人们运用知识去分析问题与解决问题的能力。在社会主义人才的个体结构中，除必须具备的专门才能外，还应包括观察才能、记忆才能、综合分析才能、创新才能等各种智能，这样才能提高运用知识解决问题的能力。

（二）德才兼备的标准

1. 德才兼备并非德才等量

强调德才兼备，并非说二者可以等量齐观。我们党特别强调，无论从事什么工作的干部，政治上必须合格，同时还必须具备所从事工作的专长。这就明确表达了"德才双察，以德为先"的思想。

德才兼备是一个统一而不可分割的原则。只注意一个方面，忽视另一个方面，都是错误的，会造成不良后果，德和才是统率和被统率的关系，德、才相比，德是第一位的。我们在选人用人时，一定要坚决贯彻德才兼备的标准，而且更注重于德的方面。被马克思称为中世纪最后一个哲学家的但丁曾经说过："道德常常能填补智慧的缺陷，而智慧却永远填补不了道德的缺陷。"一个人如果德优才弱，他可以通过努力提高自己的才能，而如果有才无德的话，则不可救药。宋代司马光从对历史的纵览中得出"才者，德之资也。德者，才之帅也"的精辟结论。他告诫世人，要"审于才德之分而知所先后"。"审于才德之分"要防止两种倾向：其一，"蔽于才而遗于德"，即"以才代德"的倾向；其二，"以德代才"的倾向。

2. 现实意义上的"德"与"才"

关于德、才辩证关系的更为深刻的内容，还在于将德、才的抽象性还原为具体的"德"与"才"，这种具体性的客观体现就是"工作实绩"。事实上，德似无形，实则有形。它是通过一定的工作实绩而表现出来的。离开一定的工作实绩，德就成了不可捉摸、虚无缥缈的抽象物；而工作实绩本身也是才的直接产物。德和才通过"工作实绩"这一主观见之于客观的东西而具有一致性。每一特定社会中的"才"总是以一定形式的社会结果表现出来的。而每一种形式的社会结果又都与一定的社会生产方式相联系，并服务于一定的阶级，服务于一定阶级的政治。诚如邓小平所言："我们的科学技术人员，为社会主义的科学事业辛勤劳动，怎么是脱离政治呢？""致力于社会主义的科学事业，作出贡献，这固然是专的表现，在一定意义上也可以说是红的表现。"习近平总书记在继承中华民族优秀历史传统的基础上，结合党对干部的要求，提出"信念坚定、为民服务、勤政务实、敢于担当、清正廉洁"的20字好干部标准，以及"严以修身、严以用权、严以律己，谋事要实、创业要实、做人要实"、"心中有党、心中有民、心中有责、心中有戒"、"具有铁一般信仰、铁一般信念、铁一般纪律、铁一般担当"等要求，赋予了"德才兼备、以德为先"新的时代内涵，把德在新时代的要求更进一步具体化、明确化，强调把政治标准放在第一位，为领导用人树立了新时代标尺。总之，没有纯思辨意义上的德和才，也没有纯思辨意义上的德才关系。德才的内容和关系总是建立在一定的现实的社会基础之上，这正是我们理解德、才关系的钥匙。

三、领导用人的原则

是否能用好人才，这是一个关系到事业全局得失成败的重大现实问题。为了解决这个问题，确保领导用人必能达成正成效，从领导实践来看，总的要求就是必须确保领导用人着眼大局、科学合理、规范得体、公道正派、真诚爱才、信任团结和认真负责。这些要求也可以直接等同为正确用人的总原则。

领导用人要坚持以下八条原则。

1. 竞争择优原则

在人才选用中所说的竞争择优，就是指在公开平等的条件下，让求职者依靠自身的素质进行竞争，用人单位择优选用人才。用公开竞争的方法选人，比起古人传统的"伯乐相马"的方法有着更多的优点，一则它拓宽了选人的视野，使用人单位能够在更广阔的范围内享有充分挑选人才的权力；再则将选用工作置于人们的监督之下，增加了选用工作的透明度，可以防止和克服在用人问题上的不正之风。

在人才选用中坚持这一原则，应将竞争贯穿于选用工作的各个环节中，即从报名、资格审查，到笔试、面试，以及考核、体检等，要使求职者"过五关、斩六将"，始终处在一种激烈的竞争状态。这样，经过层层筛选，最后根据工作的需要，择优选用合适的人才。

2. 重才用人原则

人的知识、智慧、思维、气质、性格、能力等是有差异的，各有其长短，兴趣爱好也会不同，用人关键是人尽其才、才尽其用，才能充分发挥他们的积极性。具体来说有以下三层含义。

1) 人尽其才

领导者的眼睛不能仅仅盯在被领导者的缺点、不足上，应善于发现他们的优点、特长。如果某人此处不能发挥作用，考虑是否另有发挥其作用的地方，绝对不能简单地视为"无用之人"。

2) 量才适用

量才适用即根据人的才能、特长来安排适当的工作，使职、能统一起来。小材大用，必力不胜任，虚占其位，贻误工作；大材小用，能力过剩，浪费人才。优才劣用、高才低用、大材小用、专才别用等，都是对人才的压抑和浪费。

3) 责权相应

担任什么职务就应负什么责任。责任是核心，权力是履行责任的手段，责权是统一的。光有责任而没有权力，就难负起责任；光有权力而不负责任，就可能出现瞎指挥的现象。

3. 尊重信任原则

人的自尊心受到社会和人们的尊重时，就会产生一种向心力和合作感，就会与其他人保持和谐一致的行动。但当人的自尊心受到其他人的侵犯时，就会本能地产生一种离心力和强烈的情绪冲动。过度的刺激和过度的情绪作用都会对社会和个人产生极为不良的后果。因此，只有尊重别人的人格、尊重别人的劳动成果，才能团结别人并受到别人的尊重。领导者要带头尊重人，使组织内部人人感受到别人对自己的尊重，从而和睦友好相处，齐心协力完成组织的共同任务。

领导者在量才授职之后，应充分信任他们，放手让他们大胆地开展工作。用人不疑，给予信任，可以给人以巨大的精神鼓舞和无形的力量。当然，这种信任不是盲目的、无根据的，而是经过仔细的观察和审慎的选择的。由此可见，信任别人的人才能得到别人的信任。在用人问题上嘀嘀咕咕、将信将疑、顾虑重重的做法是不符合用人原则的。

4. 扬长避短原则

俗话说："金无足赤，人无完人。"人各有所长，各有所短，如果求全责备，挑剔缺点，就很难识别人才。列宁指出，人们的缺点多半是同人们的优点相联系的。因此，对人的长短要辩证地分析。尺有所短，寸有所长，人的"长"与"短"总是相对而言。在此为长，在彼为短；此时为短，彼时可能为长。因此，不能把人的长短绝对化、凝固化。作为领导者，选才用人首先考虑的是这个人的长处是什么，让他干什么最能发挥他的长处。

扬长避短，无一人不可用；用短弃长，则无可用之人。如果一个领导者只能见人之短，不能见人所长，或只能用才能比自己低的人，不能用才能比自己高的人，那他的工作肯定不会长进，事业也不会成功。当然，短处毕竟是短处，我们强调用人扬长避短，不是说不管其短甚至护短，而是要在发挥人才长处的同时，清醒地看到他的短处，并且通过教育，帮助他逐步克服短处，以利于更好地发挥其长处。

5. 整体功能原则

领导者应注意组织系统内各类人才在年龄、知识、专业、性格、气质等方面合理配置、相互补充，使组织系统内人才具有最佳整体功能。人们只有将不同的音符组合，才能谱出优雅、和谐的乐曲；只有将不同的色调合理搭配，才能画出生动的图画。如果组织系统的所有工作人员不能在上述若干方面做到互补，就可能出现内耗丛生、个体功能相互抵消的现象，各成员之间发生矛盾、冲突、个个心神不安，整个组织的任务就难以完成。正如改革开放之初，时任中共中央组织部部长王石同志在会见出席全国企业领导班子建设座谈会代表时指出：搭配一个班子，要车、马、炮俱全，有熟悉一方面情况的，有敢闯的，还有掌握全面情况、善于决策的，要考虑整个班子的智力结构，形成一个"联合体"；要选一个能拧成一股绳的班子，能干事的班子；有的班子增人是加强，有的班子减人也是加强。实践证明，在组织内部，如果领导者能够根据不同素质特点合理搭配各种人员，可以使整个组织产生凝聚力，这种凝聚力通过领导者的积极引导，可以极大地提高工作效率。

现代管理学家、日裔美籍教授威廉·大内提出的"Z 理论"中的精髓是建立一种充满信任、微妙性和亲密感的人际关系。关于微妙性，大内认为，人与人之间的关系总是复杂和不断变化的。一个好领导班子很熟悉本组的人员，了解每个人的个性，能够决定谁与谁在一起干活最为恰当，因而可以组成效率最高的搭档。这种微妙性是无形的，不是可以轻易捉摸到的，官僚主义是根本办不到的。大内所说的"微妙性"也就是巧妙地使各种人员搭配起来相互协调，以提高组织的整体功能。这一原则，同样适用于领导班子内部的人际关系。

6. 层次授权原则

领导者不可能只靠自己就能把方方面面的工作都做好，特别是一些专业性很强的工作，领导者可能远不如下属做得好。但是，高明的领导者善于通过授权和调动下属的积极性来做好千头万绪的工作。这就是说，授权是必要的。在任何单位工作中，不仅有各项重大任务，而且还有许多具体事务性的工作。作为领导者，不可能也没有能力去总揽一切事务，必须把许多工作交由下属办理。交给下属任务，必须授予下属一定的权力，否则任务就很难完成。于是，在授权中，就出现了单位内部集权与分权的矛盾。

从单位工作的整体性来说，必须统一决策、统一指挥和统一行动，需要集权。从领导者有限的时间、精力和能力来说，不可能事必躬亲，因而必然实行分权。分权弥补了集权的不足，调动了下属的积极性和创造性，增强了单位的内在活力和适应外界环境变化的能力，但也可能损害单位工作的整体性。集权与分权这种既对立又统一的性质，集中体现在授权上。因此，所谓授权艺术就是在集权与分权的对立中把握二者的统一，使领导者能够做领导的事，下属能够做下属的事，使单位内部的各项工作统而不死、活而不乱。

授权不是交权，也不是"大权旁落"，而是授予下级相应的权力和责任，从而使每一个层次的人员都能司其职、尽其责、使其智、成其事。领导者除了把握大的方向和原则外，对下级无需太多干预；如果事必躬亲，必然成为事务主义者。特别是高层次的领导者，其职能不是纠缠于具体的事务中，而应该是组织、指挥、协调下属去办事和成事。

7. 激励爱护原则

人的行为是受人的思想动机制约的，而思想动机又来源于人们对社会的需求。人们的需要内容和程度不同，激励的方式也应该有所不同。有的人侧重于物质需求，则采用物质激励方式，通过钱物激励那些超额劳动者和有突出贡献者；有的人上进心、荣誉感强，他们强烈希望得到同事们和领导的称赞，则通过正面表扬、发奖状、授予光荣称号等方式给那些有突出贡献者以激励。各种各样的锦标赛、国际上的诺贝尔奖，均起了极大的精神激励作用。在贯彻这一原则中，领导者应做到以下几点：一是主动地、真心实意地关心和爱护被领导者；二是公正、客观地评价他们工作中的功过是非；三是要礼貌待人、一视同仁，不能亲疏有别；四是不能嫉贤妒能；五是以身作则，推功揽过。这几点做好了，被领导者心情必然愉快，在工作中就会积极奋发。

8. 称职适时原则

称职原则是"德才兼备"标准和"量才任职"原则的引申和具体化，只有胜任现有职务并确实获得成绩者，方可予以提升。

适时原则要求，对于具有较高才能的下属，应当予以及时的发现和确认，并把他们及时放到更合适的位置上，甚至提拔到更为重要的岗位上，使之得以尽早脱颖而出，最充分地发挥他们的作用，进而使他们的才能不被淹没、浪费或扼杀。

总之,为了选到和用好为事业所需要的各种人才,实现人与事的科学结合,更好地推动事业发展,就一定要在用人过程中切实遵循和践行以上用人原则。只有这样,才能早出人才、快出人才、出好人才。

第三节 领导用人的方法与艺术

一、领导用人的方法

视频7

领导者要想得到真正的人才,必须拓宽视野,给各类人才以施展才能的机会,采取多种方法选拔人才。领导者选才用人的方法主要有以下几种。

1. 鼓励自荐

鼓励自荐法就是鼓励人才自己推荐自己。实践证明,领导者鼓励人才自荐是发现人才的一个重要方法,能发现没有名声和地位的潜在人才。领导者应克服一些世俗偏见,把这种出于公心、实事求是的自荐看作是一种难得的品格,以给自荐者施展才能的机会。

2. 群众评议

群众评议法就是在考察和选拔干部时,充分征求广大群众的意见和看法,以求达到对一个人思想、品质、能力等方面的全面认识和了解,这是党的群众路线在选才用人方面的具体运用。

3. 聘任

聘任法是用人单位通过签订契约或合同的形式来选拔、招聘人才的方法。实践证明,这种方法能打开人才能进能出的通道,有利于人才的竞争,可以扩大用人单位选才用人的自主权,也可以使一些用非所学的人才合理流动,有利于发挥人才的特长。

4. 公开招考

公开招考法就是通过考试的方法来选拔人才。这种方法既有利于在公开竞争中发现和选拔一批能人,促进人才的成长,也有利于减少"走后门"等不正之风,摆脱关系网和裙带关系,是一个比较奏效的选才用人的方法。

5. 试用观察

试用观察法是通过试用一段时间来观察选拔人才的方法,是实践检验真理标准在选拔人才问题上的具体运用。实践证明,这种方法有利于保证人才的质量,克服使用人才的盲目性,能给备选人才以充分展示其才能的机会。

6. 委任

委任法主要是通过组织、人事部门对干部的日常考核,在充分掌握情况的基础上由上级决定是否录用。运用这一方法时,必须认真坚持民主集中制原则,把这一方法与群众评议、民意测验、书面考试等方法有机地结合起来。

二、领导用人的艺术

(一) 虚己重士

1. 谦虚为怀

中国古代领导用人之道的精髓,首先在"虚己",即"以无用为用,以不能为能",是领导艺术和用人法则中的最高境界。它指领导者不一定会做某项具体的工作,但靠下属却能完成这项任务。即领导者必须具备弃细务,识大体,变自己的"不能"为"万能",从而成就一番事业的能力。为此,领导者首先要分清领导与追随之间的关系,认清领导者与追随者在事业中的不同职责。荀子曰:"人主者,以官人为能者;匹夫者,以自能为能者也。"即领导者以知人为本,以管理下属为能;下属以知事为本,以自己会干为能。也就是说,领导以会用人为才能,下属以出谋划策为才能;领导以善于听取大家的意见为才能,下属以知无不言、言无不尽为才能;领导以赏罚分明为才能,下属以身体力行为才能。一个领导者,只有深谙这个道理,才领悟了领导艺术的真谛。

知人与知事是领导者和被领导者的分水岭。一个称职的领导者在工作中的责任,就是以"一味调五味",即以协调下属使之形成合力为职责。正如无形的东西才是有形之万物的主宰,好比鼓不干涉五音,却能为五音之首一样。汉高祖说:"运筹帷幄之中,决胜千里之外,我不如张良;定国安邦,安抚百姓,供应军需,保证粮道畅通,我不如萧何;统领百万大军,战必胜,攻必克,我不如韩信。这三个人,都是人中的精英。但是我会使用他们,这是我夺取天下的资本。"刘邦正是深谙知人与知事的道理,他才能把不是自己的才能当成自己的一样来支配使用,从而拥有江山万里。所以,一个领导者只要掌握了知人与知事之间的辩证关系,就可以不去做下属各自负责的具体事情,却能成就一番伟业。正如荀子所言:"夫人主欲得善射中微,则莫若使羿;欲得善御致远,则莫若使王良;欲得调一天下,则莫若聪明君子矣。其用智甚简,其为事不劳,而功名甚大。"也就是说,做帝王的射箭要想做到百发百中,就不如用后羿;驾车要想做到驰骋万里,就不如用王良;治国要想做到一统天下,就不如任用贤明正直的能人。这样做省心省力,所成就的功名却极大。

2. 重视人才

重士,是古代领导者事业成功的基础。从古至今,如果得不到贤德之士辅佐而建立功业的人,可以说从未有过,所以,历代有识的统治者无不以重士为治国平天下之本。《尚书》曰:"能自得师者王。"意思是说若能得到贤人、能人并拜他为师,则可以称王天下。而领导者的人格和政德,对下属(人才)的心理和行为往往具有无形的、内在的凝聚力和驱动力,这种力量体现在用人之道时,则是一种看似无形却是有形的人格御人法则,这也正是王者之政的精髓之一。

古代帝王治国御人之道有三:一曰王者之政,即靠人文教育;二曰霸者之政,即靠刑法的威力;三曰强权政治,即靠暴力镇压之法。治国之道如此,御人之道亦然。用人之道,御人之法,虽然不一而足,然而能真正征服人心之道,则只有人格御人之法。这也正是王者之政的先贤明主所刻意追求的。如《反经》曰:"王者制人以道,降心服志。"意为贤明的君王唯有用仁德和令人崇敬的品格,才能征服被统治者的心。而强权之政者则不然,他们在御人时崇尚暴力手段,这也正是他们常常失败的一个重要原因。

纵观古今王者治国御人之道,不难得出这样的结论:一个领导者或管理者,如果品德高尚、正直公正、言行一致、以身作则、关心他人、严于律己,就会使人感到亲切,易受人敬佩,就能成为一种无形的、巨大的道德力量,成为一种人格感染力,从而有效地影响下属去完成组织的目标。具体而言,一个有效的领导者,在塑造自己的人格力量时,应注意以下几方面。

一要尊重下属人格。领导者在通过人格御人之法御人时,首先必须先尊重下属的人格和自尊,对待下属应彬彬有礼,尤其是要避免当众训斥下属,乱发脾气。一个不能控制自己情绪和脾气的领导者,也不能很好地控制自己的下属。只有态度友善,懂得尊重他人人格和自尊心的领导者,才能赢得下属的爱戴。

二要善于精神激励。善于精神激励是塑造领导者人格力量的一种有效方法。尽管人们对物质利益的追求必不可少,但也往往珍惜精神上的鼓励与赞美。很多人在取得一定成绩以后,只是希望上级能及时给以肯定或者拍拍肩膀,嘉奖他一番也就心满意足了。可见,领导者运用精神激励的手段,在调动下属的内在积极性时的重要性。

三要公道正直。领导者在处理日常事务,特别是在处理与下属利益相关的事宜时,是否公道,是否能一碗水端平,是否不为亲疏关系左右,往往是衡量领导者人格品质的一个重要标准,也是下属是否愿意心甘情愿、尽心尽力工作的一个重要原因。而领导者能否以身作则,在利益面前能否摆正位置,不为私利蒙蔽眼睛,对树立人格权威至关重要。否则只能引起下属的反感和不满,不但难以发挥下属的积极性,甚至还会压抑人才的积极性和创造性。

四要精明果断,富于创新。当今时代瞬息万变,大量的管理工作是在匆忙中进行的,问题又错综复杂,如果领导者缺乏敏锐的观察力和果敢的判断力,事情一旦发生,不知所措,或者决定了的事朝令夕改,下属必然会对这样的领导者失去信心。而任何事情都墨守成规,因循守旧,没有创新的意识和改变现状的雄心,下属就会感到跟这样的领导干,是没有前途和希望的,自然也就难以安心工作,真正有才能的人才,则会离你而去。反之,如果一个领导者或管理者具有精明果敢的能力和勇于创新的魄力,不仅下属会觉得这个组织充满活力,尽心竭力发挥自己的才智,而且还会吸引更多的有识之士为之效力。

■(二)知人善任

□ 1. 敏于知人

知人是一个领导者的首要职责,而要知人则必须论士,必须对各类人才的确切定义有个基本的认识,对下属的品行才能有个基本的估量,才能正确使用这些人。然而,知人实非易事。有的人看似庄重,实际上并不正直;有的人看似温柔敦厚,却十分奸诈阴险。难怪孔子有"凡人心险于山川,难知于天"的感慨。对此,三国时代的诸葛亮对论士品才很有一番心得,他在《心书》中指出:"知人之道有七焉。间之以是非而观其志;穷之以词辩而观其变;咨之以计谋而观其识;告之以祸难而观其勇;醉之以酒而观其性;临之以利而观其廉;期之以事而观其信。"正因为诸葛亮深谙品才之道,方能有七擒孟获、智服姜维之举,为汉蜀江山的安定和延续奠定了基础。

综合来看,中国古代的"知人"必须从以下几方面去观察、分析人。

(1)看一个人对国家、对社会、对集体和他人的态度及行为方式。如是否热爱集体,为人是否诚实、正直,对人是否有同情心和富有感情,对人对事是否有正义感,是否有牺牲精神等。这是论士品才的根本点。

(2) 看一个人对劳动、对工作、对学习的态度及行为方式。如是否有事业心与责任感，是否有敬业、爱业精神，是否勤劳和兢兢业业，是否有刻苦钻研精神和严谨的学风。

(3) 看一个人对新知识、新观念、新方法的态度和行为方式。如是否排斥新生事物，是否有开拓和创新的意识，是否唯上、唯书，是否勇于否定过去等，这是现代人至为重要的标志。

(4) 看一个人对待自己的态度和方式。如是否有上进心、自尊心、自信心、自爱心，是否谦虚谨慎，是否有自知之明，是否有自我批评的精神，是否廉洁自律等。

(5) 看一个人仕途顺利时他所尊敬的人是谁；显达的时候他所追求的目标是什么；得到重用或青云直上时看他提拔的是些什么人；富裕的时候要看他是否奢侈，是否帮助别人。

2. 明于任人

俗话说："尺有所短，寸有所长。"一个有效的领导者，如果想成就一番事业，用人就必须遵循这个道理。因为，善用人的长处，是一个领导者因人成事的第一要务。众所周知，人的才能有长短之分，有高低之别。因此，各朝各代统治者，无不把识人、选人并用其长作为治国平天下的第一要务。

《淮南子》曰："麋之上山也，大獐不能企，及其下也，牧竖能追之。"意思是说麋鹿上山时，就是善于奔驰的大獐也追不上它，而等它下山的时候，就是牧童也能追上。这就是说，在不同的环境中，人的才能有长短之别，只有顺应环境，才能用其长。正是基于这一观点，魏武帝曹操在对历史评价时，才说了这样的话："进取之士，未必能有行。有行之士，未必能进取。陈平岂笃行，苏秦岂守信耶？而陈平定汉业，苏秦济弱燕者，任其长也。"其意是说有进取心的人，未必一定有德行。有德行的人，不一定有进取心。陈平有什么忠厚的品德？苏秦何曾守过信义？但是，陈平却奠定了汉室基业，苏秦却拯救了弱小的燕国。原因就在于他们都发挥了各自的长处。

(1) 任长之道，以观其性为先。领导者只有对人才的个性有深刻的认识，人才方不能错位。如性格刚正、志向高远的人，既要看到他志趣恢宏远大的一面，又要看到他处理琐碎小事的粗心和大意；严厉亢奋的人，既要看到他做事讲究法理、有理有据和正直公平的一面，也要看到他处理事时的呆板和不灵活；宽容迟缓的人，既要看到他宽厚文雅、群众基础好的一面，也要看到他办事不讲效率和不善于把握时势；好奇求新的人，既要看到他敢于开拓和创造性强的一面，又要看到他行事违背常规和偏左。

(2) 任长之道，以观其趣为次。领导者在对人才性格了解的基础上，观察、认知人才的兴趣就显得尤为重要。因为，兴趣是一个人对一定的事物所采取的积极态度，它能使一个人对一定的事物优先注意。不同的人，有着不同的兴趣，所热衷的事业也就不同。因此，兴趣在一个人的生活实践中具有积极的助推作用，它往往是推动一个人积极地去认识或处理某种事物的内在动力，可以激励一个人积极地去获取知识，攻克难关，完成任务。

(3) 任长之道，以观其专为本。一个人的才能是多方面的，每种才能之间既有质的差异，又有量的差异。如有的人长于自然科学，有的人专于社会科学；有的人擅于分析，有的人精于总结。凡此种种，只要发挥了他们的长处，他们都会促进社会和事业的发展。否则,就会造成人才错位,用非所长,既伤害了人才的感情,扼杀了人才的才能,不利于人才的成长;又妨碍了事业的发展,甚至给事业带来损失和灾难。因此,领导者只有识别人才的各种才能,掌握人才的专长,并合理用之,用人之道方能登堂入室。

(三)励才容过

1. 善于激励

一个有效的领导者,必须是一个懂得激励手段的人。即知道用行之有效的手段,激发人才的心理欲望,满足人才的心理需求,从而调动人才的积极性、创造力和潜在的能力,实现事业的最大成就。古人云:重奖之下必有勇夫。其重奖之意无外乎一是金钱的诱惑,一是官位的吸引,其本质是捕捉人的贪欲和成就感的心理,利用这种心理实现组织和集团的利益。随着人类社会的进步、人们的生存环境的不断改善和人们对精神世界的更高追求,这种封建统治者常用的御人之术,便演化为激励理论的最原始的基础。

诚如此,在实际用人中,一个成功的领导者,无不精研激励之道。然而,现实之中,有许多领导者虽然深知激励的重要性,并努力去寻找激励的方法,但往往以自身的价值取向为标准,认为只有晋升和金钱奖励才是真正的激励之道,因而往往适得其反。而激励之法的不统一性和非唯一性,又决定了激励手段和时间的随意性,因此,一个在事业上有所追求的领导者,在运用激励之道时,必须在因人因时因事而议的基础上,去掌握激励之法的实质,把握激励之法的常规。故在运用激励之法时应注意以下几个方面。

一是从人的需求出发。众所周知,人的动机是由"需求"引发的,因此,领导者在激发人的工作动机时,必须深入了解和研究下属的需求,只有不断地满足其正当合理的需求,才能有效地激发下属的内在动机,从而引发其自觉行为和积极性。

二是目标设置要适当。目标是人们一个时期追求和奋斗的方向,它对人具有吸引和激励作用,故而在设置目标时,要把目标和下属的物质或精神需要紧密相连,使他们在目标中看到自己的利益,品味到自己的人生价值,进而激发其潜在的力量。另外,在目标设置时,还要考虑目标的可行性,让下属看到实现目标的可能性很大,而不是可望而不可及的空中楼阁,只有这样才能发挥目标的激励作用。

三是在工作中要适时赋予挑战性。一个有真才实学的下属,是不会沉溺于平淡的工作,平淡会抹杀激情,也就不可能有开创和进取的雄心,故在分配任务时,要适当地增加一些难度,使之产生挑战欲,激发其创造力。

四是要及时肯定其成绩。下属做出了成绩,领导者要及时予以承认和肯定,其方式可以从两个方面表达:一是外在的有形的激励,包括福利、晋升、授衔以及其他物质嘉奖等形式,这种奖励应该有所规范,使其成为所有人的预期;另一是内在的精神的激励,即通过适当的表彰、赞赏使下属体会到自身价值实现的氛围,增强其成就感。这一点往往比有形的奖励更重要。因为大多数人虽然都希望得到和付出的劳动相当的物质报酬或社会地位,但是他们更想得到社会和周围环境的客观、公正的评价,而真诚的赞美就是其中十分重要的一部分。

一个深谙激励之道的领导者,应是能够正确处理外在激励和内在激励之间关系的人,只有真正掌握了这层辩证关系,才能灵活运用各种激励手段,进而使下属或团体始终保持活力和创造性,实现组织或集团的最大利益。

2. 敢于容过

人非圣贤,孰能无过。但如能正确地评判下属所犯的过错,分析人才犯错误的原因,即品过,并用宏大的胸襟容纳这些过错,保护他们的自尊和积极性,就能激发他们的拼搏和上进之心,就能给事业的发展带来源源不断的动力。故而,如何"品过",是检验一个领导者是否真正善于御人的重要尺码之一,也是衡量一个领导者能否成就大业的重要标准。孔子曰:"人之过也,各于其党,观过斯知仁矣。"意思是说人由于所处的政治、经济、文化氛围不同,人自然地不能一样,因此,人所犯的错误也是各种各样的。什么样的人就会犯什么样的错误。仔细考察这些人所犯的错误,就能知道他们是什么样的人。

换言之,小人不能做君子所能做的事,当然也不会犯君子所犯的错误。这并非是说小人犯了错误就可以宽恕和原谅,就可以不责备,但必须先观其过的原因。孔子的这一观点,数百年后得到了以《史记》垂青历史的司马迁的认同。太史公云:"昔管仲相齐,九合诸侯,一匡天下。然孔子小之曰:'管仲之器小哉!岂不以周道衰,桓公既贤,而不勉之至王,乃称霸哉?'"司马迁的意思是说,管仲在齐国做宰相时,辅佐齐桓公,曾九次主持与诸侯的会盟,使得天下得以匡正,可孔子还是小看他,说管仲的器量狭小,胸怀不大,因为他没有努力辅佐齐桓公统一天下,成就王业,却只是成就了霸业。在这里孔子是把管仲当作一流人才来看,才惋惜他没能成就更大的事业。这则史事告诉我们,对不同的人,要求应不一样,如果对一般的人才,也像对管仲那样要求,那么普通的人才就一点可取之处都没有了。

诚如此,一个当代的领导者,是否善于"品过",是否精于"品过",是检验其御人艺术高低的试金石,也是洞悉其事业成就大小或成败的晴雨表。

一要有量才的慧眼、用才的度量。一个领导者,在用人之前,必须对身边之人细心考察,仔细甄别,把欲用之人分门别类,对人才的表象和内涵潜质深入地认识,然后量才而用,用之有度。否则,就难免犯这样的错误:说马很有力气,这本是无可厚非的,也是正确的,但如果说马能力驮千钧,马就会被压死。如果这样,实乃用人者之过,而非人才之过也。

二要有容错的襟怀。物质世界千变万化,运动是永恒的。特别在这个飞速发展的信息时代,许多变化是人的意识不能预期的,这就给人的工作带来了许多不可测的风险和不稳定的因素。如果一个领导者,不能认识到这一客观存在,在人才犯错或失误、使事业受挫时,把所有的过失都加诸人才头上,势必严重挫伤人才的积极性,而且也会令其他人才望而生畏,不敢创造性地开拓进取,若如此,则人心死矣,事业毁也。因此,一个领导者,必须具备容纳过错的胸襟,在人才受挫和犯错时,不是责备,而是鼓励其继续开拓创新,就像美国硅谷的人从不言错,从不怕犯错,并将其视为一种硅谷文化一样,若能如此,何愁事业不兴?

三要有敢于承担过失的胆识。人无完人,人无全才,人才可以创造惊天地、泣鬼神的功绩,同样人才也可能失误,甚至犯较严重的错误,给事业带来损失,这都是不能回避和不可避免的客观存在。而领导者在对待人才的功过上,是推过揽功,还是推功揽过,对人才的心理脉冲是截然不同的两种效果。前者只会令人才心灰意冷,要么跳槽另觅明主,要么意志消沉,沦为碌碌无为之辈,最终结果只能是人才被扼杀,事业受损;后者则正好相反。其实人才工作犯错或过失,除了客观因素外,领导者本身负有用人不当或用非所长的责任,勇于承担责任,正是领导者的明智之举。这样做的结果,人才在佩服领导者的胆识的同时,会怀有深深的感激之情,在未来的工作中,热情会更高,也会更尽心,而且往往会不计个人名利得失。诚如此,人心所向,事业中兴之时不远。

案例 6-2

建安二十五年(公元 215 年),曹操西征张鲁,东吴孙权见有机可乘,率军攻打合肥。镇守合肥的三员大将是张辽、李典、乐进。他们三人论资历、能力、地位、职务,不相上下,也正因为这样,所以三人互不服气。在讨论破敌决策时,意见不一。此刻,形势异常紧张,合肥危在旦夕。就在这节骨眼上,曹操派遣护军薛悌从汉中送来一个木匣,里面是曹操对合肥防御作战的具体安排,指出:"若孙权至,张、李二将军出战,乐将军守城。"

曹操做出这一安排,是基于他对三位将军的深刻了解。张辽,文职、武职都担任过,有胆有识,能顾大局;乐进是名猛将,但脾气暴躁;李典,举止儒雅,不爱争功,但难以独当一面。如果让张辽、乐进一同出战,让李典守城的话,两员猛将可能会有争执,而李典恐怕也难当大任。所以曹操做出了让张、李出战、乐进守城的安排。

果然,在张辽的带动下,三人各负其责,协调一致,大破孙权。

(民间故事学习:曹操智派三将守合肥[OL].[2014-09-30]. https://www.51test.net/show/4509096.html.)

思考与提示

1. 如何理解曹操所使用的领导方法?
2. 结合案例分析曹操的领导艺术。

本章重要概念

人才(talented person)
战略性资源(strategy resource)
领导用人的基础(servant basis of leader)
用人制度(servant system)
用人标准(servant standard)
用人原则(servant principle)
用人方法(servant method)
用人艺术(servant art)

本章思考题

1. 如何提高领导用人的成效?
2. 什么是领导用人成效的基础?
3. "任人唯贤"的用人思想的历史渊源是什么?
4. 领导用人应遵循哪些原则?
5. 为什么说人才资源是组织的战略资源?
6. 我党"任人唯贤"的干部路线是怎样建立和发展起来的?
7. 如何正确理解德才兼备的用人标准?
8. 领导用人方法与艺术之间存在着怎样的关系?

本章推荐阅读书目

1. 作明.领导用人三十六计[M].北京:中国工商联合出版社,2001.
2. 金和.非常领导智慧:选人・用人・管人[M].北京:中国纺织出版社,2003.
3. 杰夫.领导用人100招[M].北京:企业管理出版社,2003.
4. 刘锐.图解领导用人[M].成都:四川人民出版社,2004.
5. 王立生.执行・沟通・协调:领导用人的技巧[M].北京:地震出版社,2005.
6. 肖正.领导用人的100个关键细节[M].北京:中国纺织出版社,2013.
7. 任多伦.传统文化中的识人用人与领导力培养[M].北京:经济日报出版社,2017.

第七章

领 导 沟 通

——本章导言——

现代管理以分工为基础,以协作为特征,良好的配合关系是确保管理系统协调运行不可缺少的条件。沟通是实施有效领导的基础和前提,而领导者是信息传递交流顺畅的关键所在,在各种沟通中发挥着重要作用。领导者应掌握信息沟通规律,提高沟通的有效性,从而提升领导活动的成效。本章重点讨论领导沟通的内涵、功能、类型及领导沟通的方式与机制。

第一节 领导沟通的内涵、原则与功能

一、领导沟通的内涵

(一) 沟通的概念

"沟通"一词源于拉丁文"communis",意思是"共同化",英文为"communication"。《大百科全书》解释为"用任何方法,彼此交换信息",在《美国传统双解词典》中有关"communication"的解释为"交流、交换思想、消息或信息,如经由说话、信号、书写或行为"。《新编汉语词典》有关"沟通"之意的词条解释为"使两方能联通"。20世纪初,哈佛大学商学院为加强其学生的写作和演讲能力,首次开设沟通课程,讲授一般沟通的应用技巧,自此管理学界开始了对沟通的关注。1916年,亨利·法约尔第一个较系统地阐述了沟通的作用,对促进沟通的研究起了重要的作用。此后,众多学者围绕沟通的信息交流、信息传递的作用,对"沟通"进行较全面深入的研究。关于对"沟通"概念的认识,目前国内外学术界的观点主要有:

(1) 沟通就是通常所说的信息交流;

(2) 沟通是人们分享信息、思想和情感的任何过程,这种过程不仅包括口头语言和书面语言,也包含形体语言、个人的习气和方式、物质环境等赋予信息含义的任何东西;

(3) 沟通是传递某些信息而使他人在思想和行为方面发生变化的行为;

(4) 沟通是信息的传递、信息的解释以及个人的思维参照系共同发挥作用的过程;

(5) 沟通是指可理解的信息或思想在两个或两个以上人群中的传递或交换的过程,目的是激励或影响人的思想或行为;

(6) 沟通是人与人之间通过文字、符号、语言或其他表达形式,进行信息传递和交换的过程;

（7）沟通可以视为任何一种程序，借此程序，组织的一个成员将其意向传递给其他的有关成员；

（8）在行为环境和一定的资源下，将信息有意识地传递给接收者；

（9）沟通是为了目标，把信息、思想和情感在个人或群体之间传递的过程。

上述界定在表述上虽然存在差异，但都具有一个共同观点：沟通是进行信息传递，如果意思或想法没有被传送到，则意味着沟通失败。这就表明，在沟通之前，首先要有信息传递的目的，根据这一目的，与别人进行沟通，如告知别人某事、征求某人意见等；其次，沟通的内容还必须为别人所接受和理解。有效的沟通，应该是经过传递之后能为接受者感知到的信息与发送者所发出的信息基本一致。

此外，需要注意的是，良好的沟通常常被错误地解释为沟通双方达成协议，而不是准确理解信息的意义。如果有人与我们意见相左，不少人可能认为我们之间的沟通出现了障碍，其实不然。良好的沟通不等于对方接受你的观点。"我明白你的意思但是却不同意你的看法"的情况时常发生，这并不是沟通的问题，而是立场或观点的问题。

综上所述，沟通就是信息交流，即把某一信息（或意思）传递给客体或对象，以期取得客体作出相应反应效果的整个过程。

（二）沟通的目的

不同情形下进行沟通，目的显然不同。一般来说，沟通有以下四个目的。

1. 交流信息

沟通中一个很重要的目的在于与对方分享信息。不同的组织或组织不同的层次甚至不同的个体，由于所掌握的信息不同，通过沟通可以实现信息交流。信息交流还表现在对后来者的指导与帮助方面。这方面日本的经验特别值得推介。日本组织中的人在离开一个组织的时候，一般都会有一本备忘录，留给后面接任的人继续阅读，这是一种"背靠背"的沟通，但就是通过这种沟通，现任者与继任者交流了很多信息。

2. 表达情感

何谓情感？在企业管理中，情感指的是工作上的一种满足或者挫败。著名的安利公司不像一般公司那样总是把"英雄豪杰"的照片挂在墙上。该公司有个很好的做法，就是每一次找一个成功的业务员，叫他把故事讲给其他人听，再找一个失败的业务员，把他的挫折讲给别人听，让大家一起交流，最后再把五个成功的案例和五个失败的案例摆在一起，让大家再一次互相交流。安利的成功，与这种情感分享有很大的关系。

3. 控制下属行为

领导者的下属有没有按照领导者的意思去做，不沟通是不会知道的，所以沟通的一个重要目的是控制下属的行为。换句话说，下属到底有没有按照领导者的意思去做，要通过沟通，让他汇报才能知道是否达到了领导者的目的。

4. 激励员工改善绩效

激励下属是所有管理者的天赋职责，而沟通则是激励的一种廉价和有效的方式。很多公司每天早晨的例会主题之一就是管理者总结前一天的成果，对优秀员工进行表扬，这就充分体现了沟通的激励目的——通过沟通鼓励员工继续努力工作。在公司治理中，管理者与下属一般信息不对称，这时就需要双方之间多进行沟通，特别是领导者与下属主动进行沟通,往往会提高下属的业绩。

(三) 领导沟通的内涵

沟通是人类社会的一般现象,而领导沟通则属于一种特殊的沟通,在内涵上有别于其他形式的沟通。它既具有一般沟通的特质,但又不同于一般意义上的沟通。领导沟通主要围绕领导行为进行,其目的是提高领导效率。

领导沟通是组织及其领导者为了实现组织目标,在履行管理职责、实现管理职能过程中,通过信号、媒介和渠道,有目的地交流观点、信息和情感的行为过程。这包含三个方面的含义。首先,领导沟通围绕组织目标进行。这一点有别于非职务性活动的私人交流和谈心等,尽管在具体的沟通活动中也可能采取这些形式,但领导沟通是围绕组织目标、为了完成某个任务和解决某个问题而进行的一种沟通行为过程。其次,领导沟通的内容包括信息沟通,以及情感、观点等的交流。最后,领导沟通是沟通双方的行为,而且还要有中介体和媒介。

领导沟通具有如下特点。

1. 从领导沟通的性质来看,领导沟通是管理的内容之一

诚然,领导沟通是一种沟通,并且也一定是管理活动中的沟通。但正像沟通发生在任何其他情况下都会形成相应的沟通类型或形式一样,发生在领导活动中的沟通,也必然是一种独特类型或形式的沟通。这种类型的沟通是领导者在履行管理职责的过程中,为了有效地实现管理职能而进行的一种职务沟通活动。因此,领导沟通不仅与管理有联系,其实它本身就是管理的内容。

2. 从领导沟通的形式来看,领导沟通是一种制度体系

领导沟通非但表现为人际沟通、个别沟通、正式沟通、非正式沟通等,它更应该包括现代组织信息活动与交流的一般管理要求和现代管理方式等在内。这意味着领导沟通不仅是一种活动,同时也是一种制度或体系。具体而言,就是组织结构的制定和组织制度、体制的建设要为有效沟通提供便利。

3. 从领导沟通的内容来说,领导沟通是规范性的活动和过程

作为领导活动之内容的沟通有别于任何随意的、私人的、无计划的、非规范的沟通。尽管领导沟通也可能是信息、思想、观点、感情、意见等任何内容的交流,但这些交流却与组织目标、任务和要求等密切相关。领导沟通的任何内容的实施和展开都是受组织目标引导的一种有计划的、自觉的、规范性的活动和过程。

4. 从领导沟通的必要性来说,领导沟通是有效领导的本质要求

领导是组织追随者共同完成某个任务、实现某种目标的活动过程,这个过程以持续的、复杂的、大量的沟通活动为基础。据统计,沟通占据了领导者的大部分时间和精力。所以,领导沟通是领导者的基本职责之一,是管理行为的基本构成要素。不仅如此,领导沟通作为一种新兴的现代管理理念,在当代文化管理、软管理以及学习型组织、团队合作、忠诚、共赢、共同成长和复杂系统建构与运作等一系列新兴的管理理论与理念的支撑下,已经凸显为领导学的核心内容。

(四) 沟通的构成要素

领导沟通作为沟通的重要形式之一,主要由以下九个要素构成。

□ 1. 信息源（领导）

信息源回答"谁正在发起行动（沟通）""信息是从哪里发出的""为什么要信任他"等问题。提供信息源的发信者的动机、态度及其可靠性对沟通效果有着重要作用。

□ 2. 接收者（下属）

接收者即信息接收者。对这一要素，要考虑的问题包括：是什么促使他们接收和理解这些信息？他们对信息发送者建议的态度是积极的还是消极的，或者是不冷不热的？有一个还是几个关键的受众？那些会受到发送者信息影响的次要受众是谁？有没有还没考虑到的受众？

□ 3. 编码和译码

编码是发送者将信息译成可以传递的符号形式的过程，发送者的语言和知识储备起着重要的作用。专业化的信息可以用专业术语传递，也可以用任何人都能理解的形式传递。译码指信息接收者的思维过程，是信息接收者根据自己已有的经验和参考的框架进行解释的过程。在这一过程中，接收者得到的信息与发送者的本意可能相似，也可能不同。发送者应明白，不管自己的期望如何，在接收者头脑中所进行的解码只反映了接收者自己的情况。

□ 4. 目标

目标是指通过沟通想寻求的结果。当人们接到一个指示或产生一个好想法时，尽可能将其清晰地记录下来，并把它与实现的成本进行比较。然后要思考：目标有价值吗？它和同等重要的其他目标相冲突吗？沟通的双方将怎样评价其风险和成果？简言之，就是要回答"怎样才算沟通成功"的问题。

□ 5. 信息

信息通常包含了沟通主体（发送者和接收者）要分享的思想和情感。这些思想和情感通过评议和非语言两种符号来表达。关于信息这一要素，要考虑的问题包括：针对特定的受众，提供什么信息可实现沟通的目的？他们需要多少信息？他们可能会产生何种疑惑？你的建议将会对他们产生何种利益？怎样使你的信息具有说服力并让接收者牢记在心里？怎样组织你的观点才最有说服力？

□ 6. 沟通渠道或媒介

这是发送者把信息传递给接收者那里所借助的手段，如面谈、电话、会议、计算机网络、公文、计划方案、工作日程等。哪种媒体能把信息最有效地传递给每个重要受众？也就是说，如何选择写信、发电子邮件，还是召开会议、发传真、播放录像，或是举行记者招待会等方式？实际上"媒介本身就是信息"，在做出媒介选择时就已经在传递着相应的信息。例如，你送给办公室同事一份备忘录，可能表示你不愿与他面对面交谈。在参加面谈时通过整齐的职业装、自信的目光和尊重的语气这些非语言信号，发送出比求职信更为丰富的信息。

□ 7. 反馈

反馈是信息发送者和接收者相互间的反应。沟通是为达到某种结果而进行的动态过程，一个信息引起一个反应，而这个反应又成为一个信息。反馈意味着沟通的每一个阶段都要寻求受众的支持，更重要的是给他们回应的机会。只有这样，信息发送者才会知道自己的受众在想什么,才有相应的调整自己所发布信息的依据,提高接收者在沟通过程中的参与感,并对发送者的目标作出承诺。举例而言:你的同事向你诉说一件倒霉的事,你会安慰他几句;你批评下属工作质量下降时,他会竭力为自己争辩,这些都是反馈。由于反馈能让沟通主体参与并了解信息是否按他们预计的方式发送和接收、信息是否得到分享,所以它对沟通效果的好坏是至关重要的。相比之下,两个人面对面的沟通使沟通主体有了最大的反馈机会,而在一个礼堂或报告厅里所进行的演说,不论演说者还是受众,其反馈都十分有限。总之,交流中包含的人越少,反馈的机会就越大。

8. 噪声

噪声是影响接收、理解和准确解释信息的障碍。根据噪声的来源,可将它分成三种形式:外部噪声、内部噪声和语义噪声。外部噪声源于环境,它阻碍人们听到和理解信息。最常见的噪声就是谈话中其他声音的干扰,如车间里机器的轰鸣声、课堂外的喊叫声、隔壁邻居家装修房子的声音等。不过这里所说的噪声并不单纯指声音,它也可能是刺眼的光线、过冷或过热的环境。有时在组织中,人们之间不太友好的关系,过于强调等级和地位的组织文化等也是有效沟通的障碍。内部噪声发生在沟通主体身上,比如注意力分散、存在某些信念和偏见等。语义噪声是由人们对词语情感上的拒绝反应引起的,如许多人不听带有亵渎语言的讲话,因为这些词语是对他们的冒犯。

9. 背景或环境

背景(环境)通常指沟通发生的时间和地点(时空背景)。人们的任何活动都不是发生在真空中的,环境或背景对沟通效果能产生重大影响。沟通在什么地方进行,本身就有很多意味。正式的场合适合于正式的沟通,而在非正式的场合,人们的言语交谈则要随意得多。很多情况下,当环境变化时,沟通也随之变化。众所周知,大公司和小公司由于结构和规模上的差异,组织沟通的方式和风格也大相径庭;而一个组织处于稳定发展阶段时的信息沟通,与处于变革时期的信息沟通,不论在内容和手段上都会有很大的区别。

■ 二、领导沟通的原则

领导沟通不仅是交流信息,而且还是表达情感的一个重要渠道。领导者通过沟通,可以控制下属的行为,了解下属的行为是否达到了领导者的目标,从而激励下属改善绩效。因此,领导沟通也需要遵循以下原则。

1. 尊重原则

相互尊重是有效沟通的前提。在沟通的过程中,不听取别人的意见、建议,盛气凌人、刚愎自用等,都是不尊重人的表现。在讨论问题时,坚持并保留自己的意见是十分正常的,但是沟通的双方应该互相尊重。相互尊重这条原则在领导下行沟通中尤为重要。

2. 坦诚原则

在沟通过程中,双方应该坦率、真诚,有什么不同意见应该直言相告,开诚布公,这有利于提高沟通的效果。特别是对信息发送者而言,一定要明确表述自身意思,否则容易造成沟通障碍。

3. 合作原则

沟通的目的之一是为了合作,如同级部门、上下级部门之间的合作。因此,作为沟通者要以合作的心态对待沟通。在沟通中,双方互相理解、信任和支持的因素是十分重要的,而这种因素的形成和强化,要求双方应有真诚的合作意识。

4. 真实原则

沟通是传递信息的过程,虚假的信息不仅严重制约着沟通的质量,而且还会导致决策的失误。因此,在沟通的过程中,要敢于讲真话、讲实话,这有利于达到沟通和解决问题的目的。组织要不断优化员工讲真话的沟通环境。

5. 及时反馈原则

及时反馈既是管理中要遵循的基本原则,更是沟通中要遵循的重要原则。沟通的好坏最终体现在信息接收者的反馈上,这种反馈表明接收者是否真正理解了他人的意图,因此,接收者要进行及时反馈,让信息发送者能够根据反馈信息及时改进沟通的方式与内容。

三、领导沟通的功能

领导沟通对组织的管理和运作具有十分重要的意义。如果一个组织没有良好的领导沟通,那么,无论是组织与部门之间还是组织与个人、个人与个人之间都无法达到真正的融合,领导工作也就不能顺利开展,更谈不上组织目标的实现。所以,领导沟通对于组织而言是组织存在和发展的基本条件,凡是富有生机的组织都是具有良好领导沟通特性的组织,而严重缺乏领导沟通的组织,不仅组织总体的目标不能很好地达成,即便是它的存在也将受到严重的威胁。

由此可见,领导沟通在组织系统中占有重要地位,发挥着重要作用。具体来说,领导沟通的功能主要体现在以下几个方面。

(一)组织存在与发展的前提和基础

任何一个组织都是由人及其相互之间的关系构成的,具有明确的目标,因此,当人们相互作用以完成组织目标时,必然要求依靠组织各部门、各层次领导之间的相互沟通与协调,组织正是在相互的领导沟通基础上,来维持和实现组织的有效领导和规范运作的。著名管理学大师彼得·德鲁克就明确把沟通视为管理的一项基本职能。无论是计划的制订、工作的组织、人事的管理、部门间的协调、与外界的交流,都离不开领导沟通。无数实践证明,良好的组织必然存在着良好的领导沟通。正如美国未来学家约翰·奈斯比特指出的那样,"未来竞争是管理的竞争,竞争的焦点在于每个社会组织内部成员之间及其与外部组织的有效沟通上"。而组织内各部门、各成员之间的有效沟通正是建立在良好领导沟通的基础上。

(二)领导决策科学化的充分保证

当今,决定一个组织事业成败的关键,除了严密的日常管理工作之外,更重要的是决策的正确性。而一项科学、正确决策的制定,需要领导者掌握足够的信息,在此基础上对信息进行传送与解析,最后才能作出选择。如果领导者没有充分沟通,就不可能得到足够有效的信息源,也就不能发现问题、确定目标、提出正确的解决方案,从而进行科学的决策。有关研究表明,我国企业管理中70%的错误是由于不善于沟通造成的。实际上,决策本身在本质上就是一个领导沟通过程,领导沟通贯穿于整个决策过程的始终。在决策过程中无论是问题的提出及其认定、各种可供选择方案的比较,都需要组织内外相关的信息支持。事实证明,许多决策的失误,都是由于信息不全、领导沟通不畅造成的。因此,没有领导沟通就不可能有正确的决策,组织决策的任何一个步骤都离不开有效的领导沟通。

(三) 增强组织内聚力的有效手段

当组织作出某一项决策或制定某一项新的政策时,由于所处的位置不同、利益不同、掌握的信息多少不同、知识经验不同,因而组织成员对决策和政策的态度是不可能一样的。为了使人们能够理解并愿意执行这些决策,就必须实行充分而有效的领导沟通——交换意见、统一思想、明确任务、统一行动,通过领导沟通促进组织内各个部门及其成员之间的相互了解,在组织内创造一种和谐友好、积极向上的环境氛围。对组织成员来说,加强领导沟通可以使他们深切地感受到自己在组织中的主人翁地位,从而产生对组织的认同感和集体荣誉感,这对增强组织内聚力是异常重要的。因此,领导者要因势利导,鼓舞士气,积极创造融洽的组织氛围,促进成员之间的精诚团结,以期共同为组织目标的完成贡献自己应有的努力。所以,没有领导沟通就不可能有协调一致的行动,也不可能实现组织目标。

(四) 组织保持良好人际关系的催化剂

组织是以人的发展为最终目的的体系。组织如果把人的全面发展作为自己的根本宗旨,就必须在组织内时刻保持良好的人际关系,激发组织成员的士气,引导其发挥潜能,施展才华。研究表明,一些规模中等、制度健全的公司,其组织成员平均只将15%的潜力施展在其工作之中。主要原因是没有良好的领导沟通,缺乏和谐的人际关系,缺乏对组织目标、愿景的了解和理解。而一个组织内人际关系如何,主要取决于领导者的沟通水平、态度和方式。一个领导者作风好,经常深入基层,能够虚心听取组织成员的意见,关心组织成员的生活和工作,就能够实现有效的领导沟通,在组织内建立起一种良好的人际关系。因此可以说,在组织的发展过程中,针对人的需要进行合理的领导沟通是促进人际关系和谐的催化剂。良好的领导沟通能够使组织成员产生对组织的依赖感和满意感,可以将组织成员的个人目标内化为组织目标的实际工作动力。一个组织如果缺乏领导沟通,要么使组织变成一潭死水,要么使组织成员之间人人自危,相互提防,从而使组织丧失生机与活力,最后影响到组织目标的实现。所以领导沟通既是领导者的重要任务,也是形成良好人际关系的关键要素。

(五) 保持组织内外关系协调的必要环节

组织是一个开放系统,时时刻刻都要同外部环境之间进行物质、能量以及信息等方面的交流与交换。任何一个组织都是在一定的环境中存在和发展的,组织的环境包括组织的内环境和外环境,它是组织内部有机联系的各个部门以及组织以外其他所有组织与物质条件的总和。首先组织要保证内部各个部门之间相互关系的顺畅、工作关系的协调,需要领导沟通;其次,组织要与组织以外的其他组织保持有机的联系与协调,不断地从其他组织中获取先进的管理经验,增进组织的科学性管理,并以其他组织的教训作为组织管理和组织发展的前车之鉴,不断调整组织管理与运作的方针和策略等,也需要领导沟通。因此,领导沟通是保持组织内外关系协调的必要环节。

(六) 提高组织效率和绩效的途径

卡梅隆于1988年对一个正在进行大规模调整的大型制造公司进行调研时,设计了两个问题:一是在组织调整实施过程中遇到的最大问题是什么?二是你过去进行组织调整的成功经验中最关键的因素是什么?得到的答案都是沟通。由此可见,沟通在组织中的重要性。领导沟通作为沟通中的一种,其重要性可想而知。在任何一个组织中,组织成员都有表达意愿、交流思想、提出建议的需求,领导者有了解成员、获得理解和支持的期望,这都离不开良好的领导沟通。良好的领导沟通不仅可以增进组织成员之间的相互了解、消除组织运行中的冲突和矛盾,变不利因素为有利因素,提高组织效率;而且还可以使组织成员在一个共同的组织目标下,协同一致地工作,提高组织绩效。因此,有效的领导沟通不仅能使个人的自我价值得到提升,而且是组织高效运行的重要保证。

第二节 领导沟通的类型与方式

一、沟通类型

案例 10

领导沟通的类型多种多样,按照不同的划分标准,可以划分为不同的类型。

(一)按沟通是否借助组织系统分类

按沟通是否借助组织系统,分为正式沟通与非正式沟通。

1. 正式沟通

正式沟通是指在组织系统内,依据正规的组织程序,按权力等级链进行的沟通。按沟通的方向划分,正式沟通可以分为上行沟通、下行沟通、平行沟通和斜向沟通。上行沟通是下级机构或人员按照组织的隶属关系与上级机构或领导者进行的沟通,其方式包括正式报告、汇报会、建议箱、申诉、接待日、员工士气问卷、离职谈话、信访等。下行沟通是指上级向下级进行的信息传递。其方式包括指示、谈话、会议、广播、电话等。平行沟通是指组织结构中处于同一层次上的成员或群体之间的沟通。其目的主要是谋求相互之间的理解和工作中的配合,通常带有协商性。斜向沟通通常是指非属同一组织层次上的个人或群体之间的沟通,常发生在职能和直线部门之间。如职能部门的主管与生产部门的经理之间的沟通就属于斜向沟通。斜向沟通主要是为了加快信息传递。

正式沟通的优点是,沟通效果好,沟通信息严肃可靠,沟通对双方约束力强,易于保密,沟通信息量大,并且具有权威性,一般的重要信息都通过这种方式沟通。缺点是信息依靠组织系统之间层层传递,速度一般较慢,且沟通方式一般比较刻板。

2. 非正式沟通

非正式沟通指的是正式沟通渠道之外进行的信息传递和交流。如员工之间私下交换意见、背后议论、小道消息、马路新闻的传播等,均属于非正式沟通。非正式沟通方式的优点是沟通方便,内容广泛,方式灵活,沟通速度快,可用于传播一些不便正式沟通的信息。而且由于在这种沟通中比较容易把真实的思想、情绪、动机表露出来,因而能提供一些正式沟通中难以获得的信息。组织中的沟通包括正式沟通和非正式沟通,其中非正式沟通包括通过组织内的非正式组织进行的非正式沟通,以及不通过非正式组织进行的非正式沟通。非正式沟通包括一般的非正式沟通和非正式组织沟通,常见的有生日宴会、鸡尾酒会等各种类型的生活会,组织举办的各类活动,组织领导进行的家访、串门等,其形式非常灵活。一般的非正式沟通与非正式组织沟通的主要区别就在于,组织的领导者是否出面进行沟通。在非正式组织沟通中,组织领导者通常不会亲自出面,而是通过非正式组织的成员出面进行沟通,而在一般的非正式沟通中,组织领导者会出席员工的生日宴会、或是通过其他活动与员工接触,进行沟通交流。

  凯斯·戴维斯曾对小道消息的传播进行了研究,发现有四种传播方式:单线式的传播方式是通过一连串的人把消息传播给最终的接收者,流言式是一个人主动把消息传播给其他人,偶然式是按偶然的机会传播消息,集束式是把消息有选择地告诉自己的朋友或有关的人。戴维斯的研究结果表明,小道消息传播的最普通形式是集束式。小道消息的传播者往往只把消息告诉经过选择的对象,即按集束式传播消息。小道消息的传播者往往是固定的一些人。在任何群体中,总有一些人喜欢传播小道消息。其他人不是从领导者而是从这些人口中得知群体中将要发生的事情,有许多重要信息就是通过这一渠道传播的。关于小道消息的传播存在着不同的观点。一些人认为,传播小道消息是散布流言蜚语,应加以禁止。另一些人认为,通过非正式沟通渠道散布小道消息,也能在企业中起积极作用。应该说,非正式沟通是客观存在的,关键是管理者能否利用它为群体或组织的目标服务。

杰克·韦尔奇的非正式沟通之道

  通用电气公司的 CEO 杰克·韦尔奇最成功的地方,是他在通用电气公司建立了非正式沟通的企业文化。通用电气公司上下,包括韦尔奇的司机和秘书,以及工厂的工人都叫他"杰克"。韦尔奇最擅长的就是提起笔来写便条和亲自打电话。

  曾经有一个人在韦尔奇手下当经理,因为不愿意女儿换学校而拒绝韦尔奇对其调职和升职。韦尔奇知道后写了一张便条给他:"比尔,你有很多原因被我看中,其中一点就是你与众不同。你今天的决定便证明了这点……祝你合家安康,并能继续保持生涯规划的优先次序。"你想当比尔收到公司大老板的亲笔信时,有什么感想?韦尔奇对员工的关怀,已从主管和下属的关系升华为人与人之间的关系。这种非正式沟通,实在是最好的沟通。韦尔奇常常"微服出游",和总部外的员工见面。他最常引用的例子,就是要大家拿出开"杂货店"的心态来经营通用电气,杂货店的特色是顾客第一,要的货都有,价钱公道,店员没有架子,随叫随到,没有那么多繁文缛节,这些就是韦尔奇奉行的非正式沟通的精髓所在。

（郭丕斌，陈红. 成就出色的领导者[M]. 北京：经济管理出版社，2006：245-246.）

> **思考与提示**
> 1. 你认为通用电气公司的非正式沟通有哪些特点？其目的是什么？
> 2. 结合案例，分析领导者应该如何对待非正式沟通。

以上案例说明了非正式沟通对于企业良好人际关系的重要性。在相当程度内，非正式沟通的发展也是配合决策对信息的需要。这种途径较正式途径具有较大的弹性，它可以横向流向，或是斜角流向，一般也比较迅速。在许多情况下，来自非正式沟通的信息，反而会受到接收者的重视。由于传递这种信息一般以口头方式，不留证据、不负责任，许多不愿通过正式沟通传递的信息，却可能在非正式沟通中透露出来。为提高沟通的有效性，在面对非正式沟通时，领导者应该认识到非正式沟通的信息具有过滤与反馈双重机制，领导者应该对它进行分析并预测其流向。此外，应该认识到，非正式沟通所传递的信息不可能彻底消除，简单禁止无济于事，领导者的目标应该是把其范围和影响限定在一定区域内，并使其消极结果减少到最低。领导者可以利用非正式沟通，改善人际关系，形成感情融洽、相互关心、彼此信任、协商一致的群体气氛和组织情景，提高组织成员的成熟度和抗干扰能力。对有利于组织目标实现的非正式沟通网络，可以适当提倡利用，以弥补正式沟通网络的不足。

3. 非正式沟通的特点

相对于正式沟通而言，非正式沟通具有以下特点。

1) 非正式沟通的渠道有随意性、灵活性、松散性的特点

由一点可以任意通向沟通网络中的另一点，具有自由流动的性质，因此产生的信息沟通的模式和方法也是不固定的，是无拘无束、自由开放的。

2) 非正式沟通的沟通内容非正式，更容易表露真实想法

非正式沟通主要是就沟通双方相互关心的话题进行沟通，一般是有选择地针对个人的兴趣和爱好的话题，所沟通的信息往往是与沟通者的利益相关或者是他们比较感兴趣的问题。它没有什么约束，一般没有正式的议题和形式。在沟通中比较容易把真实的思想动机表露出来，并且能够提供一些正式沟通中难以获得的信息。

3) 非正式沟通的情感性强

非正式沟通的部分目的是增进沟通者之间的感情。情感沟通有别于单纯的上行或下行沟通，情感的沟通方式是平行或交叉的，其特点在于人与人之间打破原有组织中的等级差异。非正式沟通的情感性也是沟通者对沟通心理需求的一种体现。

4) 非正式沟通的效率高、速度快、比较灵活

一般来说，正式沟通主要是依赖于正式组织的"层级原则"建立起来的，这就决定了其沟通方式单调、信息传播缓慢。非正式沟通的人际关系网络往往超越了部门、单位以及层级，沟通者之间交往频繁，而且非正式沟通内容围绕沟通者关心的话题进行，通常只把信息在需要这些信息的人之间传递，因此，信息沟通的速度大大加快，效率更高。

5) 非正式沟通的信息的真实性不确定

有人把非正式沟通称为传播小道消息,这主要是因为非正式沟通中消息来源不固定,传递也不受任何制约,因此无法确保信息的真实性。与此同时,非正式沟通的情感性也更加导致了信息真实性的不确定。

4. 非正式沟通与正式沟通的区别

正式沟通与非正式沟通的区别有以下两点。

1) 沟通信息的性质

正式沟通是组织和团体为达到目标所必须进行的沟通活动,沟通的是有关工作和任务的信息。正式沟通的优点是效果好,有较强的约束力,但沟通速度较慢。非正式沟通多属情感沟通,在非正式沟通中,人们比较容易把真实的思想动机表露出来,并且能够提供一些正式沟通中难以获得的信息。

2) 沟通渠道的性质

正式沟通是通过组织正式的渠道进行工作信息的沟通,非正式沟通则指在正式沟通渠道之外进行的与组织工作关系不大的信息沟通,如团体成员间的私下交谈、情感交流等。非正式沟通不用在严肃的气氛中进行,使得沟通双方更能达到一定的感情交流,其优点是沟通方便、速度快,用以传递一些不便正式沟通的信息,其缺点在于信息容易失真、被歪曲、夸大或误解。

5. 正式沟通与非正式沟通的相互关系

正式沟通与非正式沟通的相互关系主要表现在以下几个方面。

1) 在正式组织中以正式沟通为主,以非正式沟通为辅

正式组织中起主导作用的为通过组织的正式结构和系统进行的正式沟通,正式沟通的优点显而易见,它沟通效果好,信息准确,比较严肃而且约束力强,易于保密,可以使信息沟通保持权威性。

2) 非正式沟通在正式组织中起到的作用是不可替代的

我们在看到正式沟通优点的同时,也应看到,正式沟通还存在着沟通速度慢、刻板僵化、有时也会使信息失真等缺点。因此,组织为了顺利进行工作,还要依赖非正式沟通来补充正式沟通的不足。

3) 非正式组织中的沟通是以非正式沟通为主导的

我们在前面已经分析了非正式组织与正式组织间的相互作用,了解非正式组织对正式组织的重要意义。非正式组织中的沟通属于非正式沟通,但与一般的非正式沟通在沟通效果和适用范围上存在差异。一般的非正式沟通指正式组织不通过内部的非正式组织进行的沟通,包括党支部出面参加员工的生日会、家访、串门等。非正式组织中的沟通,主要是指通过老乡、同学等非正式组织的成员出面做工作。两者各自的优点和不足在于以下方面。一般的非正式沟通,由组织领导出面,以示对下属的关怀,使得管理更加人性化,会给下属带来心理上的温暖,也会让下属体会到有面子。通过老乡等进行的非正式组织沟通,其优点在于更容易令人说真心话、心里话,充分倾诉以满足心理需求,这是领导者无法替代的。通常来讲,当领导者与被领导者之间没有矛盾时,领导者出面的沟通效果会更好;反之,当领导者与被领导者之间存在着矛盾时,由老乡等非正式组织成员出面进行沟通的效果会更好。

(二) 按沟通的方式分类

按沟通的方式，可以分为口头沟通、书面沟通和非言语沟通。

1. 口头沟通

所谓口头沟通就是运用口头表达的方式来进行信息的传递和交流。这种沟通常见于会议、会谈、对话、演说、报告、电话联系、市场访问、街头宣传等。

口头沟通的优点在于：比较灵活，简便易行，速度快，有亲切感；双方可以自由交换意见，便于双向沟通；在交谈时可借助手势、体态、表情来表达思想，有利于对方更好理解信息。但它也有缺点，如受空间限制，人数众多的大群体无法直接对话，口头沟通后保留的信息较少。

2. 书面沟通

书面沟通指的是用书面形式进行的信息传递和交流，例如简报、文件、通讯、刊物、调查报告、书面通知等。

书面沟通的优点在于：具有准确性、权威性，比较正式，不受时间、地点的限制；信息可以长期保存；便于查看，反复核对，倘有疑问可据以查阅，可减少因一再传递、解释所造成的失真。它的缺点是：不易随时修改，有时文字冗长不便于阅读，形成书面文字也较为费时。

美国心理学家戴尔通过比较研究，认为兼用口头与书面沟通的沟通方式效果最好，其次是口头沟通，再次是书面沟通。

在管理中，口头沟通与书面沟通都是必不可少的，但用得更多的是口头沟通。通常，传递重要的、需要长期保存的信息，宜用书面沟通；传递一般性的、暂时性的、有关例行工作的信息，以口头沟通更为简便。在班组、科室中，一般成员不多，工作场地较为集中，担负的大多是执行性任务，因此，应特别重视口头沟通。

3. 非言语沟通

非言语沟通指的是用语言以外的即非语言符号系统，如视-动符号系统（手势、表情动作、体态变化等非言语交往手段）、目光接触系统（如眼神、眼色）、辅助语言（如说话的语气、音调、音质、音量、快慢、节奏等），以及空间运用（身体距离）等进行的信息沟通。

在人际沟通中，人们的内心活动变化会在手势和形体语言中有意无意地流露出来。通过形体暗示所透露出来的非言语信息主要有以下几种沟通功能。

1) 态度信息

一方面，手势和形体姿态可以帮助我们传递或强化由言语表达的信息；另一方面，形体暗示更能生动地反映出信息传播者对他人的态度。

2) 心理信息

研究表明，形体暗示功能可以有效地提供确切的个人心理状态的信息。它不仅能表明我们是否自信，而且还能暗示我们的自信度。它们通常能够揭示信息传播者是否靠得住，也能将信息传播者消极的心理状态暴露无遗。

案例 7-2

沟通:沃尔玛的成功之道

美国沃尔玛公司总裁萨姆·沃尔顿曾说过:"如果你必须将沃尔玛管理体制浓缩成一种思想,那可能就是沟通。因为它是我们成功的真正关键之一。"

沟通就是为了达成共识,而实现沟通的前提就是让所有员工一起面对现实。沃尔玛决心要做的,就是通过信息共享、责任分担实现良好的沟通交流。

沃尔玛公司总部设在美国阿肯色州本顿维尔市,公司的行政管理人员每周花费大部分时间飞往各地的商店,通报公司所有业务情况,让所有员工共同掌握沃尔玛公司的业务指标。在任何一个沃尔玛商店里,都定时公布该店的利润、进货、销售和减价的情况,并且不只是向经理及其助理们公布,也向每个员工、计时工和兼职雇员公布各种信息,鼓励他们争取更好的成绩。沃尔玛公司的股东大会是全美最大的股东大会,每次大会公司都尽可能让更多的商店经理和员工参加,让他们看到公司全貌,做到心中有数。萨姆·沃尔顿在每次股东大会结束后,都和妻子邀请所有出席会议的员工约 2500 人到自己的家里举办野餐会,在野餐会上与众多员工聊天,大家一起畅所欲言,讨论公司的现在和未来。为保持整个组织信息渠道的通畅,他们还与各工作团队成员注重全面收集员工的想法和意见,通常还带领所有人参加"沃尔玛公司联欢会"等。

萨姆·沃尔顿认为让员工们了解公司业务进展情况,与员工共享信息,是让员工最大限度地干好其本职工作的重要途径,是与员工沟通和联络感情的核心。而沃而玛也正是借用共享信息和分担责任,满足了员工的沟通与交流需求,达到了自己的目的:使员工产生责任感和参与感,意识到自己的工作在公司的重要性,感觉自己得到了公司的尊重和信任,积极主动地努力争取更好的成绩。

(钟佩华.团队沟通:切忌缺"胆"少"肺"没有"心"[J].人才资源开发,2007(5):89.)

思考与提示

1. 你认为沃尔玛采取了哪些沟通方式?效果如何?
2. 结合案例,分析非正式沟通与正式沟通的特征与作用差异。

3) 情绪信息

我们的脸能非常准确地传递特定的情感信息,而形体暗示则显示我们情绪的变化情况和紧张程度。

非言语沟通与语言沟通具有密切的关联性。这两个方面配合得越好,沟通的效果也越好。因此在沟通时,要注意保持两者在意义上的一致性,否则,如怒气冲冲地表扬人,嬉皮笑脸地批评人,怒目而视地抚摸,板着脸孔与人打招呼,都会使信息模糊而使对方难以捉摸,从而影响沟通效果以致招来误会或带来麻烦。而在实际沟通过程中,当言语信息与非言语信息不一致的时候,人们往往会更加相信非言语信息。

另外,电子媒介沟通作为非语言沟通的一种新兴形式,在领导沟通中日益发挥着重要作用。电子媒介沟通是指通过电子设备进行的沟通,与传统的沟通方式有着很大的区别。

(三) 按沟通网络的基本形式分类

按沟通网络的基本形式,可以分为链式沟通、Y式沟通、轮式沟通、环式沟通和全通道式沟通。

沟通网络就是指组织各成员之间联系的一种结构化形式。通过团体沟通网络可以更好地了解组织内团体沟通的行为。传播学者彼得·蒙日等认为,一个网络是通过个人在群体之间传递信息建立的。组织由许多结构组成,每个结构依靠组织内某种类型的沟通存在。一些学者通过研究,指出团体沟通网络有五种类型:链式、Y式、轮式、环式和全通道式。

1. 链式沟通

在链式沟通(见图7-1)中,相关层次非常清楚,信息在组织的四个层次中逐级传递,而且只能自上而下或自下而上,居于两端的人只能与其相邻的一个成员联系,而居中间的人则可以分别与前面和后面的人沟通信息,沟通的自由度和范围都比较小。

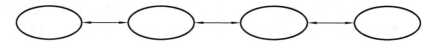

图7-1 链式沟通

2. Y式沟通

Y式沟通(见图7-2)表示信息在三个层次中逐级传递,它的层级也比较清楚,信息也是逐级进行传递的,团体领导处于不同位置,其沟通方式也有所不同。在Y式沟通中,由于领导位置不同,可派生出另外一些结构形式,但其内涵和分析的方法基本一致。

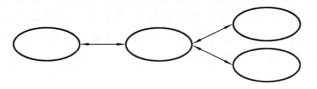

图7-2 Y式沟通

3. 轮式沟通

轮式沟通(见图7-3)表示信息由处于中心位置的人向四周传递。在轮式沟通中,一个领导与多个下级进行信息的沟通,但下级成员之间的沟通很少,几乎是闭塞的。这种沟通方式适合于那些传统组织及部门中以科层为代表的形式。在这种状况下,领导实行严格的集权和控制,任务也是分配型的,因此,处于领导位置的主管为了了解团体的全面情况,倾向于采取这种沟通方式。

4. 环式沟通

环式沟通(见图7-4)表示信息在若干人之间依次沟通,不能跨越相邻成员与他人沟通。在这种结构中,成员的沟通较为自主和自由,相互之间形成了一个封闭的环,这样每个成员之间都直接或间接地发生关系或进行沟通;而且在这个环境中,信息的反馈过程非常明显,不管主管处于哪个位置,发生的信息总要反馈到他所处的地方,这种反馈对促进

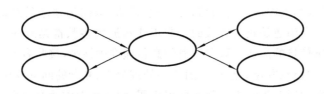

图 7-3 轮式沟通

沟通的有效性具有积极作用。在这种环形网络关系中,团体表现出平等的关系,而企业员工在这种关系中是协商互助的状态,沟通线路非常开阔。

5. 全通道式沟通

全通道式沟通(见图 7-5)表示信息可以在所有成员之间相互沟通,是一个全方位开放式的沟通网络系统。在环形网络中,如果每两个成员之间都进行直接的沟通就成为全通道式团体。在这种团体中,成员享受完全的沟通自由,任何两个成员之间可以直接沟通,处于平等的地位,团体领导人或中心人物作用不明显。这种网络信息沟通的速度最快,是一种全方位的团体沟通结构。在当前企业组织结构和管理创新的过程中,通过网络化组织、团体自主管理和流程再造,企业内部越来越推崇全通道式沟通。

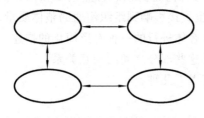

图 7-4 环式沟通

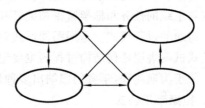

图 7-5 全通道式沟通

(四)按沟通是否存在反馈分类

按沟通是否存在反馈,可以分为单向沟通和双向沟通。

反馈对沟通过程具有重要意义。反馈是现代系统控制论的一个术语,它是由麻省理工学院的诺伯特·维纳在其所著的《控制论》中首次引入的。反馈指一个系统修正其自身行为或系统运作的过程,它是实现控制的基础。在信息沟通中,反馈过程也同样存在。因此,反馈对沟通行为起到两种不同的作用——起鼓励作用的叫正反馈,起抑制作用的叫负反馈。单向沟通与双向沟通的区别主要在于沟通过程是否存在反馈现象。

1. 单向沟通

单向沟通指在整个信息沟通过程中发送者和接收者的位置不发生变化,一方只发送信息,另一方只接收信息。也就是说,接收信息一方对信息不进行反馈。单向沟通是缺乏反馈的沟通。正式沟通中多为单向沟通,这种沟通方式适合于工作任务的紧急布置、工作指示、做报告等。单向沟通的优点是信息传递速度快,沟通过程简单。它适用于例行公事的指示、命令的下达等,但准确性较差,并且容易造成接收者的心理障碍,使下属无法在沟通中得到心理满足。

2. 双向沟通

双向沟通则是指在信息沟通过程中,发送者和接收者的位置不断交替变换,接收者获取发送者的信息后,通过自身的理解,把意见反馈给原发送者,这时,双方的位置正好交换,这样一直可以延续到沟通活动的结束。一般说来,双向沟通才具有信息反馈的特征,具有反馈过程的双向沟通是较为有效的。非正式沟通大多数都是双向沟通,因为没有反馈就很难达到情感信息的沟通。双向沟通信息传递准确性高,接收者有反馈意见的机会,有参与感,有助于沟通双方建立感情。团体在处理陌生、复杂的问题或作重要决策时都宜用双向沟通。双向沟通对于组织内部沟通很重要,它比单向沟通有效得多,组织和团体成员都应该多用双向沟通。然而,要达到真正有效的双向沟通也不太容易,反馈障碍的存在是造成双向沟通困难的原因。

第三节 领导沟通的过程、障碍及其化解

一、领导沟通的过程模式

(一)领导沟通的主要过程模式

领导沟通具有特定的流程。所谓沟通流程,即沟通的路径特征,指沟通从主体到客体的独特过程。不同标准可以划分不同的沟通流程,每种沟通流程的特点也不相同。沟通流程与组织的任务和框架紧密相关,同时沟通流程也直接影响到组织沟通的整体质量。

沟通的过程模式,"是用图像形式对某一事物或客体进行的一种有形简化的描述。一个模式试图表明任何结构过程的主要组织部分以及这些部分之间的相互关系"。

关于沟通流程,学者们归纳出多种模式,具体有以下几种。

1. 拉斯韦尔公式

美国沟通学者哈罗德·拉斯韦尔提出,"沟通回答下列五个问题,即谁、说了什么、通过什么渠道、给谁、取得了什么效果"。拉斯韦尔公式及其相应的传播过程诸基本要素如图7-6所示。

图7-6 拉斯韦尔公式及其相应的传播过程诸基本要素

2. 香农模式

此模式是数学家克劳德·香农在20世纪40年代后期提出的,曾被认为是一个典型的信息沟通过程模式。在这一模式中,沟通过程仍然被认为是单向的过程,不过模式里面的主要因素被看成是更为科学的信息,并增加了信息的发射器和接收装置。但在突出信息的同时,又忽略了沟通和接收者,因此该模式更多地停留在信息流动的层面。

3. 奥斯古德-施拉姆的循环模式

此过程模式作为对香农模式的改变,由C. E. 奥斯古德首创,并由威尔伯·施拉姆于1954年提出。如果说香农模式是直线性的话,奥斯古德-施拉姆模式则在此方面做了很大的改变,使其成为一个高循环的过程。此模式主要把沟通作为一个整体的循环过程提出来,正如施拉姆认为的:"事实上,认为沟通过程从某一点开始而到某一点终止,这种想法易使人误解。沟通过程实际上是永无止境的。"

4. 格伯纳的沟通模式

美国传播学者乔治·格伯纳于1956年提出了一个认为能包含沟通所有内容的过程模式。这个模式的特点是它可根据所描述的不同沟通情况而采取不同的形式。它的多个部分就如建筑用的砖块,使之可能将无论是简单的还是复杂的沟通描述为一种生产信息并感知信息与沟通事件的过程。格伯纳的模式有文字式和图解式。他的文字式模式认为,沟通应包括以下几个方面的内容:某人,感知某事,做出反应,在某种场合下,借助某种工具,制作可用的材料,于某种形式和背景中,传递某种内容,获得某种结果。

5. 纽科姆的 ABX 模式

西奥多·纽科姆于1953年提出了一种新的沟通模式,他对一些涉及第三者或事物时两个人可能存在的一致性或不一致性的程度问题进行扩充。如果两个人互相之间以及对某个外部物体持喜爱的态度时,其关系的形态将平衡,反之则不平衡。

在纽科姆模式(见图7-7)中,三角形的三个点分别代表两个个体 A 和 B 以及他们的共同环境中的物体 X,这两个个体相互有意向,并对 X 也各有意向。沟通被设想为支撑这个意向结构的过程,也就是说,通过传递变动信息,并允许对发生的变动作出相应的调整,以此来维持和改进三者之间的这种对称性关系。从这个模式中可以引出这样一些主要命题:A 与 B 之间对 X 的意向上的差异将刺激沟通的发生,而这种沟通的效果将趋向于恢复平衡,这种平衡被假定是一个关系系统的"正常状态"。

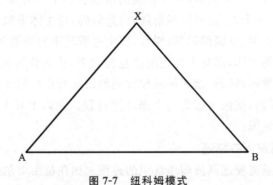

图 7-7　纽科姆模式

6. 韦斯特利-麦克莱恩的沟通模式

韦斯特利和麦克莱恩在纽科姆 ABX 模式的基础上,认为可进一步进行几个方面的修正,即这个模式显示的信息源并非是单一的信息传送者,它可以进行选择,从多种信息中筛选一部分传送下去,而且信息接收者也可以对接收来的信息进行反馈,并形成一个反馈的渠道。在韦斯特利-麦克莱恩的沟通模式中,包括对代表社会环境中的任何事物或事件、"鼓吹者"角色、媒介或另一个人、接收者角色、进入信息渠道而作出的选择,对媒介组织为向受众传递而加工过的信息等的描述。该模式在理论与实践上都有一定的价值,媒介渠道等因素增加了沟通的真实性,这样一个关系体系是自我调节的,参与者是互惠互利的。

7. 赖利夫妇的沟通过程模式

早期的沟通模式易使人们认为,沟通过程是在社会真空中存在的,环境与社会及集体文化的影响并不明显。其实,沟通不仅仅是人际的,而且也受到外部及社会环境的影响,是不同类型的社会结构的组成部分。基于以上的认识,约翰·赖利和马蒂尔达·怀特·赖利提出了自己的沟通过程模式。在此模式中,赖利夫妇揭示了基本群体与参照群体在沟通过程中扮演的角色。作为沟通过程中的沟通者和参与者,个人均受到基本群体的影响,因为人总是一个群体或组织中的人。作为沟通者,他可能受到影响而用一种特别的方式去选择和制作他的信息;作为接收者,他也可能在如何对信息做出选择、理解和反应方面受到群体的影响和约束。同时,基本群体也不是在真空中发挥作用,赖利夫妇认为他们是更大的社会结构中的组成部分。

8. 查尔斯·贝克的沟通修辞过程模型

沟通的修辞过程模型试图通过将系统理论与修辞理论结合起来描述沟通过程,从而建立一个统一的模型。这一模型的基础在于以下关系:第一,沟通包括所经历的客观和主观领域;第二,沟通是修辞的,将目的和方法结合起来具体表现沟通活动;第三,沟通是一个系统,在过程的每一阶段有多种投入和产出,反馈贯穿过程的始终;第四,沟通在很大程度上是互动的。修辞的目的是沟通,所以目的就成为模型中心整合部分的一个重要内容。

(二) 对既有沟通模式的评价

1. 对沟通流程要素及关系的概括

根据以上的模式描述,可以看出整个沟通是一个完整的过程。同时,这一流程又由一系列的环节和因素构成。一般来看,整个沟通的流程包括七个环节:沟通主体,即信息的发出者和来源,它可以是个人,也可以是群体;信息编码,指主体采取某种形式来传递信息的内容,如语言、书面文字、电脑编码等;媒介,即沟通所利用的渠道和载体,如大众传播媒介、电子媒介等;沟通的客体,即整个流程的信息接收者,作为沟通流程的最后一个环节,它也可以是单个人或群体;译码,指客体对接收到的信息所作出的解释和理解;做出反应,即体现出沟通效果;反馈,使沟通成为一个循环的过程。除以上环节外,还包括沟通过程所面临的外部环境和氛围。

2. 对沟通流程不断深入的描述

以上模式是对沟通流程逐渐清晰地认识的过程。如在拉斯韦尔的模式中就提到了一些要素,随后在香农的模式中,初步形成流程化,但反馈、媒介等要素并未被考虑。在后来的一些模式中,沟通流程中逐步有了反馈的概念,沟通也被理解为一个循环的过程,沟通受外部环境影响的问题也被涉及和研究。到了赖利夫妇模式中,沟通者的角色已被细分。

3. 沟通模式需要进一步考虑既定的环境

从组织沟通的角度看,这些模式还需从以下三个方面扩展:沟通者的细化研究,沟通者角色包括个体、全体、团队等,并且还有相互之间的交叉行为;沟通过程中其他要素的参与,在组织沟通中,沟通流程还包括沟通障碍、沟通的发生行为等;沟通的环境,在企业的沟通中外部环境对沟通有强大的影响。上述沟通流程是一般的抽象与概括,其在人际沟通、组织沟通和大众沟通中的表现各不相同。领导沟通过程模式如图7-8所示。

二、领导沟通的障碍

领导沟通是管理的灵魂,有效的沟通决定管理的效率。然而在实际中,领导沟通的障碍无处不在。它可能存在于组织内部门与部门之间、管理者与下属之间,也可能存在于任

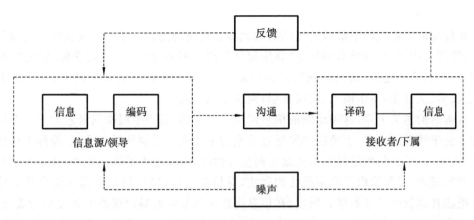

图 7-8 领导沟通过程模式图

何个体之间。

1. 组织结构因素形成的领导沟通障碍

1) 地位差别

视频 8

组织成员间因地位不同而造成的心理隔阂,被管理学者称为"位差效应",指由于地位的不同使人形成上位心理与下位心理,具有上位心理的人因处在比别人高的层次而有某种优越感,具有下位心理的人因处在比别人低的层次而有某种自卑感;有上位心理者的自我感觉能力等于他的实际能力加上上位助力,而有下位心理者的自我感觉能力等于他的实际能力减去下位减力。我们在实际工作和交往中也常有这样的体验:在一个比自己地位高或威望大的人面前往往会表现失常,事前想好的一切常在惊慌失措中乱了套,以致出现许多尴尬的场面;可是如果在一个地位或能力都不如自己的人面前,我们却可一切应付自如,乃至有超常发挥。有关的研究也表明,地位的高低对沟通的方向和频率有很大的影响,地位是沟通中的一个重要障碍。

在一个公司的组织结构中,由于管理级别的不同而在员工中产生了一些地位、等级感。在沟通过程中,地位和职位的不同将表现得更加明显。由于职位不同,领导者可能与员工的观点亦不一致,这是两者相互沟通的严重障碍。

沟通双方的地位在很大程度上取决于他们的职位,由于地位和职位差别而产生的障碍也可歪曲信息的向上传递。因为地位和职位的关系,员工可能只汇报他们认为经理"喜欢听"的信息,这种情况被称为"筛选"问题。同样,管理者在向上级汇报情况时也可能删去一些自认为失败的细节。因此,由于害怕如实汇报会对自己的职位不利,从而使下级主管或员工在向上汇报情况时,往往有意遗漏了一些重要的组织信息,经过这样几层的筛选,信息到了组织最高主管那里已经不是完全真实的。一般来说,信息通过的等级越多,它到达目的地的时间也就越长,信息的失真率则越大。

2) 信息传递链

在传统的工业经济下形成的组织结构大多是直线型的职能组织。其主要沟通障碍表现为：管理层次多，名目繁多的科室"叠床架屋"，组织机构庞大；沟通效率低，庞大的机构运转困难，上下级之间、部门与部门之间的联系减弱；组织的制度越来越多，文牍主义盛行，会议多、文件多，事事请示、层层批示；沟通信息失真。

从沟通的意义上看，这种组织的信息流动是单向的，每一个层次只对它的上一个层次负责。由于管理层次多，下情往往要通过重重关卡才能上达领导层。况且，被称为信息传递的"永久冻土层"的中层科室虽然最了解实际情况，但或是为了部门利益，或是迫于企业领导者的威严，经常采取报喜不报忧的做法，对信息进行过滤，只有少部分来自基层的真实情报能被送到领导者那里。所以，在信息沟通中就非常容易出现放大和缩小的效应，导致信息失真。日本管理学家在实践中证实：信息每经过一个层次，其失真率为10％～15％；上级向他的直接下属所传递的信息平均只有20％～25％被正确理解，而下属向他的直接上级所反映的信息被正确理解的则不超过10％。根据此种情况，若只有一个经过过滤、再过滤、净化、消毒的信息渠道，无助于管理者作出正确的决策。所以，管理者在与下属沟通和交流时，除了要尽力获得原始信息外，还应多注意了解反面信息，并要在沟通和交流中保持信息内容的准确无误。

3) 团体规模

当工作团体规模较大时，人与人之间的沟通也相应变得困难。这是由于人员的增加对沟通渠道的增长具有乘数效应，其增长速度大大超过人数的增加速度，而个人的精力和时间都是有限的，沟通人数太多也会影响沟通的效果。

法国管理学者格拉·丘纳斯根据管理者和下属之间、人与人之间的相互关系，推理出一条结论：在向经理汇报的人数以算术级数增加时，他们之间可能的相互关系的数量就以几何级数增加。当经理有 n 个下属时，可能存在的关系数值 C 由下式决定：

$$C=n[2^{n-1}+(n-1)]$$

式中，C 表示各种可能存在的联系总数，即关系数；n 表示一个管理者直接控制的下属人数，即管理幅度。

经过计算，当下属人数从1人增加到7人时，该经理要处理的关系数从1增加到490。尽管这种可能的关系数在实际工作中不会同时出现，但是随着人数的增加，相互关系的数量会急剧上升。由此可见，组织规模过大也是沟通的重要障碍之一。

4) 空间约束

主管与下属之间的空间距离的加大减少了他们面对面的沟通，会导致误解或不能理解所传递的信息，还会使得主管和下属之间的误解不易澄清。企业中的工作常常要求员工只能在某一特定地点进行操作。这种空间约束的影响在员工单独于某位置工作或在数台机器之间往返运动时尤为突出。空间约束不利于员工之间的交流，也限制了他们的沟通。一般来说，两个人之间的距离越短，他们交往的频率也就越高，沟通的效果也会越好；反之，则沟通效果越差。由此可见，沟通空间也是制约领导沟通效果的一个重要因素。

☐ **2. 心理因素形成的领导沟通障碍**

认知或者知觉过程是人们依赖自己的经验，对所获得的信息进行选择、解释和评价的心理过程。在沟通过程中，人们会把信息转换成对他人有意义、能理解的符号或文字。在转换的过程中，我们会将过去发生的事件、经验，以及现在的动机和对未来的预期等作为参考，而接收者也会依赖自己的一个特别的参考框架来解读这些信息。接收者将处理和分辨信息，而不是简单地对事件本身做出反应。如果人们相互间的参考架构和解释判断越相似，沟通也就越容易进行。但事实是，人们不是都按相同的方式获取和判断信息的，即使是面对相同的信息，也可能按不同的方式挑选、组织和理解。由于认知的不同，误解在沟通中时常出现，因此认知上的差异是有效沟通的主要障碍之一。

由于不同的个人受到价值观、文化背景以及当时其他环境因素的影响，因此知觉过程是因人而异的。站在不同立场上的人，对同一个信息的评价各有不同。人们把距离自己远的观点，常常评价为比实际上更远的观点；而对接近他们立场的信息，却认为比实际上更加接近自己的观点，甚至认为与自己的观点完全相同。这表明，站在各种不同立场上的人，评价那些与立场有关的现象时常常是不客观的。由于人们很难同样地接受事物和环境，知觉对沟通有着重要的影响，包括在与他人打交道和作评价时的首因效应、刻板印象、晕轮效应、主观投射以及知觉的选择性等。

1）首因效应

首因效应又被称为"先入为主效应"。它是指在进行社会知觉的过程中，对象最先给人留下的印象，对以后的社会知觉会产生重大影响。第一次看到其他人或听到他们的声音时，往往会在我们的心中留下十分深刻的印象。如果未加入其他资讯，这第一印象很可能成为永久的印象。其实，当我们在初次交流时所送出的众多信息里，只有很短的几秒钟创造的是第一印象。第一印象告诉别人，你是否有信心、愉快、真诚和可以信赖。也就是我们常说的，第一印象往往决定了将来。人们在倾听过程中，对对方最先提出的观点印象最深刻，如果对方最先提出的观点与倾听者的观点大相径庭，倾听者可能会产生抵触的情绪，而不愿意继续认真倾听下去。

2）刻板印象

当我们过于简化人们的差异，并将他们按照属性和特质进行分类时就会产生"刻板印象"。一旦被归类，这些"刻板印象"将长期存在而难以改变，它们对正确认识人的本质常常具有破坏性，因为它忽视了个体和群体的其他特征。在组织中，刻板印象主要有三个来源：年龄、种族和性别。对年龄较大、比较传统的员工的六个常见的刻板印象是：对组织变革有较大的抗拒心理，创造力较小，不太愿意承担可预期的风险，身体较差，不太愿意学习新方法，新技术的接受能力较差。虽然关于性别的刻板印象大部分并没有被证实，但男性和女性仍然被认为有许多不同。男性被认为比女性更武断、积极、客观、理性和有能力，女性被认为比较被动、情绪化、服从和敏感。关于种族的刻板印象，将在跨文化组织沟通章节中进行详细的阐述。

3）晕轮效应

当一个人的特征被用于建立一个人或一种情形的整体印象时，就产生了晕轮效应。晕轮效应是对个人的某些特质的认知影响了人们对此人其他特质的看法。例如，当遇到某一个初次见面的人时，晕轮效应可能会引起一个反应，如一个愉快的微笑，会产生一个正面的第一印象；相反，一个特殊的发型或者着装风格可能会引起消极的反应。晕轮效应像刻板印象一样，使得个人的差异变得朦胧起来。这在有关某个人工作绩效的沟通中，会产生特别重要的影响。一个因素，如某人的准时性，可能成为积极的整体绩效评价的"晕轮",甚至一般结论也有这一效应。

4) 主观投射

投射效应是指在知觉他人时,知觉者以为他人也具备与自己相似的特征,这种把自己的感情、动机和愿望反映到他人身上的倾向称为投射。一个典型的投射错误是假定他人与自己有着相同的需要、愿望和价值。尤其是当对方的某些特征,如年龄、职业、籍贯、性别、社会地位等与自己相同时,投射效应更容易发生。投射使人们倾向于按照自己的特征去知觉别人,而不是按照知觉对象的真实情况进行,可能会导致知觉失真。

5) 知觉的选择性

知觉选择性是指个体对于施加给自己的信息,只注意其中的一小部分,而忽略其他部分。由于大脑处理信息的能力有限,所以人们对信息具有选择性。实际上,个体遵从一种心理经济模式,一般只会注意到周围环境中的一小部分刺激,而其中更少的一部分刺激会得到处理,而那些得到处理的刺激也未必能够真正得到客观的处理。因为对信息含义的解释因人而异,个体会受其独特的偏爱、需要及经验的影响。于是,人们挑自己喜欢的电视节目,找自己能胜任的工作,对别人做事总爱挑剔,对自己的失败则归咎于他人或抱怨条件不具备,等等。

3. 个体沟通风格差异引发的沟通障碍

有不同人格特征的员工会有不同的工作风格和偏爱方式,这些既会影响他们的沟通也会影响他们的工作绩效。由于工作时间、场所的限制,以及与其他人不同的工作模式的压力,按自己偏爱的方式工作和生活是件难事,因此人们不得不相应地调整自己的行为。虽然如此,人们还是极少改变他们的核心价值观和基本风格。不管在什么地方,只要有可能,人们还是愿意回复到按自己最熟知的典型方式行事。这些基于核心价值观和深层动机的风格模式如果处理不当,也会形成与领导沟通的障碍。

1) 内倾和外倾

没有一个人是完全内倾的,也没有一个人是完全外倾的,人们可能有能力在不同的时间以某种方式行动,然而,人们在建立相互关系时总是有所偏爱的。一个外倾的人寻求多样化和刺激,他们喜欢社交,很难按照有结构、有计划的方式做事。而内倾的人则喜欢在沟通之前把事情想清楚,喜欢深刻钻研某个问题。尽管内倾者和外倾者在智慧方面完全相等,但是因为内倾的人比外倾者更容易适应学习的要求和排除外部干扰,所以也更容易被提升到组织的高层。但同时,由于他们不愿意结识太多的人,因此内倾者发挥影响的机会就有可能少一些。

2) 感觉和直觉

使用感觉方法的人往往非常在意事实,喜欢具体而清晰的任务,偏爱制度和方法,对常规的细节很有耐心。使用直觉方法的人有着丰富的想象力,喜欢集中注意力于整体而不是具体问题,不喜欢例行公事,具有创造性的眼光和洞察力,遵循自己的灵感,喜欢复杂事物,对常规问题感到厌烦。因此,如果一个喜欢实践细节、精确性和具体任务的人在一个创造性、模糊性的情境中工作,他可能会不满。同样,如果一个富于创造力的人处在一种有严格时间束缚的具体的工作情境中,那么他可能会有某种挫折感并最终离开。

3) 理性和情感

使用理性思维方法的人在决策前对信息有一个细致的分析过程,他们关心的是所要做的事,从而忽视了其他人的利益和情绪。用感情方法决策的人,具有个人的主观决策标准,用信念衡量决策的对与否。

4) 判断和知觉

偏爱判断的人不喜欢模糊和松散,他们非常有条理,喜欢把问题清晰化,并解决它。偏爱知觉的人倾向于搜集尽可能多的信息,强调判断过程重于作出结论和解决问题,往往把注意力过多地集中于调查上,努力发掘与问题相关联的事实。

4. 人际因素对领导沟通的影响

1) 人际关系

人际关系即信息发送者与接收者之间的相似程度。双方如果相互猜疑,会增加抵触情绪,影响交流;双方若坦诚相对,就有利于有效沟通。人际关系和谐,沟通自然容易;人际关系紧张,沟通难度也就会加大。如果沟通的一方认为信息会给自己带来危害时,他就会对这些信息做一些有利于自己的加工,这样就会造成信息的失真,同时也将使另一方收到不完整甚至错误的信息。

2) 信任情况

信任情况即沟通者从某种利益、原则出发,认为对方有不值得信任的地方,或因缺乏较高的信任度、彼此怀疑而导致的沟通障碍。沟通是信息发送者与接收者之间"给"与"收"的过程,信息传递不是单方面而是双方面的事情,因此,沟通双方的诚意和相互信任至关重要。上下级之间的猜疑会增加抵触情绪,减少坦率交谈的机会,也就不可能进行有效的沟通。根据福兰契、莱文和约翰·科特的观点,沟通者的可信度会受到沟通者的身份地位、良好意愿、专业知识、外表形象、共同价值等五个因素的影响。沟通者通过对这五个因素的分析和提升,不但可调整自己的初始可信度,而且可以增加后来的可信度,同时也增强沟通者在受众心目中的整体可信度。

3) 自我中心

人们习惯于关注自我,总认为自己才是对的。在倾听过程中,过于注意自己的观点,喜欢听与自己观点一致的意见,对不同的意见往往置若罔闻,这样就会错过聆听他人观点的机会。

5. 沟通传递过程中的障碍因素

1) 信息过滤

信息过滤也称信息失真影响,主要是指信息发送者有意操纵信息、修改信息,甚至篡改信息,以使信息显得对信息接收者更为有利。在组织中,当信息在自上而下的传递过程中,下属会揣摩上级的意图,从而导致信息膨胀;而当信息在自下而上的传递过程中,下属常常压缩或整合信息以使上级不会因此而负担过重,从而导致信息被删减。信息过滤的主要决定因素是组织结构中的层级数目,组织中的纵向层级数目越多,信息过滤的机会就越多,信息的失真度也就越大,因此组织层次应越少越好。

2) 情绪因素

在接收信息时,接收者的感觉会影响他对信息的解释。不同的情绪感受会使个体对同一信息的解释完全不同。任何极端的情绪体验,都可能阻碍有效地沟通。当人们处于狂喜或盛怒的状态时,由于不能进行客观、理性的思维活动,而代之以情绪性的判断,这些都会阻碍有效沟通。所以我们应该避免在情绪很不稳定(沮丧、狂喜等)的时候作出决策,因为此时我们无法冷静、周密地思考问题。

3）非语言信息冲突

非语言提示几乎总是与口头沟通相伴，如果二者协调一致，则会彼此强化。比如当你的言语告诉别人你很生气，你的语调和身体动作也应该表明你很愤怒，否则别人会感到不理解，而且信息的清晰度也会受到影响。如果你的上级告诉你，他很想了解一下你目前负责的项目的进展情况，可当你向他汇报时，他却在看着其他文件，这便是一个相互冲突的信号，它让你无法判断你的上司是否真正关心你的项目。

4）文化障碍

文化障碍主要包括以下方面：

（1）沟通双方的背景文化差异，如价值观、信仰、知识、行为准则等，可能形成沟通障碍，特别要注意跨文化障碍；

（2）沟通的微观环境中的文化氛围，尤其是一旦这种氛围为某一方认同，双方对其理解的程度差异将会严重影响沟通；

（3）组织或社会的规则差异，不同的规则导致不同的行为。

5）沟通主客体层次差异及知识经验水平的限制

领导者和下属的层次之间存在的差异主要表现在知识及专业技术层次差异，领导者忽视下属的知识层次，倾向于使用技术性的术语，或者是行政性的术语；下属对这些术语却一无所知，若信息发送者与接收者在知识水平上相差太大，在发送者看来很简单的内容，而接收者却由于知识水平太低而理解不了，因此双方没有"共同的经验区"，接收者也就不能正确地理解发送者发送的信息，沟通就会出现障碍。

6）媒介障碍

媒介障碍即沟通者缺乏良好的沟通媒介，如中介人和各种沟通工具、设备、技术、手段、通道等。沟通媒介是信息发送者把信息传递到接收者那里所借助的手段，它传递信息是否快捷、清晰直接影响沟通的效果。实际上，媒介本身就是信息，选择媒介就是在传递相应的信息。如果缺乏良好的沟通媒介，或是选择了不适当的媒介，都会对沟通效果造成严重的影响。

6. 信息技术对领导沟通的影响

由于信息沟通在组织中无所不在，因此，信息技术的应用对领导沟通本身有着十分重要的改善作用。沟通是目的，信息技术要为沟通服务。

1）信息技术与沟通的速度

对企业的内部沟通来说，信息技术应用的首要意义就是通过网络和计算机技术使信息传递数字化，加快信息沟通的速度，使组织的领导沟通成为一种快速的信息交流。

2）信息技术对沟通流程的改变

信息技术的应用或者说组织信息化使得沟通的流程发生变化，也使沟通的方式、手段和类型出现新的形态。例如信息技术使网际的虚拟沟通成为可能。

3）信息技术与沟通效果

现在是一个信息爆炸的时代，组织管理人员面临着"信息过量"的问题。尽管信息技术对沟通的信息量、速度都有积极意义，可以改善沟通的效果，但信息技术对于沟通效果也是一柄双刃剑，信息技术应用带来的信息过剩问题，会导致沟通结果的混杂和无序。信息过量不仅使领导者没有时间去处理信息,而且也使他们难以向同事提供有效的、必要的信息。

4) 信息技术创造沟通的全新工具

信息技术使组织沟通工具越来越丰富,继传统的人际与书面媒介的沟通工具之后,出现了计算机、网络等电子沟通媒介。

信息技术在沟通中的应用,也带来一系列的新问题,如网络沟通中的信任问题、信息的过剩等,都给组织领导沟通带来新的挑战。

三、领导沟通障碍的化解

(一) 明确领导沟通的重要性,正确对待领导沟通

随着社会经济的不断发展,组织之间竞争日趋激烈,越来越多的管理者意识到,组织发展的根本动力来自组织内部的员工。因此,为了充分调动员工的主动性、积极性和创造性,有效地解决员工与管理者之间的信息不对称,沟通就是必不可少的了。传统管理十分重视计划、组织、协调和控制,而对沟通常有疏忽。不少领导者认为,信息的上传下达有组织系统就可以了,而对非正式沟通中的小道消息常常采取压制的态度。这表明领导层还没有从根本上重视领导沟通问题。只有领导者和下属都认识到沟通对提高组织绩效、实现和谐管理的重要意义,才能真正实现有效的管理,提高企业整体管理水平。

(二) 保证信息完整和有效

1. 有效沟通的信息组织原则强调信息的全面对称

这一原则有两层含义:①所传递的信息是完全的;②所传递的信息是精确对称的。组织的领导沟通研究有效沟通的信息组织原则,要求沟通者在沟通过程中掌握三个方面的完全信息。首先,沟通中是否提供全部的必要信息——5W1H,即 who,when,what,why,where,how。在提供全面信息的同时,沟通者还要分析所提供信息的精确性,如分析数据是否足够、信息解释是否正确、关键因素是什么等。其次,是否回答询问的全部问题。信息的完全性就是要求沟通者回答全部问题,以诚实、真诚取信于人。最后,是否在需要时提供额外信息,就是要根据沟通对象的要求,结合沟通的具体策略向沟通对象提供原来信息中不具有的信息或不完全的信息。

2. 强化信息的甄选

针对信息过量的问题,要对信息进行甄选,选出有用的信息,以提高决策的效率和准确性。

(三) 健全组织的沟通渠道,提高沟通效率

1. 拓展沟通渠道

应缩短信息传递链,拓宽沟通渠道,保证信息的畅通和完整,如减少组织机构重叠,降低信息的损耗率;在利用正式沟通的同时,开辟高层管理人员至基层管理人员的非正式的沟通渠道,等等。

组织的沟通渠道对组织沟通效率的提高具有决定性的意义。作为一个组织领导者,要充分考虑组织的行业特点和人员心理结构,结合正式沟通渠道和非正式沟通渠道的优缺点,设计一套包含正式沟通和非正式沟通的通道,以使组织内各种需求的沟通都能够准

确、及时、有效地实现。

在正式沟通渠道方面,目前大多数企业的领导沟通还是停留在指示、汇报和会议这些传统的沟通方式上,它们没有顺应社会经济的发展、组织成员心理结构以及需求层次的变化,从而使得组织成员的精神需求没有得到充分满足。定期的领导见面会和不定期的群众座谈会是很好的沟通方式。领导见面会是让那些有思想、有建议的员工有机会直接与主管领导沟通;群众座谈会则是在管理者觉得有必要获得第一手的关于员工真实思想、情感的信息,但同时又担心通过中间渠道会使信息失真时所采取的一种领导者与员工之间直接沟通的方法。与领导见面会相比,群众座谈会是由上而下发起的,上级领导是沟通的主动方,而领导见面会则是应下层员工的要求而进行的沟通。至于具体形式的采用,应根据组织的实际情况来决定。

在非正式沟通渠道方面,大多数企业也同样存在着类似的问题。它们没有利用现有的资源、技术条件,及时有效地对沟通渠道进行改进和完善,因而使得一些非正式渠道显得过于呆板和陈旧,同时也不易控制。近年来,许多组织采用的郊游、联谊会、聚会等形式都是非正式沟通的良好方式。这些渠道既能充分发挥非正式沟通的优点,又因它们都属于一种有计划、有组织的活动,易于被组织领导者控制,从而大大减少了信息失真和扭曲的可能性。

2. 减少沟通层级

人与人之间最常用的沟通方法是交谈。交谈的优点是能快速传递和快速反馈。在这种方式下,信息可以在最短的时间内被传递,并得到对方回复。但是,当信息经过多人传送时,口头沟通的缺点就显示出来了。在此过程中涉及的人越多,信息失真的可能性就越大。每个人都以自己的方式理解信息,当信息到达终点时,其内容常常与开始的时候大相径庭。因此,管理者在与员工进行沟通的时候应当尽量减少沟通的层级。越是高层的管理者,越是要注意与员工的直接沟通。

(四)塑造利于沟通的组织文化

任何组织的沟通总是在一定背景下进行的,受到组织文化类型的影响。组织的精神文化直接决定着员工的行为特征、沟通方式、沟通风格,而组织的物质文化则决定着企业的沟通技术状况、沟通媒介和沟通渠道。

1. 塑造提供沟通机会的组织文化

首先要鼓励所有员工去思考并表达出来,要创造条件、创造机会让人沟通。组织文化要让人感觉到沟通的正面效果,使之有动机进行新的沟通,要建立一些特别的奖励机制。组织中和谐的人际关系是优化沟通环境的前提,平时组织领导者可以多开展一些群体活动(球赛、观看演出、聚餐等),鼓励组织员工之间的相互交流、协作,强化组织成员的团队协作意识。这些措施在一定程度上都能起到促进人际关系和谐的作用。

2. 营造平等、理解、信任的组织文化氛围

组织成员之间也应相互承认并尊重彼此的差异,促进相互理解,在此前提下的人际沟通也将会更有效地改善人际关系。信任不是人为的或是从天上掉下来的,而是诚心诚意争取来的。组织中民主的文化氛围和科学的领导作风是良好沟通环境的核心要素。所以,组织领导者应致力于营造一种民主的组织氛围,组织领导者也应适当地改善自己的领

导风格,提高领导水平。

(五)掌握沟通的技巧

在国内的很多企业中,沟通只是单向的,即领导者向下传达命令,下属只是象征性地反馈意见,两者并没有实现有效的沟通,因此也就不能真正解决问题。所以,管理者应学习掌握良好的沟通技巧,以提高沟通的效果。

1. 明确角色和换位思考

主导沟通者应该十分清楚自己在沟通过程中为实现沟通目标所扮演的主导角色与职能,同时进行换位思考,将心比心,使自己所运用的各种沟通要素能够为对方愉快接受。在沟通过程中运用换位思考,必须问自己三个问题:受众需要什么?我能给受众什么?如何把受众需要的和我能提供的进行有机联系?

领导沟通的过程是管理者推销自己观点的过程。在沟通策略的选择上要根据对象的不同类型进行选择,但其前提是对自我的正确认识,要坚持以"人所欲,施于人"的理念而不是"己所欲,施于人"的理念去进行沟通,要把注意力放在与自己谈话的人身上。

2. 针对不同的沟通对象的特点采用不同的沟通方法

要取得良好的领导沟通效果,必须深入了解沟通对象。首先,他们是谁,即对受众进行个体分析和整体分析。其次,他们了解什么,即受众对背景资料的了解情况。最后,他们感觉如何,即受众对你的信息的感兴趣程度。

根据沟通对象的心理需求、性格、气质、管理风格等的不同,可以分为不同的类型。针对不同类型的人,在沟通过程中应采用不同的策略。主要有以下几种。

1) 心理需求分析和沟通策略

人由于心理需求不同,可以分为成就需求型、交往需求型和权力需求型三类。承认不同个体的需求特点,在沟通时朝着满足他人需求的目标努力,既有助于问题的解决,又有助于建立良好的人际关系,以实现建设性的沟通。例如:对成就需求型的沟通对象,要充分认同他们对工作的责任感,沟通时应给予他们的是大量的反馈信息,要对他们表示肯定;对交往需求型的沟通对象,要以交朋友的姿态和口气与他们交流,设法与他们建立良好的人际关系,并在参加活动的轻松氛围中交流看法;对权力需求型的沟通对象,应采取咨询和建议的方式,尽量不要以命令和指导的方式,要认同他们工作的职责,在沟通时要对他们的职责给予肯定。

2) 信息处理风格和沟通策略

按照信息处理风格的不同,可以把沟通对象分为思考型、感觉型、直觉型和知觉型四类,它们各有自己的沟通风格,要分别加以对待。例如:对思考型的人,要给予他们充分的信息,不掺杂任何个人观点,客观地对待事物,使他们自己通过逻辑推理得出结论;对感觉型的人,要明确表达你的价值观念,要让他们感觉到你是支持他们的;对直觉型的人,不要轻易否定或批驳他的观点,而要充分利用和发挥他们的想象力;对知觉型的人,要清晰交流,抓住要点,在实践中获得结果。

3) 气质类型和沟通策略

根据气质的不同,可以把沟通者划分为分析型、规则型、实干型和同情型四类。对不同气质类型的人,要采用相应的沟通策略。例如:对分析型的人,只需要告诉他们你想要的,并且给予他们实施计划的机会,给予他们评价的标准,而不要提供太多的细节;对规则型的人,要为他们提供完成任务的详细资料,使他们能够按规则和标准做事,并对他们的贡献和努力予以充分的肯定;对实干型的人,要给予他们大量的自由和多样化的工作,使他们从机械的工作中走出来,帮助他们自我调节,并加强时间管理;对同情型的人,要给予指导和鼓励,赞赏他们的贡献,使他们认识到自己的重要性,并给予他们自治权和学习的机会,不要让细节成为负担。

4) 管理风格和沟通策略

根据个人管理风格的不同,可以把沟通对象分为创新型、官僚型、实干型和整合型四类。对创新型的人,要让他们参与到问题解决中来,使他们感觉到问题还处在未决状态,以发挥他们的积极性;对官僚型的人,要让他们感觉到是在按制度和规则办事,注重过程和细节;对实干型的人,要注意发挥他们的主动性,甚至让他们认为事情确实非干不可;对整合型的人,要把相关背景资料准备好,把有可能由他承担责任的问题处理好。

3. 积极倾听

组织成员发表自己的见解时,管理者也应当认真地倾听。研究表明:多数组织的员工把60%的时间用在倾听上,管理者们平均把57%的时间用在倾听上。而人们在四种沟通技术上的时间分配依次是:倾听占53%、读占17%、说占16%、写占14%。当别人说话时,我们在听,但是很多时候都是被动地听,而没有主动地搜寻和理解信息。

积极地倾听要求管理者把自己置于员工的角色上,以便于正确理解他们的意图而不是自己想理解的意思。同时,倾听的时候应当客观地听取员工的发言而不作出判断。当管理者听到与自己不同的观点时,不要急于表达自己的意见,因为这样可以避免漏掉余下的信息。积极地倾听应当是接受他人所言,而把自己的意见推迟到说话人说完之后。积极倾听原则:一是要从内在认识到倾听的重要性;二是要从肯定对方的立场去倾听;三是要有正确的心态,克服先验意识;四是要学会给对方以及时的、合适的反应。

积极倾听的技巧分为以下五种:一是解释,倾听者学会用自己的词汇解释讲话者所讲的内容,从而检查自己的理解;二是向对方表达自己对他感受的认同,当有人表达某种情感或感觉很情绪化时,传递自己的神情;三是要适当表达反馈意见,即把讲话者所说的内容、事实简要概括;四是能够综合处理对方信息,即综合讲话者的几种想法为一种想法;五是大胆的设想,即从讲话者的角度大胆地设想。

学会积极倾听要养成良好的倾听习惯。例如:听时集中注意力,了解对方的心理,创造谈话的兴趣,观察对方的身体语言,辨析对方的意思,并给予反馈,听取和理解谈话者的全部意思,等等。

根据临床心理学及心理治疗的研究与经验,学者们归纳了以下十条积极倾听的建议。

(1) 即使你认为对方所讲的无关紧要或错误,仍然从容而耐心地倾听。虽然不必表示你对他所说的都赞同,但应在适当间歇中以点头或应声之类的举动,表示你的注意和兴趣。

(2) 不仅要听对方所说的事实内容或说话本身,更要留意他所表现的情绪,加以捕捉。

(3) 必要时,将对方所说的予以简要重述,以表示你在注意听,也鼓励对方继续说下去。不过语调要尽量保持客观中立,以免影响或无意中引导对方的讲话。

(4) 安排有较充分而完整的交谈时间,不要因其他事而打断,更不要使对方感到这是官方谈话。

(5)在谈话中,避免直接的质疑或反驳,让对方畅所欲言。即使有问题,留到稍后再来查证。此时重要的是获知对方的想法。

(6)遇到某个你确实想多知道一些的事情时,不妨重复对方所说的要点,鼓动他作进一步解释或澄清。

(7)要注意对方避而不谈的有哪些方面,这些方面有可能正是问题的症结所在。

(8)如果对方确实想要知道你的观点,不妨诚实以告。但是在听的过程中,仍以了解对方意见为主,自己意见不要说得太多,以免影响对方所要说的话。

(9)不要在情绪上过于激动,此时尽量要求了解对方;不管赞成也好,反对也好,稍后再加评论。

(10)倾听并不是任何情况下都能应用或应用之后都能生效的,还须考虑合适的条件。如是否有足够时间倾听,是否值得投入较多时间倾听;要认识到每个人的特殊之处,包括态度、价值观念和情绪之类,这样才会注意和发掘各个人的特点和问题;管理者本身要有适当的修养,保持冷静和客观。

4. 直接、清楚的语言表达

沟通中使用一些易于理解并且尽可能清楚的语句有利于有效沟通。专业术语或"行话"只有在双方都理解的基础之上才能使用,应尽量避免冗长的、专业的语句。同时也要避免冗长乏味的语言表达,避免不必要的重复,传递的信息中只包括相关的有用信息。例如宝洁公司规定,提供给高层管理者的报告或备忘录不得超过2页纸。

5. 利用反馈技术,变单向沟通为双向沟通

在促进信息沟通的几种有效方法中,信息反馈是最重要的一种。反馈即信息返回,就是将信息沟通变成一种双向的信息流动,比如信息发送者通过提问、讨论等方式来确定信息接收者是否真正了解了信息。但是简单地问一句"你理解了吗"并且由此得到"是"或"不是"的回答,并不是真正的信息反馈。为了能确定信息被接收者接受,需要做很多工作。

简单的方法就是观察接收者并通过非言语的线索来判断他的反应,这些非言语的线索包括迷惑或明白的神态、脸部的表情或眼睛的活动等。当然,这种反馈仅用于面对面的信息交流,也是面对面信息交流的最大益处。对于信息发送者来说,也许最好的反馈技术莫过于亲自让接收者再重述一遍所接收的信息,这种方法应该比那种只简单地询问的方法会带来更满意的效果。在信息接收者重述所接收的信息时,信息发送者可以了解对方具体掌握的程度,并且可即时回答对方提出的一系列问题。这种方法可能是使发送的信息被充分接受的最直接、最快捷的方法。

上面谈到的反馈技术只涉及面对面信息交流的情况,当组织管理者进行书面信息交流时,反馈技术也很适用。在签署一个书面意见或发送一份书面信息时,管理者可以先让自己的秘书或其他人理解一下自己写的东西,通过掌握他们理解的情况而对自己的表达方式进行改进。同样地,在发送完书面信息之后,管理者最好通过电话或传真等方式了解一下信息接收者对信息的掌握情况,以尽量减少不必要的麻烦和差错。

6. 选择适当的沟通气氛和时机

紧张、压抑和焦虑是有效信息沟通的障碍。当一位管理者试图与一位员工进行交流,而这位员工的情绪又非常低落时,那么双方最好再找个彼此心里都感觉比较平静的时间

交谈。对管理者来说,要想有个比较好的环境、气氛同员工进行交流,其中最好的办法之一是安排一个确定的时间,在一个安静的场所进行。大部分日本企业都使用此种方法,这样可以使信息交流双方均能平静地不受干扰地探讨一些问题。

7. 针对不同的沟通对象使用不同的语言

在同一个组织中,不同的员工往往有不同的年龄、教育和文化背景,这就可能使他们对相同的话产生不同的理解。另外,由于专业化分工不断深化,不同的员工都有不同的"行话"和技术用语。而管理者往往注意不到这种差别,以为自己说的话都能被其他人恰当地理解,从而给沟通造成了障碍。由于某些语言可能会造成沟通障碍,因此管理者应该选择员工易于理解的词汇,使信息更加清楚明确。

8. 注意恰当地使用非言语沟通

在倾听他人的发言时,还应当注意通过非言语信号来表示你对对方的话的关注。比如,赞许性的点头,恰当的面部表情,积极的目光相配合等。如果员工认为你对他的话很关注,他就乐意向你提供更多的信息,否则,员工有可能不把自己知道的信息向你汇报。研究表明,在面对面的沟通当中,一半以上的信息不是通过词汇来传达的,而是通过肢体语言来传达的。要使沟通富有成效,管理者必须注意自己的肢体语言与自己所说的话的一致性,并熟练掌握以下非言语沟通技巧。

1) 使用目光接触

当你在听他人说话时,对方可能通过观察你的表情判断你是否在认真倾听并真正理解。所以,与说话者进行目光接触可以使你集中精力,减少分心的可能性,并可以鼓励说话的人。

2) 展现恰当的面部表情

有效的倾听者会将所听到的信息的有关情况通过非语言信号表示出来。例如赞许性的点头、疑惑性的摇头、恰当的面部表情(微笑等)与积极的目光接触等,这些都是向说话人表明你在认真倾听及是否听懂,从而有利于沟通。

3) 选择合适的沟通空间距离

与对方保持怎样的距离,对于不同国家的人有着不同的意义。研究发现,地理位置越往北,人与人之间的空间距离越大越舒适;而越往南,人与人之间的空间距离越小则越舒适。考虑到文化背景的不同而区别对待固然十分重要,在沟通中考虑到个人的不同而灵活应变则更为重要。在沟通中不要太急于入题,在交谈之前应选择适合的界限,以保持轻松自如。

9. 注意保持理性,避免情绪化行为

在接收信息的时候,接收者的情绪会影响他们对信息的理解。情绪激动会使我们无法进行客观、理性的思维活动,而代之以情绪化的判断。管理者在与员工进行沟通时,应该尽量保持理性和克制;如果情绪出现失控,则应当暂停沟通,直至恢复平静后再进行。

10. 注重礼节

沟通者不但要意识到受众的观点和期望,还应考虑到受众的情感。礼节来自态度的真诚,不但应习惯性地、礼貌地运用"谢谢""请"等词语和社会规范,还应该发自内心地向他人表示尊重和关心。很多管理者习惯于对下属发号施令,习惯于让下属按照自己的意愿去做事,却忽略了对下属的尊重。所以管理者平时应该注重与下属沟通的礼节。

注重礼节还要求沟通者从信息接收者的角度去准备每一个沟通的信息,要设法站在受众的角度去思考问题,充分关注受众的背景和需要,尽可能向受众提供全面系统的信息,也就是要求沟通者以全面周到的理念去传递信息。其中最为主要的就是沟通者要领会和认识受众的愿望、问题、环境、情绪和可能的反应。具体来说可以从三个方面入手:第一,理念上要着重于"你"而不是"我""我们",要求沟通者站在对方的立场去考虑问题,但在表达时在思想上永远是"你",而言行上是"我们";第二,关注并告知受众的兴趣和利益,着重"你"的最本质特征,语言是表面的,利益是内在的;第三,运用肯定的、令人愉悦的陈述,要学会肯定对方,要善于从对方的语言中提炼出正确的思想,对对方表示肯定和尊重,不要总是显示自己高人一等。

本章重要概念

领导沟通(communication of leader)
沟通功能(the function of communication)
沟通方式(the manner of communication)
沟通类型(the style of communication)
沟通过程(the process of communication)
沟通障碍(the obstacle of communication)

本章思考题

1. 什么是领导沟通？领导沟通有哪些特点？
2. 领导沟通的功能是什么？领导沟通应坚持哪些原则？
3. 什么是非正式沟通？其与正式沟通有哪些区别与联系？
4. 简述领导沟通过程的主要模式,如何评价这些模式？
5. 影响领导沟通的因素有哪些？如何避免这些因素所导致的沟通障碍？

本章推荐阅读书目

1. [美]博伊德·克拉克,罗恩·克罗斯兰.领导就是沟通[M].胡书东,译.北京:中信出版社,2004.
2. [美]黑贝尔斯,威沃尔.有效沟通[M].李业昆,译.7版.北京:华夏出版社,2005.
3. [美]罗伯特·莱夫顿,维克托·巴泽塔.领导沟通力[M].马燕,译.北京:华夏出版社,2005.
4. [美]巴瑞特.现代沟通力系列:领导力沟通[M].邓天白,王婷,刘春,严三九,译.上海:复旦大学出版社,2013.
5. 黄琳.有效沟通[M].北京:中国华侨出版社,2008.
6. 周敏.领导沟通[M].北京:研究出版社,2017.

第八章 领 导 艺 术

——本章导言——

　　一个组织的成败关键在于领导力的强弱,而领导力的强弱的直接决定因素来源于领导者本身的领导艺术。领导艺术一般具有三层含义:其一,领导艺术是来源于实践但又高于一般领导实践的社会意识形式;其二,领导艺术具有创造性,意即它体现领导者的创造性思维,因为在领导活动中往往没有现成的原则做直接依据;其三,真正的领导艺术给人们带来美感。综合起来,领导艺术就是指建立在一定知识、能力、经验基础上的非规范性的、有创造性的、给人以美感的领导技能。领导艺术是领导者熟练运用领导规律的集中体现,是领导方法的升华。领导艺术不仅可以被认识、学习和掌握,而且在实践中可以不断提高领导艺术水平。提高领导艺术水平最根本的措施是坚持实事求是,一切从实际出发,按照客观规律的要求,充分发挥自己的主观能动性,随机应变地处理各项领导工作。

■ 第一节　领导艺术的含义与特征

案例 11

　　在领导活动中,不同的领导者对领导条件、领导原则运用的技巧、方法和手段不同,产生的效果就会不同:有的人得心应手,事半功倍;有的人则手足无措,事倍功半。其中一个很重要的原因,就在于领导者的领导艺术各有区别。

■ 一、领导艺术的含义

　　所谓"艺术",在《辞海》中是这样解释的:一是指用形象来反映现实但比现实有典型性的社会意识形式,它包括文学、绘画、雕塑、建筑、音乐、舞蹈、戏剧、电影、曲艺等;二是指富有创造性的方式、方法;三是指形状独特而美观。同样,领导艺术作为艺术形式之一,也具有艺术的三层含义:第一,领导艺术是来源于实践但又高于一般的领导实践的社会意识形式;第二,领导艺术具有创造性,即它体现领导者的创造性思维,因为在领导活动中往往没有现成的原则做直接依据;第三,真正的领导艺术给人们带来美感。综合起来,领导艺术就是指建立在一定知识、能力、经验基础上的非规范性的、有创造性的、给人以美感的领导技能。要正确理解领导艺术,必须注意区分以下几个相关概念。

1. 领导艺术与领导方法

领导方法和领导艺术是领导学原理的一个重要组成部分。领导方法是领导者实现领导、完成领导任务的方式和手段,领导艺术是建立在一定经验和科学基础上的高超的领导技能,是领导方法熟练而卓越的应用。两者既有区别又有联系。

领导方法和领导艺术的区别主要表现在:领导方法是指在长期的领导工作实践中形成和发展起来的,并且又回到实践中接受检验和发挥作用的有效的领导方式和领导手段,它有一定的时代性、条件性和规范性;领导艺术不仅与领导者的实践经验有关,而且与领导者个人的素养、思维方式、处事风格等密切相关,它是将领导方法加以熟练、巧妙地运用的结果,具有更多的非理性。毛泽东曾做过这样一个比喻:"我们的任务是过河,但是没有桥或没有船就不能过。不解决桥或船的问题,过河就是一句空话。不解决方法问题,任务也只是瞎说一顿。"为了过河需要造桥或船,讲的是方法;而在什么地方造桥或船,造什么样的桥或船,之后又怎样过桥、怎样乘船,便是艺术问题。

领导方法和领导艺术之间的联系主要表现在:领导艺术中规范化的东西可以成为领导方法,而将领导方法加以熟练运用,就可成为领导艺术。两者常常是不可分割、融为一体的。如"从群众中来,到群众中去"、学会"弹钢琴"都是根本的、重要的领导方法,如果将其熟练而巧妙地加以运用,就会成为卓越的领导艺术。领导方法是领导艺术的基础和前提,领导艺术是领导方法的延伸和升华,是领导方法达到高超境界的表现。

2. 领导艺术与领导技术

以电子计算机为中心的现代领导工作手段(如决策活动、考评活动、调查研究中的统计活动等)是领导技术,它与领导者自身的创造活动是完全不同的。作为领导科学组成部分的领导技术,只能为常规领导提供一些先进的技术手段,不能代替领导者的创造性活动。所以说,领导艺术并非领导技术。

3. 领导艺术与领导权术

领导权术是出于统治阶级巩固自身统治地位和有效镇压反叛者的需要,是以剥削阶级的统治理论和运权之术为指导,以主观唯心主义和历史唯心主义为理论来源;从它诞生那天起,就承担了为统治阶级尽"忠"、尽"责"、尽"能"的历史使命;它的产生是出于只讲目的,不讲手段,强调手段服从目的,而法律、道德、理性只不过是制止自己的政敌实施破坏行为的有利工具;领导权术专搞阴谋诡计,害怕正大光明,和伪诈形影不离。而领导艺术正好与此相反,首先,它是以马克思主义的科学理论为指导,以辩证唯物主义和历史唯物主义为理论依据;其次,它是为广大领导者提高领导水平和技巧,为提高广大公众知政、参政、议政能力服务的;再次,它是为解决突出的疑难问题而采取的机动灵活但又合乎规范的措施及技巧,达到了真善美的完整统一;最后,领导艺术的传播和使用,会给人们解决复杂问题以智慧的技巧和便利的武器。

二、领导艺术的特征

领导艺术虽然与领导者个人的运用技巧有很大关系,但并非领导者个人主观臆造的,而是符合客观事物发展规律、遵循一定科学原则的活动过程。它具有原则性和灵活性、科学性和创造性、经验性和实践性、多样性和综合性等特征,正确认识这些特征,是把握领导艺术的关键。

1. 原则性和灵活性

俗话说:"没有规矩,不成方圆。""规矩"就是基本原则。领导活动作为人类社会的一项基本活动,同样要遵循一些基本原则,如一切从实际出发、具体问题具体分析等,正如孔子所言,"从心所欲,不逾矩",即不论如何灵活,都不能超越一定的规矩、规则。但在实际领导活动中,仅仅教条式地照搬照抄这些原理、原则,不可能成为一个成功的领导者。《孙子兵法》云,"圮地无舍","绝地无留",因而背水列阵、山上扎营历来是兵家大忌,但韩信"背水列阵"、项羽"破釜沉舟"却出奇制胜。反观马谡照搬兵书,山上扎营,却导致全军覆灭。《孙子兵法》确实有"投之亡地然后存,陷之死地然后生"的军事原则,但运用起来变化无穷,结果也大不相同。《孙子兵法》又云:"归师勿遏","穷寇勿迫"。而毛泽东则提出,"宜将剩勇追穷寇,不可沽名学霸王",取得了天翻地覆慨而慷的胜利。岳飞指出:"阵而后战,兵法之常,运用之妙,存乎一心。"这里的"常",就是原则、准则,而"妙",毛泽东称之为"灵活性",这种灵活性,按《孙子兵法》的说法就是"微乎,微乎,至于无形;神乎,神乎,至于无声"。灵活性体现着领导者处理复杂问题的能力和技巧,体现着不同领导者对具体问题的不同处理方法。

总之,领导艺术是原则性和灵活性的统一,它的原则性不是不灵活的,灵活性也不是无原则的。高超的领导艺术就在于既尊重规律,遵守一定的规则,又能灵活做到"从心所欲"。

2. 科学性和创造性

领导艺术是建立在领导科学的一般原理、原则和方法的基础之上的,因而具有科学性,但是,领导艺术并不是对领导科学知识机械地、简单地和一般化地运用,也不是墨守成规、照章办事的产物,而是对领导科学的一般原理、原则和方法的综合地、灵活地运用,是领导者创造性思维的产物。这是因为社会发展日新月异,实际情况错综复杂,面对的矛盾也层出不穷,领导者要及时不断地解决工作中出现的新问题,开拓前进,就必须打破常规,突破传统方法,做出新的创造。正如邓小平指出的:"没有一点闯的精神,没有一点'冒'的精神,没有一股气呀、劲呀,就走不出一条好路,走不出一条新路,就干不出新的事业。"可以说,领导者运用领导艺术的过程,实质上就是一个不断突破、不断创造的过程。领导者的创造性如何,是衡量其领导艺术水平的一个重要标志。

3. 经验性和实践性

列宁曾说:"管理的艺术并不是人们生来就有的,而是从经验中得来的。"意思就是说,领导艺术不是按照逻辑顺序从理性的东西中推论得来的,恰恰相反,它是由领导者的阅历、知识和经验所提炼、升华而成的,是领导实践经验的描述、总结和积累。领导可以使用的经验,不仅包括自己的直接经验,也包括别人的间接经验;不仅包括成功的经验,也包括失败的教训。领导经验的积累,不仅靠学习书本上抽象的理性经验,更要靠学习实践中生动的感性经验。缺乏丰富经验的领导,在复杂问题面前,是难以作出正确决策的。作为一个领导者,不管其领导艺术如何高超、如何巧妙,总是不可避免地带有经验的痕迹,而且它往往具有一定程度的个人感情色彩,有着难以言传的感染人、吸引人的魅力。从这个意义上说,领导艺术就是领导者在经验的基础上形成并表现出来的综合运用领导方法的技巧。

领导艺术具有很强的实践性,这不仅是由于它来源于领导实践,并在领导实践中表现出来,不断地得到检验和发展,而且还因为领导艺术的许多内容尚处于"只可身教,不可言传"的经验形态。领导艺术只有来源于生活,通过实践的检验,才能形成一种经得起时间考验的艺术。只有在实践过程中才能对领导活动了如指掌,从模糊到清晰,最后熟能生巧,灵活自如。这又离不开领导经验。

4. 多样性和综合性

领导艺术是一种生动活泼、丰富多彩的技艺。首先,不同的领导人在办理相同的事情时,往往会采用不同的办事技巧,甚至同一个领导人在处理类似的问题时也会有不同的处理办法。其次,领导工作要处理人与人的问题、人与事的问题、事与事的问题,其工作范围涉及思维领域、自然领域和社会领域多个方面。最后,领导艺术还贯穿于领导过程的各个阶段和领导活动的各个方面,从纵向看,具有多个层次,如有宏观领导艺术和微观领导艺术,有全局领导艺术和局部领导艺术,有战略领导艺术和战术领导艺术。就领导的过程看,每一个过程的不同阶段也有不同的艺术,如决策艺术、执行艺术、反馈艺术等。从横向看,具有多个侧面,如待人艺术、处事艺术、沟通艺术、指挥艺术、监督艺术、考评艺术等。

然而,在领导实践活动中,领导艺术的纵向多层次和横向多侧面,又是互相交错、彼此关联的,领导艺术是对不同层次艺术的综合把握。同时,它又是领导者广博知识的综合运用。三国时期的诸葛亮,被后人称为"智慧的化身",他的高超领导才能是与他的博学多才密切相关的。此外,领导艺术还是各种经验的综合体现,包括直接的、间接的、成功的、失败的,只要是对提高领导艺术有帮助的经验都可以借用。

■ 三、领导艺术与领导科学的关系

领导工作既是一门科学,又是一门艺术。可见,领导工作中科学与艺术是密不可分的。欧克肖特曾说:"没有什么地方,技术知识与实践知识分开,特别是在政治活动中,也没有地方能认为它们彼此同一、能互相替代。"领导科学和领导艺术既有区别,又有联系,它们之间是对立统一的关系。

1. 领导科学与领导艺术表现为两个不同的范畴

美国克利夫州立大学管理与劳工关系系主任 M. K. 巴达威说:"尽管在管理原理和内容方面有渊博的知识是有效管理者的条件,但是知识本身并不足以构成管理才能。管理的理论是一门科学,管理的实践则是一门艺术。"

领导科学与领导艺术的区别主要有两点。一是领导科学是理论,而领导艺术属于经验。领导科学具有普遍性,对一切领导者都具有指导意义。只要是科学的领导理论,谁去掌握,都会得到大体相同的效果。领导艺术则不然,如前所述,个人经验不同,领导艺术就有区别;同一种领导艺术为不同人掌握,效果会因人而异;同一个领导者应用不同的领导艺术,效果也会相差很大。二是领导科学表现为规范化,领导艺术则表现为非规范化。领导科学是规范化、系统化了的知识,它具有严谨的理论体系,形态相对稳定,不易变化。领导艺术则是非规范化、非系统化、非模式化的技能,它具有随机性和灵活性。

2. 领导科学与领导艺术关系密切

领导科学与领导艺术相互作用,相互影响,联系非常密切,具体体现在以下几个方面。第一,二者的研究对象和服务对象相同。即领导科学和领导艺术都是以领导实践活动为研究对象,都是研究如何做好员工服务的工作。第二,二者互为依存,互相促进。领导艺术实践是以领导者拥有的科学知识作为基础的,也就是说离开了领导科学,领导艺术就不

可能产生。同样,领导艺术经过科学总结、归纳、提炼,其共同规律经过抽象、系统化、规范化,成为领导科学的一个组成部分,丰富和发展了领导科学。领导科学又对领导艺术具有指导和借鉴作用,促进领导艺术进一步发展。领导艺术的发展必然促进领导科学向高水平发展,领导艺术高水平发展,必然丰富和完善领导科学体系。二者的发展和进步交替上升,相互促进,使领导活动呈现出勃勃生机与活力。第三,二者的契合点是领导方法及其创新。无论是领导艺术还是领导科学都是以领导方法为领导实践的基础,科学的领导必须讲究方法,因而形成了领导方法论。而领导方法的科学创新便形成领导艺术。领导工作是科学和艺术的结合,二者缺一不可。高明的领导者不会无视领导科学,也不会轻视领导艺术。而且,他会努力去学习领导科学,掌握科学的方法和手段,提高自己的领导艺术;不断总结自己和他人的领导经验,推动领导科学大发展。

案例 12

第二节　几种重要的领导艺术

一、领导授权艺术

(一)领导授权的内涵

 案例 8-1

艾森豪威尔的授权艺术

在艾森豪威尔担任美国第 34 任总统期间,并不显得那样日理万机,他甚至给人的感觉总是很悠闲。

一次,艾森豪威尔正在打高尔夫球,白宫送来急件要他批示。总统助理事先已经拟定了"赞成"与"否定"两个批示,只待他挑出其中一个签名即可。谁知艾森豪威尔只是简单地看了一下后,就在两个批示后各签了名,说:"请狄克(即当时的副总统尼克松)帮我批吧。"然后,就又若无其事地打球去了。

但就是这样一位"懒"总统,却领导美国走向了历史上最为和平安定的时期,创造了美国历史上空前的繁荣,直到现在,人民还在怀想着过去的那段好时光。

(艾森豪威尔的领导艺术[OL].[2020-02-22].https://www.sohu.com/a/374960423_120169612.)

思考与提示

1. 你如何评价艾森豪威尔的"懒"?
2. 为什么"懒"总统艾森豪威尔却能获得较好的领导效果?

很多领导者在处理组织事务时事必躬亲,好像如果不这样,就不是一个负责任的领导。可想而知,这样做导致的直接后果就是,他所领导的组织变成了"救火队",领导者变成了"救火队队长",组织成员变成了"救火队队员",哪里出现问题哪里就会出现管理者指挥"救火队员灭火"的身影。从表面上来看,这似乎能够从一个侧面反映出他是一个好的领导者,为了组织的绩效而身先士卒。其实不然,这样做并不能说明领导者有能力,反而恰恰表明了他是一个平庸的领导者。因为这样做会让领导者忘记本职工作,最终结果是领导者忙得团团转,下属天天发怨言,大事上顾此失彼,小事上漏洞百出,工作效率更是不知从何谈起。

领导者的职责是引领而非运营,在任何一个组织内,领导者的职责都是最大限度地调动各个方面的资源,联合各个方面的力量,齐心合力地实现组织的目标。著名的领导学大师约翰·科特就提出,领导者的作用在于聚集群众,树立目标,激励群众。领导者没有三头六臂,不能事必躬亲,而领导者又必须对每件事承担自己的领导责任。

从培养下属的角度而言,要想让下属能够独当一面,也需要领导者放权。实践出真知,在实践中能够锻炼一个人真正解决问题的能力。只有把下属放到实践中,并配有足够的权力,才能培养下属解决问题的能力。也就是说,只有通过授权,才能最充分地发挥下属的主观能动性,为组织创造更加美好的未来。

"授权"一词是在大工业革命时期被提出的,本意是将领导者从繁杂的事务中解放出来,将手中的权力和任务交给下属去支配和完成,领导者仅提供极少的指导或支持,实现由"管事"向"管人"的转变。授权的领导风格是否适用,要看该领导者下属的成熟度,用著名学者赫塞和布兰查德的话来说,就是"个体完成某一具体任务的能力和意愿的程度"。

如果下属是有能力且愿意工作者,领导风格适于"授权";如果下属有能力但不愿意工作,最佳的领导风格应是"参与",即领导者与下属共同决策,领导者的主要角色是提供便利条件与沟通;如果下属虽缺乏能力,却愿意从事必要的工作任务,有一定的积极性,不过目前尚缺乏足够的技能,对待这样的下属,领导风格应是"推销",即同时提供指导性行为与支持性行为;最后一种,如果下属是既无能力又不情愿做事的人,领导者就只好"指示"下属做事了,明确地告诉下属做什么、怎么做以及何时何地去做。

(二)领导授权的目的

一名成功的领导者并不需要事必躬亲,而应拥有高超的授权艺术。领导授权并不是随意的,而是具有目的性。

1. 领导授权是为了更好地管理

授权的管理体现了责与权的结合。有效的授权管理,必须以明确的目标作为前提。对于领导者来说,不管所处的组织规模是大是小,没有成功的领导和有效的授权,整个组织是很难运作起来的,即使能勉强运作,也是步履蹒跚。可以不夸张地说,领导的至境就是放权,而放权是为了更好地运用权力。

2. 领导授权是为了提高下属的工作积极性

随着现代社会的发展,下属已不是粗放生产式的体力劳动者,而是具有现代科学文化知识的脑力劳动者,即使直接从事生产的体力劳动者中也有许多人的劳动带有脑力劳动的因素。体力劳动可以按照简单命令行事,劳动效果也容易考核。脑力劳动者则不同,主要是运用知识和智力,这些人的积极性不能只靠简单的命令来调动。如何调动他们的积极性,使他们自觉地为共同目标而奋斗,是现代领导者提高工作绩效的一个关键所在。调动下属积极性的方法很多,如良好的思想工作、民主的领导作风等,然而授权是一种有效的方法。

现代领导工作非常强调职、责、权、利的统一和相符的原则,所有的组织成员占据一定的职位,必须承担一定的责任。要履行职责也就要有一定的职权,职权是尽责的手段。有责无权同有权无责一样,都会导致管理工作的混乱,影响管理工作的效果。

我国早期的军事名著《孙子兵法》在谋攻篇中讲"知胜之道"时指出:"将能而君不御者胜。"就是说,将帅有指挥才能而国君不加牵制的便能打胜仗。汉刘邦本来只能带兵十万,而他部下韩信带兵却"多多益善",刘邦能够正确利用韩信的长处,授予他统兵权而不加牵制,因此韩信能率百万之军,战必胜,攻必克。这个故事告诉我们,如下属有能力去执行任务,领导者应赋予他们一定的权力,不干预或牵制他们的行动。只有这样,领导者才可以充分调动下属的积极性,发挥下属的才能,才有利于领导工作预定目标的完成。

在现实生活中,善于授权、充分发挥下属积极性的领导者越来越多了。但是,有的领导者缺乏用人的气度,他们奉行的是"武大郎开店"的哲学,凡是我的属下,才能都不能比我高,否则就想方设法加以排斥,或借机给小鞋穿。这些领导者应该借鉴历史的教训,因为凡是排斥才能高的人,自己只能成为孤家寡人,最终使组织绩效难以达成。

3. 领导者抓大事管全局的需要

领导者之所以必须授权,从组织行为学的角度来讲,这是由一个人有限的体力、精力决定的。人的体力、精力是一个递减量,成年之后随着年龄的增长,体力逐渐减弱,精力、智力和能力也逐渐衰退。管理学研究表明,人的劳动付出与所得的成绩呈抛物线形,一个人的体力和精力是有限的,多数人在限度之内,工作出速度、出成绩,能够胜任;如果任务超出了本身能够承受的限度,工作起来往往有力不从心之感,经常会顾此失彼。所以管理学家主张在同一时间内只做一件事。而现实中,需要领导者处理的问题很复杂,常见一些组织的领导者"两眼一睁,忙到熄灯",结果成了忙忙碌碌的事务主义者。如何解决领导者工作任务多、工作时间少的矛盾呢?行之有效的办法就是授权。领导者只对直接下级行使一定的权力,不包办代替和越级处理问题。这样领导者才能够有时间和精力做领导之事情,了解情况,进行学习,联系群众,静心思考一些全局性和方向性的大事。

任何一个人很难做到大事小事都办好,重要的是,领导者要有全局观念和战略眼光,做到在任何时候大事面前不糊涂。"议大事、懂全局、管本行",这是领导者在工作中应该遵循的一条原则。古罗马的法典中有一条规定:"行政长官不宜过问琐事",一个有成效的领导者应该是一位善于有效授权的领导者。领导者能不能分清和正确处理大事与小事,有无勇气大胆授权,是领导工作有无成效或者成效大小的关键所在。

(三)领导授权的前提

领导者要恰如其分地授权,对授权前的准备工作要心知肚明,关于领导授权的前提有如下几点需要注意。

1. 物色好授权对象

物色授权对象是领导者授权的第一步,首先要考虑的当然是授权对象的思想品德和工作能力;其次是考虑授权对象是否愿意接受领导者授予的权力。下属对领导者授予的权力,并非都会欣然接受。领导者勉强授权,很难取得成效。例如,在前几年的政府机构改革中,有一批专家、学者被选进党政机关,分别授予领导党、政、财、文的权力。由于他们一方面并非都懂得行政领导,另一方面有些专家、学者不愿意放弃原来的专业、改行从政,结果有些人陆续辞去了行政领导职务,回到了原来的工作岗位,这就需要领导者把权力授予愿意接受的人。

2. 明确授权内容

领导者向下属授权,必须明确哪些权力可以下授,哪些权力不能下授。领导者的权力保留多少,要根据不同任务的性质、不同环境和形势以及不同的下属而定。就一般情况而论,领导者在授权时应保留以下几种权力:

(1) 事关区域、部门、单位的重大决策权;

(2) 监督和协调下属的工作;

(3) 直接下属和关键部门的人事任免权;

(4) 直接下属的奖惩权。

这些权力属于领导者工作范围内的职权,不能下授。除此之外的许多权力,可视不同情况灵活掌握。大体说来,凡是分散领导者精力的事务性工作,上下都可支配的边界权力,以及因人因事而产生的机动权力等都可以下授。从当前公共组织、私人组织和第三部门的实际情况来看,将权力过多下授者甚少,抓住权力不愿下授者较多。因此,各级领导者应该研究授权艺术,把应授的权力授予下属。

3. 选择授权方式

领导者授权应该讲究授权的方式,一般来说,领导者采用的授权方式主要有以下几种。

1) 目标授权法

目标授权法是领导者根据下属所要达到的目标而授予下属权力的一种方法。领导者授权的目的,是通过授权激励下属去实现组织的目标。马克斯·韦伯的科层制理论认为,任何组织都有自己的发展目标,这些目标的实现绝不是领导者个人所能完成的。领导者只有将组织的总目标进行必要的分解,由组织内部的各个管理层次及部门的所属成员分担一部分任务,并相应地赋予一定的责任和权力,才能使下属齐心协力,努力实现组织的总目标。以组织目标为依据进行授权,可以避免授权的盲目性和授权失当的现象发生。

2) 充分授权法与不充分授权法

充分授权法,既适用于工作重要性比较低、工作无法完成情况不会导致全盘工作失败的单位,也适用于系统管理水平较高、各子系统协调配合等诸种情况较好的单位。领导者在充分授权时,允许下属决定行动的方案,并将完成任务所必需的人、财、物等权力完全交给下属,准许他们自己创造条件,克服困难,完成任务。充分授权能极大地发挥下属的积极性、主动性和创造性,并能减轻主管领导者不必要的工作负担。

事关全局性工作的一些权力,领导者应采用不充分授权的方法。在实行不充分授权时,领导者应当要求下属就重要性程度较高的工作,在进行深入细致的调查研究的基础上,提出解决问题的全部可能的方案,或提出一整套完整的行动计划,经过上级领导的选择审核后,批准执行这种方案,并将执行中的部分权力授予下属。采用不充分授权时,上级领导和下属双方应当在方案执行之前,就有关事项达成明确一致的要求,以此统一认识,保证授权的有效性。

3）弹性授权法

领导者面对纷繁复杂的工作任务，或对下属的能力、水平没有充分把握，或环境条件多变时，宜采用弹性授权法。弹性授权要求领导者掌握授权的范围和时间，并依据实际需要对授给下属的权力予以变动。例如，实行单项授权，即把解决某一特定问题的权力授予某人，随着问题的解决，权力即予以收回。或者实行定时授权，即在一定时期内将权力授给某人，到期后权力即刻收回。这种授权方法有很大的灵活性。为避免引起下属误解，实行弹性授权时，领导者在授权之前就应当对下属作出合理的解释，以取得下属的理解。弹性授权法分为逐步授权法和引导授权法。

逐步授权要求领导者视能授权。领导者在授权前要对下属进行严格考核，全面了解下属成员的德、才情况。但是当领导者对下属的能力、特点等不完全了解，或者对完成某项工作所需的权力无先例可参考时，就应采取见机行事、逐步授权的方法。如先用"助理""代理"职务等非授权形式，试用一段时间，以便对下属继续深入考察。当下属适合授权的条件时，领导者再授予他们必要的权力。领导者这种稳妥的授权方法，事先权责脱节，而最终是使两者相吻合。

引导授权要求领导者在给下属授权时，不仅要充分肯定下属行使权力的优点或长处，以充分激发其积极性；而且也要指出他的缺点或问题，希望下属在工作中克服和避免；同时，还要进行适当的引导，防止偏离领导工作目标。但这不是横加干涉，而是支持下属工作，帮助解决问题。特别是在下属发生工作失误时，领导者更应当善于引导，帮助纠正失误，而决不能施加压力，或恶意苛求。当然，领导者发现下属确实不能履行权力时，就要采取果断措施，或收回权力，或派人接管，以避免造成工作上更大的损失。

4）制约授权法

当工作性质极为重要，或工作极易出现疏漏，领导者不应充分授权；或领导者管理幅度大，任务繁重，无足够的精力实施充分授权，即可采用制约授权的方法。制约授权是在领导授权之后，下属个人之间或组织之间相互制约的一种授权方式。它是领导者将某项任务的职权分解成两个或若干部分并分别授权，使它们之间产生相互制约、互相钳制的作用，以有效地防止工作中出现疏漏。例如，在有的组织管理中，管理部门与人事部门之间的相互制约，而财务工作中通行的会计、出纳人员的相互制约是个人之间的权力制约，这些都是属于制约授权的范例。

总之，领导者实行授权应该根据实际情况决定授权方法。但是，领导者无论采取哪一种授权方法，都应具体问题具体分析，使授权真正围绕组织工作目标的实现来进行，以达到授权的目的。

（四）领导授权的原则与艺术

领导授权是由上级主管或权力拥有者授予下属一定责任与处事的权力，使下属在其领导、监督下有相应的自主权和行动指挥权。能有效授权的领导者都讲究授权的创造性和有效性，即授权的艺术。

1. 领导授权的原则

1）选好授权对象

一般来说，具有以下特点的人，往往被视为授权对象：一是大公无私的奉献者，他们做工作从不讨价还价，不计较个人得失；二是办事认真，敢于坚持原则、坚持真理，对错误言行也敢于直言的人;三是勇于创新的开拓者,他们是"实干家",开拓能力、成事能力很强;四是具有团队精神的人,他们在实际工作中协调能力强,善于理顺人际关系,凝聚力强;五是善于独立处理问题的人,他们善于独立思考,能提出有价值的独立见解,善于处理复杂棘手的问题;六是犯过偶然的、非本质性的错误并渴求改正机会的人。

2) 授权留责

领导者将权力授予下属后,如果下属在工作中出现问题,下属负责任,领导者也应负领导责任,士卒犯罪,过及主帅。

3) 明确责权

领导者向被授权者授权时,应明确所授工作任务的目标、责任和权力,不能含糊不清、模棱两可。

4) 视能授权

领导者向下属授权,授什么权,授多少权,应根据下属能力的高低而定。

5) 适度授权

领导者授权时应分清哪些权力可以下授,哪些权力应该保留。

6) 逐级授权

领导者只能对自己的直接下属授权,不能越级授权,要防止反向授权。

7) 监督控制

领导者授权后,对下属的工作要进行合理的也即适度的监督控制,要防止放任自流或过细的工作检查两种极端现象。

2. 领导授权的艺术

三国时,诸葛亮在上后主的《自贬疏》中道:"街亭违命之阙,箕谷不戒之失,咎皆在臣授任无方。"诸葛亮忠心耿耿辅助阿斗,日理万机,事事躬亲,乃至"自校簿书",对此其对手司马懿有评价。司马懿在一次接见诸葛亮的使者时问,诸葛亮身体好吗,休息得怎么样?使者对司马懿说,诸葛亮"夙兴夜寐,罚二十以上,皆亲览焉;所啖食不至数升"。使者走后,司马懿对人说:"孔明食少事烦,其能久乎?"果然,不久,诸葛亮病逝军中,蜀军退师。诸葛亮为蜀汉"鞠躬尽瘁,死而后已",但蜀汉仍最先灭亡,仔细分析可知,这与诸葛亮不善于授权不无关系。

领导者必须学会正确授权。第一,正确授权可以减少领导者的工作负担,使领导者不被细小事务缠绕导致身心疲劳,集中精力处理更重要、更大的事务。第二,正确授权是对下属的一种信任,事无巨细的领导不仅对领导者本人不利,还会让下属感到不被信任,使下属的创造力不能得到充分发掘。第三,正确授权会调动下属积极性,权力是一种重要的激励方式,赋予下属一定的权力是对有权力需要的下属的满足。第四,正确的授权有利于领导者发现人才、锻炼人才、培养人才。第五,正确的授权有利于团队建设。正确授权有利于各级管理者之间、管理者与员工之间的沟通,加强协调,团结共事,有利于发挥各自专长,互补不足,提高组织的整体力量。第六,正确授权有利于避免领导者专断,降低错误决策的风险,减少错误决策的发生,甚至减少错误决策所造成的损失。

在现代组织管理中,关于领导者的授权艺术,应该从组织理论、管理实践和组织运行的角度加以把握。

1) 从组织理论的角度来把握

从组织理论的角度来讲,领导者在授权时应该讲究以下艺术。

(1) 克服害怕授权心理。为什么即使是诸葛亮这么聪明的领导者也会害怕授权?一是领导者往往自以为高明,低估了下属的能力,不信任下属,生怕下属把工作搞糟了。诸葛亮恐怕就是因为自己才智过人和为了不辜负刘备知遇之恩的心态而缺乏授权的勇气。另一个原因则是怕下属能力比自己强,将来会夺自己的权,因而处处压抑下属的首创精神,导致形成"武大郎开店"的格局。

(2) 正确分析、分解组织的目标。领导者必须把所在组织或部门总目标进行科学分析、分解,逐级分配给下属,分步完成不同子目标,最后完成总目标。正确授权很关键的一步是对下属的正确认识,领导者在授权之前必须对下属进行仔细的观察,可通过对被授权者的同事、直接上司、直接下属、客户或朋友和被授权者的自我评价,也即通过西方人力资源管理中的"360度"考核方法,认识被授权者的能力、工作成熟度、所处的成长阶段等。

(3) 明确权责,使权责相符。授权的前提是明确职责,这也是搞好授权反馈与控制的前提。若是职责不清,各司其事,就会不断发生摩擦,相互"扯皮"或"掣肘",这是授权的大忌。所以,授权者必须向被授权者明确授权事项的目标和范围,明确被授权者的权力和相应承担的义务及责任。这样,既可以调动被授权者的工作积极性和创造性,又利于授权者对工作进行评价,授权者应当信任并支持被授权者的工作,凡应由被授权者自己决定的事,授权者不要过多地干预,以使被授权者能充分地行使自己的权利,发挥自己的主观能动性,更好地独立完成任务。授权时还须保证被授权者的权力与责任相一致,即有多大的权力就应担负多大的责任,做到权责统一。

(4) 讲究技巧。领导者在授权时必须因时、因事、因人、因地、因境、因条件的不同,确定授权的方法和许可权大小、内容等。如采用目标管理方法,有利于下属实现目标的成就感。如果工作重要性较低或较为简单,可充分授权;如果工作重要或较为复杂,可采用弹性授权的方法;也可根据工作不同,采用即时授权、制约授权等方法。

(5) 反馈与控制。为保证下属能及时完成任务,了解下属工作进展情况,领导者必须对被授权者的工作不断进行检查,掌握工作进展信息,或要求被授权者及时反馈工作进展情况,对偏离目标的行为要及时进行引导和纠正。诸葛亮分配关云长守荆州,最后关云长大意失荆州,这与诸葛亮对荆州的信息了解不够有关。同时,领导者必须及时进行调控。当被授权者由于主观不努力,没有很好地完成工作任务,领导者必须给予纠正,并承担相应的责任;对不能胜任工作的下属要及时更换;对滥用职权、严重违法乱纪者,应及时收回权力,并予以严厉惩处;对由于客观原因造成工作无法按时取得进展的必须进行适当协助。

2) 从管理实践的角度来把握

从管理实践的角度来讲,领导者授权的艺术应该是先分权、后授权,不可不分权、只授权。

(1) 先分权。《孙子兵法》中说,决定胜负的有"道、天、地、将、法"五大因素,"道"独排第一。在古今中外的兵法中,有很多关于自然、社会规律的论述,这就是所谓的"道"。

很多成功的领导者都是达到悟"道"境界的。在我国,柳传志、张瑞敏等领导者,也在"道"的方面颇有所得。而对于真正的领导者来说,不仅应熟悉各种管理方法和手腕等

"术"的东西,更应该明"道",并以"道"来统领"术",达到"道术合一"。在"道"之外,兵法权谋中更多的则是"术"的东西,集中在具体操作层面上,并且带有很强的目的性和功利性。"兵不厌诈""利而诱之""乱而取之"等,表现出的是一种以智取胜的倾向,正所谓"兵者,诡道也",最后形成一种领导谋略型文化。

如果说领导者是否要分权、集权讲的是"道"的话,而如何做到分权、集权,讲的就是一种艺术。成功的领导者在拥有一定的权力之后,为了提高整体组织绩效,把自己的权力分给下属来执行,这就是分权。例如,在我国古代,刘邦在分权这方面具有独到的经验。刘邦称帝后说过一段名言:"夫运筹帷幄之中,决胜千里之外,吾不如子房;镇国家,抚百姓,给饷馈,不绝粮道,吾不如萧何;连百万之众,战必胜,攻必取,吾不如韩信。此三者,皆人杰也,吾能用之,此吾所以取天下也。项羽有一范增而不能用,此其所以为我擒也。"应该说,刘邦道出了他成功的真谛,他是一个善于组织一切力量为己所用的人。正是张、萧、韩这三驾马车,将刘邦扶上了皇帝的宝座。用现代军事组织的职位来打比方,张良是总参谋长,萧何是总后勤部长,韩信是总司令。可见,分权在组织管理中具有相当重要的作用。

西方管理思想中曾提出,"一个人独享的权力是无效的权力"。因为权力不是养在家里的宠物,也不是供独自欣赏的珍玩,而是用来办事的资源。权力必须分给下属,才能调动他们的积极性,共同办成大事。历史上有些领导者善于专权而不善于分权,大大地降低了治理的效率,成了社会发展的包袱,不可不引以为戒。

(2)后授权。众所周知,曾国藩是清朝重臣,从他门下崛起的人,囊括了晚清政治、文化、科技领域人才的三分之二,这些人争得的权力和利益,同时也就是他的权力和利益,权力就像雪球一样,越滚越大。曾国藩讲究的就是分权之后必须授权,否则领导者无法有效执行权力,因为他深深知道,组织要发展,就要不断培养人才,培养人才的第一步就是要真正授权,如果只分权而不授权,所有的工作都由你一个人来做,那么,组织永远不会有能够替代你的位置的人,组织将难以发展。

在现代组织管理中,领导真正授权不是推卸责任,很多组织的领导者没有真正授权,只是做到了分权和分责任,把责任一层一层地剥离出去,而把事关利益的权力留下来,这些显然是不对的,领导授权应该授权与授责一起进行。

美国有名的管理咨询专家艾德·布利斯有一句名言:一位好的经理总是有一副忧烦的面孔——在他的助手脸上。布利斯这句话的意思是说,好的领导者懂得向助手或下属真正授权,充分地调动他们的主观能动性去完成工作任务,而不是自己包揽一切,结果使自己疲惫不堪,面孔忧烦。

布利斯指出:现在太多的经理享有决定一切大小事务的那种万能的权力,经常空谈授权,但只是分权,而没有授权,这样既不能很好地利用你自己的时间去完成组织的重大事件,也阻碍了下属发挥创意和成长。当领导的不懂得授权给下属,结果就是自己忙得要死,下属则袖手旁观。

真正的授权可以激发创造力,因为授权往往代表挑战性、自由程度、资源分配与运用、工作团队特质、管理阶层的鼓励、组织的支持。不论未来的组织形态如何演化,激励下属使他们拥有权力处理客户的意见,都是未来组织发展的方向。对下属进行授权,已成为组织改造过程中必须落实的一项工作。

3）从组织运行角度把握

在组织运行中，领导授权艺术的具体实施如下。

（1）不要只问"懂了吗"。交办事情给下属时，领导者都会习惯性地问"懂了吗""我讲的你明白了吗"等句子。许多对细节还不太懂的员工都会反射性地回答"知道""明白"，他们不想当场被领导否定。问他"你打算从哪里着手""你大概打算用什么流程去做"是个好方法，可以测试他到底懂不懂自己该做什么。

（2）讲清楚绩效目标与期限。下属必须了解自己在授权下应达到哪些目标，以及必须在什么时间前完成，才能有基本的行动方向。授权不是丢件事给员工而已，而是要让他知道你期盼些什么，以及完成的期限。

（3）授权后也要过问。授了权不是不闻不问，等着他把成果捧上来。领导者可以不必"紧逼盯人"，但仍要主动注意员工的进行状况，适时给予"这样不错""那样可能会比较好"之类的意见，才能让他做得越来越稳。如果任务特别需要"准时"，可以明确提醒他注意进度与时间。

（4）为下次授权作总结。一次授权结束后，领导应找下属讨论他这次的表现、检讨改进。领导也可以请下属描述在这次过程中学到了什么，再配合自己观察到的状况，作为下次再授权时的参考。

（5）授权不一定要是大事。即使只是一次再寻常不过的小事，都可以"授权"，未必一定要是什么大项目、大计划，才叫"授权"。尤其对新进员工，从小事授权起，可以训练他们负责任的态度，也建立他们的自信。

（6）先列清单再授权。简单地说，当领导的可以先列出每天自己要花时间做的有哪些事，再根据"不可取代性"以及"重要性"删去"非自己做不可"的事，剩下的就是"可授权事项"清单了。这会比脑海中东想一件、西想一件来得有系统、有条理。

（7）授权的限度要弄明白。有些下属会自作主张，扩张自己获得的授权，做一些超出授权太多的事。因此，最好在授权时特别交代"界限"到底在哪里，使下属在快触碰到界限时及时刹车，回到界限以内的空间去活动，这可以防止下属擅自跨过界限。

（8）找正确的下属。每件事都有不同的"对"的人，而且未必就是最资深的那个人。对打算授权的工作，这个人必须有能力（或至少有潜力）做好，而且有意愿。领导者所指定的人，如果经验多但对该项任务不擅长或意愿较低，未必会比经验较浅、有心学习而跃跃欲试的人适合。

（9）授了权就该适度放手。许多领导者授权后还会因为担心而一直追问员工详细的进度，让员工不胜其扰，也觉得"领导根本不信任我"，而没有真正感觉到"获得授权"。与其如此，不如在开始时就交代清楚，然后放手让员工做。这样领导者可以省一些精力，下属也可以一试自己的能力。

（10）帮下属设想可学习的项目。从某种角度来说，授权也是一种训练员工成长的方式。因此，在授权时，要为员工设想"他能通过我的授权，而在过程中学到什么"。如果只是因为你忙不过来，就胡乱分一些杂事给他去做，那或许不能叫授权，只能算是"帮领导打杂"。

总之，在现代社会，各级领导者尤其较高层次的领导者，必须借鉴诸葛亮不善授权的经验教训，学会正确授权，减轻工作压力，提高工作效率，使组织能更好、更快地发展。

二、领导激励艺术

(一) 领导激励的含义

所谓激励,就是领导者遵循人的行为规律,根据激励理论,运用物质和精神相结合的手段,采取多种有效的方式方法,最大限度地激发人才工作的积极性、主动性和创造性,以保证组织目标的实现。人的行为是受人的思想动机所制约的,而思想动机又来源于人们对社会的需求。

从心理学的角度看,可以从三个方面理解领导激励。

(1) 从诱因和强化的观点来看,领导激励就是将外部适当的刺激转化为内部心理动力,从而强化下属的行为。

(2) 从内部状态来看,领导激励是指下属的动机系统被激发起来,处于一种被激活状态,对行为有强大的推动力量。

(3) 从心理和行为过程来看,领导激励主要是指由一定的刺激激发下属的动机,使下属有一股内在的动力,向所期望的目标前进的心理和行为过程。

美国行为学家马斯洛提出人的需要有以下五种:生理需要、安全需要、社交需要、自尊需要、自我实现需要。这五种需要是依次排列、逐级提高的。人的需求内容和程度不同,激励的方式也应该有所不同。侧重于物质需求的,宜采用物质方式予以奖励;对上进心、荣誉感很强的人,则通过正面表扬、发奖状、授予光荣称号等方式予以奖励。领导者必须爱护人才、关心人才、帮助人才。要放手工作,使他们敢于负责,同时又要适当地给以指导,使他们在自己的本职岗位上发挥最大的积极性;要给他们以学习的机会,使他们在政治上、理论上和工作能力上不断提高;对他们的错误予以正确对待,既要严肃批评,又要说服教育,帮助他们改正错误;要关心他们的困难,体贴他们辛苦,对他们的生活予以必要的照顾。

邓小平指出,对那些真正有本事的人,要放手提拔,在工资级别上破格提高。凡是人才,真正行的,要提高他们的物质待遇。对人才的爱护、关心和帮助,一方面能使大批的人才不断涌现出来,为领导所用,为社会主义现代化建设服务;另一方面对人才的工作热情是一种巨大的激励,能极大地调动人才的积极性,使他们的作用得到最大限度的发挥。

(二) 领导激励机制

领导激励机制是为了达到激励下属的目的而采取的一系列方针政策、规章制度、行为准则、道德规范、文化理念以及相应的组织机构、激励措施的总和。通过这一机制所形成的推动力和吸引力,使下属萌发实现组织目标的动机,产生实现目标的动力,引起并维持实现组织目标的行为;通过绩效评价,使下属得到自豪感和相应的奖酬,强化自己的行为。

案例 8-2

星巴克(Starbucks)如何激励员工

星巴克集团拥有骄人的发展和盈利历史,其规模一直在持续扩大。星巴克不仅以其咖啡产品声名远播,同时在寻找工作机会的人才当中也享有越来越好的声望。星巴克的员工政策和激励项目是很著名的,它在 1998 年、1999 年和 2000 年均入选《财富》(Fortune)杂志"最适宜为之工作的 100 家公司"。

星巴克的使命以六项指导原则为基础,而这六项指导原则恰恰包含了星巴克之所以能够成为一家适宜为之工作的公司的原因。其中一项指导原则是"提供良好的工作环境并以尊重和尊严相互对待"。星巴克努力"创造一个活泼的、激动人心的、充满热情的工作环境"。上述指导原则的一个明显的象征就是它所给予星巴克员工的名称——在星巴克,每一个人都被称作"伙伴"。然而,比这个名称更重要的,是致力于发展和激励员工的公司文化。星巴克致力于投资于员工、支持员工,让员工参与公司持续不断的革新。

"成为最佳的自己"的挑战开始于培训。所有的咖啡店新雇员(也就是咖啡店服务员)都会接受 25 小时的课堂培训,这些培训都是在经过特别训练的"伙伴"的引导下进行的。培训内容包括咖啡方面的知识和客户服务技巧。新进的管理人员则要接受长达 12 周的课堂训练,除此之外,他们还要接受领导技能、差异意识、高级客户服务技巧、继任者计划和职业发展方面的指导。

星巴克针对员工的激励项目由"雇员福利特别调配方案"(a special blend of employee benefits)与一项专注于每一位员工的生理、情感、精神和创造性各个层面的"工作/生活项目"(work life/personal life program)构成。

公司为所有的员工提供一套全面的福利方案,包括每周工作 20 小时的兼职雇员。该套福利计划包括完整的医疗和牙医保险、人身意外伤害保险、年假、以对公司的贡献为基础的退休金储蓄计划、优惠购买公司股份计划,以及作为"星巴克咖啡豆股份项目"的部分内容的股票期权计划。星巴克于 1991 年建立了"咖啡豆股份项目",作为投资于员工伙伴、在整个公司中建立主人翁责任感的一种方式。

"工作/生活项目"包括现场健身服务、灵活的工作时间安排、儿童护理和教育方面的支持、老人护理方面的支持,以及一个将拥有共同的兴趣和爱好的员工联系起来的项目。星巴克仍然在继续开发适应于员工不同的人生阶段和个人需要的项目。事实上,公司通过定期进行员工调查来了解他们的需要,进而根据调查结果开展适当的工作/生活活动。"我们经常询问员工什么对他们来说是重要的,并在为 2000 年以后的发展做计划的时候考虑他们所说的一切。"一位星巴克的经理说。

公司通过各种员工关系机制(partner relations mechanism)鼓励开放的交流和创新的思维——这两者都对员工的工作激励产生了积极的影响。这些机制包括使命回顾（Mission Review）、公开论坛（Open Forum）以及温暖的关爱（Warm Regards）等认可活动。使命回顾"鼓励员工告诉公司他们的感觉、询问他们所关注的任何问题"；公开论坛定期举行，目的是评定绩效、认可成就、考虑未来；温暖的关爱活动则认可和表彰"体现了星巴克的指导原则、使命和目标的卓越成就"。

这些项目和活动使员工和公司双方受益。对于星巴克集团来说，好处之一便是营业成本的下降。公司目前的保健费用和缺勤率相对整个餐饮业来说都很低，员工流失率则是餐饮行业中最低的几家公司之一。而较低的员工流失率又带来了培训费用的降低。公司所获得的另外一点好处就是由员工对公司的承诺中激发出来的高质量的客户服务。

"我们能够盈利是因为公司的价值体系"，星巴克集团的董事长兼首席全球战略家霍华德·舒尔茨说。"美国公司很少意识到鼓舞人们拥有一种共同的自尊、自重和感恩的心情的巨大价值。"星巴克"以人为本，采用一种人文主义的方式做生意，而这种做法带来了关键的结果。"

（星巴克（Starbucks）如何激励员工［OL］.［2006-12-22］. http://blog.sina.com.cn/s/blog_4bbcf631010006v4.html.）

思考与提示

1. 结合案例分析领导激励机制的作用。
2. 星巴克公司的做法对当今中国企业的发展有什么借鉴与启示？

美国哈佛大学工商管理学院的汤姆·彼得斯和斯坦福大学商学研究院的罗伯特·沃特曼两位教授在1981年设计了一个简单明了、但又十分有效的"7S"模型。所谓"7S"是指：

- strategy——战略，即企业如何获取和分配它的有限资源；
- structure——结构，即企业的组织方式；
- system——制度，即信息在组织内部传送的程序和形式；
- staff——人员，即企业内部整个人员的状况；
- style——作风，即主要经理人员的行为方式和企业的传统作风；
- skill——技能，即主要人员和整个企业所特有的工作能力；
- super-ordinate-goal——最高目标，即能将员工个人和企业目标真正结合在一起的价值观。

在用这个模型分析了日本的松下电器公司、美国的国际电话电报公司、国际商用机器公司、联合航空公司等12家企业后，得出的结论是：全面地、系统地把握这"7S"是企业成功的根本要素。美国企业之所以在残酷的冲击面前显得疲软，是因为它们在管理过程中过分重视三个"硬性的S"，即战略、结构和制度；而日本企业则在不否认三个"硬性的S"的前提下，很好地兼顾了四个"软性的S"，因此，日本企业显得更具竞争力。

（三）领导激励方法

领导对下属的激励方法主要有以下几种：

(1) 物质激励,主要指工资和资金等物质报酬;
(2) 成就激励,主要指工作、事业上取得的成就;
(3) 职务激励,主要指晋职与晋升职称;
(4) 情绪激励,主要指人际关系和情感。

以上激励方式都仅在某一方面满足下属的某种需要,而下属的需要是多方面的,是相互交错和丰富具体的,因此,必须综合地运用各种激励方式才能达到较好的效果。在综合运用这些激励方式时,领导者还必须考虑到不同下属的不同特点,必须采取灵活多变的政策,因时、因地、因人而异。

用人不疑,保护下属和支持下属,也是一种强大的激励手段,因为人被信任,他就会有一种强烈的责任感,自信心便油然而生。尤其是领导对下属的信任,就是对下属最好的奖赏,它将形成一股促使下属努力工作的强大动力。信任是一种催化剂、助推器,它可以加速蕴藏在身体深处的自信力的爆发,而这种自信力一旦爆发,工作起来就可以达到忘我的程度。

(四) 领导激励过程

人们总是有各种不同程度的需要与愿望,这些使人们内心感到紧张,受到这些需要和愿望引导的、特定的、目标明确的行为将会缓解和消除这些紧张。当需求得到满足后,新的需求就会反馈到下一个循环过程中去。概括起来,领导激励过程可以用图 8-1 所示的模式来表示。

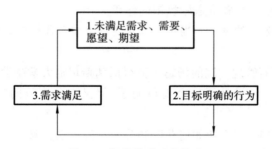

图 8-1 领导激励过程模式

行为科学家在对图 8-1 所示的模式进行分析后认为,需要引起动机,动机支配行为,行为的方式则是寻求目标以满足需要。所以,动机是行为的直接原因,它驱动和诱发人们从事某种行为,规定行为的方向。领导激励过程实际上就是由动机引起个体行为,维持该行为,并将此行为导向某一目标的过程。这样,就可将基本模式细化为图 8-2 所示的模式。

图 8-2 细化后领导激励过程模式不仅反映了需要、动机、行为、目标之间的关系,而且引入了"满足需求"和"受到挫折"的概念,以及由此产生的积极行为和消极行为,增强了管理人员对有关激励过程的了解。

(五) 领导激励艺术

一般来说,领导激励的艺术主要有目标激励艺术、逆境激励艺术、工作激励艺术、榜样激励艺术、尊重激励艺术。

1. 目标激励艺术

目标激励就是领导者为组织成员树立一个或数个明确具体且切实可行的目标,并以

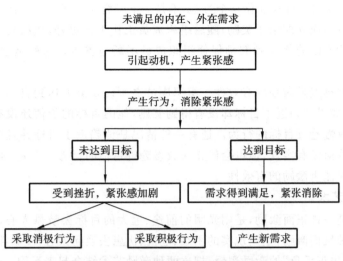

图 8-2　领导激励过程模式的细化

此来规范、引导被领导者的行为。有的学者认为,目标激励有两个方面的内容:一是树立适中的目标,二是强化组织成员的积极行为。前者是激励的基点,后者是激励的过程;前者是静态的,后者是动态的。

1) 适中的目标

激励员工一定要树立一个目标,但如果这个目标太高了,就会丧失激励的作用。根据大量的领导工作实践发现,激励作用(用 E 表示)取决于目标的重要性即价值(用 V 表示)和实现目标的可能性(用 P 表示)两个因素的综合作用。用公式表示如下:

$$E=VP$$

最极端的情况,假定 V 很大,数值为 100,而 P 很小,数值为 0,于是:

$$E=V\times P=100\times 0=0$$

显然,如果只重视目标的重要性而忽视实现目标的可能性,那么激励作用肯定不会很大。反之,如果只重视目标的可能性而忽视目标的重要性,同样,激励作用也不会很大。

因此,领导者用目标激励员工不能顾此失彼,既要注意目标的重要性,又要注意它的可能性,要把握好这个度。适中的目标对于组织成员而言,既不是极为重要,也不是无关紧要,而是较为重要,并且是经过努力可以达到的目标。

2) 目标要得到强化

所谓强化就是对趋近目标的行为给予及时反馈、评价、鼓励,对偏离目标的行为给予纠正,对背离目标的行为给予惩罚。目标的强化需要掌握及时性、公正性、连续性三个原则。

(1) 及时性原则。组织成员的工作有成绩,领导者就要及时给予鼓励、奖励,以便员工更加努力地工作,更快地达到目标。如果拖了很久才去鼓励、奖励,就达不到预想的效果,这实际上造成了激励的断裂。

(2) 公正性原则。激励是否有效关键要看是否公正。谁做出成绩就奖励谁,谁做出的成绩大就重点奖励谁。公正不是平均,奖励不能人人有份。有的部门发奖金不根据工作成绩,而是大家得的一样多,结果名为奖金,实际上根本起不到奖励、激励的作用。

（3）连续性原则。目标强化是个过程，不是一下子就能完成的。组织成员工作积极，有趋近目标的行为应立即给予奖励；随后组织成员工作干得更好，成绩更大，还应进一步奖励。要用连续不断的奖励和鼓励促使组织成员不断地进步。这就是领导激励的强化作用。

目标强化的难点是激励的有效性。组织成员之所以要努力达到目标，是因为这个目标对他有价值，如果他趋近了目标却没有得到奖励，他的目标的价值还没有实现，那么他就可能停止或放慢趋近目标的行为。还有一种情况是他趋近了目标并且受到了奖励，但他觉得目标的价值没有实现，他也会停止或放慢趋近目标的行为。因此，领导者在进行目标强化时一定要注重激励的有效性。

2. 逆境激励艺术

目标激励是一种正面激励，是用光明的前途、远大的目标去鼓舞人心、增强斗志。逆境激励则是一种反面激励，是用现实的困难、危机、忧患去唤起人心、凝聚斗志。在实际工作中最好根据"先正后负"的激励逻辑，把这两种激励艺术结合起来运用。

1）把难点告诉下属

逆境激励首先要把组织群体面临的困难如实地告诉员工，使他们知道真实的情况和面临的处境，以便凝聚人心，激发下属克服困难的昂扬斗志。

把难点告诉下属需注意以下几点。

（1）实事求是，既不夸大也不缩小实际遇到的困难。把困难说过了头，容易使下属泄气；把困难说得太小，则难以引起下属的重视，难以使他们全力奋斗。

（2）全面，把遇到的各个方面的困难都一一告诉下属，使他们警醒。

（3）讲清面临的形势不仅给组织群体带来困难，同时也给组织群体中的个人带来不利，尤其是要讲清组织与个人的关系，使他们把个人利益与组织利益联系起来，进而自觉奋斗。

（4）要选准时机，太早或太晚都不利于激励下属。

（5）注意方式，一般先党内后党外，先领导层后普通下属，当然有时候也可直接把困难告诉普通下属。

2）给下属指出光明之路

仅仅把困难告诉下属是不够的，重要的是在告诉困难的同时给他们指出机遇所在、光明所在，以提高其克服困难的勇气。毛泽东说过："我们的同志在困难的时候，要看到成绩，要看到光明，要提高我们的勇气。"毛泽东这里讲的就是逆境激励的原则和艺术。

困难和光明、挑战和机遇往往是并存的，因此不能只见前者不见后者，只告诉困难而不指出光明。要知道，组织成员是不会自动提高勇气、鼓舞斗志的，所以，领导者在进行激励时要特别注意指出困难与光明的联系，指出克服困难达到光明的具体途径。

3）要同舟共济

逆境激励能否成功还取决于领导者、管理人员和普通下属的沟通、团结的效果如何——要让组织成员感到领导者、管理者和自己同在一条船上，处境是共同的，心情是共同的，命运是共同的，克服困难的勇气也是一样的。如果只让员工出力流汗、克服困难，领导者却袖手旁观，一味空谈，员工的积极性是绝不可能调动起来的。

20世纪60年代初，我国遇到了很大的困难。为了克服暂时的困难，毛主席、周总理等中央领导同志带头降低自己的生活标准,甚至不吃肉,不吃水果。他们的实际行动感动和激励了千千万万人民,全国人民齐心协力,艰苦奋斗,终于克服了困难,迎来了胜利,这一段真实的历史留给我们的精神财富是巨大的。实践证明,同舟共济,同心同德,就没有什么困难不能克服。

总之,逆境激励艺术的秘诀就是激起人们的危机感、紧迫感、责任感和使命感,鼓舞人们的斗志、勇气、热情和潜力,使领导者、管理人员和下属团结起来,共同奋斗。这就是一种领导力。

3. 工作激励艺术

工作激励艺术就是把工作本身作为激励的内容、手段,以提高组织成员工作的积极性和创造性的一种艺术。这种艺术不需要物质刺激,也不需要非常高超的激励技巧,因此经济实用。随着社会的发展,随着人们自身素质的提高,随着 21 世纪自我领导的普及,工作成为人的优势需要,因此利用工作本身进行激励将会变得越来越重要。

1) 工作的重要性

领导者在分派工作时要把工作的性质、特点、重要性直接告诉组织成员,让他们知道自己工作的重要性,从而激起工作的自豪感。比如让一群人抬石头,每人每天工资 50 元钱。如果不告诉他们为什么抬石头、抬石头有什么重大意义,那么很可能他们抬了一段时间就会感到厌倦。如果一开始就告诉他们,抬石头是为了修水库,是为了防洪灌溉,是为大家造福谋利,那么他们工作的劲头就会持久,就会更大,因为他们明白抬石头并不只是为每天的 50 元钱,而是为自己也为大家做一件十分有意义的工作。如此,激励他们抬石头的不仅仅是每天的 50 元工资,还包括抬石头这项工作本身具有的重要作用和重要意义。

一般说来,工作的重要性表现在以下几个方面:

(1) 该项工作在全局工作中所处的重要地位;
(2) 该项工作的难度,比如特殊的技能要求,一般人干不来;
(3) 该项工作的特殊性,比如特别艰苦;
(4) 该项工作带来的效益特别大,包括经济效益和社会效益;
(5) 该项工作的关键性。

把以上各个方面的意义告诉下属,他们就会实实在在地感觉到自己的工作是有价值的,感觉到自己为组织群体做出了独特的积极贡献,出力流汗也是完全值得的。

2) 工作的全程性

领导者要创造条件让组织成员尽可能自始至终地参加某项工作的全过程。工作的全程性能激发员工的责任感和荣誉感。比如一个制定法律者不仅参加了起草文件的第一稿的工作,而且参加了第二稿、第三稿的工作,这样他会感到自己在整个文件起草过程中的作用,从而就会产生一种自豪感。同时,由于起草文件的全部工作过程都参加了,一旦文件质量不合乎要求,他就要负一定的责任,因此工作的全程性可以有效地激起工作者的责任心。需要指出的是,有的工作可以让一个人参加全过程,有的工作一个人不可能参加全过程,因此要根据工作的性质灵活掌握全程性工作激励的艺术。

3) 工作的丰富性

工作的丰富化和扩大化是现代管理提倡的一种激励方法,行为科学理论认为,工作本身的丰富性、趣味性能够有效地激励员工的积极性、创造性等。领导者可以通过创造舒适的工作场景、多变的工作内容、有趣的工作方式等手段来激励员工。要特别注意使工作符合员工的特点、兴趣,特别注意挖掘员工的潜能,促使他们围绕本职工作开展各种创新活动。此外,还应注意配合本职工作开展一些丰富多彩的文化活动。

4) 工作的透明性

工作的透明性是指员工在工作时就知道自己的工作会带来什么后果——积极的后果和消极的后果,给个人带来的后果和给组织集体带来的后果。知道工作的后果,员工在工作时就会自觉地调整自己的行为,加大对工作的投入,包括体力、智能、时间的投入等,从而提高自己工作的绩效。这实际上是一门变事后激励为事前激励、变事后领导为事前领导的艺术。

5) 工作的自主性

激励的重点是使员工在工作时有尽可能大的自主性。领导者对员工要充分信任,在交代了工作任务和工作原则之后就应放手让他们去干,让员工有权决定自己工作的方式和节奏。增强工作的自主性可以有效地激发员工的成就感、自豪感,激发员工的创造性和工作热情,激发员工你追我赶竞争向上的动机。一旦工作的自主性多了,员工就会更容易通过自己的努力和创新来展示自己的智慧、技艺,展示自己的个性、风格,实现自己的理想、价值。一旦工作的自主性多了,员工也就更容易成为一个自我领导者。

显然,工作的自主性激励要和工作的重要性、透明性、丰富性、全程性等激励结合起来进行。试想,让一个人完全自主地去干一项一点也不重要的工作,他能有积极性吗?相反,如果一个人做一项十分重要的工作,但他却没有任何自主权,他也不会自觉努力地工作。

6) 工作的参与性

参与被管理学家誉为 21 世纪组织管理中最伟大的变革之一,参与激励主要是通过让员工在许可的范围内参与管理、参与决策、参与一切可以参与的活动,来激发他们的主人翁意识,增强他们的满足感、成就感,从而增强他们的工作积极性和创造性。

因此,要营造一个良好的环境,使组织成员有可能自我管理、自我领导,使他们感到自己在人格上和领导者是平等的,感到自己真正在当家作主,是真正的主人。此外,领导者还要创造与员工交流的渠道,完善这方面的制度,使员工有机会、有渠道发表自己的见解,发挥自己的才智,行使自己的权力。只有组织成员充分地参与,组织群体才能真正团结协调,组织的目标才容易达到。比如开展小革新、小建议等活动,开展技术比赛、业务比赛等活动,开展文体活动、联谊活动,搞些讨论、辩论活动等,都能使员工投身其中,发挥自己的聪明才智。

参与激励要特别注意发挥员工个人在工作中的独特作用。一个优秀的领导者既要注意发挥整个集体的作用,又要注意发挥组织中每个人的作用——要让每一个员工都能感受到自己在这个组织中是重要的一员,是别人所不可替代的。

□ **4. 榜样激励艺术**

榜样激励是一种行为激励,在古今中外一直都行之有效。许多组织通过榜样的示范来规范、引导下属的行为,从而形成合力,趋向共同的目标。运用榜样激励需要掌握以下几个方面的方法和技巧。

1) 掌握员工的攀比心理

每个人每日每时都在行动着,他的行为是否合情合理呢?很显然需要有一个判断的尺度。如果已经存在具体的准则和尺度,他就会以这些尺度来衡量自身的行为。如果没有明确的准则和尺度,他就会和周围的人比。换言之,他将以他人的行为作为尺度来衡量、校正自己的行为。

一般来说,人们喜欢与周围熟悉的人比,与类似于自己的人比,与自己敬重和喜爱的人比,尤其是自觉不自觉地与自己的领导者比,看一看领导者在干什么,在怎样干。比如一个人围棋下得好不好,他心中无数,就会与周围熟悉的业余棋手比棋艺,而不会与聂卫平、马晓春等九段高手比,因为后者是职业选手,他的棋艺与他们差距甚大;同时他也不会与幼儿园的小围棋迷比,因为后者初学,棋艺不上档次,与他的差距也较大。再比如,少年英雄对少年有极大的激励作用,但对于青年、中年、老年的激励作用就比较小。为什么呢?因为英雄本身在年龄上、气质上、心理上、思想上、特征上与广大少年类似,少年学起来很容易。

以上分析告诉我们,树立榜样时要理解并掌握大多数人的攀比心理。

2) 掌握下属积极向上的动机

榜样激励是行为激励,而人的行为背后又总是藏有一定的动机,来支配着人们的行为。因此要使榜样激励行之有效,就必须掌握下属的内在动机。

经验表明,在一个群体之内处于被领导地位的下属都有一种或强或弱的向上动机。他们愿意向领导者看齐,向领导者学习,愿意在工作中做出出色的成绩,渴望通过自己的努力在素质、能力、贡献、声誉诸多方面处于同行的前列,成为整个群体中的佼佼者。一旦有了这种向上的动机,员工就会自觉地向领导者学习,向榜样学习,甚至想赶上领导者、赶上榜样、超过榜样。说到底,人的向上动机总会使人与人之间产生积极的竞争。你能,我比你更能;你好,我比你更好;你强,我比你更强;你上,我比你更上一层楼。因此,榜样激励的结果必将形成一个富有生气、富有效率的积极竞争的局面。

在向上动机的驱使下,榜样与非榜样之间是可以转化的。你是榜样,其他人向你学习,如果其他人在各方面超过了你,你就不再是榜样,就要反过来向其他人学习,以其他人为榜样了。如果其他人向你学习,你自身也在不断努力,始终走在其他人的前头,那么你始终是其他人的榜样。这是一个很简单又很深刻的道理,然而有时候,在实际工作中情况却不是这样的。

人人都可能成为榜样,人人都可能成为领导者,榜样才能真正起到一种激励上进的作用。掌握了普通人的积极向上的动机,领导者就要多做调查研究,多深入群众,根据工作的需要选择榜样。榜样应当既是领导者树立的又是群众公认的。掌握了普通人的向上动机,就应促进榜样流动。谁在群体中处于靠前的位置,谁在工作中处于"领"的位置,谁就有可能成为榜样,谁就有可能成为领导者。当领导者的能力和水平低于自己的被领导者,那么原来的领导者就应转变为被领导者,而原来的被领导者也就顺理成章地转变为新的领导者。

3) 满足下属的正当需要

需要决定动机,动机决定行为,向上动机的后面是人的复杂需要。因此,为了激发下属的向上动机,就必须满足下属的各种正当需要。

组织群体中的人之所以奋发向上,是为了满足自己精神和物质诸多方面的需要。工作出色,处于上游,可以赢得领导者和同事们的承认和尊敬,可以实现自己的人生价值,同时也可以得到更多的报酬,比如精神上的鼓励和物质上的奖励。

在进行榜样激励时,除了要适度地满足榜样的精神需要和物质需要,以使他们保持并强化向上的动机;还要适时、适度地满足其他人的精神需要和物质需要,以促使并强化他们的向上动机,鼓励他们的积极行为。

总之,榜样的作用是示范的、引导的,是柔性的而不是刚性的。领导者要通过树立优秀的组织成员为榜样、通过树立自己为榜样来达到激励员工的目的。

5. 尊重激励艺术

根据马斯洛的需要理论,一个人在其生理需要、安全需要及归属需要基本上得到满足之后,尊重和自我实现的需要就成了优势需要。因此,领导者只有真诚地尊重下属,才可能激发下属的能力和热情。

如同要激励别人必须首先激励自我一样,领导者要尊重员工就必须首先培养自尊——一个自尊、自重的领导者才可能赢得员工的尊重。同样,一个自尊的员工才可能赢得同伴和领导者的尊重。尊重是相互的,自尊是最重要的。

具体而言,尊重激励包括以下几个方面的内容。

1) 领导者要有"移情"思想

领导者要把注意力从自己身上转移到下属身上,转移到有热情、有才干的第一线的员工身上;承认每一个人的能力、每一个人的业绩;倾听每一个人的意见、每一个人的呼声、每一个人的需求,并及时给予积极反馈,这就是尊重。

2) 领导者要"慧眼"识珠

领导者要善于发现员工的长处,要善于欣赏他们、赞扬他们、鼓励他们,这就是尊重多元价值,善待差异,要学会平等地与各种人相处。

领导者要避免对下属约束太多、控制太多、管理太多、指导太多。领导者应只在员工真正需要的时候出现,以提供必要的指导、必要的建议、必要的辅导、必要的服务,这就是尊重。

3) 领导者要有"切实"行动

领导者鼓励员工的自我负责、自我肯定、自我接受、自我激励,使员工的权利、员工的选择、员工的创造、员工的尊严得以保障、鼓励和维护,这就是尊重。

领导者要与员工一起培养工作的自觉性和主动性,知道自己在干什么,知道自己为什么在干这个工作,知道自己的工作是如何与组织的总目标联系在一起的,知道自己的工作是如何与外界、他人以及社会联系在一起的,知道自己的工作创造了多少价值,这就是尊重。

4) 领导者要有"诚信"品质

领导者要正直诚实,讲信誉,对员工要讲礼貌。领导者做错了事情要敢于承认错误、敢于向员工道歉、敢于承担风险或承担失败的后果,这就是尊重。

5) 领导者要有"团队"精神

领导者要善于同员工达成共识,通过"深度会谈"形成"共同愿景",让员工切实感受到自己的想法已反映到领导者的决策之中。领导者要善于"挽起衣袖",与员工一起去干,一起去分享喜悦,一起去品尝痛苦、同舟共济,这就是尊重。

尊重不是手段而是目的。领导者如果想通过表面的"尊重"来激发员工的潜能和热情,既是不道德的,也是不现实的。因为这种做法是虚假的"尊重",它只能招来员工更大的反感,只能招来员工对领导者的不尊重。领导是以人为本的,是建立在对人的尊重的基础之上的。领导者要与员工一起尽一切努力,创造一个自尊和互尊的环境,这才是尊重激励艺术的真谛所在。

三、领导语言艺术

在我国古代,选拔官员是以"身、言、书、判"作为最基本的标准的。"身"要求五官端正、彰显官威;"言"就是要会讲话,能表达,不会说话有碍治理政务;"书"是字写得漂亮,这也是一个官员的形象问题;"判"是要求思维敏捷,审判明确。语言是信息之舟,领导者非但要表达意旨、传输信息,还要依赖于语言开展工作,因此,良好的语言沟通能力是领导者的基本功。当前,很多地方政府包括省级政府在选拔领导干部时要求提供声像资料,考察语言表达能力,而且也越来越注重领导者的综合素质,这是更科学地考察、识别领导的重要举措。

(一)领导语言的功能

领导的语言即领导的口才,杰出的口才是领导能力的重要组成部分,是传递信息的重要工具和交流感情的桥梁和纽带。语言沟通能力,是领导者的第一职业要求。崇高的思想品质、超凡的智慧谋略、卓越的才华能力、丰彩照人的风度魅力,都是以语言表达作为载体的。

1. 信息传递的功能

语言作为沟通的工具、信息的载体,首先有信息传递的功能。开展工作要时时刻刻借助讲话来传达信息。古罗马诗人但丁说过:"语言作为工具,正如骏马和骑士的关系,最好的骏马适合于最棒的骑士,最好的语言适合于最好的思想。"

2. 激励的功能

古人云:"良言一句三冬暖,恶语一句六月寒。""舌头底下压死人。"领导者在一定的场合的讲话,可以起到明显的激励功能。比如江泽民同志1998年在抗洪抢险的大堤上发表讲话,使得群情激昂,人心振奋。

3. 塑造形象的功能

一次讲话,可以塑造领导者和组织的形象。很多成熟的领导者深谙此道,知道语言的重要性。上任之初,先不讲话,保留一段时间的发言权,不轻易表态和发表意见,通过先行调查研究,摸透情况,在一个众望所归的场合发表一个恰如其分的讲话,这样会起到比较好的塑造形象的作用。所以说,塑造形象要求领导者把握好恰当的时机和场合,做好充分的准备。不讲空话、套话和无关痛痒的话,"本来没准备,我也讲几句","什么什么很重要,我们一定要怎么怎么样",这样的话,没有人愿意听,更起不到塑造形象的作用。古人云:"赠人以言,重于珠玉;伤人以言,甚于剑戟。"领导做人的力量有时候就在嘴上,很多情况都是如此。

(二)领导运用语言的艺术

孔子曾说,君子"讷于言而敏于行"。中国传统观念认为,不会说不会道是老实、厚道的表现,其实这种看法没有科学的根据。一个人老实不老实、德行好不好,与能不能说、会不会说并没有必然的联系。对于领导者而言,要求说出来的而说不出来,反而是领导者的一种缺陷。

语言艺术的最高境界就是它对目标实现完美的服务。领导者的语言表达也就需要具有更为有效的技巧。理可服人,情亦可动人,技巧的把握是语言沟通艺术的重要体现。

领导的语言表达主要表现在三个方面:一是与同事、下属的谈话艺术,二是在公开场合的演讲艺术,三是在主持会议等正式场合的说话艺术。作为一名领导者不论在什么场合都应该讲究自己语言表达的艺术,而且在不同的场合,领导者的语言艺术又会各有不同。

☐ **1. 领导者与同事及下属谈话的艺术**

如果领导者只能说一些官话、套话,那就没有感染力,就会影响领导能力的发挥。当今,群众越来越注重领导者的语言表达能力,他们往往对领导者的讲话给予各种评论、打分,甚至排出名次。有的人说:"听领导者的讲话,只要5分钟就能大致掂量出领导的分量。"干工作出色而不善表达的干部虽大有人在,但通过讲话也可以充分透视和展现一个人的思想水平、认识水平、思维能力和人格魅力。所以,贤明的领导者或有能力的领导者,格外重视自己的讲话,增强自己的语言功力,提高自己的语言艺术。

1) 领导者与同事谈话的语言艺术

与同事谈话,必须区别类型,掌握火候,讲究艺术,在不同场合采取不同的语言艺术。

(1) 核实问题谈话。领导的工作包括经常要对某些问题进行考察核实,此类谈话的中心目的是核实问题。为了保证谈话目的的实现,要特别注意谈话时不带任何框框,要让谈话对象能够客观如实地反映情况,使自己得到的情况真实、可靠、准确、有说服力。进行这类谈话时应掌握好分寸,对一些不便向被谈话者说明的问题,不应随意提出或解答。

(2) 任免谈话。任免工作是组织为了保证工作的顺利进行而对领导干部进行升迁或免职的工作。这种谈话,是了解干部、识别干部、教育干部的极好机会,因而,要十分慎重。在进入谈话正题之前,可先拉拉家常话,对年轻者可问一下其爱人的工作、孩子的学习、双亲的健康等情况,对年长者可问一下饮食起居、身体状况等。待情绪稳定后,再提出组织上的要求和希望,使干部自觉地服从组织上的决定。对提拔职务的同志要明确指出他的缺点,此时此刻他比较容易接受并能引起注意;对降职、免职的同志,也要肯定他们的长处和成绩,使这些同志感到组织上对他的看法是公正的。

(3) 考察谈话。从现代人力资源管理的角度来说,考察工作是领导干部为了选择德才兼备的人员为组织服务而开展的一项日常工作,考察谈话是为了对某个领导班子或某些干部进行考察,而同被考察对象及有关人员进行的谈话。干部考察谈话,范围限定比较严格,对被谈话人的选定要有层次性和代表性,这就使谈话增加了严肃的气氛。因此,谈话要有所准备,要掌握谈话对象的一般情况,如简历、德才、专长及与被考察人的关系等。要明确谈话的范围,这样可以使要谈的问题更加集中,了解更加透彻,力求尽快抓住干部德才表现这个核心问题。

(4) 批评教育谈话。金无足赤,人无完人。任何人都有犯错误的情况,当同事有违规行为发生时,领导要给予一定的批评教育。这类谈话以批评为主,同时辅以谈话对象的反馈,即对批评表示接受或反对。批评要做到实事求是、恰如其分,切忌夸大或缩小谈话对象的错误或缺点。如果把问题说得轻描淡写,则达不到教育的效果;说得过于严重,也可能会激化矛盾,影响谈话的效果。只有真心实意地帮助对方,实事求是地指出其错误或缺点,入情入理,对方才会欣然接受。如果谈话中出现双方意见僵持不下的局面,可以暂时中断谈话,以缓和气氛,使双方都冷静下来考虑问题。在中断谈话后,还要进一步了解情况和沟通意见,从而找到解决问题的最佳途径。

(5)了解工作情况的谈话。调查研究一直是中国共产党的宝贵精神财富,"没有调查就没有发言权"一直指导着组织的工作。领导主动找干部谈话,要以同志般的身份出现,有关心干部的诚意和虚心求教的热情,切忌打官腔、摆架子。只有这样,干部才能向你反映真实情况,说心里话,乐于同你交朋友。另外,还要敢于走"冷门",即敢于登门同犯了错误甚至犯了严重错误的同志谈心,鼓励和支持这些同志振作精神,吸取教训,改正错误,继续前进。

谈话除了讲究方法之外,还应持正确态度。领导与干部谈话,既是心理上的沟通,也是感情上的交流。只有将双方的关系建立在平等、尊重的基础上,才能建立起良好的谈话气氛,才能谈得拢、谈得好。领导同干部谈话的态度要注意几点:一是要热情谦虚,不盛气凌人;二是要平等待人,不动辄训人;三是要以理服人,以情感人;四是既要有原则性,又要有灵活性;五是要有耐心,不怕麻烦;六是要注意力集中,表示出对谈话人谈的内容的关心和关注。

2)领导者同下属谈话的语言艺术

下属与领导者共同构成了组织工作的核心体。一个领导者同下属谈话的语言运用是谈话成功、领导活动有效的重要条件,也是领导者获取信息、恰当地处理问题的方法,更是密切上下级之间关系的良好途径。因此,必须予以重视和研究。

(1)同下属谈话的语言要具有幽默感。幽默感是领导者运用语言进行人际交往的一个特性,也是领导者在领导活动中,同下属谈话的语言艺术的一个基本要求。因为,幽默本身就是一种艺术形式,它以幽默感来增进与他人的关系。在同下属谈话中,幽默可以成为上级与下级间的润滑剂。这种力量往往是以善意的微笑、委婉的劝诫、含蓄的批评来代替抱怨和指责,进而促使上级同下级的关系更加融洽和谐。

语言的幽默感使用起来固然富有成效、不可缺少,但是也应注意适度,掌握分寸,恰到好处,决不能滥用,使幽默的语言成为庸俗的语言。因此,领导者在谈话中运用幽默语言时应该注意到:幽默虽然是谈话中必不可少的东西,但它绝不是最终目的。领导者谈话的目的是要解决领导活动中的问题,而增强语言的幽默性仅仅是一种手段、一种形式。它在谈话的过程中出现,必须围绕所要解决的问题,为之服务。不能抛开中心议题,为幽默而幽默,信口开河,离题万里,给人一种炫耀自己、油腔滑调、低级庸俗的印象。除了搞清手段与目的的关系外,还要分清幽默与庸俗的界限。幽默是博学、智慧、风趣、亲切、高雅的表现,而庸俗则是卑微、不学无术、虚伪、无聊的表现。

(2)同下属谈话的语言要具备说理性。首先,说理要与情感合理交融。由于谈话对象是活生生的、富有情感的人,因此采用说理这种谈话、教育的形式,就需要懂得人、理解人、尊重人,并在此基础上进行理性的教育。情、理必须恰当地结合在一起,不能偏废,不能对立。一位教育工作者曾说过,成功的教育应是"三分含情,七分叙理"。在说理的过程中既不能停留在"动之以情"上,也不能局限于"晓之以理"上,而要使情、理有机地结合,做到情中有理、理中含情、以理为主、情理交融,这样才能使谈话更具魅力。其次,说理要与人们的合理利益相结合。领导与下属谈话,不能唱高调、说空话,要从对象的实际出发,要考虑对象的合法利益和合理要求。当然,对无理要求不能迁就,要做思想工作,要恰当地批评教育。但是,对方的实际困难该解决的就要考虑解决,即使是要求下属以大局为重,牺牲某些个人利益时,也要讲明情况,并对这种精神给予鼓励,而不能简单行事。在这种情况下,尤其需要领导者以身作则、率先垂范,否则,自己不愿放弃个人利益,却要求下属这样做,下属是不会信服的。

(3) 同下属谈话的语言要具有丰富的感情色彩。在同下属谈话的过程中,领导者的语言需要有丰富的感情色彩。因为谈话本身就是一种由思想和感情的激荡而产生的行为,这种行为通过语言的表述,或明或隐,或直或曲,终究要表达出内心世界的爱与憎、喜与悲、苦与乐。

谈话的一个重要作用是思想教育,而在思想教育的过程中,感情的培养与思想教育的成功有着重要的关系。在谈话中,要使谈话对象能够自愿地接受思想教育的内容,情感的激发是非常重要的,它可以调动谈话对象积极的思想意识。

在谈话的过程中,情感所占有的地位是不可忽视的,但是那种丰富的、炽热的、火一样的情感来自哪里呢?人的情感是在丰富多彩的现实生活中、在长期的社会实践中产生和发展的。领导者是相对于被领导者存在的,任何领导者的情感都是在与被领导者及社会的接触之中形成并丰富的,而不是天生就有的或者脱离实际的。因此,谈话中语言情感的表达不是随意的,而是有一定要求的,即情感的表达要真实,情感的表达要恰如其分。

2. 领导者的演讲艺术

鲁迅先生说过:无缘无故地浪费别人的时间,和谋财害命没有什么区别。很多领导者重视一次讲话、一次公开亮相的作用,注意追求语惊四座的效果,虽然不一定每次都能达到这种效果,但讲话前显然有必要进行较充分的准备。根据讲话的对象,想好怎样开头,情况顺利怎么说,情况有变化怎么说,怎样才能达到激励的效果。一定要通过讲话,给别人一些有价值的东西。

1) 演讲的含义

演讲,即独白式的讲话,就是一人讲、大家听的方式的讲话。具体来说,演讲是指在特定场合,由他人提议或自认为有必要而进行的发言。演讲是领导者常会遇到的事情,它很能体现人的思维应变能力和口语表达水平。如果领导者的演讲水平高,讲到点子上,就能起到激励斗志、鼓舞士气、增进感情、指明方向的作用。

古希腊哲学家亚里士多德把演说称之为"说服人的艺术"。古希腊有很多政治家在街头发表演说,而这种演说被人们称为"艺术王冠上的宝石"。

公元95年,古罗马人昆体良在《演说术原理》一书中,提出了人们至今普遍公认的演说的基本模式。他把演说依次分为五大部分,也就是五个阶段,即创意、促织、编织、熟记、演讲五个部分。首先是创意,就是立意,即确定主题和收集材料;其次是促织,亦即安排结构,拟订提纲;再次是编织,即把材料变成连贯的语言,抑或是形成文字;然后是熟记,即熟悉讲稿,甚至熟练地记在脑子里;最后是演讲,即发表准备好的讲稿。演讲本身也有五个阶段:先用前言赢得听众的好感;提出论点;以论据证明论点;反驳对立的论点;结论,即扼要说明要点,以使听众从感情上能接受论点作为结束语。

2) 领导演讲的艺术

与一般程序性会议讲话相比,演讲有三个明显的特点:非系统、非全面,时间短促,富于创意。领导者怎样才能使演讲达到精彩动人、掷地有声、听众乐于接受的效果呢?

(1) 先声夺人,抓住听众。万事开头难,演讲的开头(开场白)尤其难,而且很重要,能不能马上抓住听众,往往决定着整个讲话的成败。好的开场白就像一个出色的导游员,一下子就可以把听众带入讲话人为他们拟设的情景中;好的开场白最易打开局面,便于引入正题。因此,开场白不能平铺直叙、平庸无奇,而要努力做到不落俗套、语出惊人。

(2) 审时度势,具有针对性。领导者在演讲前,要尽量了解会议的中心内容与任务,掌握与这些内容相关的方针、政策和情况。所谓针对性,就是从参加会议的主要对象和本地区的实际情况出发,有重点、有目的地选择话题。领导者应抓住一些带根本性、倾向性和普遍性的问题,认真剖析,从理论与实践的结合上加以概括归纳,把握住问题的实质,将重要的观点、独特的见解、精湛的论述、生动的事例,编织成演讲纲目。这样,讲起话来,不但条理清晰,逻辑性强,有深度、力度,而且还能讲得生动、简洁,使听众在轻松、愉快的氛围中受到潜移默化的教育和启迪。

(3) 语言精练,具有概括性。演讲常常需要领导者寻找生动、形象、精确、简练的言辞对会议(活动)进行恰如其分的肯定或总结,而由于时间较短,这种肯定和总结又往往具有高度的概括性。俗话说:"言不在多,达意则灵。"语言是传达信息和交流思想的工具,同样,演讲的技巧和表现手法也主要体现在语言的运用上。

(4) 真挚诚恳,具有感染性。演讲时,要求领导者精力旺盛,声音洪亮,感情充沛,真心实意,使人产生共鸣,给人留下良好的印象。例如,接待外宾时的演讲,既要做到谦恭、和蔼、亲近,又要有礼有节,不失国格人格,使外国朋友感到中国人有强烈的自尊心和自信心;接待洽谈业务的客户时的演讲,既要热情洋溢,又要求实客观,使对方感到可信、可靠;在有关会议上做演讲时,如果演讲者是直接的分管领导或上级主管部门的领导,则首先要表示看望、慰问、感谢之意,使与会人员感到亲切,受到鼓励,产生一种进一步做好工作的动力。

(5) 做一个好的结尾。演讲,如能有一个好的开头、好的内容,再有一个好的结尾,那就太理想了。结尾时,更需要有力度,不冗长拖沓,要在言犹未尽或达到高潮时戛然而止,给听众以深刻的印象,留有回味的余地。如郭沫若同志的《科学的春天》的结尾:"春分刚刚过去,清明即将到来。'日出江花红胜火,春来江水绿如蓝'。……这是科学的春天!让我们张开双臂,热烈地拥抱这个春天吧!"郭沫若以散文诗般的语言作为结束语,寓理于情,以情感人,使人们由情明理,为繁荣科学真正振奋起来,并积极地为繁荣科学事业而奋斗。

3. 领导者在主持会议等正式场合的语言表达艺术

要提高会议的质量,关键是提高领导者讲话的质量。讲话的内容是决定因素。会议不在长短,关键在于讲话和报告有没有起到应有的作用。把握会议气氛是掌握会议全局的有力杠杆,也是领导者应该掌握的基本功。那么,如何把握会议的气氛呢?

1) 了解与会者的情绪

人的情绪是心理状态的反映。会议主持者如果能准确地掌握与会者的种种情绪表现,就能适时地调节会议气氛,采取恰当措施,提高会议质量,圆满地实现会议目标。"察言观色"是常用的办法。比如,会议刚开始不久,就有人松开领带或脱去上衣,这表明与会者轻松愉快,会议可按既定目标加速进程;如果会议进行中有人不停地颤动双腿或以脚击地,则是与会者不耐烦的心理表现,会议主持者应当宣布休息片刻或改变会议形式;如果有人双手抱臂、目光旁观,则表明他对会议议题不感兴趣;如果有人目光盯视桌面,那么表明他在思考着什么,会议主持者不必打乱他的思考,而应在片刻之后启发他发言,有可能会得到高明的主意和宝贵的意见。

2) 注意打破会议的沉默

领导在开会的时候经常会出现沉默,原因较为复杂。但是有些情况则应引起会议主持者的注意:有的人有好意见却因害怕别人讥笑或不能接受而不敢讲;有的人因会议形成一边倒气氛,怕自己孤立,而不肯讲;有的人担心言多必失,因而免开尊口;有的人则事不关己,懒得发言;还有的人却"以沉默表示反抗"。会议的主持者应当根据不同的情况采取不同的方法和措施,加以引导或控制。比如,对有顾虑者应鼓励他们发言;对会议意见一边倒的情况,应及时增加民主气氛,解除发言者心理负担;对"事不关己"者和"以沉默表示反抗"的人,应给予激励,密切联系感情,理顺情绪。

3) 把握自己表态和发言的火候

会议主持者自己的表态、发言、引导、插话等,是会议进程的调节器,也是会议成败的一个重要因素。对于征求意见的会议,高明的领导者在开场白中并不直接阐述自己的观点,一般是在多数人发言而意见符合自己的意图之后,或在少数人发言而意见与自己的意图相悖之时,才以平静商讨的语气表明自己的态度或阐述自己的观点。会议主持者不宜发言过长,插话过多,更不宜随便打断他人的发言。

4) 注意引导会议上的争论

在会议上出现不同意见的争论是个好现象,说明与会者抱着负责的态度,也说明会议上的民主气氛较浓。此时的会议主持者就要注意正确引导。首先,会议主持者应学会倾听。要创造条件让大家讲话,即使是刺耳的话也要让人家讲完,抱怨牢骚也要让人家表达。其次,要学会劝说。当某些与会者不同意自己的意见时,会议主持者应当拿出令人信服的论据来证明自己的观点,说服对方改变态度。摆出大量事实是说服人最有效的方法。再次,要学会归纳、提炼。不同的意见并不一定都错,赞同的意见也不一定全部都对。会议主持者应学会从诸多的意见中,归纳、提炼出其合理、有益的部分,来形成自己的观点。这样,即使原来持不同意见的人,也会在心理上产生"认同",进而乐意接受你的主张。最后,要善于点拨。当争论到一定程度时,为了不使会议偏离目标和拖长时间,会议主持者应像舵手掌舵一样驾驭全局。通常的做法是,看准机会,对偏离议题或超出正常范围的争论进行插话或评点,以把握正确航向,但语气要平和,内容要准确、精炼。

(三) 对领导者语言的要求

1. 领导者语言的基本要求

1) 言之有时

言之有时指领导讲话要有时间观念,不能信口开河,不知所止。

2) 言之有物

言之有物指领导讲话要有丰富的内容,总结工作要有数据统计,要有横向和纵向的比较。思想政治工作要入情、入理、入脑,要打动人心。古希腊的柏拉图说:"聪明的人有话要说才说话,愚蠢的人是为了说话才说话。"

3) 言之有序

言之有序指领导讲话要讲究先后顺序,先讲什么,后讲什么,怎样开头,怎样结尾,要能说出个子丑寅卯、一二三四,讲话要有逻辑顺序。

4) 言之有理,言之有味

言之有理,就是说话要有道理,占在理上,才有分量。言之有味,就是说话有味道,这是讲话的最高层次,领导者讲话要有自己的风格,有自己的特点。

2. 领导者不要轻易表达的语言

1) 定性的话

比如:你不成熟,你太没水平了,你不行,你根本办不到。这类话太死、太硬、太绝对,失去了回旋的余地。这样的话从领导者的嘴里说出来,容易给人造成比较大的压力。我国有句俗话,"看透不说透,永远是朋友"。从正确的内涵理解,就是点到为止。特别是对文化水平比较高的下属、同志和有关群众,批评的话要点到为止,领导者尤其要注意这一点。邓小平同志曾经说过,他一生注意两点。第一是从来不搞小圈圈。历史上有人说小平同志是毛派的小头头,那是思想认识上的一致,组织上没联系。第二点就是批评人点到为止。邓小平把批评人点到为止和从来不搞小圈圈提高到同一个高度,说明批评人点到为止的重要性。

2) 揭人疮疤的话

比如,你过去怎么怎么样,我还不知道你。揭人疮疤的话,也是指责人的弱点,俗话说,"打人不打脸,骂人不揭短"。人总是发展的,从今天看昨天,总是不成熟的。

3) 指责、责难的口吻和字眼

比如:你怎么这样做,你要怎么怎么干,或者你不应该怎么怎么样,我告诉你,要怎么做,意思是,我比你高明或者我比你职位高,你做好准备,我要教你了。这样让对方感到不平等,下面的对话就不能进行下去,可能抬杠就会变成主要目的了。当然,气血之怒不可有,理喻之怒不可无。作为一个领导者,当下属严重违反纪律、严重不负责任时,当然要加以斥责。但最好不要用这种口气,特别是对一些有素质的人或自尊心很强的人,尽量不要这样说话,尤其是年轻人对老年人,男同志对女同志更要注意。

4) 于事无益、于事无补的煞风景的话

什么是煞风景的话呢? 就是这个话一说出来,下面的谈话或事情就不能进行了,对事情办坏有相当大的变相推动作用。美国的《纽约》杂志向全国读者征集煞风景的话,最后,评出了一些得票较高的煞风景的话。当然,美国的文化传统和观念与中国不同,对这些话的理解也不一样。他们评出的煞风景的话大致有这么几种。一种是,朋友之间说:"让咱们坦率地谈谈对彼此的意见。"坦率地给对方提意见,下面就快打仗了。或是:"真的,你能帮我一个大忙吗?"这会让别人很害怕、很紧张,帮什么大忙啊? 对姑娘说:"姑娘,你看起来很显老,到底多大年纪了?"或者:"姑娘,你这条钻石项链看起来不像是真的。对吧?"女士之间说:"你看,我丈夫比你丈夫强多了。"

3. 要善于归纳总结

领导者语言的另一个重要特征就是要善于归纳总结。比如:这次会议开得很好,总结了经验,交流了思想,肯定了成绩,查找了问题,明确了方向。这次会议有三个特点:热情高、起点高、质量高。成熟的领导者都是语言概括的大师,他们概括问题,超越时空,切中要害,有很高的水平。比如,毛泽东同志说:夺取全国胜利,这只是万里长征走完了第一步,以后的路程更长,工作更伟大,更艰苦;枪杆子里面出政权;百花齐放,百家争鸣。邓小平同志的概括:两手都要抓,两手都要硬;改革就是摸着石头过河。刘伯承在淮海战役结束后,有一段很精彩的概括,他说:淮海战役是怎么个战法呢?就像是胃口好的人上了餐桌,我们是吃一个、看一个、夹一个。

(四)提高领导语言艺术的途径

俄国文学家契诃夫小说《地理教员》中描写了一个说了一辈子废话、浪费别人时间的地理教员,他能把特没劲的事说得特来劲。比方说,别人结婚,他去道贺,说:"结婚和没结婚就是不一样,结婚前是一个人生活,结了婚就要两个人共同生活啦!"再比如:"冬天和夏天就是不一样,冬天屋子里生着火也不觉得暖和,夏天敞着窗户,还是觉得热!"这个人一辈子在讲着尽人皆知的大实话,一直到死。在弥留之际,还一直在讲:"马吃燕麦和草料,伏尔加河流进海里,马吃燕麦和草料,伏尔加河流进海里。"

曾经有人这样描述列宁的演说:列宁演说中有一种不可战胜的逻辑力量,这种逻辑力量虽然有些枯燥,但是紧紧地抓住听众,一步一步地感动听众,然后把听众俘虏得一个不剩。列宁演说中的逻辑好像是万能的触角,从各方面把你钳住,使你无法脱身,你不是投降,就是完全失败。诚然,要达到伟人的这种语言魅力,不是一日之功。但只要善于学习,善于积累,善于总结,持之以恒,必然会对自己的口才提高有很大帮助。

提高语言表达艺术一般要注意以下几个方面。

1. 要有勇气和毅力

不仅要敢讲真话,更要善于讲"新话"。心理学研究表明:人的大脑对各种信息的接收是有选择的,往往那些新、奇、特的与自己相关的事最能入耳、入脑。新的知识、新的信息、新的事物、新的情况、新的经验、新的成就以及新的教训比比皆是,要积极观察,认真学习,并用心思考,进而加以归纳整理,以新取胜。要立足时事热点,抓住社会焦点,讲出新颖的观点,才能抓住听众心理。

2. 不可小视语言表达的辅助效果

提高语言表达技巧是一门综合艺术。它不仅涉及讲话者的身份、地位,讲话的时间、地点、对象、内容、方式、方法等诸多方面,而且在语言表达的具体过程中,讲话者的形象、态势、风度、格调、语法、修辞等,对增强表达效果也很重要。对语言表达有辅助效果的包括以下方面。

1)个人仪表和仪态

庄重朴实、富有震撼人心的魅力的讲演与不拘小节、无精打采、有气无力的讲演,其效果是截然不同的。

2)个人气质和风度

良好的气质,是一个人文化素质、文明程度、思想品德、道德情操的外化。风度是内在气质的自然流露。它包含了一个人体形外貌上的总印象。良好的气质和风度,主要表现在饱满的精神状态、受欢迎的性格特征、流利文雅的谈吐、整洁洒脱的仪表,配之以恰到好处的表情动作。

3)语言层次与节奏

讲话一定要层次分明,格调得体。要层次清楚,首先要思路清晰,熟悉讲稿,把握重点和要领。要注意语音的把握,掌握必要的发音方法,吐字清晰,干脆利落,声调准确,自然流畅,不念错别字,不说外行话。在重音的运用上,把强调、突出、强化的字意表达清楚。在语言节奏上,要注意起伏跌宕,快慢有度,变化多样,该快则快,该慢则慢,该停顿则停顿;断句要准确,少用长句,也不可随意断句。

4) 语言中的语法和修辞

语法是研究句子的结构,而修辞则是增强表达效果的。在讲话中,领导者要做到深入浅出,寓教于乐,把抽象的理论用通俗生动的语言表达出来。一要有严密的逻辑性,不自相矛盾、互相混淆或概念不清;二要符合语法结构,防止别人产生误解和歧义。可恰到好处地运用一些必要的修辞手法,如比喻、夸张、排比、对比、双关、设问、反问、对偶等来增强语言效果。有时可引用一些名言、警句、文言掌故以及谚语、歇后语等,增强讲话的艺术美感。

3. 把握语言表达的几个关键环节

讲话的最基本的要求是,使人有所学、有所获、有所求、有所悟,能给人思想认识上以启迪,精神境界上以升华,因此要把握好以下几个环节。

1) 看准对象,有的放矢

把自己的"箭"对准听众心中的目标。在讲话时,首先要考虑听众的成分,并根据讲话对象的文化层次、知识水准、年龄性别、人数等因素,来考虑自己的讲话角度,把握讲话的理论深度和听众的接受程度,以抓住多数人的视听心理来组织安排,提高讲话对象的针对性。

2) 区别场合,协调得体

讲话不看对象,好比是"瞎子点灯";不注重场合,同样是"心猿意马",甚至还会闹出笑话。正是因为领导在报告、请示、汇报、演说、谈心、讨论、谈判、表态、贺喜、治丧等众多场合的讲话千差万别,所以讲话时在语言表达的手法、技巧,用词、语气、表情、风度等方面,要协调得体,择机而行。

3) 开场白要一鸣惊人

把握好听众情绪,就是成功的开端。一般来讲,在领导讲话的最开始,听众的注意力比较集中,期望值较高,好奇心很强,把握这个黄金时间讲好开头语是很重要的。要开好头,从常规上讲,一是开头不要讲多余的话,不要过分的自责、自谦,最好是单刀直入,开门见山,把主要内容、主要观点、基本要求和大致事由,用简练的语言告诉大家。二要善于应用新颖的手法,引起群众的好奇。根据内容、环境、场合破除千人一腔的模式,以新颖的开头,达到一鸣惊人的效果。

4) 中心突出,扣住主题

讲话不能跑题,不能离开中心,这是讲话的要诀。要善于围绕主题,突出中心思想,尤其是长篇报告和限时讲话,不能东扯西拉,信口开河。要做到中心突出,除了讲话要条理清楚外,还要主次分明,详略得当,对先讲什么,后讲什么,重点是什么,要心中有数,游刃有余。

5) 把握分寸

任何一个领导者,在不同的场合、不同的环境、不同的岗位、不同的对象,所扮演的角色也是不同的,故讲话的分寸也是有讲究的。为此,要善于把握各类情况下自己的身份、地位和讲话的角度、分寸,以及用时多少等。从级别上看,是上级、同级,还是下级;从主次上看,是主角还是配角,是主讲还是辅讲;从时间顺序上看,是先讲还是后讲,是多讲还是少讲;从内容上看,是对上请求还是对下要求,是表态还是发言,是讨论问题还是交心谈心,是对等谈判还是就职演说,是保密范围内还是家喻户晓的;就场合、气氛上看,是庄重严肃,还是活泼喜庆。诸如这些,在讲话之前,一定要找准切入点,明确自己的身份,讲究讲话的策略,注意讲话的分寸。防止出现不对、不妥、不当、不够等有失分寸的情况。

6) 讲话篇幅要长短适宜

讲话精练受人欢迎,讲话啰唆令人厌恶。领导者在讲话时,要根据内容、主题、环境、对象、场合、时间等因素,注意把握讲话的篇幅。该长则长,该略则略,该省则省,宜简则简,宜细则细。无论长话或短话,都要注意语言的净化与纯化,善于把握时机和听众的心理。不说与主题无关、重复啰唆的废话,不说言之无物、无的放矢的空话,不说违背事实、言不由衷的假话,不说"穿靴戴帽"的套话。在现实生活中,长篇大论、洋洋万言、重复啰唆的讲话,使听众或昏昏欲睡,或窃窃私语、交头接耳的场面屡见不鲜。大力提倡一种讲真话、说实话,讲新话、说短话的"话风",这也是群众所期望的。

7) 做好结尾

一篇好的讲话,绝不是虎头蛇尾、前紧后松的。要想达到完美的效果,精彩的结尾很重要。当然,文无定法,结尾的方式很多,能达到言已尽而意无穷的境界,就是好结尾。要使结束语给人以深刻印象,就是要在讲话内容达到高潮时,以简洁、有力、感人、耐人寻味的语句结束讲话,留余韵,而不留悬念;留启示,而不留疑惑。

■ 四、领导平衡艺术

美国《财富论坛》曾对世界 500 强企业中的部分高层领导进行过一项调查,请他们回答为什么在管理活动中会出现失败。根据调查结果分析,失败的主要原因是由于缺少平衡人际关系的技能。

平衡,是一种工作方法,也是一种工作艺术,是领导干部调适能力的具体体现。在实际工作中,有的领导班子团结协调,有很强的凝聚力和战斗力;有的领导班子却长期处于"亚健康"状态,甚至病入膏肓,一盘"散沙",工作难以推进到位。究其原因,很大程度上取决于领导者能否科学、适度地用好"平衡术"。一个成功的领导者就是要善于抓住事物的本质,通盘考虑,找准工作的平衡点,把多种因素调整到最佳状态,最大限度地整合资源,为同一目标而积聚力量,以实现工作效率和社会贡献的最大化。

■ (一) 领导平衡的含义

平衡是指在事物发展过程中,自身内部以及其与其他事物之间的和谐、适度的关系。同样,领导平衡的内涵随着领导科学的产生和发展,也有许多探索和研究。从领导职能的角度看,领导平衡就是使组织内部所有活动同步化和合作化,以便实现共同目标。领导平衡的本质在于增强系统的有序性和功能,以提高组织化程度。从领导活动的过程看,领导者在活动中会遇到各种复杂的"人"或"事"之间的矛盾与冲突,领导的责任就是平衡各种关系,引导他们向组织目标发展。领导者不能处于"兵来将挡,水来土掩"的被动局面,而应适时、适度地进行平衡,及时、妥善处理各种矛盾或化解矛盾于萌芽状态。

综上所述,领导平衡是指领导者为实现既定目标而对其影响因素及相互关系进行合理的配置和调整,使之发挥最佳整体效能的一种领导艺术。从哲学的意义上来讲,平衡就是一个"度"的把握问题,是从量变到质变的"临界点"。领导活动也有一个"度",领导干部应学会用度,掌握适度原则,把握自身工作的分寸和尺度,以防止"过"与"不及"的两种倾向,力争创造出最佳的决策效益。

(二) 领导平衡与领导协调的联系与区别

领导平衡与领导协调都属于领导艺术的范畴,都是成功的领导者所必须使用的领导艺术。领导平衡不能等同于领导协调,二者有着本质的区别。

1. 二者的内涵不同

领导平衡是领导者在履行领导职能时,平衡下属的关系、能力和利益,应该拥有平衡思想,践行平衡行为,得到平衡结果。领导平衡是一种把握"度"的思想,并把这种思想运用于领导活动中,做任何事不能过与不及,它贯穿于领导所有职能中。而领导协调是领导基本职能之一。美国学者古立克和英国的厄威克在1937年合著的《科学管理论文集》中认为,领导者除了协调职能外,还有计划、组织、用人、领导、报告、预算等职能;法国著名管理学家亨利·法约尔在1916年出版的《工业管理与一般管理》一书中认为,任何政府、企业、事业单位的存在和正常运营,必须具有计划、组织、指挥、调节和控制五种活动或职能;美国的哈罗德·孔茨与西里尔·奥唐奈合著的《管理学》一书则进一步认为,"协调是管理的本质",并指出,"许多权威人士把协调当作主管人员的一个独立职能。然而,把它当作管理的本质看更为确切,因为使个人的努力与所要取得集体目标协调一致是管理的目的"。

2. 二者提出的时间不同

领导平衡的意义是在21世纪才被人们逐渐认识到,领导行为不能一味朝着一个方向走,应该原则性与灵活性相结合,整体性与局部性相结合,多做事与少做事相结合,坚决执行政策与变通执行政策相结合,等等。如果一味朝着一个方向走,难免偏颇。例如,有的省市领导曾经为了美化城市,把沿街的所有商铺全部关掉,导致几十万人下岗没有了工作,影响了社会稳定,这就是"朝着一个方向走"导致的后果。领导协调是在西方工业大革命早期提出来的,认为协调是领导的一个必要职能,只有掌握了良好的协调艺术,才能成为一个成功的领导者。

3. 二者的作用不同

领导平衡在现今社会越来越表现出其应有的作用,领导平衡不仅体现在领导协调中,而且表现在领导的各个职能中,领导平衡具有一定的艺术性,可以说,领导平衡贯穿领导行为的始终,而领导协调只是领导行为的一个环节。马克思认为:"一切规模较大的直接社会劳动或共同劳动,都或多或少地需要指挥,以协调个人的活动,并执行生产总体的运动——不同于这一总体的独立器官的运动——所产生的各种一般职能。"这就是说,有人类的共同劳动,就必然产生指挥、协调等领导活动。而领导活动就是领导者对组织成员的共同劳动进行指挥、控制、协调的活动。如果说整个领导活动是一台运转的机器,那么协调就是润滑剂,有了它机器就能顺利地运转,一旦失去它,机器就会被磨损,甚或停滞不能运转。所以,领导协调是领导活动的一个必不可少的环节,是领导的一项基本职能。

(三) 领导平衡的意义

1. 领导平衡有利于组织和谐、减少内耗和提高组织整体效能

领导活动的根本目的在于提高组织的整体效能。首先,对于任何一个组织来说,其内部的各个分支、各个部门由于工作性质不同,彼此之间由于信息阻塞,受客观外在的影响,都可能出现步调不一致的情况。其次,由于工作态度不同,个人价值观以及事业观的差异,因而使得力量发挥的程度也有很大不同,这就会在部门与部门之间、个人与个人之间

产生矛盾,甚至还存在着较大的差距。这些客观存在的矛盾和冲突就需要领导进行协调,融合各方面的利益,加强横向联系,使沟通渠道畅通,增进组织和谐,达到行为上的一致。事实说明,只有人们心理上、权力上、利益上的各种关系平衡了,才能团结一致、相互支持、齐心协力地实现共同目标,才能免除工作中的扯皮和重复,才能减少人力、物力、财力、时间的浪费,才能提高组织的效率、增进组织的效益。

2. 领导平衡能力是衡量领导水平的一个重要标尺

在领导活动中,有许多摩擦和矛盾是无法避免的。因此,领导者要想顺利地实现组织目标,就必须具有解决各种矛盾的能力,必须具有平衡各方面因素的能力。然而,不同的领导者所受的教育和成长的经历不同,且其天性各异。因此,他们各有所长,能力也各不相同。他们有的行动迅速多变而温和,办事效率高,是天生的外交家;有的行动迅速而表达强烈,敢说敢做,爱憎分明;有的行动缓慢,但稳健而有条不紊;有的行动缓慢且表现柔弱,但敏感而又易于创新。能力的差异势必导致处理问题的差异,同一个矛盾由不同领导去处理,有的领导竭尽全力但无法化解,有的领导却能谈笑间化干戈为玉帛。

在人际关系上,有的领导能平衡各方,八面来风,左右逢源;而有的领导却左右碰壁、上下受气、四面楚歌。这虽是领导平衡能力的两个极点,但却可以看出平衡能力确实是衡量领导水平的重要标尺。

(四)领导平衡的主要内容

领导平衡工作普遍存在于一切领导活动之中,类型上具有多样性。根据不同的目的和要求可划分为不同类型。如从领导平衡对象来划分,可以将其分为平衡利益、平衡关系和平衡能力;从平衡的内容来划分,可分为职能平衡、环境平衡、机制平衡和人际关系平衡等,这其中都包括两个核心内容,即"工作"和"人际"关系。工作平衡和人际关系平衡是领导平衡的主要内容,领导的工作包括领导做的具体事情,例如调研工作、领导决策、领导执行,领导的人际关系主要指领导的关系平衡、利益平衡和能力平衡。

1. 领导做具体事情:做多与做少的平衡

经常听到一些领导口有怨言:"太忙了,太累了!"有些领导甚至积劳成疾。其中原因固然较多,但原因之一就是有些领导工作头绪太多,繁杂忙乱,个人大包大揽,没有处理好做多与做少的关系。

 案例 8-3

诸葛亮事必躬亲

蜀汉丞相诸葛亮五出祁山,兵伐中原,与魏军交战皆因条件不成熟无功而返。第六次出征,魏军根据蜀军的速胜心理,几次交战后仍坚守不出。诸葛亮"夙兴夜寐","食少事烦",不久,病死军中,伐魏大计又告失败。诸葛亮的失误就在于伐魏过程中没有清醒地认识到自己的职责所在,他不仅要进行决策以及掌握决策的实施,而且事必躬亲,陷入了烦琐的日常事务工作中,甚至连罚二十军棍这样的小事,他也要亲自监督,使自己的时间、精力在许多次要问题上白白消耗了,颠倒了主次,误了大局。

（企业管理学：第四节 领导艺术［OL］. http://rs. hust-snde. com/CourseImports/newcourseware/CourseResource/11002350/pc/chapter_9_4. html.）

思考与提示

1. 你认为领导者在哪些事情上需要亲力亲为？
2. 结合案例，分析领导者避免事必躬亲需要哪些前提。

在规划、组织和指挥这三件大事上，提高工作效率，合理授权，力争创造出最佳的领导效益，这才是领导工作的根本所在。

2. 领导决策：原则性与灵活性的平衡

作为一个领导者既要有长远眼光，也要有全局眼光，要懂得局部利益和整体利益、眼前利益和长远利益之间的辩证关系，在必要的时候，要敢于牺牲短期的局部利益换取长远的全局利益。要将原则性与灵活性辩证地统一起来，既不能机械、教条地死抱"定规"不放，也不能搞无原则的妥协变通。如果只是简单、机械地看待原则，不根据具体情况灵活处置，就会使原则变成僵化的教条，不利于打开困难局面，也不利于实际问题的解决。反之，脱离原则的灵活变通会失去正确的方向。过分的"讲原则"与过度的灵活性都是不对的，应该在实际工作中尽力避免。应该依据具体客观条件的变化，权衡利弊，作出相应的决策，尤其是要把握好二者之间的"度"。在坚持原则性和灵活性的时候，领导者要比下属和其他人看得更深、更远一些。另外，为了摆脱被动局面而需要灵活处理时，领导者要以大局为重，善容责言，甚至要忍辱负重。

案例 8-4

孙权的灵活应变策略

三国时期荆襄之战后孙权选择策略的方法就颇为高明。关羽遇害后，东吴的孙权面临蜀、魏夹击的危险。此时孙权为了摆脱被动，勇于忍辱负重，在政治上和外交上采取了一系列灵活的手段，斗争策略运用得极为成功。首先，为了力避与刘备发生军事冲突，孙权不惜屈尊下就，向刘备"上表求和"，并做出了一系列重大让步，以图蜀吴重新修好。其次，在遭到刘备的拒绝之后，他看到蜀、魏交兵在所难免，又立即对曹丕"奉表称臣"，伸出屈尊求援之手。他不顾群臣百官的反对，亲自率领众官出城迎接魏使，恭顺地接受了曹丕的封爵。孙权这种既坚持原则又灵活应变的积极策略，使自己的实力得以保存，化解了两面夹击的危险，使三角斗争的力量达到了平衡，也使自己由被动转为主动，为军事上的胜利赢得了时间。

（高效领导者5大管理能力：第44章 绩效战术：善于处理棘手问题（2）［OL］. https://nuoha. com/book/chapter/291152/44. html.）

思考与提示

你认为本案例中孙权在哪些方面保持了灵活应变策略，效果如何？

3. 领导决策:整体与局部的平衡

一般认为,局部与全局是相互依存的,失去了一方,另一方就不能存在。一方面,整体统率局部、决定局部,局部隶属于整体,因此,局部要服从于整体,围绕整体而活动;另一方面,整体又是由局部组成的,整体也离不了局部,因此整体要关心局部,照顾局部,支持局部。

案例 8-5

局部利益与全局利益

1991年夏,百年不遇的洪灾威胁着我国南方数省。大雨如注,洪水滔滔,直逼我国江南多座重要城镇,连接南北的大动脉——津浦铁路也危在旦夕。一旦被洪水淹没,不仅会给受灾城镇人民的生命财产带来巨大损失,而且会影响到救灾物资的运输以及灾区灾后重建的进行。为此,中央决定在几个地区分洪。

苏北的下里河地区,物产丰富,当地党政领导与群众经过多年努力,已经将其建设成一个富饶的农业基地。但是,为了整体利益,为了津浦铁路以及诸多城市的安全,他们毅然将洪水泄入了低洼的农田。与此同时,苏州、无锡的领导和人民为了确保大上海的安全,也让无情的洪水从自己辖区泄出,做出了重大的牺牲。

下里河、苏州、无锡等地的领导和人民,为了发展本地的经济做出了多年的努力,他们十分热爱这片富饶的地区。这种努力,这种对故土刻骨铭心的深情,是国家建设整体的一部分,这些地区的发展为国家整体实力的提高发挥了积极作用。但是,洪灾面前,在更大的利益受到威胁的形势之下,倘若这些领导人仍然一味强调本地区的发展,强调本地区的特殊利益,则属于过"度",属于狭隘的地域观念了。可喜的是,他们正确地处理了这些关系,服从了大局,为全局利益做出了勇敢的牺牲。

在那场洪灾中,洪水刚退,江苏省、上海市等被保护的地区立即派出大量人力物力支援为他们做出重大牺牲的有关地区,使受灾地区的面貌在洪灾后得以迅速恢复,充分体现了协作精神。

(领导素质与领导艺术大全集:第十二篇 领导的协调艺术 第四十四章 讲究尺度与分寸[OL]. http://www.ckxxbao.com/book/lingdaosuzhiyulingdaoyishudaquanji/268271.)

思考与提示

你认为在领导决策中,应如何处理局部利益与全局利益的冲突。

4. 领导执行:坚决执行与变通执行的平衡

人们常常会认为,政策的变通执行就是不执行,是与上级的政策"绕圈子",这种理解具有片面性。我国古代有大禹治水的传说,大禹的父亲坚决执行前人的方法,用堵塞的方法治洪水,却因没有成功而被杀身亡。大禹接过治水的任务后,吸取父亲失败的教训,通过变通,运用了疏导的办法治水,最终将洪水制服了。领导在执行政策时,也应该利用自身所享有的自主权力,在上级政策允许的范围内,结合下级的特点,来变通执行政策,这样既达到执行上级政策的目的,又使下级能够积极配合,这也是政策坚决执行与变通执行之间的平衡。

在领导工作中,时常会遇到坚决执行政策与考虑实际情况变通执行政策的问题。如何正确地把握其间的度,如何正确地看待和平衡两者之间的关系,是需要领导干部掌握的。

在领导活动中,既有坚决执行政策又有变通执行政策。一般认为,应以坚决执行为主,变通执行为辅,二者结合,相辅相成。在二者的使用上,要防止片面性:那种因变通执行而把必要的坚决执行看成是错误的,因而放弃坚决执行的做法是不对的;反之,那种因需要坚决执行,而把坚决执行强调和使用得过头,轻视变通执行的做法也是不对的。在这个问题上,领导者要根据问题的性质、时间、条件等情况把握好"度",辩证地分析问题和处理问题。

对于那些针对能迅速造成很坏后果、导致不良影响的做法而制定的政策就要当机立断、坚持执行。因为,变通执行的作用是有限的,如果此时仍然采用和风细雨的方法去说服,必然会扩大这些事件的恶劣影响。在这种情况下,就必须采取明确的、有力的、迅速的行动坚决执行上级的政策;否则在客观上会起到放纵的效果,结果造成是非模糊,良莠不分,使人们失去方向,难以作出正确的抉择,同时,也使变通执行失去效力,因缺乏相应的支持而难以奏效。

□ **5. 领导关系:领导工作关系平衡**

领导工作关系平衡,是指领导者在履行领导职能、实现领导目标的过程中,与组织内外相关的人和事在时间与空间上产生的工作关系平衡,包括部门任务平衡、工作时间平衡、政策措施平衡和工作要素平衡等。

1) 部门任务平衡

在领导工作中,由于各种主观方面的原因,各部门所分配的任务及完成任务的进度和质量必然存在差异。有时可能由于局部任务不能如期完成而影响全局,有时可能由于全局的需要而改变部门的任务。作为领导者,必须站在全局的高度为保证总体任务的完成,对不同部门和单位所承担的任务进行平衡。

2) 工作时间平衡

领导者所布置的任务的完成,是受一定时间限制的。要保证既定的工作任务在一定的时间内完成,就有一个时间协调的问题。工作时间协调的目的,是使各项工作和各个部门之间在时间上得到合理的分配和安排,保证时间的充分利用和效率的稳定提高。搞好时间协调主要有三个方面的内容:一是分清工作的轻重缓急和主次关系,对工作进行先后次序的安排;二是根据各项工作的重要程度和难易程度,对工作的先后次序按时间的长短进行科学的分配;三是根据任务的大小及任务承担者的实际情况在时间上给予适当的处理,使各种时间均能得以充分利用。

3) 政策措施平衡

政策和措施是完成任务的重要手段,也是承担工作任务的各部门所拥有的无形资源。由于领导工作发展过程中的各种主客观原因,各部门完成任务的状况会与预期计划产生差异。为保证全局目标的实现,就要根据实际情况进行必要的政策和措施的调整。

4) 工作要素平衡

任何工作任务完成,除信息、组织等无形要素外,还离不开人力、财力、物力等基本的有形要素。没有必要的人力、物力、财力,领导工作的任务就不可能完成;有了人力、物力、财力而不能在使用上合理配置,领导工作的任务不仅不可能完成,还会造成人力、财力、物力的浪费。因此,必须根据工作任务的具体情况,合理分配各种要素,使之在质量和数量的配置上达到最佳状态,从而保证领导活动整体效益的最佳化。

 本章重要概念

领导艺术(leadership skills)
领导授权艺术(leadership authorized skills)
领导激励艺术(leadership stimulated skills)
领导语言艺术(leadership lingual skills)
领导平衡艺术(leadership balance skills)

 本章思考题

1. 试阐述领导艺术的主要内容。
2. 领导授权的含义及目的是什么?
3. 什么是领导平衡?领导平衡的主要内容是什么?
4. 联系实际,谈谈你对领导平衡与领导协调二者差异的认识。

本章推荐阅读书目

1. [美]弗里德斯. 恩威并重的领导艺术[M]. 杜美杰,译. 北京:电子工业出版社,2006.
2. 刘峰. 管理创新与领导艺术[M]. 北京:北京大学出版社,2006.
3. [美]盖尔宗. 领导艺术:化冲突为机会[M]. 范志宏,译. 北京:商务印书馆,2007.

第九章

领 导 方 法

——本章导言——

领导方法是领导者在特定的领导环境中，率领并引导其追随者，为实现领导目标、履行领导职能而采取的手段、方式和措施的总和。领导方法是领导学体系中最具艺术性、创新性和生动性的组成部分，也是最能体现领导者的创造力和挑战性的领域。领导方法的选择、应用是否得当，直接影响领导目标的完成与否。本章结合最新的领导理论，选取愿景领导、情感领导、运筹领导和危机领导等方法，分析介绍上述四种方法的内涵、特征及实现途径等。

■ 第一节 愿景领导

在当代社会，经济的发展和社会的快速转型使组织面临着很大的不确定性。在充满变化的环境中，要使组织成员对组织具有坚定的信心，全力以赴地投入到组织目标的实现中，愿景领导是一种行之有效的领导方法。

■ 一、愿景及其特征

□ 1. 多角度愿景内涵解读

"愿景"源自拉丁文，其本义是"看见"的意思。现实生活中对愿景的理解很多，如远景、愿望、目标、景象等。该词曾经在港台地区使用较多，或译做远景、远见，在20世纪90年代盛行一时。它最初出现在大陆，是在2005年4月29日原国家主席胡锦涛与台湾地区原国民党主席连战的会谈公报中，后收录于《现代汉语大词典》第5版。西方教科书用一小幅漫画来解释愿景：画中一只小毛虫指着它眼前的蝴蝶说，那就是我的愿景。由此可见，愿景就是愿望的景象，在某种程度上，是一种希望和目标。

不同学科、不同学者对愿景具体内涵的理解或许不尽相同，但对愿景的重要性和作用的认识却惊人的一致。

管理实践学派代表人物、美国管理学家彼得·德鲁克认为：愿景是关于一个国家或一个组织在未来某一个发展阶段发展目标的规划和描述。

美国管理学学者梅克埃文认为：愿景是一种基于领导者的价值观、信念和经验而设定的反映领导者对组织未来发展方向的动力。

美国领导学学者威勒、哈特雷和布朗指出：愿景应包括价值观、使命和目标三个要素。价值观是愿景的核心要素；使命反映组织利益相关者的共同核心价值观，并提供未来发展图景;目标则是行动宣言,明确说明使命完成的方式。

美国管理学学者詹姆斯·C.柯林斯与杰里·I.波拉斯认为:长盛不衰的组织都拥有明确的核心理念和富有挑战性的远景目标。核心理念包括核心价值观和核心目标两部分,核心价值观是组织的信念,核心目标是组织的终极目的,远景目标是指具有大胆创新特征的10~30年目标。他们还区分了长远愿景与短期愿景。长远愿景是指没有时间限度的发展方向、终极目标和指导思想,短期愿景是指可实现的具有时间限度的战略目标。

美国管理学学者詹姆斯·斯图亚特认为,确立愿景的方式有向内和向外两种检视方式,内向视角检视组织内部人员的价值观、信念等,外向视角检视社会的挑战、组织所面临的问题等。也就是说,确立愿景必须同时考虑组织的内部因素和外部因素。

英国管理学学者哈默尔和美国管理学学者普拉哈拉德在《竞争大未来》一书中指出:"愿景意味着一个梦想或一个奇迹,但远远不止一闪而过的洞悉。"

综合上述学者关于愿景内涵和愿景构建的认识,我们认为,确立组织愿景需要重点考虑以下因素。

其一,价值选择。愿景的核心是价值观,从某种意义上讲,确立愿景就是价值观选择问题。其二,社会演化。组织的价值观是由社会环境及其演化决定的,同时随社会的演化而变化。其三,文化变革。愿景是一种精神层面的产物,与社会文化及其变革的关系最为密切,只有洞悉文化变革及其发展趋势,才能更好地构建组织愿景。其四,技术进步。现代社会最主要的特征在于技术对社会和组织的影响越来越大、越来越直接,技术甚至决定着一些行业和组织的生死存亡。确立愿景必须考虑技术进步的因素。其五,组织变迁。社会演化、文化变革、技术进步等外部环境的变化都会作用于组织而促进和拉动组织变迁,对于一个特定的组织而言,其历史和现状必然会对未来的发展图景产生影响,这些是制定组织愿景必须考虑的内部因素。当然,还有很多因素会影响组织愿景的形成和变化,上述五个因素是其中最关键的因素。

愿景是一个国家、一个组织、一个团队或一个人未来的发展图景。历史经验证明,最为成功的国家、组织、团队或个人都得益于有一个高瞻远瞩、符合社会潮流、代表先进生产力和先进文化、能够整合利益相关者价值取向的愿景;对于卓越的领导者而言,则关键在于拥有构建与不断完善愿景的能力。

案例 9-1

知名企业的愿景

企业名称	愿景
西门子股份公司	成为行业标杆,提升能源效率,优化工业生产力,打造价格合理及个性化的医疗,推进智能化基础设施解决方案
松下	在2018年公司创立100周年时,成为电子产业No.1的环境革新企业

续表

企业名称	愿景
联合利华	每一天,我们都致力于创造更美好的未来;我们的优质产品和服务,使人心情愉悦,神采焕发,享受更加完美生活;我们将激发人们,通过每天细微的行动,积少成多而改变世界;我们要开创新的模式,在将公司规模扩大一倍的同时减少我们对环境的不利影响
百事公司	百事公司的责任是在环境、社会、经济等各个方面不断改善周围的世界,创造更加美好的未来。百事公司的可持续发展愿景是"百事公司的承诺"的基础,它表达了我们的基本信念:只有对社会有益的行为才是企业正当的行为,这涉及整个世界的繁荣兴旺,以及公司自身的健康发展
卡夫食品	让今天更美味
LG电子	LG电子将继续努力,向跻身全球前三大电子公司的目标迈进
英特尔公司	超越未来,英特尔的目光聚焦于这四个字上。我们的工作是发现并推动技术、教育、文化、社会责任、制造业及更多领域的下一次飞跃,从而不断地与客户、合作伙伴、消费者和企业共同携手,实现精彩飞跃。英特尔公司将推进技术更迅速、更智能、更经济地向前发展,同时最终用户能够以前所未有的精彩方式应用技术成果,从而令其生活变得更惬意、更多彩、更便捷
爱立信	构建人类全沟通世界
麦当劳	控制全球食品服务业
柯达	只要是图片都是我们的业务
索尼公司	为包括我们的股东、顾客、员工,乃至商业伙伴在内的所有人提供创造和实现他们美好梦想的机会
IBM公司	成为一家伟大的公司
通用机器	使世界更光明
福特公司	汽车要进入家庭,献身于为全世界人民提供个人活动能力的事业
迪斯尼公司	成为全球的超级娱乐公司
波音公司	在民用飞机领域中成为举足轻重的角色,把世界带入喷气式时代(1950年)
苹果公司	让每人拥有一台计算机
惠普公司	我们致力于科技的发展是为了增进人类的福利

续表

企业名称	愿景
麦肯锡公司	帮助杰出的公司和政府更为成功。①为高层管理综合研究和解决管理上的问题和机遇。②对高层主管所面临的各种抉择方案提供全面的建议。③预测今后发展中可能出现的新问题和各种机会，制定及时且务实的对策
宝洁公司	成为并被公认为提供世界一流消费品和服务的公司
戴尔公司	在市场份额、股东回报和客户满意度三个方面成为世界领先的基于开放标准的计算机公司
AT&T公司	建立全球电话服务网
飞利浦公司	科技对人们的日常生活发挥着日益重要的作用，我们致力于在医疗保健、时尚生活和核心技术领域提供领先的解决方案，并成为本行业最受尊敬的公司
三星	成为世界超一流企业，在所从事的行业中，居于全球市场领导者的地位
福特	成为世界领先的汽车产品和服务公司
彼得·德鲁克管理学院(DA)	通过对企业、政府和非营利组织的管理者和大学学子进行培训和传播，促成一个富足、公平、健康的社会
荷兰皇家壳牌石油公司	中国业务的愿景：壳牌想要成为中国领先的国际能源公司，以可持续的方式为中国经济繁荣和客户的利益做贡献，为此我们在中国不断推进"创业、树人"的战略。壳牌希望提供能源解决方案，帮助中国解决能源领域里的三大优先问题，包括能源供应安全、环境保护和能源效率，并在国内外与中国企业和客户建立互惠互利的合作伙伴关系
丰田汽车公司	遵守国内外的法律法规，通过公开、公正的企业活动争做得到国际社会信赖的企业公民
华为公司	丰富人们的沟通和生活

思考与提示

1. 你如何理解愿景的内涵与作用？
2. 你认为知名企业提出愿景的目的是什么？

2. 愿景的特征

1）愿景能够深层次激励追随者

愿景激励人们通过创造性的方式改善现状，它撞击着人们的情感，调动着人们的精力，一旦被清楚地描述出来，就会使人产生激情，并把充沛精力和奉献精神带入工作当中。

愿景使追随者清晰地了解组织未来的发展方向和想要达到的状态,具有强烈的吸引力和感染力,能够深层次激励追随者,这是愿景最关键的特征。

2) 愿景是未来与现实的平衡

愿景是对未来一段时间内的理想陈述,但这种理想一定建立在现实的基础上,要让追随者感到只要努力,愿景是可以实现的。如果愿景脱离了现实,高高在上,那就无法得到追随者的拥护,实现愿景也就无从谈起。因此,愿景必须建立在对未来预测和现实评定之间的一种平衡上。

3) 愿景应具有一定的时限性

很多人常常把愿景和使命相混淆,这是因为愿景和使命的陈述中都带有一定的愿望色彩。但使命更倾向于一个组织存在的终极意义和根本原因,贯穿于组织整个的发展历程。愿景则是组织在一段时间内的发展方向和发展目标,是具有时限性和阶段性的,也正因为如此,愿景表述起来才让追随者感到可以实现。愿景的时间期限不宜过短也不宜过长,一般在 10～15 年比较合适。当然,拥有不同性质和战略规划的组织可根据自己的实际情况,设置适合自己的时间期限。

■ 二、愿景领导及其作用

□ 1. 愿景与组织

组织愿景即组织的共同愿景,是指形成于组织员工共同价值观基础之上的,对组织发展具有导向功能的共同愿望。它表现为组织成员共同认可、接受并内化为自身追求的组织使命、任务、目标以及价值信念体系,能够产生众人一体的感觉,使组织孕育无限的生机和创造力。

视频 10

组织设法以共同的愿景把所有员工凝聚在一起。作为组织中的个人要建立善于将领导者的管理理念融入自己心里,在组织中为实现共同的愿景而努力,通过努力学习,产生追求卓越的想法和动机,并转化为能够鼓舞组织发展的组织愿景。激发自己追求更高目标的热情,并在组织中获得鼓舞,使组织拥有一种能够凝聚并坚持实现共同愿景的能力。

彼得·圣吉在阐述组织个人愿景与组织愿景的关系时说:"个人愿景的力量源自一个人对愿景的深度关切,而组织愿景的力量源自共同的关切。""如果你、我只是在心中各自持有相同的愿景,但彼此却不曾真诚地分享过对方的愿景,这不算组织愿景。""组织愿景是由个人愿景汇集而成,借着汇集个人愿景,组织愿景获得能量和培养行愿。"

组织愿景是一个期望的未来景象和意象,是一种召唤及驱使人向前的使命,能不断扩展组织成员创造真正内心所向往的能力。作为一个组织、一个以人为单元的组织,形成一个组织成员的组织愿景,以这个共同的愿景感召全体组织成员,使之为这一愿景而奋斗。个人愿景的力量来源于个人对愿景的深度关切和认同,而组织愿景的力量来源于组织成员对这个愿景的共同关切和认同。它是组织成员所共同持有的意象,它创造出了众人一体的感觉,使员工内心有一种归属感,有一种使命感。事业的使命感,并以这种感觉深植于组织中的全部活动之中,使不同的活动融汇起来。

那么,如何建立组织愿景呢?组织是由个人集合而成,个人愿景可以激发个人的勇气,组织的规划也只能是通过个人规划和共同规划的尽量一致来激发群体的激情。所以建立共同规划的组织,必须持续不断地鼓励员工发展个人规划。而且建立的共同规划应与大部分的员工个人愿望方向一致,而且需要更上一层楼,不应与之相冲突。使共同规划成为员工自己的规划,将其包融在一个伟大的事业之中,这就是从个人愿望建立共同规划的修炼原则。

组织愿景要求全体员工为之而奋斗,为之而奉献,而不是简单服从。奉献的人将做一切为实现愿望所必须做的事情,要使员工能奉献于组织愿景,必须使愿景深植于每一个员工的心中,必须和每个人信守的价值观相一致;否则,不可能激发这种热情。所以,组织愿景又是一个组织的基本理念,包融了组织的目的、使命和价值观,必须使员工清楚地认识到他们在追求什么,弄清为何追求,知道如何追求。这种价值观反映出组织在向愿景迈进时全体员工日常的行动准则。领导者在组织内推广组织愿景时,除了真实、简单地描绘组织愿景,同时还应身先士卒,自己先奉献于这个愿景,并不刻意要求下属的认同,留给下属一定的空间,让其自由选择。这样,反而容易使全体员工认同这个组织愿景,忠诚于这种修炼原则。

2. 建立愿景

愿景分为个人愿景和组织愿景,二者共存即为共同愿景。图 9-1 为组成共同愿景的三要素。

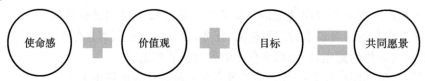

图 9-1 共同愿景要素

如何建立共同愿景?组织成员应该对以下四个基本问题进行讨论,达成共识(见图 9-2)。

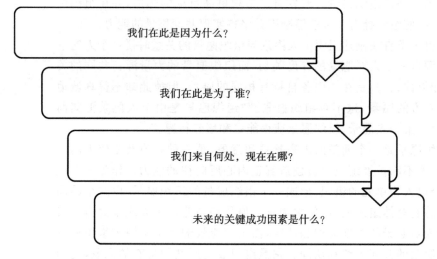

图 9-2 组织成员问题讨论

案例 9-2

价值观引导实际行动

在一个普通的周四早上,我赶着公车迷迷糊糊毫无准备地来到学校,甚至不知道这个上午的议程是什么。但这个上午即将发生一件事,如有一股清劲的风要吹进我的生命,令我把整个图景看清楚。

Rajelin 走进会议室,挂着招牌微笑,看着手中的打印稿。她说,今天我们要做一个工作坊,理清我们的价值观(value)。接着她问了我们一连串问题,让我们在纸上写下答案。

1. 哪一段时间是你最快乐的时光?(Identify the times when you were happiest.)

2. 哪一件事情让你感到最自豪?(Identify the things when you were most proud.)

3. 哪一段时间让你感觉最充实而满足?(Identify the times when you were most fulfilled and satisfied.)

我们陷入沉思,认真地回顾着短短的二十几年人生,找到那些符合上述"要求"的时光碎片。

在我们快写完人生小故事的时候,Rajelin 发给我们一份全是描述不同价值观的单词表,让我们根据上面的最快乐、最自豪、最充实而满足的经历,总结出自己 10 个价值观。比如我来到美国这段时光就是充实而满足的,因为每天我都在满足着自己的好奇心,在学习、在知新。所以 curiosty(好奇心)和 learning(学习)就是我的价值观、我的 value。

当五颜六色的 10 张便条纸上都分别写满了自己显示自己价值观的概念时,Rajelin 让我们在 10 个中挑出 5 个。有一些价值观是可以合并的,如好奇心和学习比较类似,我会更偏向用"学习"来表达我的价值观。

最重要的一步,在剩下的价值观中挑出前三位,自己觉得最重要的价值观。方法一是两两对比,找出更重要的;方法二是,问自己:"如果自己只需要其中一个就能感到满足,我会选的是哪个?"

很快,我选出了自己价值观的前三位:爱,关系,学习。

那一刻,如晨曦穿透云层照亮地面的一切,我看清了生活中的各种情境与选择,我清晰了自己的生活正在走向哪个方向。价值观可以随时间变化,但一定是心里怎样想,行动也怎样做的;价值观,是一遍遍在心里回响,也能大声对其他人说出来的。

我不知道厘清价值观有什么用,更没想到它在之后的日子,让我在做一些重要的决定时笃定而轻松。这次工作坊的成果,构成了我完成接下来工作的基础。

(寻找价值观与愿景(上)[OL].[2014-10-20]. http://blog.sina.com.cn/s/blog_1366055d80102v57o.html.)

3. 选择方向

俗话说："人生最重要的不是位置，而是前进的方向。"一个组织亦是如此，有了共同愿景，随即需要选择合适的方向，进行具体的实施，组织成员需要以实际行动来实现愿景。

20世纪80年代，因为国内外的局势变化，中美两国从最初的敌对关系迎来了长达十年的密切合作关系。在合作期间，中美之间在军事领域上拥有了更进一步的合作。基于这样的条件下，被称为美国的"雷鸟"，也就是F-16战机问世，中国军人的目光被深深吸引住了。倘若把中国的主力战斗机换成美国军队的F-16战机，那么中国的空军力量将得到大幅提高。那个时候，我们国家在武器装备上的水平很低，特别是在自主研发武器这方面。

是买还是自主研发？成了当时摆在中国面前的一道难题。在权衡利弊后，中国还是选择了自主研发战机的道路。因为当时中国的经济发展态势并不好，民生问题还没有从根本上解决，而且中国一旦要购买战机，就要一次性大批量购买，这样才能让我国空军部队的实力得到有效增强。但是，即使是大宗购买被美军阉割后的战机，其价格对于当时贫穷的中国来说也是一个天文数字。并且当时除了要提升军事方面的实力之外，我国还需要提升经济、科技及工业等多个方面的综合实力，这样才能为我国的军事发展奠定良好的基础。在我们经济实力还不够的情况下，我国只能忍痛放弃战机的购买计划。

中国把独立自主看得非常重要，引进任何国外装备，必然也会附带引进他们的技术，而我国坚持独立研发的道路，这样才能体现中国人民的勤劳和智慧，才不会受制于人。随后便有了歼十战机长达20年的研发过程。歼十战机行政总指挥、中国一航原总经理刘高倬曾感叹道："歼十缩短了我们与发达国家之间的差距，完成了从'望尘莫及'到'望其项背'的跨越，使我们的作战部队在应对现代战争中从过去的'捉襟见肘'转变为'得心应手'。可以说，歼十的研制成功，标志着中国已经开始了国防工业的现代化计划。""今天在回顾这一段历史的时候，我们可以说以王者风范，向人民交一份满意的答卷；在总结过去20年的时候，也可以自豪地说，经过风风雨雨的战斗，我们的能力和技术水平上了一个大的台阶，在原有的基础上有一个大的跃升。"刘高倬认为，没有20年的自主创新研发歼十的拼搏，就不可能有今天的水平。

面对机会的来临，人们常有许多不同的选择方式。有的人会单纯地接受；有的人持怀疑的态度，站在一旁观望；有的人则顽强得如同骡子一样，固执地不肯接受任何新的改变。而不同的选择，当然导致截然迥异的结果。许多成功的契机，起初未必能让每个人都能看到深藏的潜力，而起初抉择的正确与否，往往更决定了成功与失败的分野。

4. 寻觅投入

一个组织，建立了一个清晰的、有吸引力的愿景之后，就需要用实际行动来实现愿景，这里就提到了寻觅投入。

首先，领导者应该用强烈的、富于表现力的方式来传达愿景，并且展现强烈的自信和实现愿景的信心。一个愿景的成功取决于它本身有多清晰、被传播得多好和多吸引人。内在于领导者愿景的是像公正、公平和社会责任这样的终极价值——能诉诸人们的情感，有着强大的激励作用。领导者还要说服追随者，愿景不仅仅是空想，而是要在愿景和实现愿景的可靠战略之间找到明确的联系。

其次，领导者应该做好传达信息环节，即对追随者抱有很高的期望，对其能力也充满信心。愿景的激励效果还取决于追随者在多大程度上相信他们具有实现愿景的能力。领导者要表现出对追随者抱有很高的期望、对追随者的能力充满信心,从而给追随者创造一种自我实现的预言——我们所期望的经常就是我们所得到的。"自我实现的预言"解释了一种信念或期望(不管对错)怎样影响着某种情境的结果或人们行事的方式。在领导情境下,增强领导者对其追随者能力的信心将使追随者表现得更好。

再次,树立角色榜样以强化内在于愿景的价值观。有效领导的前提可以总结为"示范领导"。有句谚语说:行动比言语更响亮。有些受人尊重的军事领导者就是带领着他们的部队冲锋陷阵,和士兵一起共担危险与艰难,而不是躲在后面的安全地带。要求追随者为了组织的愿景做出个人牺牲的领导者应该以身作则、树立榜样。

最后,也是重中之重,即授权追随者去实现愿景。当领导者把他们自己及其组织置身于巨大挑战时,他们不可能事事躬亲。不能或不愿授权的领导者注定要失败,因为他们没有充分利用追随者的能力。高级执行官的主要职责是提出愿景、有效传播愿景并引导执行愿景的过程。从许多失败的变革尝试中,我们总结出一个重要教训:高级执行官应该鼓励中层和基层管理者采用同组织战略和愿景相一致的方式变革他们的部门,而不是告诉他们具体该怎么做。

□ 5. 愿景领导的作用

就组织成员的行为来说,组织愿景看似虚无缥缈,但它所起的作用却十分巨大。成员的奉献精神——人类任何组织崇尚的普遍美德,与组织的共同愿景息息相关。如果没有共同愿景,那么奉献的行为不仅不会产生,而且连真正遵从的行为也不可能发生。在《第五项修炼》一书中,彼得·圣吉博士精微地分析了奉献、投入、遵从之间的区别,他引用基佛的话,"投入是一种选择成为某个事物一部分的过程","奉献是形容一种境界,不仅只是投入,而且心中觉得必须为愿景的实现负完全责任",进而认为没有共同愿景的组织往往只会导致员工对上级、对组织的被动式的遵从,而绝不会有对组织的真诚奉献。共同愿景就如企业的灵魂,唤起人们的希望,令人欢欣鼓舞,使组织中的每一个人都为实现愿景而勇于奉献自己的一切,使组织跳出庸俗,产生火花,成为强者。

愿景本身有强大的力量。愿景领导通过树立组织的共同愿景,消除人们对未来不确定的担心,树立坚定的信心,激发人们向共同愿景去努力。佛祖释迦牟尼指明,虔诚的佛教弟子必将达到西方极乐世界,他游遍整个印度北方,向所有愿意听讲的人宣讲他的新人生观和愿景,赢得了数以万计的人皈依佛教。毛泽东在革命时代,树立了"建设新中国"的愿景,带领全中国人民英勇斗争,前仆后继,从黑暗腐朽的旧社会中挣脱出来,建立了伟大的新中国。愿景领导通过将愿景本身与追随者的努力成果联系起来,使追随者觉得这种努力富有意义,每个人的行为都渗透着这种愿景所带来的奋斗活力,无不向着共同愿景全力以赴。历史学家弗雷德里克·波拉克认为,一个能够带给追随者重大愿景的领导者是有希望的,他甚至能够决定一个国家和一种文明的命运。这就是愿景领导的力量。

■ 三、愿景领导的胜任特征

愿景领导者要具有为组织树立共同愿景的能力。斯蒂芬·罗宾斯认为,愿景领导者应该具备三种能力:一是向他人解释愿景的能力,能够通过口头和书面沟通使人们知道必须做的事情以及想实现的目标;二是不但通过言语更要通过行动表达愿景的能力,不断向人们传递并强化愿景;三是在不同领导情境中体现愿景的能力,无论对基层人员还是中层管理者,愿景对所有人都要有激励作用。我国一些学者通过对国内不同行业的领导进行实证研究,总结出愿景领导应具备以下特征。

1. 学习与反思能力

作为愿景领导的重要特征因素,学习和反思代表的是一种进取的心态。领导者应着重对经验和规律的积极把握。这种学习包括组织内的互帮互学,也包括向竞争对手、业务伙伴,以及向成功者和失败者的学习,同时反映了组织对组织发展道路的反思和回顾,它是展望未来的重要基础。

2. 机会意识

并不是所有企业在所有发展阶段都会提出一个非常长远的规划。相当多的企业领导者更看重短期和中期的业务发展机会,有些领导者甚至认为,外界环境过于复杂,要对市场有一个整体、清醒的透视是很困难的,因此他们更乐于随机而动。增强机会意识,有了机会就要上,就必须抓住。"摸着石头过河"的想法在企业中,特别是企业的开创和发展阶段相当重要。

3. 战略前瞻

获得成功发展的组织,其领导者都具有强烈的前瞻意识。正因为他们看得比别人远,采取的行动更有战略性,而不是满足于短期目标的实现。因此在面对市场发生突变的困境时,他们的生命力比别的企业要强,他们的企业也比别的企业发展得更快、更好。

4. 勤奋务实

愿景领导者都注重实干,他们不虚谈理想,特别是那些处在上升期的企业,他们的领导者都很关注业绩、规模等具体发展指标。领导者本人或领导团队也都把勤奋敬业看作是实现理想、发展目标的重要条件。

5. 关注现实

愿景领导者并不只是专注于组织的长远方向,他们提出的方向都是基于现实的。这些领导者非常注意分析组织内部的实际情况和企业的外部环境。组织所处环境中的政治、文化、经济、民俗等因素都会影响他们选择客户、回报社会、价值定位等的决策。

此外,愿景领导者还必须具有一定表达能力。愿景领导者必须清晰、明确并富有感染力地表达愿景,能够对追随者起到很好的激励作用。振奋人心的愿景必须用生动形象的方式来表达,以便激起人们的热情,得到大家的拥护,使之全身心地投入。

四、建立愿景时需要注意的方面

愿景领导是众多领导方法中的一种,当组织环境中带有明显的不确定性,人员普遍对未来比较模糊、缺乏坚定信心时,愿景领导能够突出地显示其作用。

建立共同愿景不能靠命令,也不能靠规定,这样一种近似精神激励的领导方法更应靠坚持不懈的沟通和分享。不断地强势宣传推动也是可取的方式,但任何强迫和勉强性的举措可能都会适得其反。同时,建立共同愿景不是对解决某一具体问题的回答,也不是一种形式性的东西,而是必须由组织各级管理者和全体员工全过程、全方位、全面地将共同愿景贯彻落实在生产经营和工作的各个方面。愿景领导的愿景不能过于操作化,也不能太抽象,实现难度不能太大,愿景是所有人的,不是领导者本人的。

建立愿景不是一蹴而就的事情,必须经过细致的工作和不懈的努力。愿景是关于未来的美景,这个美景给人动力去做各项工作,并最终实现这个美景。在竞争激烈、管理日趋完善的形势下,愿景领导将更加显示其重要价值。2016年9月10日,湖畔大学上线首部公开课《湖畔三板斧》,马云亲授第一课,并首次公开阿里巴巴17年创业心法,指出企业的使命、愿景、价值观是企业成长发展的核心之本。

> **案例 9-3**
>
> ## 马云公开课《湖畔三板斧》
> ### ——阿里巴巴17年创业心法
>
> 不听愿景就想加入你们公司的人,尽量少招聘。如果他没问,老板你这个公司搞下去会变成什么样子呢?那他只关心下个月工资发多少。这样你的员工就找错了。
>
> 使命可能听着觉得是空头支票,但是愿景,是有阶段性的,五年、十年、二十年会怎么样。愿景不是说我明年业绩涨个20%大概差不多了,这不是愿景,这是目标。我们在西方的公司会经常问这个问题,二十年后你的公司到底怎么样啊?二十年我没想过啊。那你这个公司有问题。你要有至少十年、二十年的设想和规划,这叫愿景。
>
> 如果你说,我有一个伟大的使命,但是愿景是往另一边走的,那员工就会矛盾了。你要是不讲使命、愿景,那员工不会记住;你讲得多了,员工会不会说你洗脑。有的人讲阿里巴巴给大家洗脑,错了。我们今天还有几个人能真的被洗脑?原因在于你能真正激发员工心底里的那个东西。
>
> 愿景和使命碰在一起,会像化学反应一样,激发很多有意思的东西出来。他只有把自己点燃了,觉得做这件事情有意义,才会努力做下去。
>
> 千万不要听人讲那些空对空的战略,每一家公司的战略是不一样的,战略是绝不能复制的,能复制的都是复制品,不能复制的才叫战略。战略你就公布给世界,我要做这件事,这是我的使命,这是我的愿景,还有我的价值观,这些东西就放在桌子上。如果今天的电子商务腾讯拿去了、百度拿去了,照样做了一个出来,那肯定就是阿里巴巴做错了。战略是不可复制的,所有可以被复制的东西都是不值钱的。
>
> 阿里巴巴刚成立的时候,我们提出的愿景也蛮奇怪的,我们说这家企业要活80年,这家企业要成为世界十大网站之一。这是我们的两个愿景,愿景不能太多。
>
> (马云:什么是使命、愿景、价值观?[OL].[2017-04-26]. https://www.sohu.com/a/136519315_464365.)
>
> **思考与提示**
>
> 1. 你如何理解愿景的重要意义?
> 2. 综合案例,谈一谈领导者如何运用愿景来激发员工的使命。

第二节　情感领导

人有情感需要，人在感情上的需要一旦得到满足，就会产生一股强大的力量，使人际关系亲和，并从内心驱使人们积极地从事创造性的劳动。情感领导是最能体现人本管理理念的领导方法之一。把握人际关系的情感机制，并运用情感实现人际亲和的艺术，乃是新形势下各级领导干部做好管理工作的前提和基础。

一、情感领导的内涵

情感领导是指领导者运用一定的方式方法，与追随者通过情感上的交互作用，建立起积极的人际关系和良好的合作氛围，从而达到领导目的的一种领导方法。

领导者与追随者的关系是平等基础上的上下级关系，他们的差别只是分工不同，在情感上应该是平等的。一个领导者要树立良好形象，将自己的决策变成下属的自觉行动，仅有法定权利是不够的，还需要有知识影响力、能力影响力，更重要的是必须有情感魅力。在当代社会，人们更渴望被尊重、被理解，在情感方面的需求越来越高，因此，情感领导这种软性领导方式越来越受到人们的关注。实践证明，情感是能够被控制和管理的，领导者通过对周围人情感的体恤和关怀，能够建立亲和的人际关系，从而激发追随者的工作热情，增强他们的忠诚度。可以说，现代社会中，领导力的核心不是权利，而是情感。

二、情感领导力的提升途径

（一）提高情商水平

1. 情商的定义

高情商是情感型领导者必备的素质之一。因此研究情感领导，必然要了解情商这一术语。情商（emotion quotient，EQ）又称情绪智力或情绪商数。1991年，美国耶鲁大学心理学家彼得·萨洛维和新罕布什尔大学教授约翰·梅耶首次提出"情商"这一术语。但使情商这个概念普及开来的却是《纽约时报》的专栏作家丹尼尔·戈尔曼，他于1995年出版了《情商》一书，将情商这一学术研究成果以大家喜闻乐见的词语和方式表达出来，使"EQ"一词广为流传。情商是指一个人认识自己及别人的情绪、需求，并对其进行控制、协调和管理的能力。它属于一种非认知的技能、潜能和素质范畴，影响到一个人能否成功地面对环境的要求与压力。如果一个人具有积极的生活态度、平和的心理状态，拥有良好的人际关系，对事业较投入，情感生活较丰富但不逾矩，无论是独处还是与他人在一起时都能怡然自得，则通常被认为其情商水平较高。已经有大量的实证研究证明，一个人的情感和情绪能够被控制和管理。

情商作为一种智力，通常包括五个维度：
- 自我意识——体味自我情感的能力；
- 自我管理——管理自己情绪和冲动的能力；
- 自我激励——面对挫折和失败依然坚持不懈的能力；
- 感同身受——体味他人情感的能力；
- 社会技能——处理他人情绪的能力。

2. 情商的作用

领导者提高其情绪智力的成熟度,不仅能够使领导者提高人际关系的敏锐程度,保持自我激励能力、情绪管理能力,更能够与下属、平级的人以及上级维持更好的合作关系,树立自己卓越的领导形象。

情商能够促进领导群体提高领导艺术,一方面,领导者个体的领导艺术作为领导群体领导艺术的组成部分而发挥作用;另一方面,领导者的情商对相互之间的融合协调起促进和催化、整合、提升作用,从而保证群体的领导艺术大于个体领导艺术相加的总和。一支由高情商领导者组成的领导队伍,必定是具有凝聚力和亲和力的,能把人的因素作为领导工作之本。就个人而言,群体内部的领导个体具有清晰的角色认知、统一的团队价值观和良好的人际关系,在这样的群体环境下,个人的情商优势和领导艺术能够得到充分发挥。同时,就整个群体而言,高情商的领导群体具有较强的学习能力和突出的管理能力,能通过群体情商的整合,让情感发挥润滑剂的作用,使个人的领导艺术上升为群体的领导艺术。这样,就能提高领导群体积极性、主动性和创造性,加快工作的节奏,提高办事效率,最大限度地发挥领导群体的整体效能。中国共产党人就是高情商的领导群体的典范,他们的领导艺术均注重群体情商的整合,发挥出很好的领导效能。这已不仅仅是个人的领导艺术,而是全党的领导艺术和宝贵财富。

3. 如何提高情商

丹尼尔·戈尔曼、里查德·博亚特兹斯和安妮·麦基三位作者在《先决领导》(*Primal Leadership*)一书中提出,平庸的领导者与杰出的领导者的分水岭在于情商,能掌握情商的领导者,就能有出色的领导力,就能够达到领导和谐的境界。

1) 领导者必须具有察觉、评估和表达情绪的能力

一方面,领导者必须具有较强的自我意识,对自己的情绪、个性、风格有清晰的认识。自识者智,自知者明,只有准确地了解自己的情绪状态,才能根据外部环境的要求调整自己的不良情绪,使工作不至于因为自己的情绪而受到影响。很多企业的高层领导人在脾气爆发时对自己的内在心态和行为举止无意识,实施的是一种简单粗暴的领导风格,组织里的下属敢怒不敢言,久而久之,粗暴的领导风格也势必传染到下属的领导行为举止之中。另一方面,领导者也需要对下属"察言观色",要有敏锐的洞察力,能从语言、声音、体态、手势、行为中判断下属的情绪状态,并分析产生这些情绪的根源,同时调整自己的情绪态度和工作方法,给予下属必要的指导和帮助,使上下级之间相互理解、沟通顺畅,形成高绩效的工作网络,这应当是领导者必备素质之一。丹尼尔·高曼在《工作中的情商》一书中认为,领导者必须具备察觉、管理员工情感和心情的能力,并且能对员工的这些情绪作出积极的反应,引导员工朝着积极的结果发展。Mccoll-Knnedy 和 Anderson 认为,领导者要能识别和管理员工挫折与乐观两种情绪,而且领导者处理员工挫折与乐观两种情绪的能力对他们的业绩有着非常大的影响。

2) 领导者必须具备真诚、热情、自信等高情商素质

首先,领导者的个性应该坦白真诚,私下的个人本质与公开的人格应该是一致的;要以真诚的心态去引导和教育下属,在向下属表达自己的感受时要自然而真实、热情而由衷。其次,领导者要热情。热情的领导者乐于提供一个领导角色给他们的下属来崇拜和学习;热情的领导者总是在工作时保持积极的心态,让员工感觉到他们有充沛的工作精

力,从而带动整个团队的工作热情。最后,领导者要有自信。自信的领导者会使其他人觉得冷静,并安心于他们自己的角色;自信的领导者相信自己解决问题的能力,并且鼓励他们的员工敢于冒更大的风险,以取得更大的成就。特别是在面临重大改革或者危机时,大部分员工会表现得十分迷惘与困惑,此时,高情商的领导者能够保持其冷静和强大的自信,他们会仔细识别环境,掌握重要的因素,然后制定战略和详细的计划,并带领员工渡过难关。

3) 领导者应重视下属能力的开发,提高下属的情商水平

首先,在招聘员工时,应该注重应聘者的合作能力、亲和力等情商要素,在组建团队时,注意成员的情商水平和素质结构。其次,在工作中,领导者要对下属进行辅导和培训,帮助下属解除自卑、多疑、压抑等影响情商发展的心理枷锁,使其建立积极乐观的工作态度。再次,要激发下属的积极性,情商理论的一条基本原则是:把需要转化为动力。工作上的成就感,就是一个最基本的需要,让下属能从工作中得到成就感非常重要。要勇于提拔那些踏实肯干、工作能力强的下属,从而激发下属爱岗敬业的热情。同时,要培养下属的职业责任感,只有当全体员工不分职位的高低,都树立起强烈的责任感,有一种不把自己的本职工作做完、做好就誓不罢休的热情,管理才算真正成功。此外,领导者要学会"放手",赋予下属更多的权利,给予适当的指导和支持,并根据下属的特点,量身打造和分派工作任务,制定弹性的工作目标,给下属提供更多的机会,使他们能朝着自己的目标努力。这样,在提高下属情商水平的同时,也带来了下属极大的忠诚感,从而提高了领导者的地位和领导魅力。

4) 领导者应提高同理心能力

同理心即情绪智力中的感同身受能力。随着人们对情感方面的要求越来越高,同理心作为领导能力的一个组成部分备受关注。同理心是指设身处地地考虑他人的情感及其他因素,或感同身受地明白及体会身边人的处境及感受,并可适当地回应其需要。具有同理心的领导者不仅体谅下属,还会利用自己的信息和知识,采用各种方法增强凝聚力。同理心能够架起领导者和下属之间的心灵之桥。例如电影《焦裕禄》中有这样一组镜头:县委书记焦裕禄下乡归来,于夜深人静之际忽然听到年轻的技术员林涛室内传来一阵悲凉婉转的二胡曲《二泉映月》,顿觉小林心中有事,他走了过去,先是默默地听,而当林涛觉察后,他接过二胡,拉起了流畅的乐曲《南泥湾》,然后拍了拍林涛的肩膀,说:"我理解你的心情,但人总要有点精神。"顿时,林涛的眼睛湿润了……。

(二) 提高沟通能力

情感领导的本质是领导者与追随者在情感和心灵上的密切沟通。管理大师彼得·德鲁克曾把沟通作为管理的一项基本职能。保持畅通的沟通与交流,是得到真实信息的最有效的方式。沟通为追随者提供了一种释放情感的情绪表达机会,满足了追随者的社会需要。如果不经常沟通,那么领导者就无法清楚追随者深层次的需要、目前的想法和状态,也就无法谈及从情感上激励追随者。

领导者要善于沟通,创造一种使追随者感到受尊重、自信和愉快的人文环境。马斯洛认为,自尊需要的满足导致一种自信的感情,使人觉得自己在这个世界是有价值、有力量、有位置、有用处和必不可少的。这种自尊心理的形成固然受制于一个人的社会地位、知识结构和心理因素,但就某一团体而言,更受制于团队中的人际关系,尤其是上下级之间的

人际关系。若追随者在一种尊重、信任、民主、自信的氛围下开展工作,他们就会自约自律。因此,领导者要重视上下级之间的沟通,培养良好的人际关系。一方面,领导者应该营造这样一种工作环境:所有的下属都认为自己是组织的一员,整个组织充满激情和活力,成员之间以及成员与领导者之间是平等的,他们相互尊重、坦诚、积极交流,能够时刻对团队自身和外界环境保持理性的认识,拥有团队核心竞争优势和健康、积极向上的团队文化。另一方面,领导者要保持非批判性的态度,要"从群众中来,到群众中去",常与追随者进行沟通和情感交流,鼓励他们勇敢地自我表达,善于挖掘和发挥追随者最佳的一面,使追随者总是有机会、有渠道向他们的领导者提出自己的看法。

沟通方式一般分为正式沟通和非正式沟通两种。非正式沟通在影响追随者的情感上具有突出的作用。非正式沟通是一种通过正式规章制度和正式组织程序以外的其他各种渠道进行的沟通。这种沟通形式灵活、内容广泛、信息传播速度快,可用于传播一些不便正式沟通的信息。而且由于非正式沟通可以不受组织层级的限制,比较容易把真实的思想、情绪、动机表露出来,因而能提供一些在正式沟通中难以获得的信息。例如,领导者经常去下属的办公室走走,问问下属的工作和生活情况,这既是对工作的监督和检查,又能够进行感情的交流,拉近领导者与下属的距离。领导者关心下属的终身大事、关注下属不好开口的事情,例如晋职升级、探亲休假、加班费用、身体情况等问题,让下属从这些体贴入微的关心中感受到领导者的关怀与温暖,感受到领导者的信赖和可亲。总之,情感是一种看不见的资源,领导者通过经常与下属沟通,不遗余力地开发这种资源,能够极大地激发下属的工作热情,增强他们对组织的忠诚感。

案例 9-4

美国管理学会提出的良好沟通十诫

(1) 沟通之前应先澄清观念。对沟通的问题或观念作系统分析,有助于沟通的运作。良好的沟通必须考虑到沟通的目的,以及信息接收者受影响的程度。

(2) 检验每次沟通的真正目的。沟通前必须先确定最主要的目标,每次沟通不能期望完成太多的目标。信息越集中,成功的机会也就越大。

(3) 沟通时应考虑到影响沟通的环境因素。影响沟通的因素不仅是言辞,沟通的环境也十分重要。信息发送者应当时刻注意沟通的整体环境,并随时随地适应环境。

(4) 在策划沟通时,应咨询他人的意见。策划一项沟通时如能与他人充分磋商,就能获得他人的支持。

(5) 沟通时应注意语调。沟通时的语调、表情均对信息接收者有极大的影响。同时,沟通所用的语句特别是说话的含义与情感,亦对接收者有极大影响。

(6) 对信息接收者有帮助或有价值的事情,应把握时机,适时表达。要考虑到对方的利益和需要,善于用对方的观点来观察事物,这能够得到积极的效果。

> (7) 追踪沟通的效果。这种追踪可用询问法，或鼓励信息接收者表示他的意见与反应，以检验是否已达到适当的沟通效果。换言之，任何一项重要的沟通都应具有反馈的作用。
>
> (8) 沟通不但要适合于当前的需要，也应顾及长远的利益和目的。
>
> (9) 以实际行动支持沟通。最具有说服力的沟通方式，不是你说了什么，而是你到底做了什么。当一个人的行为及态度与言语相悖时，则言语的力量将大打折扣。
>
> (10) 不仅要使他人了解，也要了解他人。在沟通时，倾听是最重要却也是最容易被忽视的一种技巧。倾听不仅应注意他人表达的外在的意思，也要注意其内在的意思。
>
> (根据"行政沟通的原则_公共管理（MPA）简明读本[OL].[2020-06-23]. http://www.guayunfan.com/baike/222459.html"整理)

无论是正式沟通还是非正式沟通，领导者都可充分利用现代通信工具来增强沟通的效果。例如采用电子邮件的方式，可以使下属将不方便表达的情感或事情表达出来。采用局域网、电话/视频会议等方式，可以使沟通不限于时间和地点等客观条件限制，随时随地与下属进行沟通。

（三）表达信任

实践证明，如果没有信任做基础，领导者就无法领导追随者。在这个充满变化的时代里，领导者更应与追随者建立牢固的信任关系。信任与情感能够相互作用，信任可以增强人与人之间的感情，反过来，良好的情感关系也能够促进信任关系的建立。例如，基于认同的信任（identification-based trust）就是建立在情感纽带上最高水平的信任关系，这种信任能够使领导者和追随者互相理解，体察到对方的需求和渴望，能够带来追随者最大程度的忠诚。

在情感领导过程中，信任这种关系也表现为领导者对追随者的信任。信任是对追随者最有力的支持。

首先，要相信他们对事业的忠诚，不要束缚他们的手脚，让他们创造性地开展工作。

其次，要相信他们的工作能力，既要委以职位，又要授予权力，使他们敢于负责，让他们明确自己的职责，忠于职守，遇事不推诿，大胆工作。

最后，对追随者的信任还包括当他们在工作中出了问题、走了弯路时，领导者要勇于承担责任，帮助他们总结经验，鼓励他们继续前进，使上下级之间充满同志间的友爱。

（四）对追随者的深切关怀

卓越的领导者都是善于对追随者进行情感影响的领导。我国文化的传统因素和情感取向决定了情感方式在人与人交往中的重要性。追随者不仅指下属，还包括他所带领的人民群众。无论大事小事，领导者都要深切关怀，富有人情味，这样才更能打动人心。

案例 9-5

战"疫"中总书记和人民在一起

2020年3月10日,在抗击新冠肺炎疫情的关键时刻,习近平专门赴湖北省武汉市考察疫情防控工作,看望慰问奋战在一线的广大医务工作者、解放军指战员、社区工作者、公安干警、基层干部、下沉干部、志愿者和患者群众、社区居民。

在武汉东湖新城社区,和习近平总书记面对面的,有社区工作者、基层民警、卫生服务站医生,还有下沉干部、志愿者。抗疫期间,社区居民缺米少油了、下水道堵了、垃圾箱满了……这些琐碎繁杂的大事小事,他们都得管。一个多月来,像他们这样的社区防控队伍,是武汉这座英雄城市一道独特的风景线。

家住新城社区的90后志愿者谢小玉,在北京上大学,寒假回家遭遇封城。她想,与其在家呆着,不如报名当个志愿者,做点更有意义的事。面对总书记,她一点都不"青涩",言语间飞扬着青春激情:"最初我们人手不足,有的居民是有些情绪,这也是我最难过的时候。但看到很多人都在为社区默默奉献,又鼓足了劲。送东西是个力气活,需要很有干劲才行。"

总书记说:"群众在家隔离时间长了,发几句牢骚是可以理解的,谁愿意老闷在家里啊!要看到我们取得这场斗争胜利要靠人民群众,靠人民群众的支持和参与。对群众出现的一些情绪宣泄,我们要多理解、多宽容、多包容,更要做深入细致的工作,包括心理疏导、解决实际困难。上面千条线,下面一根针。群众大事小事都在社区,大家就是临时的'小巷总理'。给人民群众当服务员,不能干巴巴、硬邦邦的,要让群众如沐春风。我们今后要更加重视社区工作。"

在这次抗击疫情斗争中,人们看到了90后、00后的群像。总书记深有感触:"过去有人说他们是娇滴滴的一代,但现在看,他们成了抗疫一线的主力军,不怕苦、不怕牺牲。抗疫一线比其他地方更能考验人。"

大家告诉总书记,社区居民们都想知道什么时候武汉能解封。"我知道,大家都在掐着指头算呢。"总书记说,"尽管武汉的疫情形势逐步向好,但总体上看还没有到可以松口气的时候。这是一场人民战争,需要全体人民坚定信心、同舟共济。坚持就是胜利。请大家再坚持一下!"

"咱们小区已经连续18天无新增确诊病例,现在居民比较安心,也有信心了,请党中央放心。"社区网格员杨铭新每日密切关注着社区疫情动态。

习近平总书记关心地问:"现在群众最需要帮助的是什么?"

"很多百姓的愿望就是早点复工。比如出租车司机,不出去干活就没有了收入来源,闷在家里挺着急的,都盼着武汉早日车水马龙、热闹起来……"社区党总支书记、居委会主任陶久娣汇报说。

总书记接过话来,"一个是疫情防控,一个是逐步恢复经济社会秩序,这两件事要统筹兼顾,有序推进。"

习近平总书记十分感慨:"大武汉有上千万人,通过封城来控制疫情蔓延扩散,难度很大,下这个决心是非常不容易的。确实是一个十分艰难的决定。从这个意义上讲,湖北人民特别是武汉人民作出了牺牲、作出了重大贡献,很了不起,你们为整个抗疫斗争立下了大功。"

"我在路上就一直在想,武汉市是多么好的一座城市!这是一座英雄的城市,这里的人民是英雄的人民。在这次抗击疫情斗争中,武汉人民展现出了不怕牺牲的精神、勇于担当的精神、顾全大局的精神,还有甘于奉献的精神。这些精神都是中华民族的精神的重要体现,我们一定要好好总结、好好发扬。我相信,通过这次抗击疫情斗争,武汉必将再一次被载入英雄史册!"

离开社区时,"总书记好!""中国加油!""武汉加油!"的声音此起彼伏,在春日的阳光里久久回荡……

(1个月3次亲临一线!战"疫"中总书记和人民在一起[OL].[2020-03-11].http://cpc.people.com.cn/n1/2020/0311/c164113－31626648.html.)

思考与提示

1. 情感领导有何基本特点?
2. 结合案例分析情感领导的作用。

第三节 运筹领导

在组织动员下属实施决策的过程中,领导者需要全面系统地运筹,对涉及实施决策的种种复杂因素,如内在外在因素、现实因素、潜在因素、精神因素、物质因素等,即人、财、物、信息和时间等资源进行科学运筹。一切组织系统的领导者不仅要对自己领导范围内的资源做到心中有数,对组织外部的资源情况也要有所了解,而且还要通过对这些资源的全面分析、综合权衡,使之能够组成一个牵一发而动全身的整体。对内部外部的资源进行整合,使每种资源能相互作用,成为实现组织战略目标的有效资源。

一、运筹领导的内涵

运筹学是研究在已给定的物质条件(人力、物力)下,用数学或其他方法如何进行合理安排与筹划的学科。这门学科是从20世纪40年代以后逐步形成的,并首先应用于军事领域。近年来,运筹学在理论和应用方面得到充分发展,已广泛应用于社会生活各个领域,并形成了决策论、对策论、规划论、排队论、模型论、模拟论、库存论、更新论等多个重要分支,为领导者在政治、军事、经济和技术等领域中的运筹决策、组织管理、制定策略、经济规划等活动提供了科学手段。

运筹领导是指领导者为了寻找达到特定领导目的的最佳方案,在调查研究的基础上进行的一系列筹谋策划的创造性的智能活动,是整个领导方法体系中的有机组成部分。

二、运筹领导的要素

领导需要全面系统地考虑涉及实施决策的种种复杂因素,如内在外在因素、现实因素、潜在因素、精神因素、物质因素等,并对组织的内外部资源,即人、财、物、信息和时间等资源,进行有效整合,使每种资源能相互作用,成为实现组织战略目标的有效资源,并通过对这些资源的全面分析、综合权衡,使之能够组成一个牵一发而动全身的整体。

1. 人力资源

组织的领导者在运筹时,最难处理的就是一种活的资源——人力资源,人是很难琢磨的,而且每个人都有自己的个性。领导者面对的是一个个活生生的生命,要把不同类型的人纳入领导过程之中,使他们的行为和思想有助于组织目标的实现。因此,领导者采用什么样的原则和方法将人们组合在一起,如何为下级领导者配备助手,如何组建领导班子,这些对领导运筹来说,都是极其重要的。

2. 财力、物力资源

财力和物力相对于人力资源来说,具有相对的确定性,但如何使其发挥最大的作用也需要科学的运筹。

3. 时间因素

时间在领导运筹过程中也是重要的战略资源。时间的最大特性是不可逆性,这极大地增加了时间的价值性。彼得·德鲁克说:"在每一项领导问题、每一项决策、每一项行动中都存在一个复杂的问题,这就是时间问题。领导总要考虑现在和未来、短期和长期两个方面。如果目前的利益足以危及领导战略目标的实现,甚至其存在是以将来为代价而获得的,那就不能说一个领导的问题得到了解决。如果为了一个不确定的未来而使当前冒着发生灾难的危险,那样的领导就是不负责任的。如果眼前利益和未来利益未能同时兼顾,眼前的利益要求和未来的利益要求未能加以协调或平衡,领导者的决策就会受到损失、威胁或破坏。"可见,领导者在运筹时应兼顾现在和未来,不能以牺牲未来收益而获取暂时的利益。

4. 信息

信息是领导决策的基础。领导者在充分掌握信息的基础上,对组织内外的资源进行配置和重组,有利于各个部分最佳效能的发挥。

三、运筹领导的基本原理

1. 系统原理

领导运筹活动中的每一个对象都不是孤立的,它既在自己系统之内,又与其他各相关系统发生联系。因此,为了达到现代化领导的优化目标,就必须运用系统原理,对领导活动进行充分的系统分析。领导者的最大作用就是整合组织内外资源,使资源产生最佳效益。对于领导运筹来说,必须坚持系统性、整体性原则,而不能头痛医头、脚痛医脚,更不能挖东墙补西墙。

2. 整分合原理

在决策实施过程中,最重要的便是落实任务,把总任务变为几十人、几百人甚至成千上万人的协同行动。这一从整体到部分、再到整体的过程就是领导运筹中的整分合原理。这一原理要求领导者要做到以下三点：第一，对任务要有一个整体的了解；第二，对任务进行分解，领导者把总任务层层分解，变成各个部门、各个层次以及个人在不同阶段的具体任务；第三，进行强有力的组织管理，领导者将任务分解之后，必须进行强有力的组织管理，使各个环节同步协调，使人、财、物、时间、信息得到有效合理的利用。

3. 反馈原理

反馈就是由控制系统把信息传输出去，又把其作用和结果返送回来，并对信息的再输出发生影响，起着控制的作用。有效的领导绝不是一个封闭的流程，而是一个不间断的信息交流过程，其中反馈控制是极为重要的。

4. 能级原理

能级原理要求领导者根据每一个单元能量的大小使其处于恰当的地位，以此来保证结果的稳定性和有效性。现代领导的一个重要任务就是建立一个合理的能级。这一原则包含以下几点内容。

（1）能力的确定必须保证领导结构具有最大的稳定性。稳定的领导层次结构是层级结构。最高层次是决策层，它确定组织系统的发展方向和大政方针；其次是管理层，它运用各种管理技术来实现组织决策目标；再次是执行层，它贯彻执行命令，直接调动和组织人、财、物、信息和时间等资源；最低层次是操作层，它从事操作和完成各项任务。任何一个组织都包含着这种能级化的层级结构。

（2）不同能级拥有不同的权力、物质利益和精神荣誉。能级原理不仅将人或机构按能级合理组织起来，而且还规定了不同能级的不同目标。下一能级的目标就是达到上一能级目标的手段，只有下一能级圆满地达到自己的目标，才能保证上一能级顺利达到自身的目标，从而保证整体目标的实现。因此，上一能级对下一能级有一定的要求和一定的制约，而下一能级对上一能级负有一定的责任。简而言之，能级原理要求领导者在运筹过程中，保证每个人能在其位、谋其政、行其权、尽其责、取其酬、获其荣、惩其误。

（3）领导者要使各个岗位上的人能充分发挥其才能，必须使其处其位，通过艺术的授权，为其才能的发挥提供权力保证。

■ 四、运筹领导的原则

运筹领导在领导方法中居于重要地位。运筹的好坏，直接关系到全面工作安排是否合理，总体成效是否最佳。好的运筹能使领导工作井井有条、步步有序，达到事半功倍之效；而不运筹或不合理的运筹则会使领导工作陷入凌乱、被动的局面。运筹好坏的关键在于是否正确把握了主观和客观、局部和全局、中心和一般、当前和长远之间的内在联系，是否能正确处理它们之间的关系，从而作出科学决策，进行正确部署。因此，运筹领导必须坚持主观和客观、全局和局部、中心和一般、当前和长远相结合的一系列基本原则。

1. 主观和客观相结合的原则

领导者要坚持辩证唯物主义的思想路线，用正确的理论指导实践；要坚持一切从实际出发，在发展变化中把握客观实际。坚决反对和摒弃教条主义、经验主义、本本主义等思想障碍。

2. 全局和局部相结合的原则

全局和局部的关系,贯穿着领导活动的全过程,是领导运筹要解决的根本问题。一个清醒的领导者,必须是善于统筹全局、驾驭事态的战略指挥员。同时要兼顾局部,正确处理全局和局部、局部和局部的关系,这样才能"运筹于帷幄之中,决胜于千里之外"。

3. 中心和一般相结合的原则

我们所说的中心工作是指对全局起决定作用的工作,它规定其他工作的发展方向和进程,制约着全局势态,是主要矛盾的表现形式;而一般工作则是事物发展过程中次要矛盾在领导工作中的表现。因此,精明的领导者必须善于运筹,正确认识和处理好中心和一般的关系,紧紧抓住中心,带动一般,推动各项工作的全面发展。

4. 当前和长远相结合的原则

领导者要善于把当前任务和长远目标、暂时利益和长远利益相结合,正确处理好两者的关系,并贯穿于领导工作的始终,只有这样才能增强工作的可预见性,减少盲目性,做一个具有远见卓识的领导者。

五、运筹领导的基本要求

运筹领导是一种系统的、复杂的领导方法。搞好运筹领导需要调动各个方面的力量,需要付出大量的劳动。能够正确掌握和灵活运用运筹领导的基本要求,往往会收到事半功倍的效果。

1. 要坚持正确理论指导

在运筹领导活动中,重要的是坚持正确的理论指导,把握好领导的大方向,否则,就会失之毫厘,谬以千里。毛泽东同志说:"实践若不以革命理论为指南,就会变成盲目的实践。"要避免领导的盲目性,必须认真学习党的路线、方针、政策。要坚持党的事业第一、人民的利益第一的原则,自觉地在领导和决策中体现、贯彻党和国家的现行政策和大政方针,并坚持从当地实际出发,做好上级指示精神与自身实际相结合的文章。特别是中青年领导干部,更要注重打好理论功底,熟悉掌握各项方针政策。这是保证领导行为和决策不出现大的失误的基本要求。

2. 要坚持调查研究先行

调查研究是谋事之基、成事之道。毛泽东同志指出:没有调查就没有发言权。要搞好运筹,就必须深入实际,在调查研究上下功夫。调查研究必须实实在在沉下去,力戒"走马观花""蜻蜓点水""浮光掠影";要紧紧围绕领导运筹中的各种矛盾和问题开展调查研究,在调查中认真分析思考,搞清各种矛盾之间的相互关系,抓住事物发展的主要方面和制约因素,把握住所要解决问题的关键和重点。这是搞好领导运筹的基础。

3. 要坚持辩证思维

从某种意义上讲,运筹是一种逻辑推导过程。它要求领导者必须善于运用辩证思维能力,包括明晰的逻辑推理能力、系统的分析判断能力等。当今世界出现的科技革命异常迅猛,经济竞争日趋激烈,各种思想文化相互激荡,知识经济、信息社会、网络时代、国内经济市场化、国际经济一体化如潮涌来,新的形势要求各级领导干部在加强学习的基础上,不断提高领导实践中的辩证思维能力。一是要注意拓宽视野,善于多侧面看待事物,多角度思考问题,努力避免领导运筹中的片面性;二是要善于从左右联系、上下贯通、纵横对比中把握问题的实质,通过对矛盾普遍性和特殊性的综合分析,增强领导运筹的系统性、预见性和创造性,避免偏差和一般化,保证运筹的质量和效果。

4. 要谋之以众,断之以独

案例 13

决策运筹是领导运筹的重要部分。如何在决策运筹中实现决策民主化,是保证决策正确和优化的重要方面。要规范和遵守民主决策程序,集思广益,善与众人谋,吸收和听取多方面的建议和意见。同时,决断能力高低也是衡量一个领导者能否承担重任的重要标志。领导者要在众人意见不一的情况下,善于集中,有主见,敢拍板。特别是作为决策主导的一把手,更要高屋建瓴,审时度势;两利相权取其大,两弊相衡取其小;抓住时机,果断定夺;切忌优柔寡断,失去发展机遇。

六、运筹领导的意义

无论是政治领导、军事领导还是经济领导,要想获得成功,即实现领导目标,一方面需要审时度势、捕捉"战机";另一方面需要合理地安排和运用组织的人力、物力、财力、信息和时间等资源,以最大限度地发挥其效用。

然而,由于客观形势的变化和现有资源的紧缺,使整个领导过程充满着困难和矛盾;要解决这些困难和矛盾,就需要领导者在调查研究的基础上,进行科学运筹。在具体工作中,科学的运筹领导具有以下重要意义。

(1) 在客观局势复杂多变、领导过程具有很大风险性的情况下,通过周密运筹,有利于制定和实施领导的最佳对策,避免或减少各种"震荡"。近几年来我国进行的经济体制改革之所以能改而不乱,稳步前进,就与我国最高决策机关的周密运筹、慎重行事有着直接关系。

(2) 在许多工作并存的情况下,通过全面运筹,可以确定一定时期内的中心工作和重心工作,避免那种"多中心"或"无中心"等凌乱无秩序的工作状态。毛泽东同志在《关于领导方法的若干问题》一文中,把领导成员依照每一具体地区的历史条件和环境条件,统筹全局,正确地决定每一时期的工作重心和工作秩序,都称之为"一种领导艺术"。

(3) 在现有人力、物力、时间紧缺的情况下,通过运筹帷幄,可以使有限人力、物力和时间得以最合理的调配和运用,特别是在关键目标和关键环节上,能够集中主要力量,形成局部的绝对优势,从而实现对关键目标和关键环节的有效控制。第二次国内革命战争中三次反"围剿"的胜利以及解放战争中的"西北大捷"等,都充分证明了这一点。即使在人力、物力和时间比较充足的条件下,运筹也不失其重要意义。它能保证人尽其才、物尽其用,以最小的代价获取最大的成效。

(4) 在个体功能较差,不能满足整体功能需要的情况下,通过科学运筹,可以使功能较差的个体重新组合起来,形成一个新的系统,并使这个系统具有人们所预期的功能。

第四节 危机领导

一、危机领导的概念

危机领导是指领导者在危机状态下的领导活动。危机领导法就是领导者在危机状态下如何处理例外事件或突发事件的方法。所谓突发事件,必须同时具备以下三个条件:一是突发性,即这一事件必须是突然发生、难以预料的;二是关键性,即这一事件包含的问题极为重要,关系组织安危,必须及时处理;三是首发性,即这一事件必须是首次发生,无章可循。

美国著名经济学家和决策科学家赫伯特·西蒙把处理突发事件归纳为非程序化的决策。但是,正是这种无章可循的突发事件对领导者的配置和加强自己的权威基础提供了具有挑战性的时机,而领导者处理突发事件的方法也被称为危机领导法。

二、现代危机的特性

危机是一种威胁、一种不确定性、一种需要采取紧急措施化解的严重困境。现代危机是诸如全球化、放松规制、信息通信技术及经济社会发展等若干现代化过程的产物。这些方面的发展使整个世界相互交织,易遭危机的侵袭。即使是相对轻微的偶然事件,也能在这些规模巨大、构成复杂的基本结构中迅速扩大。此外,组织混乱、媒体压力、信息不实等,都致使领导者难以针对危机作出满意的决策。

现代危机有以下三个特性。

1. 复杂性

危机的时空定位很难确定。危机是一个具有高威胁性、高不确定性、高政治性的过程,扰乱了广泛的社会、政治、组织秩序。在地域上,现代危机并不受限于某一共同边界,影响范围广泛,不易控制;在时间上,危机一旦发生,其影响的时间一般很长。

2. 多样性

从历史比较的角度看,21世纪以来,危机事件爆发更加频繁,而且更具多样性。从"9·11"恐怖袭击,到SARS传染性疾病,危机既有天灾,也有人祸,形式多样,爆发频繁。

3. 影响的长期深远性

在过去的十几年里,相当一些国家都经历了更多的骚动和灾难。时至今日,美国及其他西方国家仍然在"9·11"恐怖袭击和他们针对恐怖主义而发动的消耗战中惊魂未定。人们的脆弱性、易受伤害的意识在逐渐增强。即使是世界大战的记忆已经淡化,政治恐怖主义已经减少,现代国家已经证明是可靠而有效的监护人,但人们的不安定感依旧在蔓延。科学家们发出了警告,诸如医疗、生态、技术、生物等其他全球性的危机正在威胁着我们。种种因素对公众心理的交互冲击,形成了他们易冒风险、易受攻击的心理定式。

三、危机领导的主要内容

领导者在预防和面对危机时,一般致力于以下几个方面。

1. 注重公共安全

就公共安全来说,领导者一般有两种考虑。

1) 经济考虑

领导者的主要政绩是通过刺激经济活动来促进经济繁荣。然而,他们在管理上陷于两难困境:一方面,从长远目标看,经济增长和公共安全之间有一种正相关的关系,是经济增长带来公共安全,而不是相反;另一方面,从领导者执政的现实追求看,在某一地区若实施将安全和环境保护之类的问题放在首位的预防政策,这种似乎从紧的预防政策会阻碍经济增长。因此,如何处理经济增长和公共安全的关系,寻求两者效益的最大化,是领导者考虑的核心所在。

2) 政治考虑

从政治意义来说,危机预防是微不足道的工作。因为成功的预防和化解危机似乎不能称其为大事,它们悄无声息,较少引起媒体的注意,不会产生政治声誉。但是,领导者又担负着预防危机的责任。一旦危机爆发,社会和媒体必然进行反思,追究责任。领导者此时处于两难境地:如果他们实施危机预防政策,就会因为做得太早或太多而受到抱怨;如果他们忽视危机预防政策,就会因为做得太迟或太少而受到斥责。

2. 制定危机预案

"凡事预则立,不预则废",领导者从任职开始,就必须坚信:为避免危机,做好危机预案工作十分重要,忽视危机问题会导致严重后果。在平常条件下,制定和完善应急预案可以作为一种特别的"预实践"方式,在实实在在进行准备的同时,通过总结规律、设想情境、发现问题、提出对策和实际演练,培育领导者的能力。预案的背景要尽量设想得复杂一些,预案的体系要尽可能地完备起来,预案制定出来后要进行反复的演练。各级各部门都需要有自己的预案,都要进行必要的演练。只有这样,才能不断提高危机处理的能力。

3. 实施危机预警

研究表明,人为灾难和暴力冲突事件前一般都有酝酿期,这期间领导者必须具备敏锐的洞察力,从模糊不清和充满矛盾的信号中判断出危机迹象,大胆果断地实施危机警告。危机信号并未伴随闪光灯而来,它们藏匿于专家的报告、顾问的备忘录或同行不经意的言辞之中。警告必须从一系列看似微不足道的迹象中过滤出来。

4. 明确领导方向

危机领导的实施需要一个多中心、多组织、跨领域的回应网络。它们不仅要求自上而下的指挥和控制,也要求横向的统一与协调。对危机回应有赖于不同网络中人们的共同努力。因此,即使在大规模危机的情形下,危机回应也要建立危机中心并给予正式的授权,而不是一味地集权。重大决策实际上产生于多个行为者的协调过程,在这个过程中,磋商、谈判、冲突都是惯常的程式。而且,在具体操作层面,集权几乎不可能,因为许多动态的、情境的、急迫的问题在回应网络不同结点同时发生。这些问题只能依赖现场指挥员的自主性,采取他们认为适当的行动而得到处理。

5. 关心受害民众

危机过后,领导者的善后工作尤为重要。要给予受害群众高度的关注,满足他们当下物质和心理的需求,并在后危机时期给予财政和物质上的补偿和帮助,这样才能尽快化解危机,恢复正常的生产和生活秩序,治疗民众的心理创伤。

6. 吸取危机教训

危机的戏剧性变化和破坏性特征,自然会引起人们对其成因及后果的探究。质疑领导者对危机的回应是自然的,对这些问题的回答决定了可从中吸取什么教训来预防危机的再度发生。领导者应该从处理危机事件成功或失败的做法中汲取经验教训,总结应对突发事件和危机事态发生、发展的基本规律,借鉴有益的谋略艺术。国际上的一些智囊机构,研究形成了一系列危机预测和评估方法,数量多达200多种,他们运用这些方法成功地预测了古巴导弹危机、1997年夏天印尼发生的经济危机、1999年围绕东帝汶选举发生的社会骚动和政治暴力事件等。领导者需要主动学习借鉴这些有益经验,为我所用。

四、危机领导的能力要求

危机领导被称为"刀尖上的舞蹈"。领导者应对危机,最重要的是要具有强烈的危机意识和高超的危机应对能力。

1. 见微知著、预知先判的能力

古人讲:"聪者听于无声,明者见于未形。"能否在危机发生的第一时间,作出迅速反应,采取相应的行动,决定着危机和灾害给社会造成损失的程度大小。这就要求领导指挥者深刻理解"风起于微萍之末"的道理,切实把握事物发展变化的规律,在危机尚未来临时预测危机,在危机处于萌芽状态时发现危机,在危机带来危害时消除危机,甚至在危机中发现机遇,驾驭危机,利用危机。

2. 果敢决策、快速应变的能力

新中国成立不久,当美国在朝鲜战场燃起战火,直接威胁我国国家安全的时候,党和政府处变不惊,果断决策,派出中国人民志愿军赴朝作战,打出了国威和军威。在现代条件下,无论是国内突发事件还是国际上的危机事态,都具有起势迅猛、发展快速、影响面广的特点,对其处置不能有丝毫的迟缓、犹豫和畏惧。这就要求领导者必须具备审时度势、随机应变的胆识,在第一时间作出正确的决策和迅速的部署。

3. 把握大局、掌控局势的能力

不谋全局者,不足以谋一域。领导者需要牢固树立大局观念,以战略家的眼光对事件进行战略定位,控制事件发展的方向和基本态势。要正确认识主要矛盾与次要矛盾的关系,以及矛盾的主要方面与次要方面的关系,集中精力解决好主要矛盾或者矛盾的主要方面。按照抓住战略枢纽部署战役的要求,抓要害,谋根本,控大局。

4. 严密组织、周密协调的能力

要有效应对危机和突发事件,必须在短时间内聚合各种力量、要素,协调好各方面的关系。这就要求领导者具备严密组织、周密协调的能力。首先,要能够因情施策,因时因地制宜,在最短时间内,以最有效的方式整合好不同类型的力量和手段,并将其投送和部署到最适当的位置。其次,要能够有条不紊地开展工作,使各个方面高效运作,各个环节

丝丝相扣,各种措施落到实处。最后,要协调好各方面的关系,做到尽职不越位,形成最大的合力。

 案例 9-6

从华为美系元器件断供看危机领导力

2019年5月16日,美国总统特朗普签署行政命令,宣布美国进入"国家紧急状态",在此紧急状态下,美国企业不得使用(包括华为在内的)对国家安全构成风险的企业所生产的电信设备。随后,美国商务部又对外表示已将华为和其70家子公司添加到其所谓的实体名单中,此举将禁止电信巨头华为在未经美国政府批准的情况下从美国公司购买零部件。

显然,在华为的核心供应商当中,仅美国供应商就占据了超过1/3,另外考虑到日、韩以及欧洲和中国台湾地区可能也会受到来自美国方面的影响,实际上,一旦全面禁运,华为可能将会面临半数以上的核心供应商的断供。显然这将是非常可怕的一件事。如果,华为要想保持正常运转,那么就必须在国内找到可以替代的美系供应商的国产供应商。

一夜之间,华为所有"备胎"全部转正。针对华为被美国列入"实体名单"一事,5月22日凌晨2点,华为海思总裁何庭波发表了致员工的一封信。在这封内部公开信中,何庭波表示:"公司多年前做出了极限生存的假设,预计有一天,所有美国的先进芯片和技术将不可获得",而华为"为了这个以为永远不会发生的假设,数千海思儿女,走上了科技史上最为悲壮的长征,为公司的生存打造'备胎'"。"今天,是历史的选择,所有我们曾经打造的备胎,一夜之间全部转"正"!"

从以上对华为目前涉及的主要业务领域核心器件的供应分析来看,如果华为遭遇全面禁运,虽然不少业务在经过一段时间的调整和供应链替代后可能还能继续维持,但是将难以应用到最新的芯片制程工艺,新的高端芯片的研发也将受阻,其他先进的芯片也难以获得工艺,整体的供应链所能够提供的器件水平下滑,这必然将导致其整体产品的竞争力直线下滑。另外一些核心器件难以替代的产品也将遭遇停摆。

不过,需要指出的是,根据《金融时报》的报道,2019年早些时候,加拿大事件发生以后,华为就已经开始增加元器件库存,最开始的目标是6~9个月,随后又把目标提高到1~2年。果真如此的话,那么华为将赢得1~2年的缓冲期,而在这两年内华为将有望协同国内的供应商找到最佳的解决方案。另外一种可能则是,在未来1~2年内,中美握手言和,华为危机自动解除。

谁才是最卓越的领导者?是在所有人都感到恐惧无助的时候,仍旧沉着冷静、迅速找到问题的本质及有效的解决方案。具备这种能力的人,都能对局势进行深入分析、从纷繁复杂的现实中找到正确的方向与道理,这就是决定方向的能力与力量,这种能量一旦多次被验证,这个人的领导力自然就得到公认。

现实中有过人的判断能力的智者也是有的,他们可能就是参谋、智囊等角色,但由于每个人看问题的角度不同、立场不同、不同的参谋提出的解决办法往往大相径庭,甚至是针锋相对,采用哪个决策,非常有可能会影响到整个组织的命运。

伟大的领导力,首要是危机领导力,这与一个领导者的远见与魄力分不开。中兴事件表明,没有核心技术,就没有核心竞争力,美国之举虽不得人心,但这是人家的"国家行为",人家就是想阻击你的高科技发展,通过这个事件,我们不得不佩服任正非领导下的华为公司,他们的远见、很早就制定潜在危机的关键应对方案,并就关键技术进行了成功的备胎研发,相信目前短期与长期的策略也在加紧落实之中。

(张怀:从华为美系元器件断供看危机领导力[OL].[2019-05-22]. https://baijiahao.baidu.com/s?id=1634193791463895288&wfr=spider&for=pc.)

 思考与提示

1. 案例中体现了什么样的危机领导力?
2. 结合案例,分析如何做到有效的危机领导。

本章重要概念

领导方法(method of leadership)
愿景领导(prospect/visional leadership)
情感领导(emotional leadership)
危机领导(crisis leadership)
运筹领导(operational leadership)

本章思考题

1. 愿景的定义及其特征是什么?
2. 愿景领导的胜任特征是什么?
3. 领导者运用情感领导提升领导力的途径有哪些?
4. 联系实际,谈谈领导者如何贯彻运用运筹领导法。
5. 危机领导法的主要内容是什么?领导者如何将危机转化为建设性的力量?

本章推荐阅读书目

1. 张荣臣,李聚山. 领导方式和领导方法创新[M]. 北京:新华出版社,2003.
2. 邱霈恩. 掌握99种领导方法[M]. 北京:人民出版社,2004.
3. 谭劲松,陈国治. 现代领导方法与领导艺术[M]. 杭州:浙江大学出版社,2007.
4. 萧鸣政. 领导科学与方法[M]. 北京:中国社会科学出版社,2019.
5. [美]丹尼斯·N.T.珀金斯,吉莉安·B.墨菲. 危机领导力:领导团队解决危机的十种方法[M]. 邓峰,译. 北京:中信出版社,2014.
6. 斯坦·斯莱普. 情感领导力[M]. 高采平,史鹏举,译. 北京:电子工业出版社,2011.

第十章 领导绩效评估

> **本章导言**
>
> 美国著名公共管理学者罗森布罗姆认为,"如果你不能评估某项活动,你就无法管理它;更为正确的是,你评估什么你就得到什么"。本章主要探讨领导绩效评估的内涵、功能、原则、标准和类型,在此基础上重点分析领导绩效的影响因素及改善领导绩效的主要途径。

第一节 领导绩效评估的内涵与功能

近年来,领导绩效问题既是领导学、管理学领域研究的一个前沿课题,也是各类组织管理中亟待解决的一个重大课题,实现有效领导,取得良好的领导绩效,始终是一个卓越领导者的奋斗目标。因此,正确理解领导绩效的含义,掌握领导绩效评估的原则,全面探索提升领导绩效的途径,对不同组织、不同层级的领导者而言,都是一个至关重要的现实话题。

一、领导绩效评估的内涵

(一)绩效与领导绩效

1. 绩效

"绩效"虽然是近些年的一个热门词汇,但却自古有之,在古代中国的官员选拔制度中就有关于"绩效"的记载,如《后汉书·荀彧》中就曾提到"原其绩效,足享高爵",意在说明官员的绩效优势是确保其能否担任高级官职的重要依据;《旧唐书·夏侯孜传》中提到"录其绩效,擢处钧衡",即建立起官吏的绩效记录存档体系,根据现实的要求对符合情况的官吏进行提拔。

对于绩效,有多种不同的界定,主要可以归纳为三种典型的定义:第一种定义认为"绩效是结果",是指在特定时间内,由特定的工作职能或活动所创造的产出记录。第二种定义认为"绩效是能力",是一种个体具有的潜在特点;第三种定义认为"绩效是行为",是一套与组织或个体目标相关的行为。然而,将绩效定义为结果所导致的突出问题是对结果的过分重视从而会忽略一些非常重要的过程因素和情境因素,而这些因素对领导效果或组织的有效运作同样是非常重要的。

2. 领导绩效

关于领导绩效内涵的界定,目前在学术界仍未形成统一的认识。主要有以下几种不同的看法：

（1）从领导绩效的形成过程出发，认为领导绩效的形成过程是领导者个人的能力发挥与形成效果的统一过程，是领导个体与外部环境进行有效的、能动的作用过程。因而主张领导绩效评估既要对领导个人的工作成果进行测量与评价，同时也要对领导个人的行为表现和所处的工作环境进行测评。

（2）从领导行为的结果出发，认为领导绩效是领导个体或群体凝结在工作成果中的有效劳动量，以及他们在管理活动中所做出的成绩和贡献。

（3）从预期目标出发来衡量领导绩效，认为领导绩效是领导个人在预定期限内实际达到预期目标的程度，因而主张用计划目标水平（任务标准）去测量领导个人的工作绩效。

综上所述，领导绩效是衡量领导者履行其职责的领导能力、领导水平、领导方法和领导艺术的综合性标准，即达成组织目标的领导能力和所获得的领导效率与领导效益的系统综合。领导者始终是组织绩效的主要责任承担者，正如彼得·德鲁克所说："如果一个企业运转不灵了，我们要去找一个新的总经理，而不是另雇一批工人。"

3. 领导绩效与政府绩效的区别与联系

1）政府绩效的内涵

领导绩效无论在理论上还是在实际工作中，都和政府绩效有着密切的联系。为了更好地厘清领导绩效的内涵，与政府绩效加以区分显得十分必要。迄今为止，政府绩效并没有一个公认的内涵界定。其中，比较有代表性的定义有以下几种。

（1）从政府管理过程出发，将政府绩效界定为政府在管理过程中所取得的工作业绩。美国学者理查德·科尔尼认为，政府绩效就是为实现预期结果（results）而管理公共项目所取得的成绩，它是由效益、效率和公正等多个同等重要的标准引导和评估的。从管理过程的角度界定政府绩效的内涵有助于提高政府的管理效率和质量，但它忽视了政府活动的更重要的方面——社会效果。

（2）从政府活动的结果出发，将政府绩效界定为政府提供公共产品或服务的效率和有效性。当代美国著名绩效评估专家哈特瑞·哈瑞把政府绩效定义为：政府以一定的投入提供公共产品或服务的产出和有效性。效率与有效性是政府绩效的核心，它们相互依赖。如果以牺牲公共服务质量为代价来降低单位产出的成本——或者相反，即提高单位投入之产出——这种效率的提高实际上扭曲了政府绩效的真正内涵。对政府绩效的这种界定强调政府活动的结果，但却忽视了政府活动的过程。

（3）从政府管理能力的角度界定政府绩效。当代美国著名绩效评估专家英格拉姆认为，政府绩效就是政府把资源或投入转化为产出或结果的管理能力。政府能力与政府绩效成正比例关系，政府能力越高，其绩效也必然越高；政府能力越低，政府绩效也就必然越低。这种界定关注政府自身的能力建设以及政府能力和政府绩效之间的关联性，但却在一定程度上忽视了政府活动的效率和有效性。

（4）从综合性视角界定政府绩效的内涵。美国行政学者波利特和波科特从四个层面详细地界定了政府绩效的内涵：政府活动或项目的运行结果；重塑政府过程以使其具有更强的顾客导向、成本意识和结果导向，这将能够极大地促进政府绩效；政治和行政制度的整体能力，一个更加积极的组织将能更好地采取行动并取得持续发展；具有一种特定或理想制度的更多特征。

政府绩效的逻辑过程从组织行为学的视角看,任何组织绩效都是在组织运行的过程中产生的。因此,我们可以从政府绩效产生的逻辑过程来界定其基本内涵。由图10-1可以看出,政府或政府部门从获取资源到提供产出和结果形成了一个清晰的逻辑链条,政府绩效就是在这个逻辑过程中形成的,逻辑链条上的每个要素都会对政府绩效产生直接或间接的影响,因此它们都在某种程度上反映了政府或政府部门的绩效水平。从绩效形成的逻辑过程来看,政府绩效主要包括两个部分:一是组织内部绩效,它主要是指在既定投入的条件下,根据活动或项目的需要,政府运用公共权力对资源进行分配和再分配的管理过程中所实现的产出,通常体现为公共产品或服务的效率;二是组织外部绩效,即政府提供公共产品或服务所取得的实际结果。有时候,政府虽然提供了足够数量的公共产品或服务,但公共产品或服务的质量低劣,或者分配不公平,这些都容易使公众对政府的满意度下降,政府活动或项目也就很难实现预期目标。从政府存在的终极目的来看,组织外部绩效应当是政府绩效的核心内容,但这并不意味着组织内部绩效不重要,因为不计成本和投入的政府活动也是不理智的。比较理想的状态应当是在既定投入的情况下,提供能够满足公众需要的高质量的公共产品或服务,在效率和效益之间找到一个合理的均衡点。基于此,可以认为,政府绩效是在既定资源条件下,为实现预期目标,政府实施各种活动或项目的过程和结果,它体现为政府提供公共产品或服务的经济、效率和效益。可见,政府绩效是政府在经济发展和社会治理活动中的结果、效益及其管理工作效率、效能,而行政领导者是其所在单位的负责人,行政领导者的行为和结果与其所在的政府和组织的行为是分不开的,对政府绩效进行评估,也能部分地反映行政领导者的绩效情况,反之亦然。从这个意义上讲两者有着密切的联系。但是,领导绩效和政府绩效也存在着明显的区别。

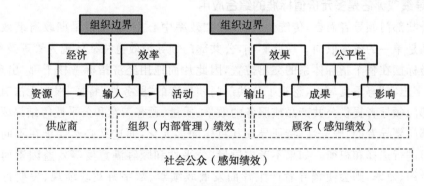

图10-1 政府绩效的逻辑过程

2)领导绩效与政府绩效的区别

(1)绩效目的不同。领导绩效关注的主体是组织领导者,具有明确的目的性,领导绩效是领导目标的现实化,是领导目标的集中体现;政府绩效关注的主体是政府本身,当然,政府绩效本身也往往体现行政领导者的领导绩效,但两者不能等同,因为政府绩效更多关注的是集体和组织的行为业绩和效果。政府绩效关注的是组织履行法定职能的表现,要求政府行为的理性化、合法化与规范化,行为规范和运转协调是政府效率的保障。领导绩效则更加关注领导者的理性行为和主观能动作用,强调领导者的创造性活动,以解放思想、开拓创新、带领群众实现既定目标为导向。

(2)绩效指标体系设计不同。在绩效指标体系设计中,关于领导绩效和政府绩效的基本价值导向的设计是基本一致的,但在评估领导绩效时,一般以任期内的目标责任为基本依据,并与其领导职责挂钩;而政府绩效指标体系的设计更多地体现组织承担的管理职能和目标任务。

(3) 结果不同。由于我国实行的是职位分类与品位分类相结合的制度,因此领导绩效与职级相挂钩,领导绩效的高低决定了领导者职位的升迁。而政府绩效的高低旨在探讨政府组织的有效性水平高低,其与政府预算直接挂钩。

(二) 领导绩效评估的本质内涵

基于对领导绩效及相关概念的分析,可以将领导绩效评估界定为:为实现其预期目标,相关评估主体依据一定的考评标准对领导者实施领导的行为能力、工作状态和结果进行综合考核与评价的活动。它是对领导干部在组织群众实现本地区、本部门既定的规划和目标过程中,所进行的投入、产出、结果以及由它们所反映出的效率、效力、经济、公平、质量等维度设置绩效指标和标准,并在日常的干部管理和考核工作中围绕绩效指标收集有关领导活动趋向于既定目标的进展情况的信息,从而通过与绩效指标和标准的比较,确定领导及其组织的绩效表现情况,进而对其绩效进行评定和划分等级。它有以下三个方面的典型特征。

1. 领导绩效评估是以预期的绩效目标为前提和依据

实质上说,领导绩效评估是对预期绩效目标实现状况的评估,如果没有设定预期的绩效目标,领导绩效评估也就失去意义;而且,绩效评估标准和评估指标体系的设计也都是以预期的绩效目标为基本依据的。

2. 领导绩效评估是多元价值标准的综合应用

就公共部门领导者而言,传统公共行政的"效率中心主义"使得早期政府绩效评价的价值标准是单一的效率取向。受此影响,公共部门领导绩效也往往体现为管理效率,过于把经济指标摆在整个指标体系的突出位置,因此片面地用经济指标考核干部,出现"官出数字、数字出官"等不良局面,忽视了公共部门领导者的"服务性"特征,根本无法有效地反映公共部门领导者提供公共产品或服务的效果、质量、顾客满意和公平性等结果要素。因为公共部门领导者的"服务性"特征导致其目标的多元化,而这又必然要求在不同价值和目标之间进行选择和权衡。如果不考虑质量、公平性和顾客满意度等效益因素而一味地去追求节约、效率,则会使领导者产生片面发展政绩观、数字游戏政绩观、短期行为政绩观、表面文章政绩观和重官轻民政绩观等。

3. 领导绩效评估是一个动态过程

领导绩效本身是一个高度综合的复杂体系,领导绩效评估也不仅仅是一项孤立的评估技术,而是一套复杂的、动态的评估制度体系,包括确定绩效评估目标、构建绩效评估标准和指标体系、收集和整理绩效信息等一整套操作流程,具有客观性、综合性与动态性特点,会随时间的推移而发展变化,所以领导绩效评估必须与时俱进、动态发展。

二、领导绩效评估的功能

领导绩效评估是检验行政领导者领导水平、质量和效益的有效手段,是促进领导工作上水平、上档次的有力措施。以科学的态度和方法加以正确评价,对深化行政领导体制改革、加强干部队伍建设具有十分重要的意义。

(一) 领导绩效评估是检测领导活动的综合尺度

领导绩效评估将领导者个人考核与其所从事的工作考核、组织整体的考核进行了有机结合,是一个兼具综合性、全面性、科学性的评价考核系统。就其本质而言,领导绩效评估就是检测与领导活动全过程相关的各种因素的作用程度和各种职能的实际运用情况,检测实际结果与既定目标之间的吻合程度。领导绩效评估的过程是根据领导活动的现实工作成果,结合领导工作的目标效果,来评估实际成绩满足目标预期的程度,进而对领导者进行综合评价。通过量化的指标体系考核,领导活动的科学化程度可以得到直接或者间接的反映,既能反映领导者的政治素质、专业知识、思想品德、领导作风,也能反映其实际水平和能力,又能反映领导集体的群体结构是否合理,功能是否健全,相互之间关系是否协调,在组织成员中是否具有影响力和号召力。

(二) 领导绩效评估是促进领导活动发展的强大动力

从领导活动的角度来看,领导绩效既是出发点又是最终的归宿,但是从组织整体特别是整个领导活动的角度来看,严格的领导绩效评估只是一种可以借助的有效手段,其最终目的是激励领导者努力创造新的、更高水平的绩效,来促使组织可持续性发展。通过领导绩效评估,能够使领导者拥有更加客观的资料和数据来衡量自身工作的有效性,从而比较客观科学地考察领导者素质、领导决策科学程度、领导能力等,进一步明确领导活动的目的,并提升领导活动的针对性,增强对组织的归属感和责任感,激励领导者进一步发挥和利用自身潜能,更大程度地实现自身价值。这些有助于促进领导工作的改进和对领导工作规律性的探求,提高科学领导的水平。与此同时,在领导绩效评估环节,既要有领导者自身对自己功过是非的归纳和总结,对自身工作的回顾和反思,又要有组织成员的评估和评价。这既有利于领导者个人分析和探讨工作成功和失误的原因,又有利于发挥组织成员监督的作用,还有利于统一思想、消除误会、化解矛盾、达成共识,从而有效地调动和发挥组织成员做好本职工作的主动性、积极性和创造性,推动和改进领导工作。

(三) 领导绩效评估是评价、选拔、任用领导者的主要依据

领导工作的成效如果仅依靠人的主观判断来加以评判,就很难达到应有的效果,因而通过量化数据来进行的领导绩效评估实际上就是考察领导者工作实绩的过程。领导者在领导活动中所采取的任何一种工作方式,都是其思想意识和组织能力的外化,因而,通过领导绩效的评估,不仅有助于了解领导者的工作风格、实际能力、价值取向,同时还能够通过科学的手段来发现领导者是否还有尚未开发的领导潜能,对于组织而言是否有培养前途和必要。所有这些工作,都需要在一定的事实基础之上来进行判断,而这一现实依据的来源就是对领导者所进行的绩效评估。领导绩效是领导者在一定的客观环境中,通过发挥主观能动性,在运用自身素质能力认识环境、改造环境的基础上所取得的成效,因此,通过对领导绩效的考评,可以比较客观全面地了解领导者的素质、能力,为考察、识别、选拔任用领导者提供依据。

第二节 领导绩效评估的原则、标准与类型

一、领导绩效评估的原则

领导绩效评估原则是指进行领导绩效评估时应该遵循的基本准则或规范,具体而言,进行领导绩效评估时应遵循的原则主要有以下几种。

(一)科学系统原则

领导绩效考核是一项严肃而细致的工作,正是由于传统公共行政模式下,对领导工作的考核过多停留在主观评价上而忽视了量化考核的重要作用,因此,对领导绩效考核第一个要求就是要以科学系统原则来建立评估考核体系。为此,应当做到以下几点。

(1)保证领导绩效考核与组织战略发展的一致性。在当今组织环境下,领导工作的最终目的是为组织的战略发展而服务的,因此,对领导绩效的考核也要遵从于组织整体战略目标的实现,而作为影响组织发展的关键因素,领导绩效考核也应当成为组织发展战略中的核心内容。

(2)考核指标的设定要遵从规范化要求。从规范化的角度来看,在设定考核指标之前,要充分吸收被考核对象的意见,同时重视组织相关成员的建议,在最大程度上将各项考核指标进行量化处理,从而减少绩效考核的主观随意性。

(3)遵循全面评价的标准。领导工作不仅涉及组织内部的关系梳理和思想激励,同时也关系到组织与外部环境之间的互动,因此,领导绩效评估要针对被考核对象进行全面、综合的考核,不能以偏概全、以点带面地评估领导者某一方面的工作。

(4)恪守领导绩效评估的可信度和准确性要求。领导绩效评估的最基本要求是考核的标准必须是真实可信的,也就是说既要保证考核指标的设计符合组织现阶段的实际情况,同时,收集到的用以进行评估工作的信息也要能够真实反映领导者的工作状况。无论是领导绩效考核的准备、评议、分析、反馈、审定还是存档都必须遵循这一要求,从而使评估的指标设定、方式选择和结果产出都能够让组织成员感到可靠和公平,能够更准确地反映出领导工作对组织发展的作用程度。

(5)掌握评估的公开性与时效性原则。领导绩效评估不应是"闭门造车",而是应在各个环节、各个程序上都主动做到民主公开,既要让被考核者充分了解考核的具体内容和工作程序,同时也要让组织成员能够参与到绩效评估过程,增强领导绩效评估的透明度。另外,领导绩效评估的结果要及时反馈给被评估对象,领导绩效评估往往与一定程度的惩罚和奖励相关联,但是任何形式的奖惩只是激励领导者改善工作手段的一种方式,其目的仍在于促使领导者重新审视当前的工作方式,扬长避短,加快领导者优化领导活动的进程。

(二)客观公正原则

领导绩效评估要秉承客观公正的原则,摒弃个人好恶,在排除个人主观情绪影响的基础上,对领导者的实际工作加以评价,以保证评估结果的真实性。同时,要一视同仁地对待所有参与其中的被评估对象,避免选择性的执行评估方式。具体说来,客观公正原则包含了四个方面的要求。

(1) 在领导绩效评估过程中,要求评估者要坚守高度负责的精神,公正廉洁,处以公心,尊重事实,以实事求是的精神和作风开展评估活动。避免由于评估主体的原因,歪曲客观情况,造成评估结果与被评估者的实际绩效差异较大,使被评估者难以接受得出的结论。

(2) 评估指标、方法要切合实际,评估标准要统一。只有评估指标体系的设计科学、合理,才能较为客观地反映被评估者的实际情况。同一级组织内部的不同领导者工作内容往往具有差异性,因此评估标准应该尽可能从共性着手,同时兼顾差异。在评估方法上尽量减少主观因素的影响和作用,力争把评估指标量化,实现量化评估。

(3) 要把被评估者放在具体的领导工作环境中加以评估。一般而言,领导者的领导工作环境是很复杂的,不同的领导者和不同的组织所面临的客观条件也往往有很大的差异。体制因素、政策因素,以及其他各种因素,都是造成这种差异的原因。因此,在领导绩效评估过程中,要客观考虑这些因素,既不允许领导借机推卸本应承担的责任,也不能把全部的责任都转移到领导者身上。

(4) 重视信息的收集、整理和分析。准确、全面地把握信息,以确保评估结果均来自准确、完整的资料和数据以及对事实的调查分析,任何一个评估结论都必须以事实为依据。只有客观公正的评估结果,才能把被评估者的实际状况真实再现出来,与被评估者在工作中的实际表现相吻合,令人信服。

(三) 民主公开原则

绩效评估过程和评估方式对评估结果影响极大,要保证评估结果的客观、公正和准确,就必须坚持民主公开原则。所谓民主公开原则,就是把领导绩效评估工作用不同方式置于追随者和一般员工的参与和监督之下,这是搞好领导绩效评估工作的基本保证。邓小平曾指出:"要有群众监督制度,让群众和党员监督干部,特别是领导干部。"那种脱离群众监督的封闭式的神秘化的评估方式,很难真实地反映领导者的绩效。具体而言,民主公开原则包含了三个方面的要求。

(1) 要求领导绩效评估工作必须采取上级评估、同级评估、下级评估和自我评估相结合的方法,多渠道、多层次和多角度地对领导绩效进行评估。所谓上级评估,即领导者的直接上级领导对领导者的评估;所谓同级评估,即在具有密切协作关系和工作联系的同级领导者之间进行比较,得出比较全面的看法;所谓下级评估,即领导者的追随者和群众对领导者的评估,这是坚持民主公开原则中的一个重要环节;所谓自我评估,即领导者根据组织要求和评估内容,由其本人实事求是地进行自我评估,其结果供组织评估参考。由于领导者生活、工作与上级、同级、追随者和群众密不可分,所以领导者的上级、同级、追随者和普通组织成员对其成绩与贡献、缺点与错误,往往最熟悉、最了解、最清楚,也最有发言权。实行全方位评估,既能使评估结果比较客观公正,又能促使领导者强化"公仆"观念,增强对追随者和普通组织成员的责任感,改善领导者与被领导者的关系。

(2) 要接受群众监督。由于绩效评估过程必然涉及对人的评估,关系复杂,因素众多,不可避免地会存在一些主观成分,因而需要加强群众对评估工作的监督,包括对评估主体的监督、对评估过程和评估结果的监督。只有实行全方位的群众监督,才能克服封闭式、神秘化、作弊化评估方式所产生的种种弊端,才能避免评估过程中的主观随意性和主观片面性,保证评估结果的全面性、客观性。

(3)要公开评估结果。要把领导绩效评估的结果向领导者本人和群众公开,及时把结果反馈给被评估者和群众。向被评估者反馈评估结果有多种方式,如面谈式、图表式、报告式等,如果被评估者对评估结果有不同意见,可以保留,也可以要求组织复议、核实,甚至向上级主管部门申诉。领导绩效评估的结果,还应当及时向全体组织成员公开,让全体组织成员知晓。总之,只要恰当地向被评估者和全体组织成员公开评估结果,只要使用恰当,就不仅有助于防止和减少评估中可能出现的主观偏见和种种误差,有助于领导者总结经验教训、提高领导水平,让组织成员充分掌握情况,便于对领导活动和领导者实施监督,并激发其主人翁精神和工作积极性。因此,在一般情况下,绩效评估都要坚持民主、公开原则。只有公开,才便于群众民主参与,也才能收到应有的效果;离开了民主公开,任何监督、评估都没有实际意义。

(四)贡献为主原则

领导绩效评估要着重考核领导者的实际贡献和工作成绩,评估一个领导者的工作情况和德才水平,主要是看他对组织和对社会带来了什么样的贡献,在多大程度上带来了贡献,并以此作为考核一个领导者绩效水平高低的重要准绳。有关领导者的德、能、勤、绩、廉五个方面,其中,德为首、为纲,能为胜任工作的基本条件,勤为担负工作的基本要求,绩为工作优劣的集中体现,廉是工作的道德操守,要将领导绩效评估重点集中落实在"绩"上。领导绩效评估坚持贡献为主的考核原则,对领导者个人和组织的整体发展都具有十分重要的意义。

(1)贡献为主原则保障了领导绩效评估的客观性。评估对象的工作成绩是既定的现实,通常来讲,这一现实是被大多数人所知晓的。领导绩效评估就是对领导者工作的内容、数量及完成的质量加以整合,并根据这些信息,运用科学合理的指标体系和评估方式进行评价。如此就能够了解领导者完成工作和履行职责的实际状况,从而对评估对象作出客观性的评价。

(2)贡献为主原则能够进一步强化领导工作的价值取向,引导领导者想方设法为社会、为组织多做贡献。坚持以贡献作为考核领导绩效的重要标准,能够把领导者从重视个人功绩的误区中解放出来,领导者的工作落脚点是为了组织利益及发展,对个人成绩的追求在某种程度上也能够带来组织利益的优化,但是从本质上来讲,错误的出发点必然会导致领导行为的失范。只有当每一位领导者真正做到以贡献为基本价值取向,并以制度化的方式加以约束和激励,追求贡献的欲望和努力才能够汇聚成创造绩效的巨大动力,鼓励领导者多办事、办实事。

(3)组织发展前景与领导者的自身水平息息相关,领导者的潜能和专长在领导活动中发挥着突出的作用,坚持以贡献为主,就是鼓励领导者扬长避短,最大程度上发挥自身的优势,同时,也为评估者及时发现人才提供了有力的依据。另外,以贡献为主原则还能够助力解决当前不同组织中存在的惰政、懒政问题。领导者在组织发展中扮演者领路人的角色,勤政务实的领导者是未来发展取得更大成绩的基础保证,但贪图安逸、唯利是图、行事推诿、不敢担当、作风懒散这都是目前领导者所存在的严重懒政作风,将会甚至已经给不同组织带来巨大的危害。而以贡献为主的领导评估原则,则能够将"无功便是过"的思想观念根植于领导者的思维中,能给领导者带来强有力的警醒和激励作用。

二、领导绩效评估的标准

领导绩效评估标准的科学性水平高低关系到领导绩效评估能否符合客观实际、能否得出科学的评估结果、能否对领导工作发挥正确而积极的作用。一般而言,绩效考核标准的确定应遵循SMART原则:

- 明确原则(specific principle);
- 可衡量原则(measurable principle);
- 导向原则(action-oriented principle);
- 现实性原则(realistic principle);
- 时间和资源限制原则(time and resource constrained principle)。

据此进行领导绩效评估的标准应包括以下几个方面。

视频 11

1. 人民利益的标准

人民利益的标准是领导绩效评估的根本判断标准。对领导绩效进行评估,归根结底,就是要看领导工作是否符合人民的利益,是否有利于人民的利益,是否能够促进人民利益的实现。这就要求领导工作抓住坚持以人民利益为最高检验标准这个关键。党的十九大报告指出:"中国共产党人的初心和使命,就是为中国人民谋幸福,为中华民族谋复兴。这个初心和使命是激励中国共产党人不断前进的根本动力。全党同志一定要永远与人民同呼吸、共命运、心连心,永远把人民对美好生活的向往作为奋斗目标,以永不懈怠的精神状态和一往无前的奋斗姿态,继续朝着实现中华民族伟大复兴的宏伟目标奋勇前进。"党的十九届四中全会明确指出,"坚持人民当家作主,发展人民民主,密切联系群众,紧紧依靠人民推动国家发展的显著优势"。证明实现广大人民群众的根本利益是一切工作的出发点和落脚点,也是领导绩效评估最根本的判断标准。

案例 14

2. 科学发展的标准

党的十八大以来,我国取得的成就是全方位的、开创性的,变革是深层次的、根本性的。我们党以巨大的政治勇气和强烈的责任担当,提出一系列新理念新思想新战略,出台一系列重大方针政策,推出一系列重大举措,推进一系列重大工作,解决了许多长期想解决而没有解决的难题,办成了许多过去想办而没有办成的大事,推动党和国家事业发生历史性变革。这些历史性变革,对党和国家事业发展具有重大而深远的影响。同时,必须清醒地看到,我们的工作还存在许多不足,也面临不少困难和挑战。主要是:发展不平衡不充分的一些突出问题尚未解决,发展质量和效益还不高,创新能力不够强,实体经济水平有待提高,生态环境保护任重道远;民生领域还有不少短板,脱贫攻坚任务艰巨,城乡区域发展和收入分配差距依然较大,群众在就业、教育、医疗、居住、养老等方面面临不少难题;社会文明水平尚需提高;社会矛盾和问题交织叠加,全面依法治国任务依然繁重,国家治理体系和治理能力有待加强;意识形态领域斗争依然复杂,国家安全面临新情况;一些改革部署和重大政策措施需要进一步落实；党的建设方面还存在不少薄弱环节。这些问题，必须着力加以解决。党的十九大以来，中国特色社会主义进入新时代，社会主要矛盾已经发生变化，转变为人民群众对美好生活的向往与不平衡不充分的发展之间的矛盾。但没有改变我们对我国社会主义所处历史阶段的判断，我国仍处于并将长期处于社会主义初级阶段的基本国情没有变，我国是世界最大发展中国家的国际地位没有变。全党要牢牢把握社会主义初级阶段这个基本国情，牢牢立足社会主义初级阶段这个最大实际，牢牢坚持党的基本路线这个党和国家的生命线、人民的幸福线，领导和团结全国各族人民，以经济建设为中心，坚持四项基本原则，坚持改革开放，自力更生，艰苦创业，为把我国建设成为富强民主文明和谐美丽的社会主义现代化强国而奋斗。因此，领导只有坚持科学的发展理念和绩效观才能够破解一系列难题和矛盾，创造更优异的绩效。

3. 社会和谐的标准

社会和谐是解决我国社会中的现实问题，推动社会发展、进步的必然要求。胡锦涛同志对社会主义和谐社会作了精辟论述："根据马克思主义基本原理和我国社会主义建设的实践经验，根据新世纪新阶段我国经济社会发展的新要求和我国社会出现的新趋势新特点，我们所要建设的社会主义和谐社会，应该是民主法治、公平正义、诚信友爱、充满活力、安定有序、人与自然和谐相处的社会。"党的十七大报告也明确指出："社会和谐是中国特色社会主义的本质属性。……构建社会主义和谐社会是贯穿中国特色社会主义事业全过程的长期历史任务，是在发展的基础上正确处理各种社会矛盾的历史过程和社会结果。要通过发展增加社会物质财富、不断改善人民生活，又要通过发展保障社会公平正义、不断促进社会和谐。"可见，和谐社会是一个公正、公平、诚信、社会主义民主得到充分发扬的社会。政府及领导者作为公共权力的行使者，在和谐社会建设中担负着不可推卸的重大责任，这就要求领导者积极践行自己的社会责任，在构建社会主义和谐社会中发挥积极作用。因此，促进社会和谐也是领导绩效评估的重要标准。

4. 客观性的标准

任何领导活动都必须符合实际，在进行领导决策的时候，必须作出切合实际的、理性的科学选择。这就要求领导要坚持从群众中来、到群众中去的工作方法，深入基层，密切联系群众，倾听基层人民的心声。只有这样，在领导工作开展上才有可能真正做到急群众所急，想群众所想，作出切合实际的科学分析和判断，形成正确的方针政策。一个好的领导就应该能解决具体实际问题，客观、准确地反映客观实际情况，作出科学的、客观的决策。无疑，客观性标准也是领导绩效评估的一个重要标准。

5. 科学性和可行性的标准

领导活动应该是客观的，而在领导方法的选择上则应该具有科学性和可行性。早在1934年1月，毛泽东同志在《关心群众生活，注意工作方法》一文中就指出："我们不但要提出任务，而且要解决完成任务的方法问题。我们的任务是过河，但是没有桥或没有船就不能过。不解决桥或船的问题，过河就是一句空话。不解决方法问题，任务也只是瞎说一顿。"领导方法的科学性、可行性程度，直接关系到领导工作的效率、效能和事业的兴衰成败。因此，科学性和可行性是一个基于客观事实、科学过程和科学结论的操作性标准，也是领导过程质量之所在。

6. 效率、效益的标准

"效率"原本是经济学概念,意指投入产出的比例关系。在以营利为最高目标追求的企业组织中,效率显得最富有实际意义。然而,当今的组织发展已经从原有追求"投入产出比最大化"的"效率优位"转变为追求一种多重价值的实现。即使是在企业组织中,追求可持续发展的目标也已开始取代原有的追求生存和扩张的目标。而对于领导者而言,不仅如此,还必须在日益复杂多变的环境中,不断平衡来自各方的利益需求和解决各种相互冲突的矛盾。因此,当把"效率"一词引入政府领域时,它已经不足以涵盖政府及领导活动的多重价值追求了。效益是指政府产出对实现最终目标的影响程度,涉及产出、效果、质量、公平和群众满意等因素,它体现为领导工作的外部绩效。现代领导工作的内在规定性要求领导者必须关注公共产品或服务的效果、质量、公平和群众满意等效益因素。对于领导绩效来说,没有效率的效益是不现实的,尤其是在政府预算紧缩的情况下,效率应该成为领导活动的重要价值标准。因此,对领导绩效的评估,要注重效率和效益的统一。效率是公共行政的永恒命题,它要求领导者节约行政成本、改进内部管理和提高资源配置效率,以有限的资源提供数量更多、质量更高的公共产品或服务。但另一方面,效率绝不应当成为领导者工作的最重要的价值目标。没有效益的效率违背了政府的根本使命,因此也就没有任何意义了。领导绩效评估的标准应当是效率和效益并重。

7. 公平、公正的标准

在领导绩效评估中,应该体现价值导向的原则,公平和效率的动态平衡成为现代公共行政的价值取向,也是评估领导绩效的价值皈依。其中,公平是最核心的价值目标。因为,从个人层面看,行政领导者的行政行为承载着公民的期望和要求,在公民对领导者的一切要求与期望中,关于公平的要求和期望是最根本、最主要的;从社会层面来说,公共行政追求公平既是应然性的要求,也是现实的必然选择。因为政府及其领导者作为公共行政之最重要主体,处于一切社会生活的核心,垄断着公共权力和最重要的社会资源,如果它放弃对公平的追求,就会使整个社会陷入制度化的不公平。因此,在行政领导活动的各个环节上,包括价值定位、目标设计和行为过程,都应该始终以实现社会公平为其最高宗旨。这也是评估领导者的重要标准。

8. 群众满意度标准

领导活动满足社会公众的需求程度是领导绩效评估的又一个重要标准。社会公众满意度在领导绩效评估中主要体现在两个方面。一是党政机关和领导干部的工作能否满足广大公众的利益需求,其程度总是相对的。这种满足的程度可划分为满意、比较满意、不满意等。同时,处于不同满足程度层次上的社会公众的人数也是相对的。二是领导活动过程中如何对待和处理群众反映强烈的社会问题。这个问题与社会公众的满意度也密切相关。领导是否建立了与社会公众之间进行信息交流与沟通的渠道和机制、是否及时解答和处理社会公众反映的问题,这都应作为评估领导绩效的重要参考。因为,领导绩效评估的过程就是通过评定与划分绩效的不同等级,来改善和回应社会公众对领导干部有效监督和批评的过程,也是提高领导效率、能力、服务质量和公共责任的过程。

以上这些标准意味着,进行领导绩效评估应综合考虑上述因素。首先,应确立与工作相关的标准。通过工作分析,按照领导者的实际情况和平均水平来确定评估标准,这样的标准领导者可以接受,是经过努力可以达到的,有利于最大限度地消除绩效评估过程中的执行障碍。其次,标准应明确、具体、规范,尽力做到量化,不能模糊不清。评估的标准应该能够通过清晰、明确的评估程序、评估指标予以衡量,尽可能减少人为因素的干扰。再次,评估标准要便于理解和操作,其含义要清楚,不能有多种解释,在对领导者进行评估前,应该使评估者清楚了解绩效评估的基本标准。最后,评估标准要统一,对同类领导者只能适用同一标准,不能出现标准适用上的差异现象。

三、领导绩效评估的类型

根据领导绩效评估的实质、范围和内容,可以从不同的角度和层次确定标准来划分领导绩效评估的类型。一般说来,可以按下列方法划分几种类型。

(1) 以时间为标准,领导绩效评估一般可分为平时评估(一般是月评、季评)、阶段评估、年终评估。此外,还可以有临时性评估,以适应某些突发需要,如急需抽调干部担任新职等。

(2) 以评估对象层次为标准,领导绩效评估可以分为对单位领导的评估和对部门领导的评估。对部门领导的评估可以由单位领导主持进行。对单位领导的评估,一般都要求更高层次的领导机关派人参加,更高层次的领导应该主持或负责某些环节上的审定工作。

(3) 以评估内容为标准,领导绩效评估可以分为综合性评估和单项评估。综合性评估是对领导活动作全面整体的评价。单项评估是针对特定需求,从特定角度对领导活动进行的评估。

(4) 以参与评估者的类型为标准,领导绩效评估可以分为自我评估、群众评估、专家评估、职能机构评估、上级评估、同级评估等。一般认为,对领导的评估应该是范围越宽,评估结果越全面。

(5) 以评估方式为标准,领导绩效评估可以分为定性评估和定量评估。对领导绩效进行评估,既有定性分析,又有定量分析。评估如果没有定性分析,则缺乏整体的认识;如果没有定量分析,则会导致含糊的、笼统的认识。因此,对领导绩效的评估,应坚持定性评估与定量分析相结合。这就要求在领导绩效评估指标体系的设计上做到科学、全面。

第三节 提升领导绩效的基本途径

领导工作科学化的程度和领导者水平,最终会通过领导绩效综合地反映出来,对领导班子及其成员进行绩效评估是完善监督机制和提高工作水平的重要步骤。但评估不是目的,归根结底是通过评估提升领导绩效,因此,重视对领导绩效影响因素的认识和分析,提高领导活动的科学性,提升领导绩效,是领导工作本身的一项重要任务,也是领导科学研究的重要内容。

一、领导绩效的影响因素

领导活动是一个组织在开放的环境中运动的过程,涉及面很广,影响领导绩效的因素很多,就主要因素而言,可以概括为领导目标、主体(指领导者本身的状况)、群体(这里是指领导班子的状况)三个因素,其中主体和群体是硬性因素,目标是软性因素。人们一般比较重视硬性因素,容易忽略软性因素,实际上软性因素具有不可估量的作用。

(一) 领导目标影响因素

领导工作是十分复杂的系统工程,领导者要想取得较高的领导绩效,需要做大量的工作,诸如决策、用人、制定发展的总体规划、领导任期目标责任、领导岗位目标等。世界级企业管理大师班尼士给领导下了定义:"创造一个令追随者追求的前景和目标,并将它转化为大家的行动,去完成或达到所追求的前景和目标。"一个比较完美的领导者习惯于为他们的组织建立目标体系,目标的作用不仅是界定追求的最终结果,它在整个领导生涯中都起作用,可以说目标是成功路上的里程碑。

目标既规定了一定时期内领导者的工作职责,又规定了领导者履行岗位职责所应遵循的原则、规范、制度,还规定了领导权力运作的方式和程序。领导者的决策是以目标为依据的,要使领导活动产生成效,目标务必正确。然而,目标的价值,不仅在于其正确性,或者说科学性,而且还应具备可行性。可望而不可及的行动目标,就难以实现领导的绩效。正确而高水平的战略目标是领导高效运作的前提,在这种目标指导下,高效率才能产生高绩效,否则效率越高,绩效越低。越是高层领导,战略水平要求越高。在现实生活中,有的领导者绩效欠佳,甚至造成工作失误,其主要原因就在于决策的主观随意性,或者不愿意把精力集中到战略决策上,以至对自己工作的发展方向和组织行动的目标选择不当。可见,领导绩效取决于是否符合工作目标和达到目标的程度,如果领导者正确运用目标体系,激励成员发挥个人斗志及理想,领导和组织成员全力以赴实现目标,一定能够取得高绩效。

(二) 领导主体影响因素

评估领导绩效,必须重视考察领导的个性风格与绩效之间的关联。在影响领导绩效的众多因素中,领导者自身无疑是极其重要的一个因素。所以,主体因素成为研究领导绩效的影响因素不可忽略的一个重要参数。

领导场上,有这样一种说法:一流的领导者,使人感觉不到他的存在;二流的领导者,能让人服从;三流的领导者,只能让人仰视。列宁指出:"培养一批有经验、有极高威信的领袖,这是一件长期的艰苦的事情。"普列汉诺夫对此也表达得很清楚:领导者的"个人特点能决定历史事件的个别外貌,所以我们所说的那种偶然成分在这种事变进程中始终起着某种作用。"领导"个人因其性格的某种特点而影响到社会的命运。这种影响有时甚至是很大的"。领导者个体的素质成为领导者影响力的主要力量,成为决定领导者能否很好地实现领导绩效的内在因素。通过表10-1所示内容,可以归纳出影响领导绩效的主体因素主要有以下几点。

(1) 个人品德因素。要求领导者诚实正直、廉洁无私、以身作则、能接受他人的批评,"德"是领导的首要特质。

(2) 目标有效性因素。研究表明,在领导者的概念中,包括能有效地完成工作目标有关的特质。领导者被认为应该有远见卓识、深谋远虑、观察敏锐、思想解放,而且要有魄力、善于决策、办事果断,他们精明能干、能力出众、方法科学、善用人才,这些特质将有助于他们所领导的组织目标的有效实现。

(3) 人际能力因素。这是与社会成熟性有关的领导特质。领导者应老练沉稳、坦率开朗、善于社交、有说服力,要有风度、有好的体态、举止文雅等,这些特质会使领导者具有吸引力,有利于处理好人际关系。

(4)多面性因素。是指领导者应掌握有关专业知识和技能,而且多才多艺、兴趣广泛,既富有想象力,又有冒险精神。此外,领导者还要有幽默感,使人感到愉快。这一特质代表着领导者才能的广度以及有关的心理品质,既有助于组织目标的实现,又有助于处理人际关系,从而提高领导绩效。

表 10-1 传统管理者与高绩效领导者的特征比较

传统管理者特征	高绩效领导者特征
管理	创新
复制	起源
维持	发展
集中于系统和结构	集中于人
依赖控制	激发信任
短见	远视
询问如何和何时	询问什么和为什么
关注基本情况	关注整体
模仿	首创
接受地位	挑战地位
正确地做事	做正确的事

(三)领导群体影响因素

领导者的领导绩效除了受领导者主体因素影响外,还受领导班子群体素质的影响,领导绩效经常通过领导班子整体绩效的形式表现出来。领导班子的整体绩效包括两个方面:一是组织任务的完成,这是绩效的客观方面;二是组织的持续成长和成员的能力训练、思想及心理培养,这是绩效的主观方面。因此,领导班子内各成员之间是否合理结合,是影响领导者绩效的重要因素。在配备领导班子时,高绩效领导的实现应具备如下三个条件。

(1)领导者要重视并认真抓好对领导班子成员的培训、教育工作,以不断提高他们的政治思想水平、科学文化素养,改进作风。这样,能为各成员之间的密切合作奠定一个良好的基础。

(2)建立科学合理的领导班子,使领导成员之间搭配适当、职责分明,成为一个能力全面、齐心协力的领导集团。

(3)在领导活动中,认真坚持民主集中制原则,把集体领导与个人分工负责有机结合起来,协调地进行工作。

领导活动通过正确处理领导者与领导班子之间的关系,形成作用于客观对象和环境的统一主体。俗语说:"一个和尚挑水吃,两个和尚抬水吃,三个和尚没水吃。"在领导班子中,这种"三个和尚没水吃"的现象也并不罕见。领导班子在整个领导活动中是发挥一体化作用的,如果班子内部相互扯皮、内耗丛生,彼此力量抵消,形成不了集体的作用力,就很难对被领导者以及客观环境施加有效的影响。

二、提升领导绩效的途径

影响领导绩效的因素很多,诸如上述领导目标确定的正确性、领导班子组织结构的合理性、被领导者的积极性、领导者自身素质及主观能动性的发挥、客观环境等,都对领导者取得领导绩效产生影响。提升领导绩效是贯穿领导活动全过程的一条主线,也是领导活动中各种因素综合作用的结果,领导者的个体绩效或领导集团、领导组织的绩效,总体上依赖于两个方面:一是领导者动机和领导者风格;二是领导环境给领导者提供的控制和影响结果的程度。因此,只有积极创造条件,坚持实事求是,一切从实际出发,研究影响领导活动的诸因素间的合理结合和相互作用的规律性,才能找到提升领导绩效的正确途径。具体说来,主要有以下几个方面。

(一)明确组织领导角色

领导者作为个人和领导班子的一员发挥着双重作用,领导者正确的角色意识是提升领导绩效的思想前提。

作为一个领导者必须树立自己的角色意识。1945年,刘少奇同志在党的七大上所作的《关于修改党章的报告》中指出:领导者"就是要正确地了解情况,正确地抓住中心,提出任务,决定问题,正确地动员与组织群众来实行自己的决定,正确地组织群众来审查自己决定之实行的情形。"这就是说,领导者的角色主要表现在:一是要有事业心和责任感,重视贡献,这是作为一个有效领导者必须具备的角色意识。有效的领导者并非为工作而工作,而是为成就而工作。一件工作开始,他首先想到的是我能贡献些什么,比如一位处在企业领导岗位上的领导者,他的主要贡献应该是为企业的健康发展出主意、想办法,去组织、指挥、协调、控制,而不是每天把绝大部分时间甚至全部时间都用于处理日常琐碎事务。第二次世界大战时担任过欧洲盟军司令的伯纳德·蒙哥马利说:"极端紧要的是,一个高级指挥官决不应埋头于琐事中。指挥官整天忙于琐事,没有时间精心地深思熟虑,绝不可能制定出高水平的作战计划或者有效地进行大规模的作战行动。"也正如一位著名企业家所言:"成功的企业家每天必须有80%的时间,处理与眼前生产无关的事情。"重视贡献是一种品德、使命感、责任感的反映,是对事业成就欲望和实现自我价值欲望的表现,一个领导者能经常反躬自问:"我能做些什么贡献",那么他的成就必然是无可限量的。二是要恪守自己的职责。第一,明确三项根本工作,即规划目标、制定决策和选才用人。领导者要适时正确地制定决策,有力地组织实施决策,在此过程中,要使被领导者明确活动的目标、计划和实现目标的措施。第二,明确四项经常工作,即决断问题、联系群众、思想工作和读书学习。不只是领导追随者学习知识并取得信息,关键的是领导者本身修炼其行为,改善心智模式,提高创新能力。这要求领导者更多地关心员工,尊重他们,聆听他们的意见,与他们进行交流沟通,创造学习环境和文化。三是不要去直接干预下层的事,因为不同层次的岗位各有自己的职责和权限,如果随意干预下层的工作,一方面会由于浪费自己的时间和精力,而降低工作效率;另一方面又很容易给下级造成被动局面,扰乱正常的工作秩序。四是充分有效地利用时间。彼得·德鲁克认为,有效的管理者不是从他们的任务开始,而是从掌握时间开始。一个精明的领导者,不仅懂得自己的全盘工作中何者为先,而且不会分散注意力,能够把这种主次先后工作程序贯彻到底,使之获得成果。领导者要珍惜时间,要做领导的事,要务正业、抓大事,能够分清工作的主次,根据工作主次和轻重缓急,具体安排力量,做到人与事的合理组合,把自己的精力集中于主要领域。如果不分主次,事必躬亲,势必造成事倍功半,贻误时机。

(二)规划组织远景目标

在组织建设中,有人做过一个调查,问组织成员最需要领导者做什么,70%以上的人回答是希望领导者指明目标或方向;而问领导者最需要成员做什么,几乎80%的人回答是希望成员朝着目标前进。从这里可以看出,规划远景目标是组织中所有人都非常关心的事情。所谓远景,即是由组织内部的成员所制定,通过组织讨论并获得组织一致的共识而形成的大家愿意全力以赴的未来方向。一个组织完整的远景陈述应该包括:组织的核心价值观、核心目的;10~30年的远大的、富有挑战性的目标;对目标达成后的组织描述。组织远景目标表明了组织存在的理由,能够为团队运行过程中的决策提供参照物,同时能成为判断组织进步的可行标准,而且为组织成员提供了一个合作和共担责任的焦点。

领导者作为组织的一员,在规划和制定组织远景目标的过程中,主要扮演"过程顾问"和精神支柱角色,营造良好的氛围并加以引导。领导者要使整个过程像一个充满科学性的探索,人人都加入其中寻找正确答案。许多管理学家,像美国学者Katzenbach和英国学者Andrew Leigh都认为"直接由上对下的目标,通常维持不了多久。邀请组织成员共同制定目标虽然费时,但结果肯定物超所值"。共同制定的方法,彼得·圣吉在《第五项修炼》中提出了"深度汇谈"与讨论相结合的方法。"深度汇谈"的目的是要超越任何个人的见解和想法,讨论是"深度汇谈"必不可少的搭配。在共同制定和规划组织远景目标时,用"深度汇谈"来分析和探究问题,用讨论来作最后的决定。具体来说,应从以下几个方面着手。

(1)对组织进行摸底。对组织进行摸底就是向成员咨询对组织整体目标的意见,从而广泛地获取成员对组织目标的相关信息。这非常重要,有利于领导者立足现实,高效率地利用现有的人才资源完成目标。

(2)对获取的信息进行深入加工。在对组织进行摸底收集到相关信息以后,应就成员提出的各种观点进行思考和分析,以避免匆忙决定带来的不利影响,正如管理名言:做正确的事永远胜于正确地做事。

(3)与组织成员讨论目标表述。与成员讨论目标表述是将其作为一个起点,以成员的参与而形成最终的定稿,以获得成员对组织目标的承诺。虽然很难,但这一步的确是不能省略的。

(4)确定组织目标。通过对组织摸底和讨论,修改目标表述内容以反映组织的目标责任感。求同存异地形成一个成员认可的、可接受的组织目标非常重要,这样才能获得成员对组织目标的真实承诺。

(5)对目标进行阶段性的分解。在确定组织远景目标以后,尽可能地对目标进行阶段性的分解,树立一些过程中的里程碑式的目标。一个远景目标可以分解为三到五个具体目标,具体目标应在列出的所有目标中进行选择。成功的领导者习惯于规划一个令追随者追求的远景目标,并将它转化为大家的行动。目标是构成成功的砖石,除非领导者规划和制定了确实、固定、清楚的远景目标,否则就不会察觉到内在最大的潜能,就永远只是"徘徊的普通人"中的一个——尽管付出了极大的努力。

(三) 培育学习型组织

按组织的发展历史，可以将组织的类型概括为两种：一种是"等级权力控制型"，如官僚制体系组织；另一种是"非等级权力控制型"，如学习型组织。随着从工业经济时代进入知识经济时代，"金字塔"式的等级权力控制型的组织结构已越来越不能适应瞬息万变的市场经济条件下激烈竞争取胜的需要。因此，从20世纪60年代开始，西方国家的管理学家、企业家都在探寻一种能适应知识经济时代发展要求的新的组织类型，在这种时代背景下，学习型组织理论诞生了。该概念是由美国哈佛大学佛睿斯特教授提出，由它的学生彼得·圣吉博士完善的。圣吉认为，学习型组织是一种不同凡响、更适合人性的组织模式，它由学习团队形成社群，有着崇高而正确的核心价值、信念与使命，具有强劲的生命力与实现梦想的共同力量，不断创新、持续蜕变。

他还提出了学习型组织的模式，即个人熟练、心智模式、共同愿景、团队学习和系统思考。这种模式规定学习型组织必须具备五个特征：有一个人人赞同的共同构想；在决策和工作中，抛弃旧的思维方式和常规程序；作为相互关系系统的一部分，成员对所有的组织过程、活动、功能和环境的相互作用进行思考；人们之间坦率的相互沟通；人们抛弃个人利益和部门利益、为实现组织的共同构想一起工作。只要领导者创建的组织比较切合人的需求，就是在建立学习型组织。学习型组织强调的是，有效的领导不只是掌握更多的知识，更重要的是要知道如何使用知识，使其创造价值，也就是说学习型组织的领导者仅仅知道现代管理理念是远远不够的，他们更应该关心启迪人的智慧、人的创造性与积极性，重要的设计工作包括整合愿景、价值观、理念、系统思考等，重在提升组织的创造能力和适应环境的变化能力。

学习型组织理论提出，学习型组织的创建是一种艺术，是一种调动人性潜能的艺术，是一种启发、启迪、激发人的智慧的艺术。只有通过民主、平等、宽容、激励、互动的方式才能逐步演进、升华。迈克尔·马奎特也曾指出："在新的知识经济时代，所有公司中各个层次上的员工都将面临着捕获知识、开拓创新、勇于实践、超越自我的挑战；领导者的工作将是创造一个让员工增长并运用知识的环境。"在这里，马奎特认为组织的结构应该建立在学习需要的基础之上，应该在最大程度上促进和支持组织学习。僵硬的边界、臃肿的机构、官僚的作风、办公室政治等传统组织结构的弊端会严重扼杀组织的学习，制约学习型组织的形成。

可见，学习型组织的物质环境与文化环境的优劣会影响其组织学习的质量与数量，创建学习型组织应重在对学习型环境的营造。首先要充分地授权，建立领导者和追随者的沟通和信任。在知识经济时代，组织所处的环境变化越来越快，组织所面临的问题也越来越复杂，没有人能具备长期成功经营组织所需的各种才能，领导者必须通过其他人来共同完成工作。授权可以帮助实现共享领导，建立领导者与追随者之间的信任，追随者感到受到重视，表现出更高的工作满意度和内在激励效应，增强了自主管理能力，从而能够对面临的问题做出积极的反应，不再依赖领导来解决问题，懂得发挥自身的创造力，使得组织更加柔性化。有良好的环境支持，授权就会进行得更加自然。组织甚至有必要迅速开发出柔性而相互信任的关系，因为一方面信任是组织内部和组织之间社会互动的最根本的前提条件；另一方面，信任也是组织的重要资源，因此，领导者获得高绩效必须要平衡授权和信任这两者之间的关系。《高效率者的七大习惯》一书作者斯蒂芬·科维指出，人际关系中存在着"情感银行账户",通过其影响可以帮助相关者成长。组织亦然,领导者首先要信任追随者才能取得追随者的信任,信任和领导的高绩效是相辅相成的。高绩效领导应与追随者共享决策的责任,而不是专制地将命令强加于追随者,或者是严密监督追随者执行。其次是鼓励组织成员之间的充分沟通交流。良好的交流建立在合作的基础之上,要允许有不同的意见和看法,而且充分考虑对方的感受。在良好的交流中,组织成员学会互相尊重、信任和欣赏,从而有助于信息和知识的完全流动,因此,学习型组织不是简单地强调对知识的学习,而是一种全新的管理理念和组织运行机制。学习型组织需要组织成员共同参与建立,通过共同学习和工作来建立信任与默契,衷心渴望实现的目标才会更加明显并趋向一致,这也是为什么圣吉把"对话"置于学习型组织最重要的地位的原因。在交流中,每一个人都要积极参与,表达意见,互相影响,非正式的领导也会自然而然产生,无形中实现领导的共享。

在这样一个开放、共享的环境中,领导者的力量将会以难以想象的方式壮大起来,推动组织不断突破成长的极限,保持持续发展的态势,真正实现组织的领导者与基层工作人员的平等对话,将成员凝聚在一起,激发他们追求卓越和主动、真诚献身的热忱,通过共同学习发挥其自主性、创造性,从而造就组织强大的生命力。在这一过程中,组织中的每一位成员都怀着共同的愿景,共同追求心灵的成长和自我实现,从真正的学习中体验工作与生命的意义,从而带来整个组织的成长与进步。

(四)提升领导技能水平

领导者的能力对领导绩效影响极大,因此在选配或使用领导者时,必须准确鉴别领导者学识才能,这是提升领导绩效的基础。一般来讲,领导能力包括战略水平、组织能力和管理技术三个部分,三者对领导绩效有不同的影响。战略水平对组织目标正确与否和绩效高低的影响至关重要。领导者的组织能力和管理技术虽不产生直接的绩效,但对班子运作效率的影响是巨大的。因此,正确的和高水平的战略目标,加上良好的组织能力和管理技术,是促进领导活动高效运作的综合能力要求。

马克斯·韦伯认为,领导者应当具备三种最基本的能力:一是热情,也就是对事业有全身心投入的敬业精神;二是责任感,在行动目标没有实现时决不罢手;三是正确的判断,也就是能够保持平常心,在现实面前镇静自若,能够拉开自己同周围事物之间的距离,有超然物外,反观自身行为的能力。当然,对领导能力的概括有许许多多,领导活动中要实现高绩效,就必须提高领导者自身的基本能力。

(1)知人善任的用人能力。一个有效的领导者知道自己能够做些什么,作为领导者在这方面的能力非常重要。要处理好亲与贤、德与才、长与短、职与能的关系。因为要实现既定的目标,单靠领导者一个人是不行的,必须充分调动追随者的积极性,能够发现并利用自己的优势、追随者的长处以及环境情势的优势。领导者还必须对下级组织系统的反馈意见予以足够的关注,尊重下级组织或追随者的正确意见和合理建议,容忍不同意见并耐心作出解释,这对领导者提升领导绩效起着决定作用。

(2)高明的组织能力。领导者组织能力包括计划能力、决策能力以及指挥管理能力,这正是综合判断能力、魄力和随机应变的能力。领导者如果具备了高明的组织能力,就可在繁杂、困顿、仓促、多变的情况下迅速组合众议,制定决策,发号施令,使整个工作有效而正常地运转。通常情况下,一项有效的决策,不是在众口一词的基础上达成的,而是在意见纷纷的情况下作出的正确抉择。有效的领导者能够充分调查研究,掌握信息,在听取不同意见的基础上,有能力判别是非,集中正确的意见,作出合理的决策,确立正确的目标,这是提高领导绩效的根本所在。

(3) 应对矛盾的协调能力。领导活动中关系纵横交错,既有人与人的关系,又有物与物的关系,还有人与物的关系。一个有能力的领导者,无论处于任何复杂多变、千难万险的境地中,具备应对能力以及从容、沉着、智慧、驾驭全局的风度,协调人们的需要和动机,以实现一定范围内的相对一致性,在客观条件适宜时当机立断,使组织获得发展,这对于提升领导绩效来说,是相当重要的。

(4) 勇于开拓的创新能力。这是领导者提高领导能力的重要途径。领导者不仅自己要有开阔的眼界,创新的思维,更要善于创造每一个组织成员发挥个人才能的机会,激励组织成员积极进取、勇于开拓,在实践中探索,大胆闯新路,把实干精神与科学态度结合起来,边实践、边总结、边提高,任何实践必有曲折和坎坷,但有志者事竟成。1998年3月,江泽民同志同政协科技界委员座谈时指出:"创新是一个民族进步的灵魂,是一个国家兴旺发达的不竭动力;一个没有创新的民族,是难以屹立于世界民族之林的。"我们所处的时代,是信息、科学技术日新月异、迅猛发展的时代,任何思想保守、不思进取、满足于现状者,都将被时代淘汰。领导者由于其地位和作用所决定,更应该具有开拓创新的能力。

(5) 得体的表达能力和较强的"外交"能力。言谈有的放矢,注意针对性;要深入浅出,浅显明晰,注意语言的通俗性,使大家听得懂,易于接受。广泛联络、善于交往也是一个领导者的必备条件。在交往中,要坚守诚信这一社会人际关系的共同规范和行为准则。

(五) 改善领导行为模式及风格

要调动追随者的积极性,使其在领导活动中处于积极主动的地位,领导者必须改善自己的行为和风格,要以"公仆"的姿态出现在追随者面前,关心他们,为他们谋利益。领导者要实现自己对追随者的领导,必须具备的条件之一,就是代表追随者的利益,给以物质福利和政治教育。只有这样,才能使追随者在领导活动中处于积极主动的地位,积极主动完成自己的工作。1948年4月,毛泽东同志与《晋绥日报》编辑人员谈话时指出:"群众齐心了,一切事情就好办了。马克思列宁主义的基本原则,就是要使群众认识自己的利益,并且团结起来,为自己的利益而奋斗。"

不管领导绩效如何复杂,归结到一点就是能激发群众的主动性、创造性的领导者就是有效的、优秀的领导者,正如韩非所说:"下君尽己之能,中君尽人之力,上君尽人之智。"因此领导者的行为和风格的改善是其中需要特别加以强调的一个途径。

(1) 领导者应当深入群众当中,古人云:"善奕者谋势,不善奕者谋子。"领导者必须在"谋势"上下功夫,决不能做做样子,走走形式,要真正解答群众提出的必须解答的问题,真正帮助群众解决实际困难。

(2) 领导者必须改进自己的领导风格,不能高高在上,事事以命令方式下达,强制追随者执行,而应该以平等、民主的方式对待追随者。对追随者要信任,让他们参与管理,上下及时交流,沟通信息,有问题民主讨论,这样才能把蕴藏在追随者身上的积极性充分调动起来,使其在领导活动中处于积极主动的地位。

(3) 领导者应当正确行使权力,认真履行岗位职责,包括慎重决策,谨慎用人,勤政,廉洁,公正,正直,认真贯彻党和国家的政策和法令,自觉遵纪守法,时时、事事、处处以身作则等,使追随者接受并自觉服从领导者的领导,并和领导者形成一种团结、互助、齐心协力的新型关系。

在领导行为和风格方面,有一种可以对应分析并为人们所感受的类型,就是"举重若轻"和"举轻若重"的不同风格。领导者的举重若轻或举轻若重,在领导活动中有着不同的着力点和不同的绩效表现,对领导局面有着深刻影响。这两种不同类型的风格,可以互为补充、相得益彰。如果我们从更为广阔的历史进程看,凡面临大转折、大变革、大发展、大决策的时候,我们往往更需要"举重若轻"型的领导者。因为他们对环境的敏感度、对环境的限制与变革的大势以及所需的资源,有作出实际评估的能力。在我国各层级领导结构中特别是在地方领导治理中,这种个人行政力充沛、个性特征明显,从而具有马克斯·韦伯说的魅力特质的领导者包括"准魅力型"领导者是不少的,其个性魅力给人们留下深刻的印象。但在另一面,由于受儒家传统文化和行政文化的影响,中国各层级领导者大多保持"温良恭俭让"的低调共性和稳健平和的公共形象,遵从一言一行得体、一颦一笑中规中矩的潜规则。他们竭力消磨个性,追求喜怒不形于色的世故,鲜有性格鲜明的真情流露。他们不仅"讷于言",而且可能还"讷于事",避免标新立异,生怕因一时的不慎而招致出风头、不成熟的指责。这种不言自明、无师自通的默契,导致领导行为结构中"有魅力的权威"太少,有一种整体上偏向于呆板、感情麻木的形象定格,这是需要避免的。

 案例 10-1

安徽阜南安监局局长未完成招商指标被停职

2006 年初,阜南县县委、县政府向县直属单位和乡镇分别下达不同数额的招商引资任务,并要求各单位必须每月、每季度汇报进度,完不成任务的单位负责人将受处分。该县安监局被分派 400 万元招商引资任务。安全生产监督管理局局长由于安全监管工作太重,抽不开身外出招商,此间曾向分管副县长请示,要求请假外出招商,但最终未有结果。

2006 年 10 月 12 日,阜南县委、县政府召开引资工作会,由于安监局任务完成不好,于某代表安监局在大会上检讨,同时介绍了安监局引进一个项目的情况。10 月 19 日,县纪检委、县监察局分别下发"关于于某所犯错误的处分决定"的文件,两个处分决定均称:"县安监局引进注册的阜南县升华生物能源科技有限公司现阶段没有完成设备投资资金 98 万元,安监局也没向县招商局申报引进项目,于某代表安监局在县招商引资工作会上的发言存在虚报投资进度的错误,造成了不良影响。"为此,给予于某党内警告处分和行政记过处分。10 月 21 日,在全县机构改革工作会上,宣布对于某处分决定,并决定其停职检查。同时要求其停职不停职责,不仅要抓局里工作,还要继续完成招商任务。目前,停职期间的于某仍在为其招商工作四处奔波。(根据新华网有关资料整理)

思考与提示

1. 领导绩效评估的作用和意义是什么?
2. 结合案例,分析领导绩效评估的标准应如何设计。

◆ **本章重要概念**

领导绩效评估(leader's achievement evaluation)
领导绩效评估的原则(the principle of leader's achievement evaluation)
领导绩效评估的标准(the standard of leader's achievement evaluation)
领导绩效评估的类型(the styles of leader's achievement evaluation)
领导绩效的影响因素(influencing factors of leader's achievement)

本章思考题

1. 简述领导绩效的内涵与特点。
2. 什么是领导绩效评估?领导绩效评估有何重要意义?
3. 针对我国当前的领导绩效评估现状,谈谈你对未来提升领导绩效的看法。

本章推荐阅读书目

1. [英]琼斯.绩效管理[M].李洪余,等,译.上海:上海交通大学出版社,2003.
2. 方振邦.战略性绩效管理[M].2版.北京:人民大学出版社,2007.
3. 赵日磊.现绩效魔方——一个HR眼中的绩效管理[M].北京:北京工业大学出版社,2008.
4. 李政权.检修:管理者自我提升的必修课[M].北京:中国经济出版社,2007.
5. 孙波.绩效管理:本源与趋势[M].上海:复旦大学出版社,2018.

第十一章
领导力开发

——本章导言——

在经济全球化的背景下,技术迅速进步,网络打破了人们之间的信息隔阂,组织快速发展,管理环境的变化对领导者的领导力构成了严峻挑战。领导力开发包括组织对领导者能力的开发和领导者个人对自身能力的开发。在领导力开发的过程中,一般存在社会层面、组织层面和个人层面等三个层次的障碍。本章主要介绍三环理论视野中的领导力开发、自我领导能力的培养、摩根·麦考尔培养领导的模式,介绍领导力开发的判断性模式,并分析探讨领导力开发的基本途径。

第一节 领导力开发的内涵及价值

一、领导力概述

视频 12

不同的研究者对领导力的研究角度各异,他们对领导力的理解也有所不同。从特质角度出发,研究者们把重点集中在卓越领导者所具有的各种品质上,他们详细列举了卓越领导者所具备的各种优秀品质,如真诚、有前瞻性、有能力、有激情、公平、聪明、坦率、可靠、果断等。比如罗伯特·洛兰·门罗在《领导力词典》一书中,把领导力概括为88个词。从能力角度探讨领导力,往往把领导力概括为领导者的各种能力,如史蒂芬·迪夫把领导力概括为领导者的决断力、创新力、沟通力、影响力以及处理危机的能力。而从行为角度出发,学者们主要研究卓越领导者的领导力体现在哪些行为上,比如詹姆斯·库泽斯和巴里·波斯纳在他们的《领导力》一书中提出了著名的卓越领导者的五种行为,即以身作则、共启愿景、挑战现状、使众人行和激励人心。沃伦·本尼斯说:"领导力就像美,它难以定义,但当你看到时,你就知道。"因此,研究者们对领导力的概念有多种阐述。然而,随着个体独立和万物互联的互联网+时代的推进,我们对领导力的认识也要与时更新。

首先,领导力是领导带领与其生活、工作在一起的团体共同创造美好现实的整体能力。也就是说,优秀的领导力会带给一个组织生命和活力,缺少了这种生命与活力,组织则很难向前发展。其次,领导力是调动人们创造积极性的艺术,特别是创造某些具有深远影响意义的事物。只要这种积极性存在，人们就会变得忙碌起来，这种忙碌使组织中的人更有成就感，更富创造力。

从内涵上看，领导力是由领导素质、领导体制、领导环境和领导艺术等多种因素综合作用所产生的最高组织性作用力，是领导主体用以引导、推动一个组织群体或社会应对并制胜挑战和竞争，达到共同目标的核心力量。因此，它是组织群体或社会的黏合剂、推进剂或动力源泉。当今时代，领导力已经成为综合领导能力不可或缺的构成因素之一。它既是一种可以后天习得的能力，更是领导者素质的核心。

领导力组成通常可概括为远见卓识、感召力、掌控力、领导艺术。远见卓识要求领导者有洞察力、有批判性思维；感召力要求领导者会表达愿景、阐发自己的思想，立意要高，会讲故事；掌控力要求领导者能够组建核心团队，把握权力；领导艺术则要求领导者有智慧、善于平衡，明确目的与手段的统一。

1998年，百联公司（Linkage Inc.）完成的一项针对350多家企业的领导开发问题的研究发现：几乎所有的企业都认为有必要及时培养企业的后备人才，但是只有不到44%的企业有一个推荐高潜质雇员并对其进行开发和培养的正式流程。事实上，在全球范围内，大多数组织都认识到管理人才短缺、及时培养后备人才的重要性，管理者必须具备更广阔的视野以应对全球范围的竞争等众多问题。无论是什么类型的组织，出色的领导者总是能够调动人们的工作积极性，工作效率也更高。一个领导力很强的领导者总是能够给下属以积极的指导，能够调动下属的积极性和主动性，让他们发挥其所长，促进组织及下属快速发展。

案例 11-1

发展自己和发展他人

斯图尔特是一个行销服务企业的创始人和总裁，他的主要工作经历是重要竞选活动的幕后策划。斯图尔特经验丰富，颇有名气，以至于被一些企业和非营利组织聘为顾问。在短短几年内，斯图尔特仅有3人的公司成长为有超过25个雇员的中等规模的行销企业。就像许多天才企业家适合创业、而不适合守业一样，斯图尔特逐渐意识到自己在雇人工作方面力不从心。他的兴奋点在于开拓一份新的事业和以策略顾问的身份服务重要客户，而不是在不断应付紧急事件、检查和修改员工为客户制定的行销活动、处理个人问题上花费大量时间。由于各种各样的原因，他雇用的处理日常事务的员工，没有能够减少他在这些事情上花费的时间。随着业务量的增长，斯图尔特对自己的工作生活的认识越来越清醒。在自我反省和与主要员工倾心交谈以后，斯图尔特发现问题主要出在自己身上。他的员工在进入公司以后，原有的技能没有进一步得到发展，斯图尔特用了两年时间才开始考虑解决这个问题。

员工们发现，在向客户提供策划案之前，斯图尔特会检查他们的创意并将之修改成符合他自己的风格。因此，员工们便习惯于斯图尔特对项目事必躬亲的态度，并自动将所有的成品都交给他批核。反正就算斯图尔特不喜欢他们做出来的企划，他们也不会挨骂。斯图尔特在人际沟通包括处理情绪方面缺乏高超的技巧，所以他从不对任何人提建设性的意见。因为多年来，他一直没有将自己的智慧传授给员工，所以员工们也没能学会如何提高技能来满足他在质量方面的要求。斯图尔特认为，自己的主要角色是为客户服务，而不是指导员工发展，因此他没有教导员工有更高水平的表现，结果是他承担了员工的职责，而不是一个企业领导者的职责。他不与重要员工探讨如何来发展他们的能力，使他们在整个行业内有所发展，因而导致员工士气低落，业务不能如期完成。斯图尔特的一些优秀员工离开公司去寻找机会，为了寻找接替者，公司进入了困难时期。最重要的是，斯图尔特开始认真考虑卖掉公司，去尝试其他领域。他丧失了创建公司时的乐趣，他对事情的发展感到非常沮丧。

此时，斯图尔特开始审视自己的领导实践，来寻找答案。在某些公司外部教练的帮助下，他发现自己没有充分发展员工，没有对他们做训练、教授和辅导工作。斯图尔特开始尝试一种不同的方法——他与所有的员工讨论如何为客户提供最佳服务。他对工作的热情是显而易见的，员工们也给予积极的响应，他们需要与斯图尔特进行更多、更有效的沟通。当他花费更多的时间来传授知识时，他们的绩效提升了。在斯图尔特教导的基础上，创意部门某些有天赋的员工产生了一些新的想法，而这是一些更高水平的创意。虽然此时进步十分缓慢，时断时续，但是动力产生了。随着员工们工作质量的提高和斯图尔特亲历亲为的做法减少，他的心情也好转了。公司内士气的直接提高，使斯图尔特对工作有了更多的满意。

（[美]彼得·A.托平.领导艺术[M].颜世富，等，译.北京：中国财政经济出版社，2004：103.）

➡ 思考与提示

1. 梳理斯图尔特领导艺术变化过程并说明其原因。
2. 结合案例分析领导力开发的必要性。

在上述案例中，当斯图尔特意识到自己缺少领导艺术的时候，他已经找到了他管理员工失败的地方。解决斯图尔特自身问题的方法就是提升自己的领导力，他的领导力提升了，企业的绩效自然也就好了，这正是领导力开发价值的体现。那么，什么是领导力开发呢？它的价值又在何处？

■ 二、领导力开发的内涵

领导力开发是指领导者根据自身和组织环境的需要，由组织或者个人对领导者进行有目的的培训和教育，更新思想观念，提高领导能力，增进领导责任，提升领导绩效，最终使领导者获得发展的一个过程。领导力开发包括组织对领导者能力的开发和领导者个人对自身能力的开发。

组织作为一个合作系统，作为领导者的工作场所，它是领导力是否能得到发挥、是否能得到最大限度发挥的一个重要前提。一个组织的组织发展、组织结构、运作过程、战略和组织文化等,都是影响领导力的重要因素。而这些因素又不是固定不变的,它们有着权变和灵活的特性,这就要求领导者与组织的协调,对领导力进行新的开发,使自己适应组织的发展,更有效地开展工作。

领导者个人的开发,是领导力开发的关键。实践表明,优秀的领导人才,不论是在政府机构,还是在企业都会得到相应的重视;反之,那些不能适应岗位需求的领导者会被优秀的人才取代。所以,领导者必须坚持自我发展,努力提升自己。

三、领导力开发的特征

当代管理环境的变化对领导者和组织提出了新的要求,并因而使领导力开发出现了新的特征。

1. 时代性

领导力开发就是对人力资源的开发,强调人力资本是第一资本,这是知识经济时代的新观念。工业社会前,土地是主要的资本;工业社会中,资本是组织发展的动力;而后工业社会中,美国经济学家舒尔茨认为,人力资本是社会进步的决定资源,而且人力资本的获得主要依靠后天的投资。领导的才能有先天赋予与后天获得之分,而要获得这种"稀缺资源"就必须付出代价,即进行投资、开发。开发人力资本已成为世界共识。在这样的时代背景下,强调领导力开发就带有鲜明的时代特征。

2. 长期性

现代社会知识更新期大大缩短,以知识发展为第一推动力的社会也是迅速变革的社会,这种变革是长期的和持续的。这就要求领导力的开发保持一个动态的过程,要求领导者成为一个"活到老,学到老"的人,要求领导者不断根据时代和环境的发展变化,调整发展的方向和方式,保证发展的正确性和持续性。近年来,很多组织都已经认识到,对领导能力的开发与培训应该与他们的职业生涯结合起来,也就是说,在领导者职业生涯的每个阶段,对领导力的开发应该是持续性的。变革和竞争的加剧大大加强了领导力开发的重要性。所以,不管是组织还是领导者自身,对领导力的开发都由过去的被动向主动转变,通过各种活动增强领导者的领导力,并贯穿于整个职业生涯。

3. 灵活性

领导力开发的过程涉及环境、组织人员等多方面的因素,具体到每一个开发步骤,都要考虑当时的环境变量、组织变量、自身情况等,顺势而为,因地制宜,采用恰当的方法。而且,随着时代的进步,领导力的开发也不拘泥于单一形式,形式多样,甚至领导者可以随时随地对自身进行培养和学习。同时,组织也应该对领导者的领导力开发方式方法进行创新,灵活多变地开发领导力,合乎时势的要求灵活确定,而不是墨守成规,不知变通。

4. 系统性

领导力开发包括组织对领导者能力的开发,也包括领导者自身的开发。一个好的组织,一定会注重对领导者能力的开发,而一名好的领导者,也在不断提升自己的过程中更好地为组织服务。两者共同发展,相互促进。一名好的领导者,若没有发挥其领导才能的组织,那对其才能是一种浪费;若有一个优秀的组织,而没有一名优秀的领导者,则也可能出现方向上的错误。优秀的人才需要不断提升自己,优秀的组织也会要求员工不断地提高各方面的能力,以更好地为组织服务。因此,领导力的开发应该是组织开发与自身开发相结合的,二者共同促进、共同发展的过程。

领导力开发作为一项对领导者素质提升的重要过程,对领导者和组织都具有重大意义。

首先,领导力开发有助于领导者运用好权力,提高领导者的影响力和领导绩效。现代社会中,领导者在组织中的作用越来越大,许多领导者感到责任大、担子重,付出巨大的努力,绩效却并不明显。领导力开发对于领导者自身来说,可以直接提高其影响力和领导绩效,激励领导者投身于积极的行动之中,创造出最佳业绩。

其次,领导力开发有助于提高组织效率和生产力。有许多组织,不管是公共组织还是非公共组织,都或多或少存在机构臃肿、人浮于事、效率低下的问题,影响着组织的绩效和生产率。通过领导力开发,可以很好地解决这些问题。每一个组织都应该有自己优秀的领导者,同时也应不断对领导者进行培养、开发。通过对领导者领导力的开发,可以使组织富有活力,使组织和领导者之间得到最好的配合,最终提高组织的效率和生产力。

第二节 领导力开发的障碍

领导力是可以后天习得的,但在生活中却常有缺乏有效的领导者,或者说在关键岗位空缺时没有合适的接班人的情况。毫无疑问,构成领导力的大多数要素也是可以通过学习获得的。那么,在开发领导力的过程中,经常不可避免地会遇到一些障碍,这些障碍通常包括社会、组织、个人等几个层面。

一、社会层面的障碍

1. 缓慢的危机不能产生领袖人物

管理学家约翰·加德纳断言,爆发性的危机产生杰出的领袖人物,而缓慢的危机则不能。战争以及其他突发性的社会危机是领袖人物的熔炉,优秀的领导者从中脱颖而出。这一观点可以用来解释为什么20世纪产生过如此多的领袖人物。而今天社会正在经历的危机是一场缓慢的危机,使领导力的养成缺乏天然的社会环境。

2. 专业化分工不利于通才的形成

领导者往往都应该是通才。未来的领导者都可能一开始受到专业的训练,而后想要成为领导者,他们必须跨过专业和社会分工的界限。他们必须接受全面的、各个层次的锻炼而后才能走向领导岗位。在公共部门,领导者可能需要在很多部门、不同地区、不同岗位上接受实践锻炼,之后才能得到提拔和晋升。在企业部门,领导者接受这样的实践锻炼也是必需的。只有这样,他们才能跨越专业的限制,使自己的能力更全面。这也要求年轻人自觉地培养自己各方面的能力,使自己成为通才,才能满足领导岗位的要求。

二、组织层面的障碍

1. 文化障碍

组织文化影响领导力的开发。有的组织文化保守,作风因循守旧,对领导力的开发构成价值和文化障碍。许多成功组织所面临的一个挑战就是文化凝固了,这种一成不变的文化使企业难以适应环境的变化。当组织取得成功后,那些发挥积极作用的价值观、理念和惯例会得以制度化。但是随着环境的变化，这些价值观、理念和惯例会阻碍组织进一步发展，许多组织就因此成了自身成功的牺牲品。这主要归结于其过时的甚至是有害的价值观和行为。而一个学习型组织的主要特点之一，是它的文化特征鼓励变革和主动适应。学习型组织通常拥有适应型文化。

第一，组织的整体重于局部，尽可能弱化部门间的边界。在学习型组织中，人们以整体系统为考虑的中心，每个部门都会认真考虑他们的行动对其他部门和整个组织带来的影响。

第二，将平等作为主要的价值观。学习型组织形成了一种能营造集体意识和人与人之间相互关心氛围的文化，组织为员工创造能促进勇担风险并充分发挥潜能的平台。

第三，奉行鼓励冒风险、变革和不断改进的组织文化。学习型组织的一个基本价值观，就是大胆地对现状进行质疑。对现行的做法和假设不断质疑，可为发挥创造性敞开大门。

从某种程度上看，领导力开发就是一个不断改进组织文化的过程。

2. 权力主导的思维定式

在领导力开发中，传统的管理方式往往会与组织面临的新环境发生冲突。当组织的高层管理者试图解决此类问题时，权力主导的思维定式下的领导力开发则会由于缺乏真正理解责任与义务而走向失败，进而影响领导力开发。例如，道格拉斯和杰伊·康格描述了一家属于制造业财富世界50强企业的现状。这家企业配备了负责区域运营的领导者、业务线的高级经理人员以及职能部门的高管人员。这一复杂的组织架构，使领导力开发活动出现了很多权力中心，而每一个权力中心偏偏又缺乏一个对领导力开发项目的一致性认识及战略协调。这种多权力中心使领导力开发趋于形式化。CEO找到管理专家，管理专家告诉他自己很乐意完成"领导力CEO"的职责，建立相应的领导力开发系统。而各个区域与业务负责人却谨慎地控制自己在领导力开发中的参与程度，仅仅在对自己所在业务单元有利时才会参与。

人力资源高级副总裁在劳工关系上非常精通，却不谙熟领导力开发。结果，无论在领导力开发上成功与否，他都会感受到这位"领导力CEO"的压力。慢慢地，人力资源高管开始对关键信息有所保留，如已经确定的高级管理人员的候选人名单和已作为企业下一代领导者来培养的关键岗位经常空缺。权力主导思维导致一个真空状态的CEO、间接参与的直线经理、内部恶性竞争的人力资源部。具有大的潜力的领导者就陷入困境，不知道企业对自己的期望是什么，不能将企业的领导力项目目标与企业利益联系在一起。

3. 组织固有的唯竞争逻辑

数字时代，任何一个企业或个人都很难独立创造价值，必须与其他组织、系统共生，以寻找新的成长空间来促进发展。组织单一的竞争逻辑已经不能适应未来组织发展需要，应由竞争性逐渐过渡为共生性。共生型组织是一种未来理想的组织，它基于顾客价值创造和跨领域价值网的高效合作的组织形态，所形成的网络成员实现了互为主体、资源共通、价值共创、利润共享，进而创造单个组织无法实现的高水平发展。

共生组织具有四大重要特征：第一，互为主体性；第二，整体多利性；第三，柔韧灵活性；第四，效率协同性。共生组织的四重境界：第一，共生信仰；第二，顾客主义；第三，技术穿透；第四，"无我"领导。组织的竞争逻辑在数字化的今天已不能满足组织长期生存与发展的需要。在组织之间不可避免产生分歧,但有了共生逻辑的调和,最终会促进组织优化升级。

三、个人层面的障碍

成为一名成功的领导者,对于一个人来讲可能是一生的追求。在这个追求过程中,最大的障碍当属"认识自己"。认识自己包括很多方面,认识自己意味着把"你是什么人和你想成为什么人"与"别人认为你是什么人和你想成为什么人"区分开来。

根据沃伦·本尼斯的研究,在自我成长的过程中,要关注以下几点:
(1)你是自己最好的老师;
(2)要负起责任,别归咎于他人;
(3)你可以学习任何想学习的东西;
(4)真正的理解来自反思自己的经历。

本尼斯认为,个人在通往领导者的道路上,往往不注意上面四点而浪费了很多时间。本尼斯特别强调反思自我经历的重要性,反思经历可以让你与自己进行对话,在适当的时机提出正确的问题,以便认识自己。

此外,在领导力提升和开发的过程中,领导者还要注意克服以下几个方面的障碍。

1. 道德失范

所谓道德失范,就是领导者的行为偏离了政治道德、社会道德准则的要求。道德失范主要表现为精神生活空虚颓废、物质生活追求奢华、社会交往庸俗违纪。"德不厚者,不可以使民"。道德失范必然使领导者丧失政治上的坚定性、丧失表率作用,领导力也必然丧失殆尽。

2. 心理障碍

心理障碍包括心理失调和情绪失控两个方面。一是心理失调。心理失调,就是心理失去了平衡的状态。其表现形式主要有嫉妒心理、虚荣心理、狭隘心理等。心理失调现象产生的原因主要在于不能正确了解自己和接受自己,不能正确了解社会并适应社会,不能进行内在的自我修养。二是情绪失控。领导者情绪失控主要表现为消沉萎靡、喜怒无常、急躁易怒、紧张胆怯等。情绪失控的原因主要是人生观的格调不高、价值观意识有偏差、自我调控能力过低,以及性格的弱点等。

3. 权力滥用

所谓权力滥用就是不能正确运用手中的权力,甚至利用手中权力做出违背社会大多数成员意志和利益的事情。权力滥用是导致领导力降低甚至完全丧失的最主要因素之一。在领导活动的实践中,权力滥用主要表现为越位侵权、权力独揽、以权谋私等。权力滥用虽然表现形式不同,但对领导力都有着不同程度的损害。一是权力滥用扰乱了正常的工作秩序,二是权力滥用会使领导者丧失群众的支持,三是权力滥用影响了下属的积极性、主动性和创造性的发挥。

4. 思维僵化

这里所说的思维僵化,实质上是指思维方式的僵化。所谓思维方式的僵化,就是思维方式单一、封闭、静止。思维僵化主要表现形式是形而上学思维、教条主义思维、单一演绎思维等,就是一切行动都以既定的典型、榜样、经验来指导和规范,而不是根据自身的具体情况,通过总结自身工作中的经验教训,来发现问题、解决问题。

□ 5. 眼界限制

一般说来,领导者越有远见,眼界越高,组织就越有潜能。眼界能增强一个领导者的能力。然而眼界跟正确思维方式一样,不是天生的。眼界是一种可以培养出来的本领。这种本领也可能被限制。眼界受到限制必然制约领导力的发挥。眼界限制对领导力的制约主要表现在:一是制约领导力的产生,二是会导致领导者思维的僵化,三是妨碍领导者整体素质的提高。

综上,在不确定性凸显、技术驱动等环境巨变的今天,领导者必须不断提升自我,勇于放弃固有优势与习惯,开放思维,善于欣赏借鉴他人,注重沟通与共享,克服自我领导力开发障碍,成为组织的优秀的领导者。

第三节 领导力开发的途径

一、三环理论视野中的领导力开发

约翰·阿戴尔在领导特质理论和领导情境理论的基础上进一步研究了群体的需要,他认为有三种需要是相互作用的,即任务需要、团队维持需要、个人需要。我们不能以严格分开的方式来研究需要的三个领域,而且每种需要都会对另外两种需要产生影响。他把这三种需要比喻成三个重叠的圆环,如图 11-1 所示。

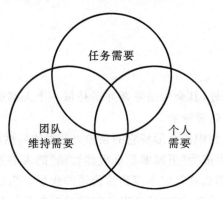

图 11-1 三环理论

在这里,如果把一个圆盘放在"任务"这一环形上,它会立刻遮住其他两个圆环的一部分,即缺少任务或不能完成任务会影响团队维持需要的满足和个人需要的满足;把圆盘移动到"团队维持需要"的圆环上,可以发现缺乏团队维持需要对任务需要和个人需要产生的影响就是群体内部几乎完全失去了联系。

这三个圆环表明:每种需要都会对其他两种需要产生影响,这三种需要不是严格分开的,而是相互作用、相互影响的。当组织为了完成任务时,就必须履行某些职能。阿戴尔在这里把职能定义为任何用来满足一种或多种群体需求的行为、语言或措施。确定目标、计划和鼓励群体都是"职能"一词所指的某一方面。

阿戴尔在三环理论里这样定义领导者:领导者是一个拥有他所在的领域所需的品质

（个性和性格）和知识的人，完成团队或组织的任务、与团队共同合作并满足个人需求，他能够履行必要的职能，不是孤立地而是和团队一起共同履行领导职能。领导者是负有责任的，但团队所有成员都会对三种需要负有同样的责任，并因此而备受鼓舞。

阿戴尔认为，领导存在于不同的层次上。对一个组织内部而言，领导有三个主要的层面或领域。

（1）战略领导（strategic leadership）：整个组织的领导者，有许多高层领导者接受他的亲自指挥。

（2）运营（执行）领导（operational leadership）：组织主要组成部分之一的领导者，下辖超过一个团队的领导者。这种情况下他已经是领导者的领导。

（3）团队领导（team leadership）：领导是由 10～20 人组成的团队，有特定的需要完成的任务。

阿戴尔认为，明智的组织总是把他们自己看作三个领导层面构成的组织系统，即团队层、运营层和战略层。没有哪个层面比其他层面更重要，他们之间也不存在等级体系。各个层面之间的区别是在职责层次上，但体现的价值相当。因此，原则上组织没有理由在一个层面上投入比其他层面多得多的经费。金钱应该用在它能发挥最大效果的地方。

此外针对领导力开发，阿戴尔提出了七条原则：

①领导力开发的战略；

②甄选；

③领导力培训；

④职业发展策略；

⑤领导力教育；

⑥自我发展；

⑦战略领导者。

除了"自我发展"原则外，其余六条原则并不是每一个人都适用的。其中第一条原则和第七条原则只适用于战略领导者。

任何组织在其发展过程中都会形成它的领导力开发的自然体系。任何一个组织的精英都会了解，领导者在努力成为"下属愿意尊敬和追随"的人的过程中的艰辛。如果他们不能成为这样的领导者，那么就肯定不能到达公司的顶层。组织会利用上级管理人员手中的权力来清除糟糕的领导者，同时任命出色的领导者并且尽其所能来培养或开发未来的领导者。这样一个过程就是领导力开发的自然体系。与领导力开发的自然体系相对应的就是领导力开发的战略体系，即在一个组织中已经形成的指引组织发展方向的、明确的战略。这个战略包括一些子战略，以用来为实施战略而挑选和培养合适的人员。

领导力开发战略执行的第一步，就是要甄选有领导潜力的人来为组织服务。领导特质理论认为，各人的领导潜力不同，有些人天生具有较高的领导才能。任何组织必须确保能获得属于自己的、那些潜在的领导者。所以，组织需要运用各种方法，挑选具有领导潜力的人。

领导力开发战略执行的第二步，就是要进行领导力学习，学习的途径包括以下几个。

● 教授：指的是以任何方式传授信息或技能给他人，一般包含分配任务、训练、定向研究以及实例展示等指导过程。它不一定专指学术方面。

- 培训：指的是为达到对某些体力或脑力事务的精通而进行的身体或头脑的系统开发。
- 教育：其包含的意义更加广泛，往往是指长期的、大范围的学习过程。有时"教育"这个词暗示的是取得比"教授"更大的成就，"教育"意味着设法教授知识且发掘人的潜在能力。
- 指导：绝大多数情况下，该词是指定向培训（比如驾驶培训）的特殊情况或传达信息、指令。"指导"意味着系统的、正式的教授。
- 辅导：就某个特定科目对人进行个别的指导或教授。
- 教练：既可表示体育界的集中训练和团队策略指导，也可以表示一对一的辅导或培训。
- 导师：导师就是被信任的顾问和指导，导师和学生的交谈也许很少、甚至没有牵涉到教授或学习的内容，但会涉及其他多方面的内容。

二、自我领导能力的培养

美国领导学者查德·J.里德认为："最终的领导目标是自我领导。"所谓"自我领导"，是一个注重下属发挥自我影响的行为和想法的策略集合。一方面，它以行为为中心，让下属自定目标、自我提示、自我排练、自我检查、自我奖惩；另一方面，它以认知为中心，注重有效的思想和感情，从工作和任务中获得快乐和回报，并从中产生胜任感、成就感和自我控制感，树立正确的信念，形成建设性和积极性的思维。

一名有效领导者善于指导下属去领导他们自己。领导者善于引导追随者去发现他们自己的潜力，使他们成为积极有效的自我领导者。当任务的结构清晰，解决问题的方案必须被下属接受，而且在下属的目标同组织目标相一致、时间又很充分时，可以实施自我领导。

培养下属自我领导能力的方法主要有以下几种。

1. 示范

示范被认为是一种积极的或者有建设性的学习方法，它是一种通过观察领导者并模仿他们而发展下属的自我领导能力的过程，示范可以通过两种方式得到应用。一种是建立新的行为方式，另一种是鼓励下属在今后的工作中继续从前学习到的行为。示范学习虽然是不系统的和带有随意性的，但它实用并有效。

示范有一个包含注意、记忆、行为复制和动力四个步骤反复循环的过程。首先领导者的示范要吸引下属的注意力；其次是要促进对于示范的自我领导行为的亲身体会和回想；再次是促进自我领导行为，并为之提供机会；最后是为自我领导提供动力，促进外部的和自身产生的刺激转化为动力。

2. 制定目标

领导者的主要目标是通过培养下属的自我领导能力来提高他们的工作业绩。我们知道，自我领导的一个重要因素是制定自我目标。因此，领导者要做的主要努力就是鼓励下属制定他们自己的目标。制定目标是一种在工作中学到的行为，是下属在一段时期里培养出来的技能或者一系列的相关活动。

教导下属制定目标时，应该遵从以下程序：首先是给下属提供一个可以效仿的模式；

其次是允许下属有指导地参与；最后是让他承担自我领导的重任。领导者应该亲自对下属效仿的目标行为进行说明，以让他们制定更加明确的目标，并且使其制定的目标与整个组织的目标保持一致。

3. 奖励和惩罚

领导者用以培养下属进行自我领导的最有效的策略就是奖励和支持。领导者不仅要注重物质奖励，而且要注重精神奖励；不仅要注重外在奖励，而且更应强调下属的自我奖励以及来自工作的自然奖励。

惩罚也是培养下属自我领导能力的有效方法之一。领导者必须注意惩罚的技巧，应尽可能在不合需要的目标行为发生时马上实施，应直接与特定的不合需要的目标行为联系在一起，让下属懂得组织期望他做什么。但领导者不能因惩罚而让下属丧失信心，而应让下属把错误当成一次学习的机会。

4. 创造自我领导的组织文化

组织文化就是一个相互关联并被广泛接受的有关思想行为的定式系统。领导者应该建立、鼓励、引导、促进与巩固培养下属的定式。这些定式既可以是具体的，也可以是普遍的，它将自我领导哲学、价值和信念转化成实际的行为，以激发创造性、树立个人奋斗目标，设立正常的奖励机制，形成建设性的思维模式。通过将自我领导定式融入整个组织中，领导者就可以推进一种强有力的自我领导文化。

案例 15

■ 三、摩根·麦考尔培养领导的模式

美国南加利福尼亚大学领导学家摩根·麦考尔提出了发掘领导天赋和培养领导才能的普遍模式。麦考尔认为，培养不是把所有卓越领导者的特有素质以简明清单的形式加以概括和描述，然后照单培训，也不是让那些潜在领导者经过"达尔文式"的选择而自我生存、发展和完善，而是根据未来的战略挑战，寻找出未来领导者，给予各种条件和机会，证实其潜在的能力，继而实现其潜在的能力，并发展新的能力，这是一种"农业式"的发展观念。

麦考尔认为，未来的领导者都具有某些天赋，从这些天赋可以在早期鉴定出潜在领导者，这些天赋包括十一个方面：①寻求学习的机会；②正直诚实的行为；③适应文化差异；④要求对组织承诺并显示热情；⑤寻求广泛的事业知识；⑥在人际中产生最好的关系；⑦富有洞察力，从新的角度看待事物；⑧具有承担风险的勇气；⑨寻求并应用反馈；⑩从失误中学习；⑪接受批评。这些天赋会促使他们脱颖而出，但也可能造成他们"脱轨"——从成为未来领导者的发展轨道中脱离出去，因为每一项天赋都有其反面，有潜在的副作用，可能转化为缺点，所以仅有天赋还是不够的。

经历则可以弥补天赋之不足，麦考尔提出四个方面对培养未来领导者的重要工作经历。

第一是工作任务。七种工作任务被证实具有独特的培养作用:早期工作,初次管理,开创新事物,彻底转变形势,首次进入高层,执行特别计划和任务,为工作配备人员。

第二是与人接触的经历。尤其是长期接触不同风格和工作方式的上级,学习他们的技术知识和处理人际关系技巧,与他们积极合作。

第三是困难和挫折。这是潜在领导者的重要经历,对潜在的领导者来说,特别重要的艰难之处是事业的失败和失误、不被调动或错过提升、承担改变事业发展方向的风险以及个人的感情创伤。

第四是正式培训计划及工作以外的事件。领导者可广泛应用现有的任务来培养领导者,制订培训计划,也可以让他们承担新的工作项目。

"调动的技巧"可使有天赋的人获得恰当的经历。这是培养潜在领导者的关键。一般而言,在先进地区、单位工作,职务提升就快些;相比之下,后进地区、单位难以很快出成绩,晋升机会少,提升速度也慢一些,所以作为上一级领导就要通盘考虑。领导者应建立一个正式的连续过程,辨别出已准备好的候选人下级和为以后准备的候选人及储备小组,正式地进行关键的培养任务,确保对资源的控制,跟踪培养过程和确保长期的进步。

正如缺乏催化剂,有些化学反应不能发生一样,潜在的领导者并非都能转变成真正的领导者。催化剂的作用是帮助把成长经历转变为学习的过程,从而促成潜在领导者向领导者的转变。

按照麦考尔的观点,以下三种催化剂被证明是有效的。

催化剂1:增加信息。领导者对有天赋的人的行为要作出明确的、及时的、坦率的反馈,尤其是对严重的失误要给予真实的反馈。领导者还应提出组织的期望,指明培养的方向和目标。

催化剂2:提供资源以激励未来领导者。成长需要成长资源,领导者应培训他们,给他们各种机会以丰富其经历,增长其才干。在提供资源的同时要善于激励,建立起培养过程中的奖励支持系统。

催化剂3:支持变革。个人的变革是一项连续性的任务,恐惧、损失、伤害自尊以及遭受公开羞辱都需要领导者为培养对象提供感情慰藉和支持环境。麦考尔认为,培养未来的领导者是组织的战略任务之一,优秀的领导计划能使组织拥有持续竞争优势,具有优良素质的领导者能保证组织的持续繁荣。

案例 11-2

华为领导力开发的方法

1. 华为领导力培养与发展的核心理念

华为公司33年的发展实践,在领导力培养与发展方面的理念有4条:一是华为公司的领导管理是选拔制;二是将军是打出来的;三是关于学习的责任;四是培养。

2. 华为领导力培养发展之路

领导力开发发展大概经历了三个主要阶段。第一个阶段叫管理培训阶段

(management skill training,MST),第二个阶段叫系统的培养阶段(system leadership development,SLD),最后一个阶段叫整合发展阶段(integrated leadership development,ILD)。

1) 管理培训阶段(MST)

管理培训阶段就是公司对领导者进行一些基本的管理技能,特别是人员管理技能的培训。这个阶段有高效团队建设的培训课程,包括员工管理案例的研讨课程、欣赏个体差异的课程、情景领导课程、员工管理案例等。

2) 系统培养阶段(SLD)

管理培训阶段之后,即迈入职业化管理阶段,同时,公司通过这样一个过程,引进和自主开发内化了非常多的经典的管理技能培训课程。为了达到领导力开发效果,必须进入系统培养阶段。所谓的系统培养阶段,系统性体现在两个方面:第一个方面就是对一个领导者的培养的内容是非常系统的;第二个方面就是整个公司的领导培养体系是非常系统的。系统化的领导力开发这个阶段的价值是能够培养一些战之能胜的干部,实现从标准化到客户化的转变。培训的内容都是一样的,都是讲领导、团队建设,而且在企业内部的领导者培养项目中,老师全部是公司具有实战经验的业务高管、业务主管和业务专家。

3) 整合发展阶段(ILD)

整合发展阶段就是把人才管理和人才发展手段融合在一起,通过压力、动力及牵引力,让所有干部的行为发生改变,以确保业绩目标的达成。从人才的选、用、育、留四个维度综合化地使用一些方法,才能真正把核心管理团队的领导力开发出来。

(华为干部培养与实践案例[OL]. https://mp.weixin.qq.com/s/T19xdFpSV-CrBbKOTiVE3A.)

思考与提示

1. 你认为华为公司的领导力开发途径有哪些特点?
2. 结合案例分析学习能力在领导力开发中的重要性。

四、一个可变的、分析领导力开发的判断性模式

曼努埃尔·伦敦和托德·J.莫拉尔为领导力开发提供了一个组织和个人的关系模式(见图 11-2)。

这种模式认为,开发中的组织特点和组织情况包括它面临的挑战和组织的要求、领导者展现的风格、CEO 和高管所期望的领导风格、组织的开发战略以及对领导能力方面的要求等。这些因素影响着开发的目标、方式和学习程序。该模式还认为,领导者的特点和组织中有潜力的领导者的特点包括领导者的应变能力、学习和开发的方向、取得较高层次业绩的目标、学习无止境的信念,以及个人的自我要求、责任心、胸襟和学习类型,这些情况也影响着开发的目标和方式。

该模式的主要特点是保持了个人和组织在本质上的一致性和共性。领导者的开发目

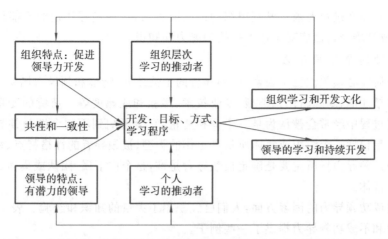

图 11-2　一个可变的、分析领导力开发的判断性模式（从个人和组织两个层次描述）

（参见［美］约翰·安东纳基斯,安纳 T.茜安西奥罗,罗伯特 J.斯滕伯格.领导力的本质［M］.柏学翥,等,译.上海：上海人民出版社,2008：266.）

标和学习方式与组织为了领导力开发所设定的目标虽然不同,但可以殊途同归。然而,如果组织和个人的开发目标有分歧,那么就可能浪费领导力开发的投入或是不能实现收益的最大化。

五、成功领导者的领导力

成功领导者的定义通常有以下两种：一位成功的领导者会被一起共事的下属、同僚或是上司认为是成功的人,或者一位成功的领导者是指在一个组织中能够得到更多的晋升机会的人。如果把上面的定义合二为一的话,就是一位成功的领导者是指那些既在自己的领导岗位上卓有成效,又能在组织中获得更快晋升的人。

（一）组织中成功领导者的领导力

在组织中可能会发现两种完全不同的管理者轨迹：一种是在组织里平步青云的管理者,一种是下属对他们很满意、自己也努力工作并被认为卓有成效的管理者。露森斯、霍奇茨和罗森克兰茨研究发现,能够平步青云的管理者比较注重人际关系的交往,而受到拥戴的管理者更加注重联络和人力资源管理。上述两种管理者哪种更成功呢？可以发现,对于成功标准的定义不同,由此得出的判断成功的结论也是不同的。

百联公司的研究发现,具有较好效果的领导力开发计划包括以下三个关键内容中的部分或全部：正式培训、360度反馈、接触高层管理者与导师制。对于一个组织而言,要想获得成功的领导力必须具备以下几点：有领导力开发的战略、一个成熟的选拔体系、有多种多样的培养开发方式、要培养开发各个管理层次的领导力,还有就是组织的系统与实践必须支持领导力培养开发手段达到的目标和结果,并且有一个评估体系来评估领导力开发的最终结果。

事实上,有一些组织往往因为没有很好地评估选拔的领导者,而导致领导者角色的失败,出现了不胜任的情况。我们知道,组织中的领导从内部晋升的比较多,而当组织进行选拔时倾向于犯以下两种错误：第一,绩效很好的员工经常被任命为最高层次的监督者或是集体的领导者,至于他们的能力是否适合领导岗位却没有评估；第二,在高层职位表现优异的领导者经常过快地被晋升到组织的最高决策层,这一过程让他们不能体验自己的行动结果,或是培养自己应对工作上挑战的能力和知识。

(二) 成功的个体领导力

领导力研究必须关注三个因素,即领导者的个性差异、情境和领导力场所。个性差异中的要素包括才能、缺陷、行为、类型、专业技术、经验和成熟度等。情境的变量在预测领导力成功的过程中经常会被认为是一个调和变量,它会影响到不同个性与领导力的相关度。情境变量包括一个组织或集体所从事工作的类型、被领导者的性格特点、领导者能够掌握的资源。领导力场所主要是确定被领导者是谁,是个体下属、团队或集体、整个组织,还是更大的群体。

在促进成功领导力的因素方面,人们已经积累了大量的知识和经验。表 11-1 为认识成功领导力和不成功领导力提供了一些例子。

表 11-1　几个研究流派的成功和不成功领导力举例

主题	成功领导力	不成功领导力
在工作效率、人际关系和适应性变化之间寻求平衡	当作决定时,要考虑到组织和员工的要求; 在把事情做好的同时不要破坏人际关系; 教会雇员如何实现目标	雇员具有很好的技能但不善于与人沟通; 在应对变化的过程中,不花时间解释基本问题,也不听取大家关心的问题; 不能很坚决地处理那些忠诚但不能胜任岗位的雇员
培养开发个人心理素质和人际交往能力	当与其他集体共事时,能完成任务又能找到共同立场; 对自我有一个诚实的评价; 从客户那里很快地获得信任和尊重	不能与各种不同类型的人打交道; 很善变很难预知; 过分相信自己的能力
行为上富于变化并充满领导魅力	富于想象是一个能激发他们努力工作的人; 奖励工作刻苦和追求卓越的人; 在应对变化前能够得到他人的支持	不帮助别人理解怎样使他们的工作达到组织的目标; 对周围的人发号施令,而不是努力让他们参与进来; 不能鼓励团队成员,并让他们参与进来
以更加多样的形式思考和行动	一旦解决了工作安排中比较明显的问题,就能够洞察出以前潜在的但又不明显的问题; 懂得更高层管理的价值以及他们看待事物的方式; 认识到每个决定都存在着互相矛盾的利益和群体	被繁杂的工作束缚; 不能实现从技术管理者到总管理者的转变; 工作时着眼于日常琐事而不是长远大计

续表

主题	成功领导力	不成功领导力
弥补不利于成功的缺点	当项目的开发不以他的意志为转移时不会变得太敌对； 不因自己犯了错误而去怨天尤人； 有情况时不惊慌失措	听取因为行动上作出必要改变而进行的反馈； 选择一个不能融入的团队； 自我提升，但是却没有结果来保证
寻找多种多样的领导经历	当机会来临时能够准确把握； 为了得到有价值的经历愿意采取特殊的行动； 主动寻求改变	拒绝从失败的决定或错误中吸取教训； 选择过窄的开发路线，身处陌生的领域时感到不舒服

美国著名的领导力培训专家杰伊·康格经过大量实证研究指出，领导力的发展过程可以分为五个阶段。

(1) 先天遗传因素。对领导力的研究已经从社会实验室、行为实验室进入生物实验室、化学实验室。领导者的智力、体格与先天遗传因素有关。

(2) 早期生活经历。早期生活经历一般是指学龄前的经历，有的论述也扩展到小学或中学，这个时期对领导能力的形成有着潜移默化的影响。

(3) 学校教育，主要是高中、大学阶段的教育。

(4) 工作场所的经验，这是最重要的。

(5) 机遇与运气。

在这五个阶段当中，工作场所最锻炼领导者的才干。调查发现，卓越的领导者有一笔共同的财富，那就是经验。领导者通常会从自己的经历中学习，而从经历中学习意味着：①回顾你的童年和青春期，利用过去发生在你身上的一切，使你能够促成现在的事情发生，这样你就可以成为自己人生的主人而不是它的奴仆；②有意识地寻求当前可以帮助你增长知识、开阔眼界的各种经历；③认识到失败是不可避免的也是必需的，把冒险看成是必经之路；④把你自己的前途和世界的未来看成是一次机会，而不是一次考验，让你得以去完成所有那些你还没有完成的事以及需要你去完成的事。

此外，有观点认为，成功的领导者还需要有自控的能力，学会自处和自尊，并注意自己的修养。

 本章重要概念

领导力(leadership)　　领导力开发(leadership development)
领导开发力的特征(the characteristics of leadership development)
领导力开发的障碍(the obstacle of leadership development)
领导力开发的途径(the approach of leadership development)

本章思考题

1. 领导力是否具有习得性,并简要说明理由。
2. 什么是领导力开发?领导力开发有何现实意义?
3. 领导力开发的障碍有哪些?你认为应该如何突破这些障碍?
4. 举例说明一名成功的领导者其领导力是如何被开发的。

本章推荐阅读书目

1. 陆亚东,孙金云,武亚军.中国企业管理理论创新研究[M].北京:科学出版社,2019.
2. [美]库泽斯,波纳斯.领导力[M].3版.王莉,译.北京:电子工业出版社,2004.
3. [英]奈特.NLP入门[M].郑日昌,译.上海:上海人民出版社,2006.
4. [美]沃伦·本尼斯,戈德·史密斯.领导力实践[M].3版.姜文波,译.北京:人民大学出版社,2008.
5. [美]罗杰费希尔,后浪.横向领导力[M].刘清山,译.北京:北京联合出版公司,2015.

外国人名索引

A

阿伦·肯尼迪（Allan A. Kennedy）
阿吉里斯（Chris Argyris）
艾德·布利斯（Ed Bliss）
艾米特依·埃特奥尼（Amitai Etzioni）
艾默里（Amory）
艾萨克·牛顿（Isaac Newton）
艾森豪威尔（Dwight David Eisenhower）
爱蒂泰尔（Aditya）
安东·巴甫洛维奇·契诃夫（Anton Pavlovich Chekhov）
安纳·T. 茜安西奥罗（Anna T. Cianciolo）
安妮·麦基（Annie McKee）

B

巴里·波斯纳（Barry Posner）
鲍尔（Marvin Bower）
比尔（Bill）
比尔·盖茨（Bill Gates）
彼得·德鲁克（Peter F. Drucker）
彼得·蒙日（Peter Monge）
彼得·沙洛维（Peter Salovey）
彼得·圣吉（Peter M. Senge）
伯纳德·巴斯（Bernard M. Bass）
伯纳德·蒙哥马利（Bernard Law Montgomery）
布莱曼（Bryman）
布里丹（Buridan）
布兰查德（Kenneth Blanchard）
布朗（J. Brown）

C

查德·J. 里德（Chad J. Redd）
C. E. 奥斯古德（Charles E. Osgood）

查尔斯·贝克（Charles E. Beck）
查尔斯·罗伯特·达尔文（Charles Robert Darwin）

D

丹尼尔·戈尔曼（Daniel Goleman）
但丁·阿利吉耶里（Dante Alighieri）
道格拉斯（Douglas）
道格拉斯·麦格雷戈（Douglas M. McGregor）

E

厄威克（F. Urwick）

F

范·恩根（Van Engen）
菲德勒（F. Fiedler）
菲利普·耶顿（Phillip Yetton）
佛睿斯特（Jay Forrester）
弗雷德·菲德勒（Fred E. Fiedler）
弗雷德里克·波拉克（Frederick Pollock）
弗雷德里克·泰勒（Frederick Winslow Taylor）
福莱特（Mary P. Follett）
福兰契（French）

G

格拉丘纳斯（V. A. Graicunas）
格雷厄姆·艾利森（Graham Tillett Olson）
古利克（Luther Halsey Gulick）

H

哈罗德·孔茨（Harold Koontz）
哈罗德·拉斯韦尔（Harold Lasswell）
哈特雷（D. Hartley）
哈默尔（G. Hame）
海因茨·韦里克（Heinz Weihrich）
赫伯特·西蒙（Herbert Alexander Simon）
赫塞（Paul Hersey）
亨利·法约尔（Henri Fayol）
亨特（Hunt）
华伦·班尼斯（Warren Bennis）

霍布森（Hobson）
霍华德·舒尔茨（Howard Schultz）
霍夫斯坦（Geert Hofstede）
霍奇茨（Hodgetts）
华莱士·塞尔（Wallace Sayre）

J

基斯·戴维斯（Keith Davis）
基佛（Anselm Kiefer）
吉伯（C. A. Gibb）
吉赛利（E. Ghiselli）
简·莫顿（Jane Srygley Mouton）
杰克·韦尔奇（Jack Welch）
杰伊·康格（Jay A. Conger）
杰里·I. 波拉斯（Jerry I. Porras）

K

卡梅隆（Cameron）
克劳德·香农（Claude Elwood Shannon）
昆体良（Marcus Fabius Quintilianus）

L

莱文（Rvane）
劳伦斯（Lawrence）
勒温（Kurt Lewin）
雷特·迪尔（Rhett Deere）
理查德·诺思塔特（Richard Norstadt）
理查德·博亚特兹斯（Richard Boyatzis）
林德布洛姆（C. E. Lindblom）
利克特（Rensis Likert）
露森斯（Luthans）
罗伯特·布莱克（Robert R. Blake）
罗伯特·多夫曼（Robert Dorfman）
罗伯特·豪斯（Robert J. House）
罗伯特·洛兰·门罗（Robert Lorain Monroe）
罗伯特·沃特曼（Robert Waterman）
罗伯特·J. 斯滕伯格（Robert J. Sternberg）
罗伯特·卡茨（Robert L. Katz）
罗夫·怀特（Ralph K. White）

罗格·道森（Rogue Dawson）
罗克（Roke）
罗纳德·李皮特（Ronald Lipper）
罗森布罗姆（David H. Rosenbloom）
罗森克兰茨（Rosenkrantz）
洛斯奇（Losch）
洛克（John Locke）

M

马蒂尔达·怀特·赖利（Mathilda White Riley）
马丁·路德·金（Martin Luther King）
马基雅维利（Niccolò Machiavelli）
M. K. 巴达威（M. K. Badawi）
马克斯·韦伯（Max Weber）
马斯洛（Arbaham H. Maslow）
马文（Marvin）
迈克尔·哈默（Michael Hammer）
迈克尔·马奎特（Michael Marquardt）
麦克莱恩（Maclean MS）
曼努埃尔·伦敦（Manuel London）
梅克埃文（E. K. McEvan）
梅奥（George Elton Mayo）
孟德斯鸠（Montesquieu）
摩根·麦考尔（Morgan McCall）
摩西（Moses）

N

南丁格尔（Florence Nightingale）
诺伯特·维纳（Norbert Wiener）
诺斯科特·帕金森（C. Northcote Parkinson）
尼克松（Richard Milhous Nixon）

P

皮奥特维斯基（Piotwski）
普拉哈拉德（C. K. Prahalad）

Q

乔恩·皮尔斯（Jon L. Pierce）
乔治·格伯纳（George Gerbner）

切斯特·巴纳德（Chester Irving Barnard）

S

萨姆·沃尔顿（Sam Walton）

萨希金（Sashkin）

沙特尔（Shater）

沙因（Edgar H. Schein）

深井大（Ibuka Masaru）

盛田昭夫（Akio Morita）

史蒂芬·迪夫（Stephen Duve）

施米特（Carl Schmitt）

斯道戈迪尔（Storgodier）

斯蒂芬·罗宾斯（Stephen P. Robbins）

斯蒂芬·科维（Stephen R. Covey）

斯特格迪尔（Stegdier）

斯图尔特（Stewart）

斯托格迪尔（R. M. Stogdill）

舒尔茨（Theodore W. Schultz）

T

汤姆·彼得斯（Tom Peters）

特里斯特（E. L. Trist）

坦南鲍姆（Robert Tammenbaum）

托德·J. 莫拉尔（Todd J. Maurer）

W

威尔伯·施拉姆（Wilbur Schramm）

威廉·大内（William Ouchi）

威廉·杰克·鲍莫尔（William Jack Baumol）

威勒（Jr. Weller）

韦斯特利（Westley BH）

维得·汤普森（Vader Thompson）

维克托·弗鲁姆（Victor H. Vroom）

沃伦·本尼斯（Warren Bennis）

X

西奥多·纽科姆（Theodore Mead Newcomb）

西里尔·奥唐奈（Cyril O'Donnell）

谢莫（Chemers）

Y

伊格里(Igri)
约翰·纽斯特罗姆(John W. Newstrom)
约翰·阿戴尔(John Adair)
约翰·安东纳基斯(John Antonakis)
约翰·邓洛普(John T. Dunlop)
约翰·加德纳(John Gardiner)
约翰·科特(John P. Kotter)
约翰·赖利(John Riley)
约翰·梅耶(John Mayer)
约翰·奈斯比特(John Naisbitt)
约翰·密尔(John Stuart Mill)
约翰森·施密特(Johnson Schmidt)

Z

詹姆斯·赫斯克特(James L. Heskett)
詹姆斯·库泽斯(James Kouzes)
詹姆斯·麦格雷戈·伯恩斯(James MacGregor Burns)
詹姆斯·C.柯林斯(James C. Collins)
詹姆斯·斯图亚特(James Denham Steuart)

主要参考文献
References

[1] [美]沃伦·本尼斯,罗伯特·汤森.重塑领导力[M].方海萍,等,译.北京:中国人民大学出版社,2008.

[2] 章义伍.如何打造高绩效团队[M].北京:北京大学出版社,2005.

[3] [美]加里·尤克尔.组织领导学[M].陶文昭,译.北京:中国人民大学出版社,2004.

[4] [美]斯蒂芬·P.罗宾斯.组织行为学[M].孙健敏,等,译.北京:中国人民大学出版社,1996.

[5] [美]哈罗德·孔茨,海因茨·韦里克.管理学[M].张晓君,等,译.北京:经济科学出版社,1998.

[6] [美]斯蒂芬·P.罗宾斯.管理学[M].黄卫伟,等,译.北京:中国人民大学出版社,1997.

[7] 朱立言.行政领导学[M].北京:中国人民大学出版社,2005.

[8] 朱立言.领导科学与领导艺术[M].北京:中国人事出版社,2004.

[9] 刘建军.领导学原理——科学与艺术[M].上海:复旦大学出版社,2001.

[10] [美]沃伦·本尼斯.领导的轨迹[M].姜文波,译.北京:中国人民大学出版社,2008.

[11] [美]沃伦·本尼斯.超越领导——经济学、伦理学和生态学的平衡[M].刘芸,译.上海:格致出版社,2008.

[12] [美]沃伦·本尼斯.成为领导者[M].姜文波,译.北京:中国人民大学出版社,2008.

[13] 邱霈恩.领导学[M].4版.北京:中国人民大学出版社,2014.

[14] [美]安弗莎妮·纳哈雯蒂.领导学——领导的艺术与科学[M].7版.刘永强,程德俊,译.北京:中国人民大学出版社,2016.

[15] [美]沃伦·本尼斯.成为领导者[M].姜文波,译.北京:中国人民大学出版社,2008.

[16] [美]诺埃尔·蒂奇,沃伦·本尼斯.决断——成功的领导者怎样做出伟大的决断[M].姜文波,译.北京:中国人民大学出版社,2008.

[17] 李传军,杜同爱.管理学:理论与实践[M].北京:北京大学出版社,2014.

[18] [美]诺思豪斯.领导学:理论与实践[M].6版.朱永新,吴荣先,译.北京:中国人民大学出版社,2014.

[19] 刘春涛.图解领导决策[M].成都:四川人民出版社,2003.

[20] 于洪生.领导决策案例[M].北京:人民出版社,2010.

[21] 尤元文,唐霄峰.领导决策论[M].北京:社会科学文献出版社,2012.

[22] 杨国庆.领导决策[M].北京:研究出版社,2017.

[23] [美]迈克尔·尤西姆.决策[M].万鸣,译.北京:中国青年出版社,2007.

[24] [美]约翰·S.哈蒙德,拉尔夫·L.基尼.决策的艺术[M].姜文波,译.北京:中机械工业出版社,2016.

[25] 作明.领导用人三十六计[M].北京:中国工商联合出版社,2001.
[26] 金和.非常领导智慧:选人·用人·管人[M].北京:中国纺织出版社,2003.
[27] 杰夫.领导用人100招[M].北京:企业管理出版社,2003.
[28] 刘锐.图解领导用人[M].成都:四川人民出版社,2004.
[29] 王立生.执行·沟通·协调:领导用人的技巧[M].北京:地震出版社,2005.
[30] 肖正.领导用人的100个关键细节[M].北京:中国纺织出版社,2013.
[31] 任多伦.传统文化中的识人用人与领导力培养[M].北京:经济日报出版社,2017.
[32] [美]博伊德·克拉克,罗恩·克罗斯兰.领导就是沟通[M].胡书东,译.北京:中信出版社,2004.
[33] [美]黑贝尔斯,威沃尔.有效沟通[M].7版.李业昆,译.北京:华夏出版社,2005.
[34] [美]罗伯特·莱夫顿,维克托·巴泽塔.领导沟通力[M].马燕,译.北京:华夏出版社,2005.
[35] [美]巴瑞特.现代沟通力系列:领导力沟通[M].邓天白,王婷,刘春,严三九,译.上海:复旦大学出版社,2013.
[36] 黄琳.有效沟通[M].北京:中国华侨出版社,2008.
[37] 周敏.领导沟通[M].北京:研究出版社,2017.
[38] [美]弗里德斯.恩威并重的领导艺术[M].杜美杰,译.北京:电子工业出版社,2006.
[39] 刘峰.管理创新与领导艺术[M].北京:北京大学出版社,2006.
[40] [美]盖尔宗.领导艺术:化冲突为机会[M].范志宏,译.北京:商务印书馆,2007.
[41] 张荣臣,李聚山.领导方式和领导方法创新[M].北京:新华出版社,2003.
[42] 邱霈恩.掌握99种领导方法[M].北京:人民出版社,2004.
[43] 谭劲松,陈国治.现代领导方法与领导艺术[M].杭州:浙江大学出版社,2007.
[44] 萧鸣政.领导科学与方法[M].北京:中国社会科学出版社,2019.
[45] 珀金斯.危机领导力:领导团队解决危机的十种方法[M].邓峰,译.北京:中信出版社,2014.
[46] 斯坦·斯莱普.情感领导力[M].高采平,史鹏举,译.北京:电子工业出版社,2011.
[47] [英]琼斯.绩效管理[M].李洪余,等,译.上海:上海交通大学出版社,2003.
[48] 方振邦.战略性绩效管理[M].2版.北京:人民大学出版社,2007.
[49] 赵日磊.现绩效魔方——一个HR眼中的绩效管理[M].北京:北京工业大学出版社,2008.
[50] 李政权.检修:管理者自我提升的必修课[M].北京:中国经济出版社,2007.
[51] 孙波.绩效管理:本源与趋势[M].上海:复旦大学出版社,2018.
[52] 陆亚东,孙金云,武亚军.中国企业管理理论创新研究[M].北京:科学出版社,2019.
[53] [美]库泽斯,波纳斯.领导力[M].3版.王莉,译.北京:电子工业出版社,2004.
[54] [英]奈特.NLP入门[M].郑日昌,译.上海:上海人民出版社,2006.
[55] [美]沃伦·本尼斯,戈德·史密斯.领导力实践[M].3版.姜文波,译.北京:人民大学出版社,2008.
[56] [美]罗杰费希尔,后浪.横向领导力[M].刘清山,译.北京:北京联合出版公司,2015.

后记
Postscript

经第三次修订后,全书共分十一章。第一章至第四章为基础理论部分,阐述了领导、管理、领导者、领导环境、领导理论演进、领导理论和实践的最新趋势等领导科学与艺术的基本范畴;第五章至第九章分专题介绍了领导决策、领导用人、领导沟通、领导艺术与领导方法等领导科学与艺术所涉及的基本问题;第十章和第十一章介绍了领导绩效评估和领导力开发的相关知识与理论。

本书由孙健、朱立言担任主编,张强、胡晓东、高鹏怀担任副主编,主要负责全书的三级大纲拟定,以及成稿的审订工作。全书修订是集体智慧的结晶,具体分工情况是:第一章由朱立言(中国人民大学公共管理学院)、孙健(西北师范大学马克思主义学院)修订;第二章由孙健、谭力源(西北师范大学马克思主义学院)修订;第三章由饶常林(华中师范大学公共管理学院)、王娟平(西北师范大学马克思主义学院)修订;第四章由孙健、王涛(西北师范大学马克思主义学院)修订;第五章由李永康(云南财经大学公共管理学院)、牟杨(西北师范大学社会发展与公共管理学院)修订;第六章由刘兰华(华东师范大学人文社会科学学院)、李鹤琪(西北师范大学马克思主义学院)修订;第七章由孙健、颉冰钰(西北师范大学马克思主义学院)修订;第八章由胡晓东(中国政法大学政治与公共管理学院)、陈琳(西北师范大学马克思主义学院)修订;第九章由孙健、刘欣怡(西北师范大学马克思主义学院)修订;第十章由张强(华南师范大学公共管理学院)、刘亚新(西北师范大学马克思主义学院)修订;第十一章由孙健、何紫菱(西北师范大学马克思主义学院)修订。全书修改计划安排、最后修改统稿由孙健、朱立言负责。

本书可作为公共管理类各专业本科生、研究生教材,也可以作为不同组织管理者培训教材。在本书编写和修订过程中,充分吸收了国内外相关专家学者的研究成果,在此一并感谢。由于能力及水平所限,书中还难免有不足和错漏之处,恳望读者批评指正。

作者

2020 年 5 月于兰州

与本书配套的二维码资源使用说明

本书部分课程及与纸质教材配套数字资源以二维码链接的形式呈现。利用手机微信扫码成功后提示微信登录,授权后进入注册页面,填写注册信息。按照提示输入手机号码,点击获取手机验证码,稍等片刻收到 4 位数的验证码短信,在提示位置输入验证码成功,再设置密码,选择相应专业,点击"立即注册",注册成功。(若手机已经注册,则在"注册"页面底部选择"已有账号? 立即注册",进入"账号绑定"页面,直接输入手机号和密码登录。)接着提示输入学习码,需刮开教材封面防伪涂层,输入 13 位学习码(正版图书拥有的一次性使用学习码),输入正确后提示绑定成功,即可查看二维码数字资源。手机第一次登录查看资源成功以后,再次使用二维码资源时,只需在微信端扫码即可登录进入查看。